彩图2-7　秘鲁莫奇古墓中的镀金铜质面具

彩图2-8　北美洲印第安人首饰

彩图2-9　埃及首饰

彩图2-10　非洲首饰

彩图2-11　中国首饰

彩图2-12　卡地亚“祝福中国”系列首饰

彩图2-13　伊顿十二色环

一级（深红）　二级（红色）　三级（中等红）　四级（浅红）　五级（淡红）

彩图6-1　红宝石颜色分级图

一级（深蓝）　二级（红蓝）　三级（中等蓝色）　四级（浅蓝）　五级（淡蓝）

彩图6-2　蓝宝石颜色分级图

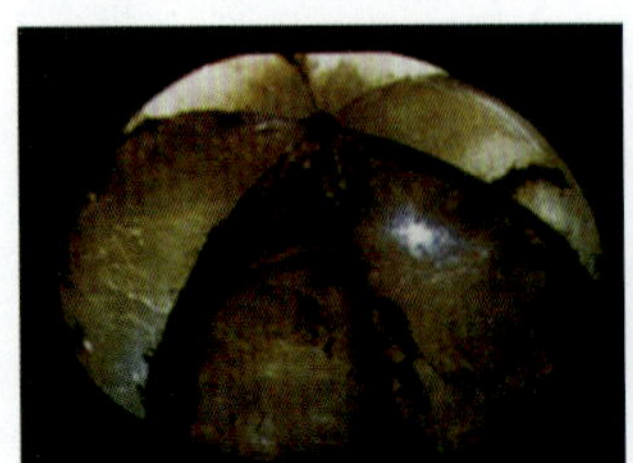 

彩图6-3　特雷皮许祖母绿

1+X 职业技术·职业资格培训教材

珠宝首饰营业员

主　编　储卫民

编　者　（以姓氏笔画为序）

于　人　刘学良　陈　征　高　原

主　审　赵皎黎　施　健

三级

第2版

中国劳动社会保障出版社

图书在版编目(CIP)数据

珠宝首饰营业员．三级/上海市职业技能鉴定中心组织编写．—2 版．—北京：中国劳动社会保障出版社，2013

1+X 职业技术·职业资格培训教材

ISBN 978-7-5167-0101-0

Ⅰ.①珠… Ⅱ.①上… Ⅲ.①宝石-销售学-技术培训-教材②首饰-销售学-技术培训-教材 Ⅳ.①F768.7

中国版本图书馆 CIP 数据核字(2013)第 029814 号

中国劳动社会保障出版社出版发行

(北京市惠新东街 1 号 邮政编码:100029)

出 版 人:张梦欣

*

新华书店经销

北京地质印刷厂印刷 三河市华东印刷装订厂装订

787 毫米×1092 毫米 16 开本 21.5 印张 1 彩插页 405 千字

2013 年 6 月第 2 版 2013 年 6 月第 1 次印刷

定价：49.00 元

读者服务部电话：(010) 64929211/64921644/84643933

发行部电话：(010) 64961894

出版社网址：http://www.class.com.cn

内容简介

本教材由人力资源和社会保障部教材办公室、中国就业培训技术指导中心上海分中心、上海市职业技能鉴定中心依据上海 1+X 珠宝首饰营业员（三级）职业技能鉴定细目组织编写。教材从强化培养操作技能、掌握实用技术的角度出发，较好地体现了当前最新的实用知识与操作技术，对于提高从业人员基本素质、掌握珠宝首饰营业员的核心知识与技能有直接的帮助和指导作用。

本教材在编写中根据本职业的工作特点，以能力培养为根本出发点，采用模块化的编写方式。全书共分为 6 章，内容包括珠宝首饰商业伦理与企业文化，珠宝首饰销售和设计艺术，珠宝首饰企业的市场营销，珠宝首饰营业员学习与指导，珠宝玉石鉴别，优化和检验，珠宝玉石品质评估等。

本教材可作为珠宝首饰营业员（三级）职业技能培训与鉴定考核教材，也可供全国中、高等职业院校相关专业师生参考使用，以及本职业从业人员培训使用。

改版说明

《1+X职业技术·职业资格培训教材——珠宝首饰营业员（三级）》自2004年出版以来，受到了从业人员的欢迎，在珠宝首饰销售和营业人员的职业技能培训和资格鉴定考试中发挥了较好的作用。由于珠宝玉石行业的国家标准进行了修订，特别是近年来黄金珠宝零售行业的快速发展，对珠宝首饰销售和营业人员提出了新的要求和工作标准。为此，2011年人力资源和社会保障部教材办公室与上海市职业技能鉴定中心联合组织有关方面的专家和技术人员，依据新版珠宝首饰营业员职业技能鉴定细目对教材进行了改版工作，使教材能够适应社会的发展和珠宝首饰行业的需要，更好地为广大从业人员和读者服务。

第2版教材在结构、内容和形式上相对于第1版教材有了许多变化。在珠宝首饰经营与管理方面，结合珠宝首饰商业与零售企业的经营管理发展趋势，系统化地补充和提升了珠宝首饰行业的涉外服务礼仪、销售艺术、商业伦理与道德、市场营销理论与实践方面的知识技能；在珠宝玉石鉴定与识别方面，根据国家珠宝玉石鉴定标准的修订内容，增加了宝石鉴定仪器的操作与宝玉石检验知识与技能，特别是在珠宝玉石基本常识方面，补充了珠宝玉石品质评估和宝石的合成、优化处理，增加了首饰设计艺术知识，使广大从业人员和读者通过阅读和学习本书，能够在一线经营服务与管理中，比较全面地掌握珠宝首饰商业企业的经营管理知识与技能。

本书在编写过程中，上海市技师协会珠宝钟表专业委员会和上海市消费者权益保护委员会给予了支持和指导，上海商旅职业技能培训中心提供了大量的数据资料和教学实训经验，华东理工大学郭守国、中山大学邱志力、上海大学材料学院卢保奇等对教材大纲和内容进行了指导。对此，我们表示衷心的感谢。

教材中若存在不足和疏忽，欢迎读者和专家批评指正。

前言

职业培训制度的积极推进，尤其是职业资格证书制度的推行，为广大劳动者系统地学习相关职业的知识和技能，提高就业能力、工作能力和职业转换能力提供了可能，同时也为企业选择适应生产需要的合格劳动者提供了依据。

随着我国科学技术的飞速发展和产业结构的不断调整，各种新兴职业应运而生，传统职业中也愈来愈多、愈来愈快地融进了各种新知识、新技术和新工艺。因此，加快培养合格的、适应现代化建设要求的高技能人才就显得尤为迫切。近年来，上海市在加快高技能人才建设方面进行了有益的探索，积累了丰富而宝贵的经验。为优化人力资源结构，加快高技能人才队伍建设，上海市人力资源和社会保障局在提升职业标准、完善技能鉴定方面做了积极的探索和尝试，推出了1＋X培训与鉴定模式。1＋X中的1代表国家职业标准，X是为适应上海市经济发展的需要，对职业的部分知识和技能要求进行的扩充和更新。随着经济发展和技术进步，X将不断被赋予新的内涵，不断得到深化和提升。

上海市1＋X培训与鉴定模式，得到了国家人力资源和社会保障部的支持和肯定。为配合上海市开展的1＋X培训与鉴定的需要，人力资源和社会保障部教材办公室、中国就业培训技术指导中心上海分中心、上海市职业技能鉴定中心联合组织有关方面的专家、技术人员共同编写了职业技术·职业资格培训系列教材。

职业技术·职业资格培训教材严格按照1＋X鉴定考核细目进行编写，教材内容充分反映了当前从事职业活动所需要的核心知识与技能，较好地体现了适用性、先进性与前瞻性。聘请编写1＋X鉴定考核细目的专家，以及相关行业的专家参与教材的编审工作，保证了教材内容的科学性及与鉴定考核细目以及题库的紧密衔接。

职业技术·职业资格培训教材突出了适应职业技能培训的特色，使读者通过学习与培训，不仅有助于通过鉴定考核，而且能够有针对性地进行系统学习，真正掌握本职业的核心技术与操作技能，从而实现从懂得了什么到会做什么的飞跃。

职业技术·职业资格培训教材立足于国家职业标准，也可为全国其他省市开展新职业、新技术职业培训和鉴定考核，以及高技能人才培养提供借鉴或参考。

新教材的编写是一项探索性工作，由于时间紧迫，不足之处在所难免，欢迎各使用单位及个人对教材提出宝贵意见和建议，以便教材修订时补充更正。

人力资源和社会保障部教材办公室
中国就业培训技术指导中心上海分中心
上海市职业技能鉴定中心

目　录

第1章　珠宝首饰企业商业伦理与企业文化 ……………… 1

第1节　商业伦理 ………………………………… 2

学习单元1　企业商业伦理 ……………………… 2

学习单元2　珠宝首饰企业的商业伦理 …………… 5

第2节　企业文化 ………………………………… 9

学习单元1　珠宝首饰企业文化 ………………… 9

学习单元2　不同地域、不同国家的合资（合作）企业文化 …………………………… 12

第2章　珠宝首饰销售和设计艺术 ………………… 17

第1节　珠宝首饰销售艺术 ……………………… 18

学习单元1　珠宝首饰涉外服务 ………………… 18

学习单元2　珠宝首饰搭配艺术 ………………… 24

学习单元3　珠宝首饰奢侈品服务 ……………… 30

第2节　珠宝首饰设计艺术 ……………………… 33

学习单元1　珠宝首饰设计风格 ………………… 33

学习单元2　不同珠宝首饰材料的工艺设计艺术…… 41

第3章　珠宝首饰企业市场营销 …………………… 59

第1节　珠宝首饰市场营销概述 ………………… 60

学习单元1　珠宝首饰市场营销基础 …………… 60

学习单元 2　珠宝首饰市场分析 …………………… 66
第 2 节　珠宝首饰企业市场营销的方法 ……………… 84
学习单元 1　珠宝首饰企业的渠道管理 ………… 84
学习单元 2　珠宝首饰企业的商品管理 ………… 96
学习单元 3　珠宝首饰企业的形象策划 ………… 115
学习单元 4　珠宝首饰企业的公共关系与广告 …… 118
学习单元 5　珠宝首饰企业的品牌策略 ………… 125
学习单元 6　珠宝首饰企业的连锁经营 ………… 135
学习单元 7　珠宝首饰企业的电子商务与在线销售 ……………………………… 144
学习单元 8　珠宝首饰的拍卖与典当 …………… 151
第 4 章　珠宝首饰营业员学习与指导 ……………… 163
第 1 节　培训与指导 ………………………………… 164
学习单元 1　珠宝首饰营业员的自我学习与培训 … 164
学习单元 2　高级珠宝首饰营业员对其他营业人员的培训与指导 ………………………… 165
学习单元 3　珠宝首饰营业员的职业规划与发展 … 169
第 2 节　高效珠宝首饰销售团队的建立 …………… 172
学习单元 1　团队和团队管理的基本概念 ……… 172
学习单元 2　珠宝首饰销售团队的构筑 ………… 174

第5章 珠宝玉石鉴别、优化和检验 …… 179

第1节 常见宝玉石鉴定仪器鉴别宝石 …… 180

学习单元1 使用电子天平与静水称重法鉴别宝石 …… 180

学习单元2 使用查尔斯滤色镜鉴别宝石 …… 183

学习单元3 使用偏光镜鉴别宝石 …… 186

学习单元4 使用分光镜鉴别宝石 …… 190

学习单元5 使用折射仪鉴别宝石 …… 195

学习单元6 使用紫外荧光灯鉴别宝石 …… 202

学习单元7 宝石显微镜的使用 …… 205

学习单元8 大型仪器在宝石检测中的使用 …… 209

第2节 宝石的优化处理和合成 …… 215

学习单元1 宝石的合成方法 …… 215

学习单元2 优化、处理、合成红、蓝宝石 …… 219

学习单元3 优化、处理、合成祖母绿 …… 229

学习单元4 优化、处理、合成钻石 …… 234

学习单元5 合成碳硅石 …… 241

学习单元6 优化、处理、合成水晶 …… 242

第3节 首饰外观工艺质量检验 …… 247

学习单元1 首饰外观质量检验基本标准 …… 247

学习单元2 首饰外观工艺质量检验 …… 252

第6章 珠宝首饰商业评估 …… 257

第1节 珠宝首饰商业评估的基本要素 …… 258

学习单元1 珠宝首饰评估基础 …… 258

学习单元 2　珠宝首饰评估的原则 …………………… 262
学习单元 3　珠宝首饰评估的基本方法 ……………… 263
第 2 节　常见宝玉石品质与商业评估 ……………………… 266
学习单元 1　常见有色宝石的品质分级标准 ……… 266
学习单元 2　红宝石品质与商业评估 ……………… 275
学习单元 3　蓝宝石品质与商业评估 ……………… 279
学习单元 4　祖母绿品质与商业评估 ……………… 282
学习单元 5　金绿宝石族宝石品质与商业评估 …… 286
学习单元 6　碧玺品质与商业评估 ………………… 290
学习单元 7　水晶和石英质玉的品质与商业评估 … 293
学习单元 8　石榴石族宝石品质与商业评估 ……… 298
学习单元 9　珍珠品质与商业评估 ………………… 301
学习单元 10　翡翠品质与商业评估　……………… 307
学习单元 11　软玉品质与商业评估　……………… 319
学习单元 12　红珊瑚品质与商业评估　…………… 325
学习单元 13　欧泊品质与商业评估　……………… 327
学习单元 14　琥珀品质与商业评估　……………… 332

第 1 章

珠宝首饰企业商业伦理与企业文化

第 1 节　商业伦理　/2

第 2 节　企业文化　/9

第1节 商业伦理

学习单元1 企业商业伦理

学习目标

➤了解商业伦理的基本概念。

知识要求

一、商业伦理的基本概念

商业伦理，国内有时候也称为“经济伦理”“企业伦理”“商业道德”或“管理伦理”。商业伦理学是近四十年来才兴起的一门新的交叉应用性管理科学，是对职业道德的深入和补充，目的是为了更好地进行企业管理。高级珠宝首饰营业员在企业基层经营管理中承担了相当一部分的管理工作，应该了解商业伦理的基本概念和内容。

商业伦理是关于正确处理企业与利益相关者关系的道德行为规范，是用来限制纯自私的动机和行为的企业道德规范，以便与利益相关者能和谐相处。商业伦理是通过社会舆论、传统习俗、内心信念和内部制度规范来起调节作用的，但并不调节企业及其成员的所有行为，而是调节那些对利益相关者有影响的行为。利益相关者可以是个人，也可以是群体、组织，乃至整个社会。

一般而言，人们总是把那些有利于自己、他人及社会群体的利益行为和事件当成是善，而把那些危害于自己、他人及社会群体的行为和事件当成是恶。商业伦理明确哪些行为是善的、应该的，哪些行为是恶的、不应该的；究竟什么是“善”的经营行为，什么是“恶”的经营行为。

按照商业伦理的观点，企业的伦理行为包括以下三个方面：

首先，企业不是一个虚幻的存在，而是一个具有独特人格的社会实体，包括企业所有员工在内的企业成员的行为是企业人格的具体表现。所以，企业被认为是有道德的行为人，而不像传统观点所认为的那样企业是无道德的纯粹的功能性虚拟机构。作为道德的“行为人”，人们至少可以期待企业通过遵守法律和基本的公正原则、公共道德来履行对社会的义务，为企业的错误和不端行为承担责任，在经营运作过程中为别人着想，并作为社会的一分子为社会做出贡献。

其次，企业所要担负的责任应远远超出传统观念中所认为的企业责任就是为投资者谋取经济成果的责任，作为一个道德的“行为人”，企业还必须承担起它们的行为可能对其他各方（如消费者、员工、合作伙伴、债权人、其他第三方和它们所在的社会）造成的损害负责，做到公平交易。它们应承担起对企业所有的利益相关者的经济责任和非经济责任，包括生态环境等。

最后，优异的企业经营业绩必须是在道德和经济两个角度都有出色的表现，而不仅仅是在经济方面有比较出众的业绩。一个企业即使经营业绩非常突出，如果不能够遵守广为接受的伦理原则，也不能够被认为是一家优秀的企业。卓越的企业应该既要符合盈利能力的要求，又要符合深植于法律和基本正义的要求。以上这些观点也是商业伦理的基本准则。

二、商业伦理的作用

从商业伦理的角度分析，不道德的经营活动所造成的不良后果大致可以从不公平和效率两个方面分析。不公平的经营活动可以严重地侵害他人的权益，甚至可以导致严重的贫富两极分化，从而引起利益冲突乃至社会动乱。从效率的方面分析，一方面，社会经济活动的不公平所引起的利益冲突会根据冲突的严重程度而使效率大为降低，甚至导致无效率或负效率；另一方面，它们会破坏有效的经济秩序、人与人之间的信任关系和企业的信誉，从而降低经济活动的效率和效益，使高效率的经营活动不可能实现。商业伦理的目的就在于制止不道德的经营活动，倡导合乎道德的经营活动，维护正常的经济秩序，即经济活动必须遵守法律法规、各种规章制度和公共道德，从而提供一种高效率的经济管理理念。

此外，高效率的经济管理理念从根本上说需要找到有效的激励人和约束人的手段，而合适的价值观念和伦理规范是最有效的激励人和约束人的手段。因此，为了更好地进行经济管理，也需要伦理道德。

自20世纪50年代以来，有远见的企业越来越重视伦理道德在经营管理中的作用，普遍地把企业的经营之道建立在伦理道德之上。而世界上成功的大企业，几乎无一不是把伦理道德作为自己的经营之道，尤其是在以公平交易为特征的现代市场经济中，以平等互利为基础的商业伦理的确是成功的企业管理和经济效益的根本。许多管理的名言，如“信誉是企业的最大资产”“顾客是上帝”“员工是企业的生命”等，不仅具有丰富而深刻的伦理内涵，而且揭示了经营管理与商业伦理的内在关系。

综上所述，从企业管理的角度说，至少有两个理由需要商业伦理。一方面为了维护经济秩序，使得经营活动能够正常运行，需要一些伦理规范来约束企业的经营行为；另一方面为了建立人与人之间的信任关系，进而建立起企业的信誉，更好地进行管理，也需要一定的伦理价值观念来指导企业的经营行为。这就是商业伦理的主要作用。

三、商业伦理与企业管理

企业管理与商业伦理都以经营管理行为作为自己的研究对象，两者的区别在于，企业管理的核心概念是“效率”，根本问题是：什么样的经营管理行为是有效率的或高效率的；商业伦理的核心概念则是“善”或“正当”，根本问题是：什么样的管理行为是善的或正当的。两者的联系在于，管理学只偏重于研究“效率”，而商业伦理则偏重于“公平”，还要研究效率与公平的关系。

因此，从企业管理的角度去看，一种经营活动，只要是有效率的或高效率的，那么无论它是否公平，就是好的或正当的。但从商业伦理的角度去看，好的或正当的经营活动不仅应当是有效率或高效率的，而且还必须是公平的。商业伦理作为一门应用伦理学学科，它关心什么是经营领域中的“善”或“正当”的活动，关心公平的经营活动；而作为一门管理学学科，它关心经营领域中的“善”或“正当”的活动与经济效益与盈利的关系，关心经济效益或盈利与公平的关系。

解答这些问题需要转变思维模式，企业管理的研究焦点是创造财富和有效利用资源的问题，商业伦理的研究方向则是最广泛意义上社会的发展、福利和满足感的问题。商业伦理与企业管理描述如图1—1所示。

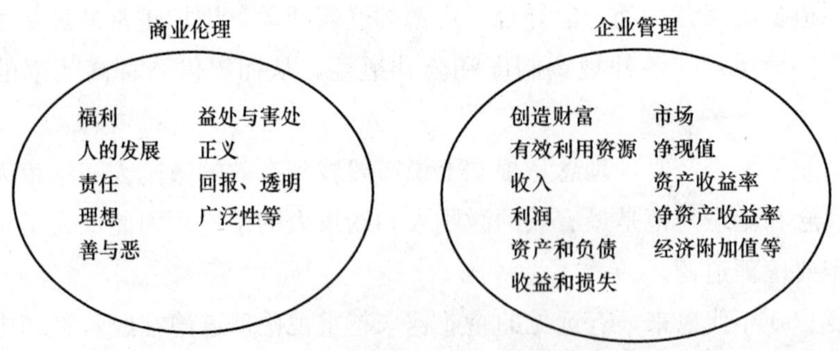

图1—1　商业伦理与企业管理

经营管理与商业伦理都关心效率或盈利，两者的根本不同在于，商业伦理考虑的是公平的经营活动带来的企业效率和财富，经营管理考虑的是创造企业利润和财富以及有效地利用资源的问题。由此可见，商业伦理将更能够凸显出持续、和谐发展的作用与理念，这也就是进入21世纪以来企业普遍强调商业伦理的根本意义所在。

学习单元2　珠宝首饰企业的商业伦理

学习目标

➢了解珠宝首饰企业商业伦理的基本内容。

知识要求

一、珠宝首饰企业的商业伦理及其对营业员经营行为的影响

进入20世纪90年代中期，《财富》杂志排名前500家企业中90%以上的企业有成文的伦理守则来规范员工的行为。和所有其他企业类似，珠宝首饰企业成为市场上普遍且有力的行为者之后，社会赋予了它们一种新的特征：它们被越来越多的人认为是要负责任的企业，它们的经营行为应该是在道德框架中执行任务，即正确处理国家、集体、个人三者利益，兼顾诚实、守信、互利、互助、公平、公正、平等、团结、友爱、尊重人、不损害他人利益等；同时，明确利益相关者的优先次序，以社会利益优先，“消费者（顾客）—员工—供应者—政府、社区、公众—所有者”这样的优先次序有其合理性。伴随着这种转化，出现了一种新的评价珠宝首饰企业行为的标准，不单单是用经济指标来衡量，今天的珠宝首饰企业逐渐用道德和经济两个标准来衡量，最优秀的是那些在两方面都有出色表现的珠宝首饰企业。

1. 珠宝首饰企业应当高效率地为社会提供所需要的珠宝首饰商品和服务

从经济效益看，如果社会不需要珠宝首饰商品和服务，珠宝首饰企业是无法生存的。珠宝首饰企业及其成员应当奉行勤奋、节约、创新、大胆和谨慎等行为规范，高效率地为社会提供所需要的珠宝首饰商品和服务，包括为社会提供税收，以及为经济发展积累资本，从而为珠宝首饰企业本身个体和社会整体的发展奠定基础，这是首要的珠宝首饰企业的道德责任。

2. 珠宝首饰企业应当在对待供应商和竞争者方面遵守公平交易的原则

（1）公平交易的原则是基于理性的认识。首先是指在珠宝首饰交易中买卖双方都清楚自己究竟需要什么，在交易时都能够对自己的得失进行理性的判断，并且都能为自己的权益而行动，从而能够获得自己真正需要的珠宝首饰商品或利益最大化；其次是指买卖双方对所交易的珠宝首饰商品有充分的了解，从而对自己在交易中的所得和损失都有清楚的认识，显然，交易的任何一方如果对所交易的珠宝首饰缺乏知识或信息，就无法对自己在交易中的得失做出理性的判断，从而不能保证交易者通过交易得到自己真正想要得到的珠宝首饰商品而受益；最后是指买卖双方都没有由于外在的强制或由于选择的对象或自我选择的能力受到限制而被迫进入交易，这说明自愿的交易必须以广泛的选择空间和机会为前提，因为，没有选择机会的交易显然是不得已而为之的。当然，在实践中，这三个条件往往只能得到部分的满足。例如，现实中的大多数人都是具有部分理性的人而不是完全理性的人，并且会受到各种非理性因素的影响，有些人是在购买冲动的情况下实施的购买行为；又如，买者对珠宝首饰商品知识往往只有部分的了解，外在的限制也有各种差别，如个别珠宝首饰企业促销活动中的“硬性搭配”等。不过，只要这三个条件在相当的程度上得到了满足，例如交易双方对交易的珠宝首饰商品有足够的了解，都没有受到外在的强制并且都经过了足够的理性思考，使得交易具有互利的性质，那么自愿的交易仍然可以成为一种可接受的公平交易。

（2）珠宝首饰企业在经营活动中必须遵守公平交易原则。如珠宝首饰企业必然要与供应商打交道，向供应商购买原材料、半制成品、零部件或各种供给品（包括商场向珠宝首饰零售商出租店铺）。在这样的交易中，无论买还是卖，珠宝首饰企业都应该做到公平。如果使用招标的办法，应该对所有的投标者一视同仁，如上海百联集团在对品牌入驻商场的招标过程中实行品牌综合评价公开评分的方法，避免了人为的“暗箱操作”；如果价格已达成了一致，就不应悔改或增加其他不平等的收费项目，如从2012年开始，商务部规定，商场出租店铺不得收取进场费、广告费等名目的费用，以规范商业活动中的行为；如果对交易的珠宝首饰商品有各种规定，那么应当遵守规定；如果已商定好了付款日期，到时候就应付款，这些做法显然是公平的，但并不总是被遵循。有些珠宝厂商总是想要走捷径，过分地降低成本、操纵招标以及寻求不公平的利己做法等，珠宝首饰企业的经营者应当明确反对这些做法。

（3）对于竞争者也应当做到公平。市场经济中存在着各种竞争，包括从竞争者手中夺取更大的市场份额，争夺更好的经营和管理人员，提供质量更优价格更低的珠宝首饰商品等。只要公平经营，这些竞争并不违反商业伦理原则。违反商业伦理原则的行为包括恶意中伤竞争者及其珠宝首饰商品，窃取商业秘密，暗中破坏或直接干涉竞争对手的内部事务等，珠宝首饰企业应坚决杜绝。此外，珠宝首饰企业也不应当与竞争厂商暗中串通，搞价格共谋，操纵市场，以及用其他各种手段来破坏公平竞争，损害公众的利益，如对黄金交易、钻石交易，珠宝首饰企业不应当操纵价格。

在上一册教材当中所提到的“反不正当经营行为”法规，实质上就是在法律的框架下对珠宝首饰企业的商业伦理行为的规范。

3. 珠宝首饰企业要为自己的珠宝首饰商品对消费者负伦理道德责任

珠宝首饰企业与消费者的关系可以看做是一种平等交易的契约关系。珠宝首饰企业提供质量合格、价格合理的珠宝首饰商品，消费者则为此付款。这种契约要符合经济公平的原则，同样还得遵循不损害对方的权益和平等交换的原则。首先，珠宝首饰企业所提供的珠宝首饰商品和服务不应侵害消费者的基本权利，不应危害消费者的生命和安全，例如珠宝首饰商品决不能有致毒物质以致会对消费者造成损害。其次，珠宝首饰企业对消费者一定要做到信守承诺。珠宝首饰商品必须要有充分的说明，包括珠宝首饰商品的用途、使用方法、品质质量（特殊珠宝首饰商品还应注明保质期）、生产地和生产日期等；珠宝首饰商品的品质质量必须与说明相一致，尤其是由品质确定成本的珠宝首饰商品；此外，已经有所损坏的珠宝首饰商品或二手珠宝首饰商品出售时必须予以注明，要给消费者提供充分的信息，这是公平交易的必要条件之一。

当然，以上所说只是珠宝首饰企业对于消费者的一些基本的伦理道德责任，并不足以说明珠宝首饰企业对消费者应负的全部伦理道德责任。珠宝首饰企业对消费者的伦理道德责任，在这个领域还存在着许多专门的课题，例如，贵金属首饰的搭扣成色含量不规范标注问题，故意使用“俄罗斯钻”“水沫玉”使珠宝首饰非标准化命名以误导消费者的问题等。

总而言之，从商业伦理的角度说，为珠宝首饰消费者提供质优货真的珠宝首饰商品和服务不应简单地看做是珠宝首饰企业在市场竞争中谋求生存和发展的手段，而应看做是商业伦理所要求的珠宝首饰企业的经营目的之一，这也是商业伦理的要求之一。

4. 珠宝首饰企业要为自己的行为对一般公众或社会负伦理道德责任

珠宝首饰企业是社会的成员，因此珠宝首饰企业所面对的不仅仅是与它发生直接交易关系的其他珠宝首饰企业或消费者，还要面对不与它直接发生交易关系的一般公众，调整好它与社会整体的关系。由于珠宝首饰企业与一般公众的关系是一种间接关系，调整这种关系所根据的主要是不应侵害社会利益的原则。根据这一原则，珠宝首饰企业的行为应当负有以下三种主要道德责任：

（1）负有不污染环境的道德责任。例如，珠宝首饰生产或销售企业所造成的空气污染、水污染和噪声污染不应超过社会所能接受的水平，它所排放的有毒或有腐蚀性的废弃物质不能危害到他人。因此，它必须采取措施把自己的行为所造成的环境污染控制在社会所能接受的水平之内。

（2）对居住在企业附近地区受珠宝首饰企业影响的人的安全负有道德责任。例如，珠宝首饰企业不应让其商品对一般公众造成伤害，如质量不合格、含有过量的危害人体健康成分的首饰就有可能在佩戴中伤害到一般公众。

（3）因珠宝首饰工厂（商店）的选址、开设和关闭而对当地公众负有道德责任。因为珠宝首饰工厂（商店）的开设和关闭不仅要影响企业及其员工，而且会对当地的社区产业经济产生很大的影响，尤其是对较小的社区或单一产业的城镇，这种影响既可能是正面的，也可能是负面的。无论在何处开设一家珠宝首饰工厂（商店），当地的社区都要增加各种基础设施，包括下水道系统、消防和警察部门、社会服务部门、员工住房、劳动力供应等，从而间接地对珠宝首饰工厂（商店）的开设作出了很大的贡献；同时，社区也要依靠由于珠宝首饰工厂（商店）的开设而增加的税收。因此，珠宝首饰企业在关闭珠宝首饰工厂（商店）时就不能不从道德的角度考虑这样做会产生的后果，尽量减少对当地社区所造成的损害，虽然法律也许并不要求珠宝首饰企业这样做。

5. 珠宝首饰企业还对其员工负有伦理道德责任

珠宝首饰企业除了要处理外部关系外，还必须处理内部关系，亦即珠宝首饰企业内各种成员相互之间的权益分配问题。解决这个问题的伦理原则是机会均等的原则和按贡献分配的原则。就机会均等原则而言，珠宝首饰企业内部关系主要要解决各种歧视现象，不仅要做到一切职位真正向所有有能力的员工开放，而且要做到不论地位高低所有的员工在人格上一律平等，并且对员工应该采取适当的保护。就按贡献分配原则而言，珠宝首饰企业内部关系主要要解决收益或利润的分配问题。这个问题不仅由于它除了涉及公平之外还涉及珠宝首饰企业的经济效益因而极其重要，而且由于珠宝首饰企业的产出是多部门人员投入的联合产出，不易区分每个人各自的贡献而变得非常困难。

二、高级珠宝首饰营业员的商业伦理行为要求

在珠宝首饰企业商业伦理的要求下，高级珠宝首饰营业人员要起到表率作用，在营业销售工作中做到遵纪守法，符合商业职业道德的规范和要求，遵守企业的规章制度，诚信服务，公平交易，做好自己所做的工作。高级珠宝首饰营业员在工作职责的范围内特别要建立感恩的价值观念。对企业，要服从管理、敬业工作；对消费者（顾客），要不歧视，热情接待每一位消费者，感谢消费者的购买；对同事，要耐心指导和帮助其他营业员工作，注重团队合作，以使自己的所做合乎自己的所得。

第 2 节　企业文化

学习单元 1　珠宝首饰企业文化

学习目标

➢了解企业文化的基本概念。

➢熟悉珠宝首饰企业文化的内容。

知识要求

一、企业文化的基本概念

企业文化是指企业全体成员共同拥有的价值观念和经营实践理念，是一种强调以人为中心、以各种文化手段为调节形式、以激发员工的自觉行为为目的的企业管理方式。

企业文化的特点：一是企业文化是一种以特有的企业思想环境氛围的影响、企业公认的价值观念、可供仿效的企业典型的模范人物和形象化的企业文化仪式为其手段的管理方式，而不是以技术和经济的手段为核心的管理方式。二是企业文化是一种通过潜移默化地渗透企业与员工之间的心理影响来实现企业目标的文化管理方式，而不是通过纯粹的“管理制度”进行强制控制的管理方式。三是企业文化是一种强调自我约束、在宽松的环境中充分发挥员工积极性和创造性的人性化管理方式，而不是以往那种只“重视数字和工具，而忽视员工能动作用的所谓过度的理性主义或狭隘的理性主义”的科学管理方式。因此，它不同于传统的那些把人作为管理对象、通过外在手段促使企业和所属员工努力工作的所谓科学管理理论和管理方式，就其对企业管理的影响和冲击而言，企业文化理论确实给管理学带来了革命。四是企业文化的形成具有持久性，即使企业成员改变，也不会改变企业文化形成的企业目标和切身利益。

珠宝首饰企业同其他企业一样，具有相同的企业文化和企业管理特点。

二、珠宝首饰企业文化的作用

珠宝首饰企业文化同其他企业文化具有相同的作用（见表1—1）。

表1—1 珠宝首饰企业文化的作用

约束功能	珠宝首饰企业文化依靠价值观念、珠宝首饰企业传统风气和“软环境”来“自律”和约束自己的员工，规范其行为习惯，使之与珠宝首饰企业目标相一致。因此，凡是本珠宝首饰企业的员工无不受其珠宝首饰企业文化的影响而与珠宝首饰企业保持高度和谐与协调
引导功能	珠宝首饰企业文化会对珠宝首饰企业的所有员工发挥强有力的引导作用，使每一个人的心理和行为都朝着珠宝首饰企业所希望的方向发展，按照珠宝首饰企业的要求从事一切活动。美国学者特雷斯·E. 迪尔等人认为：“珠宝首饰企业文化是引导行为的有力杠杆，它能帮助员工做得更好一点。”
激励功能	珠宝首饰企业通过创造能够尊重并发挥员工的主观能动性的珠宝首饰企业文化氛围来激励和调动员工的工作积极性，从而产生一种强烈的自愿地为本珠宝首饰企业献身的内在动力。就其激励效能而言，传统的管理思想是无法与珠宝首饰企业文化理论相提并论的。正因为珠宝首饰企业文化具有其他管理方法无法比拟的这种积极的激励效应，因此它备受珠宝首饰企业的关注和重视
强化功能	珠宝首饰企业文化借助于“模范”人物的良好形象和对符合珠宝首饰企业传统观念的员工行为进行奖励和鼓励，而对那些不符合或违背珠宝首饰企业传统的行为则进行批评和“改造”，从而达到强化“符合标准”的行为的目的。当然，这种强化功能既可能是积极的，有时也可能是消极的
内聚功能	珠宝首饰企业文化中所倡导的价值观和信念一旦被本珠宝首饰企业的所有员工认同并内化为所有人的行为指南之后，这种文化本身就成为一种团结和凝聚全体成员的强有力的默认力量或影响力，把来自各种文化背景、具有不同人格特征和行为习惯的成员有机地融合在一起，使之能够相互合作、共同为珠宝首饰企业的目标奋斗，并区别于其他珠宝首饰企业，形成本珠宝首饰企业鲜明的形象特征

三、珠宝首饰企业文化的内容

珠宝首饰企业文化具有以下共同的表现：

1. 中国是崇尚“玉文化”的大国，珠宝首饰企业文化中特别具有宝石或玉的文化深入渗透，如一些象征辟邪的吉祥玉器或宝石工艺品成为珠宝首饰企业的标志等。

2. 中国也是重视佛教信仰的国家，佛教文化在珠宝首饰企业的文化中得到明显的表现，如企业开张典礼、喜庆节假日的礼仪。特别是首饰设计中“佛教信物”逼真的展现和模仿都有所表现。

3. 珠宝首饰是主观倾向性较强的商品，主要依靠营业人员和消费者的直接沟通来完成交易，因此，重视并尊重员工的以人为本的经营方式成为核心管理思想。

4. 珠宝首饰企业大都是由手工艺行业中小规模零售贸易企业发展起来，因此，传统的家族式管理模式相当明显：组织结构简单，领导人身体力行，企业管理层精干，宽严相济、张弛结合；大多数企业经历了艰苦创业的过程，保持自主和企业家精神，勇于承担责任和风险，重视企业品牌声誉和商业伦理道德的诚信建设，维系企业良好的生存环境。

5. 中国人重视财富的积累，因此，珠宝首饰作为一种非日用品，成为消费者投资收藏和财富积累的特殊奢侈用品，即使首饰设计成为竞争的重要因素，在珠宝首饰企业经营中“重材质价值、轻设计工艺”依然成为主流产品开发思维模式。

四、珠宝首饰企业文化的建设

珠宝首饰企业文化建设主要是通过企业管理层由上而下，或由企业员工由下而上而逐步在经营管理过程中形成本企业独有的价值观念和经营管理思维方式来实现，并形成定式。不同的企业文化形成不同的企业经营风格和形象，不同的企业也有不同的企业文化。在珠宝首饰企业文化的塑造方面，珠宝首饰企业文化通过企业形象的建立来表现，通过日常经营管理中各项规章制度的约束来贯彻，通过企业经营理念、经营使命、价值观念等方面的宣传学习来塑造和培养，通过树立企业模范人物和开展各项庆典文化活动来强化。

珠宝首饰企业文化产生的一般模式如图 1—2 所示。

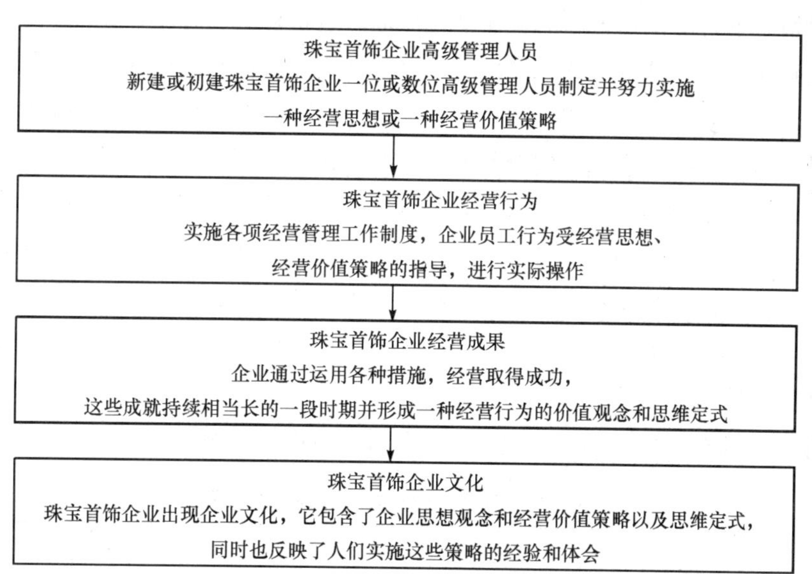

图 1—2　珠宝首饰企业文化产生和建立的一般模式

学习单元2　不同地域、不同国家的合资（合作）企业文化

学习目标

➢了解不同国家、地区合资（合作）企业文化的特点。

➢熟悉合资（合作）企业文化的建设。

知识要求

一、不同国家、地区合资（合作）企业文化的特点

与单一文化企业相比较而言，合资（合作）企业所属成员来自不同文化背景，具有不同的价值观和信念，以及迥然不同的行为规范和行为表现，这不仅增加了合资（合作）企业管理的难度，而且也使得共同合资（合作）的新的企业文化的建立比人们想象的要困难得多。一般情况下，即使当全新的企业文化形成之后，合资（合作）企业中的成员仍然保留着各自文化所特有的基本价值观和信念，因为合资（合作）企业建立自己的企业文化的过程并不是消除原有民族文化差异的过程，而是在尊重和保留民族文化差异的前提下，建立“超越个别成员的文化模式”的全新的共享文化过程。所以，合资（合作）企业并不能消除或缓解民族文化差异，研究表明，合资（合作）企业文化甚至只能保持并加剧民族文化差异，如跨国企业工作的外国员工所表现出来的民族文化差异，要远远大于他们各自国国内企业员工之间的民族文化差异，即在跨国企业工作的日本人更日本化，德国人更德国化，美国人更美国化，而不是像许多人原先所预期的那样“跨国企业可能会使民族文化差异逐渐趋于缩小”。

中外珠宝首饰企业在计划、组织、协调与管理方面的差异见表1—2至表1—4。

表1—2　　中外珠宝首饰企业双方在计划上的差异

	中方	外方	冲突
对制订计划的态度	①凭主观和大致情况，制订大概计划，差不多即可 ②注重短期计划 ③计划是给他人看的，即使明知完不成也可以提出	①获取足够的信息，认真思考，制订严密计划 ②长期计划和短期计划同样重要 ③计划是为实施而制定的，一定要有可行性	文化观念：中方重现实、重眼前、轻推理、随意性强；外方注重推理，计划性强 体制因素：中方好大喜功、浮夸；外方强调计划可操作性

续表

	中方	外方	冲突
对执行计划的态度	①对计划外发生的事采取灵活态度 ②鼓励提前完成计划；完不成计划是可以原谅的	①不允许计划外的开支、生产、销售发生 ②不允许提前或延迟计划的完成	文化观念：中方注重人际关系而不是计划，人情、面子重于计划；外方计划与人际关系不相互矛盾，执行计划并不依靠人际和睦

表 1—3　　中外珠宝首饰企业双方在组织活动方面的差异

	中方	外方	冲突
组织活动	①目标最重要，前期准备和过程不重要 ②方案往往只有一个 ③较少进行中期检查 ④没有预警措施	①执行前的讨论和论证很重要，方法可操作性很重要 ②要在多个可能方案中选优 ③强调活动过程中的检查 ④有预警措施	①文化观念：中方直觉思维；外方逻辑性思维 ②中方方法不重要，结果最重要；外方方法的可操作性比结果更重要

表 1—4　　中外珠宝首饰企业双方在管理协调与管理控制方面的差异

管理	中方	外方	冲突
协调	①不在其职，不谋其政，不是自己分内的事不做 ②自己职权范围内的事情不做，也不允许别人做	①个人都对自己和企业负责 ②自己做不了的事，寻求与他人合作	①文化观念：中方强调名正言顺，讲究名分和身份；外方注重个人负责制 ②中方极端本位主义，缺乏合作精神；外方个人主义，但强调合作
成本控制	项目或任务优先考虑企业内部成本	把项目与任务放到整个市场中考虑，成本要最优	文化观念：中方强调关系，“肥水不流外人田”；外方竞争意识也体现在企业内部
人力资源成本控制	各自都想扩大部门人员规模	尽量缩减编制	中方人多力量大；外方人员与成本、效率之间的关系最为重要
资金与设备控制	①易坏的机器设备才有必要存备件 ②消防、报警系统等不重要	①重要的机器设备都应存备件 ②消防、报警系统都是重要的装置	观念：中方缺乏风险意识；外方有强烈的风险意识

二、合资（合作）企业文化的建设

合资（合作）企业文化的建设活动是一个远比国内企业或单一文化企业要复杂得多的过程。合资（合作）企业文化建设的首要原则是正确识别并合理运用多元文化差异，即当文化差异有助于提高企业效益时就正确使用这些差异，而如果文化差异起了消极作用时就尽可能弱化其影响。合资（合作）企业文化建设中必须解决的几个主要问题如下：

1. 正确地识别不同文化之间的差异

合资（合作）企业文化的建设中所必须解决的第一个难题或采取的措施就是如何正确地识别不同文化之间的差异。

不同文化的成员共处一个企业，各自原有的文化无论是在正式的行为规范方面，还是在非正式的规范方面，或是技术规范方面都会存在这样那样的差异，甚至冲突。正式规范方面的差异主要指来自不同文化背景的企业员工之间在有关企业经营活动方面的价值观念上的差异，例如，目前比较常见的价值观念有如下一些类型：追求高额产值，这是中国国有企业的员工经常追逐的传统价值观；“一切为了顾客”，这是许多跨国企业包括珠宝首饰企业经常追求的价值观念；效益与贡献并重，这是目前许多很有远见的企业所追求的价值观；企业的发展与成长，这是日本企业比较常见的价值观；经济效益优先，这是美国许多企业所追求的价值观。此外，来自不同文化背景中的员工在风险观念、工作和成就观念等方面也存在一定的差异，如重合同是西方企业的经营习惯，而重人情关系则是中国企业员工的日常习惯。非正式规范方面的差异主要指企业运作中的生活习性和风俗习惯方面的差异，其他的还有时间观念、人际关系、生活节奏、神态、面部表情等，这些方面的差异必将影响企业的经营管理活动。技术规范方面的差异主要指各种管理制度上的差异，包括决策制度、人事管理制度、工资福利制度等也存在一定的差异，如日本企业习惯于自下而上的共同决策方式，而西方的企业管理者则喜欢自上而下的独裁式决策方式，中国企业所习惯的则是民主集中制。合资（合作）企业的管理者首先必须能够识别出差异的类型及其程度，然后才有可能采取针对性的措施予以有效地解决。

合资（合作）企业正确地识别出各种不同类型的文化差异，需要做好以下几项工作：

（1）对企业管理者和员工进行多元化文化训练，使其能够不带成见或偏见客观地观察和描述文化差异，并理解差异的合理性和必然性。

（2）客观比较不同文化之间究竟存在什么类型的差异，以及差异的程度如何。

（3）尝试理解和解释来自不同文化差异的员工思想行为方式及其合理性。

（4）分析合资（合作）企业究竟能够为来自差异文化的成员做些什么。

2. 合资（合作）企业文化建设的措施

（1）对全体成员进行敏感性训练。敏感性训练也叫做“T小组训练法”，是由美国著名心理学家勒温于1964年创建的一种改善人际关系和消除文化障碍的方法，其主要目的是让接受训练的企业员工能够学会有效地进行交流、细心地倾听，更好地熟悉自己和别人的感情，从而加强人们的自我认知能力和对不同文化环境的适应能力，并促进来自不同文化背景的人之间进行有效沟通和理解。

（2）设置一个富有远见的、公正的、超越狭隘的、积极的企业目标。设置一个超越个人文化差异的、积极向上的企业奋斗目标，能够引导企业员工在工作中努力形成进一步消除偏见，并增强相互间的信任团结和合作，而且也只有通过互助合作才能取得对其各自文化来说都是很重要的成果。

（3）提出富有特色的超越文化差异的企业精神。所谓的企业精神就是建立企业价值观、企业目标、企业道德、企业经营观等精华的观念形态，是企业文化的高度浓缩升华和集中反映。企业精神实质上就是一种能够充分激发员工觉悟的有力武器。

（4）持之以恒地实施一整套行之有效的企业仪式和典礼。这两种表现形式都能够把企业价值观直观形象地展现出来，而生动形象的展示、潜移默化的熏陶是企业中正式规范和制度的有效补充。

珠宝首饰合资（合作）企业同其他合资（合作）企业一样，具有相同的企业文化建设措施。

第 2 章

珠宝首饰销售和设计艺术

第 1 节　珠宝首饰销售艺术　/18
第 2 节　珠宝首饰设计艺术　/33

第1节 珠宝首饰销售艺术

学习单元1 珠宝首饰涉外服务

学习目标

➤熟悉不同国家、不同民族的文化习俗。

➤掌握珠宝首饰涉外销售接待服务礼仪。

知识要求

一、珠宝首饰营业员涉外接待礼仪

珠宝首饰涉外销售服务中，由于各个国家和地区以及各个民族不但语言不同，文化背景、风俗习惯和宗教信仰也不同，因而在称呼、语言习惯和谈话话题等方面有许多不同之处。因此，涉外销售服务人员应该了解不同国家、不同地区、不同民族的语言、习俗或礼仪，以便在整个接待工作中符合不同国家和地区以及不同民族的风俗习惯，从而使各方来宾都能感受得到尊重和友好接待。

1. 外宾称呼习惯

在涉外销售服务中，初见面时首先需要注意的是称呼，称呼准确恰当，会给外宾留下良好的第一印象。

在涉外销售服务交往中，一般对男子统称“先生”；对女子要根据婚姻状况而定，对已婚女子称“夫人”或“太太”，对未婚女子称“小姐”，对婚姻状况不明的女子称“小姐”或“女士”。在西方国家，凡举行宗教结婚仪式的人，都习惯在无名指上带一枚结婚戒指，男子戴在左手，女子戴在右手，所以，对外宾的称呼可依此而定。

知道外宾的姓名、职衔、学位时，可与“先生”“夫人”“太太”“小姐”“女士”搭配使用。例如，“史密斯先生”“尤里夫人”“议员先生”“上校先生”“护士小姐”“秘书小姐”“教授先生”“布朗博士”等。此外，在日本，对妇女一般称“女士”“小姐”；对身份高的妇女，如女议员、女医生、女律师、女教授、女演员、女记者等，也称“先生”。

对地位较高的政府官员（一般为部长以上的高级官员）和外交使节，根据不同国家的习惯可称“阁下”、职衔或“先生”，以示尊重。例如，“部长阁下”“大使先生”等。但是，美国、德国、墨西哥等国没有称“阁下”的习惯，一般称职衔或“先生”。另外，对有地位的女士可称“夫人”，对有高级官衔的女士也可称“阁下”。

对医生、教授、法官、律师以及有博士学位的人士，均可单独称“医生”“教授”“法官”“律师”“博士”等，同时也可加上姓氏，再称“先生”。例如，“彼得教授”“艾伦医生”“法官先生”“律师先生”“博士先生”等。

对军人一般称军衔，或军衔加先生，知道姓名的可冠以姓与名。例如，“卡特少校”“上校先生”“托尔曼中尉先生”等。有的国家对将军、元帅等高级军官也可称“阁下”。

对服务人员，一般称“服务员”，知道姓名者可单独称名字。但是，现在很多国家越来越多地称服务员为“服务员先生”或“服务员小姐”，以示尊重。

凡与中国有“同志”相称的国家（如朝鲜等），对各种人员均可称“同志”，有职衔的也可在姓氏后直接加职衔。

对教会中的神职人员，一般可称教会的职称，或姓名加职称，或职称加姓名，或职称加“先生”。

阿拉伯人一般用“先生”“女士”作常用称呼。有时敬称老人为“阿蒙”（大叔）。当主客彼此熟识后，他们会以“艾霍那”（兄弟）、“艾民”（我的眼珠）来彼此称呼，以示亲切。

非洲人把自己的父母看做是最可爱的人，为了表示对客人的尊敬，他们常称客人为“爸爸”“妈妈”。

如果接待的是日本人，还应注意两点：一是不可对任何男士都称“先生”，在日本，“先生”一般只用来称呼教师、医生、国会议员与律师，其他均以“某某桑”相称；二是日语中有与汉语“你”相应的字，但一般只用于夫妻之间或长辈称晚辈，因此提及对方切不可用“你”而要说“某某桑”。

2. 涉外交流习俗

外国的语言习惯，诸如问候语、礼节性用语，还有语序、打招呼等，与中国差异很大。和外宾交往，还要了解如何选择适宜的谈话话题，如果稍有疏忽大意，就很有可能无意中冒犯了对方。因此，涉外销售服务中对外宾切不可想当然行事，否则会闹出笑话甚至不愉快，严重的会引起外交纠纷，影响国家形象。

（1）问候用语习惯。外宾日常使用的礼貌用语很多，诸如“您好（你好）”“请”“谢谢”“对不起”“打扰了”、“再见”“见到你很高兴”等，都是很平常、不离口的礼貌用语。

除此以外，外宾还有下列语言习惯：

见面时，一般先说“您好（你好）”“早安”“下午好”“晚安”“你好，见到你很高兴”“一切都顺利吗?”“好久不见了，你好吗?”“亲爱的”等问候语。此外，见面时不要问“你吃饭了吗?”“到哪里去?”中国人见面时，常问“你吃饭了吗?”以此表示问候致意。不管什么时间，对方回答了“吃了”或“还没吃”，双方便点头而过。这个习惯，西方人很不理解，外宾不但不用这些话来问候别人，而且认为这样说是不礼貌的。西方人认为，如果你问对方吃饭了没有，就意味着你想邀请他去就餐或吃点东西，如果他回答“没吃”却又得不到邀请，他便会因此而生气。如果你问他去什么地方，他会认为你干涉了他的私事。

分别时，常说“很高兴与你认识，希望再有见面的机会。”“对不起，失陪了。”“再见，祝你旅途愉快，一路平安。”“请向朋友们问好!”“请向全家问好!”等道别语。

对新结识的人，说“认识你很高兴!”“你喜欢这里的气候吗?”“你喜欢我们的城市吗?”等问候语。

在问候时，“你”与“您”的用法，应当加以区别。英文中没有“您”字，而中文、德文、俄文等语言中则有“您”字。一般来说，问候“你好”，表示同对方的关系亲密而友好；问候“您好”，则主要是出于尊重，表示同对方的关系或是尊卑有序，或是比较一般。假如你问候一位与你年龄阅历相仿的老顾客时说“您好!”反而一下子就把你同他的关系疏远了。

（2）直接表达，避免客套。在日常生活中，中国人往往出于礼貌而有不少礼节性习语。例如，在受邀用餐时，主人请你多吃一点，你却说“吃饱了”，待主人一请再请，你才动手开口。而在欧美人家中，主人请你喝饮料、吃点心，如果你确实又饥又渴却要说“不饿，不渴”，那么主人是不会多次请你的，因为他们会将此话当真。另外，中国人往往说些“有空请到我家喝茶”或“在这儿吃饭吧”之类的客套“虚话”，在英美人听后又以为这是实实在在的邀请，因此，为了避免误会，在与欧美人交谈时，应注意“实话”直说，“虚话”不说。

（3）注意说话内容的先后次序。中国人往往先说明请求的原因，然后才提出正题，这与西方人的习惯恰恰相反，由于这个差异，中国人的请求在西方人看来往往过于烦琐、不着边际。例如，欧美人接电话，先自报企业名称：如“这里是××珠宝首饰，我们能帮你什么忙?”待对方说明要与谁对话时才问：“我可以知道你的姓名吗?”而中国人接电话往往先问：“喂，哪里?”接下来可能会问：“你是谁?”或“你要找谁?”因此，在与欧美人电话交谈时，切忌这种开场白；否则，欧美人会觉得你不礼貌而挂断电话。

（4）问年龄很有讲究。中国人问老人的年龄，习惯用“您多大年纪了?”“您老高寿?”

听到这类问话，老人往往会很高兴地回答你，因为这类问话很有礼貌。但是，如果你直接去问一个外国人的年龄，他会很不愉快，认为这不礼貌，也是对他的不尊重。如果需要问外宾年龄时，你应面带笑容，客客气气地说：“××先生，我可以问一问您的年龄吗?”如果外宾高兴，他会马上回答；反之，他会回避这个问题，这时你就不要再追问了。对外国女士或小姐，问年龄尤其要谨慎。

(5) 注意上厕所用语要文明。中国人上厕所时，习惯说“上厕所”“方便一下”等，但在国外，人们却不这样说。在美国，男厕所称“男士室”(Men's Room)，女厕所称“女士室”(Lady's Room)，上厕所有很多说法，但都避讳“厕所”二字，而是用“我想洗洗手”“请稍候”“请原谅我耽误您几分钟”之类的话来代替，话语一出口，彼此理解。

(6) 注意话题的选择。同外宾交谈，最好选择外宾普遍喜欢又了解的话题。如体育比赛、文艺演出、电影电视、风景名胜、旅游度假和烹饪小吃等方面的话题，大家都会感兴趣，这类话题能使人轻松愉快，会受到普遍欢迎。此外，还可选择双方熟悉的话题。

3. 同外宾交谈时值得注意的话题

(1) 拒绝过分的关心和劝诫。中国人讲究关心他人比关心自己更为重要，而外宾则强调个性独立和个人至上，因此，中国式的善意的关心和劝诫不能滥用于外宾。如果你提醒外宾“天太凉，该加衣服了”或者建议为购买的首饰重新配一件更合适的服装，显然，你是出于好意，而外宾则会认为你是粗暴地干涉了他的自由。

(2) 避谈个人的私生活。西方社会是以高度重视个人利益和权利为特征的社会，每个人都希望自己的权利得到他人的承认，同时也尊重别人的权利，西方人是不喜欢别人问及他们私生活的。因此，在与外宾交谈时，不能询问或谈论他们的年龄、婚姻、家庭、履历、经济收入、住址、财产、生活习惯等私事。这些话题在中国人的交谈中是屡见不鲜的，而外宾则认为是涉及个人的私生活或个人隐私，因而是不能忍受的。

(3) 不可涉及令人不愉快的事情。健康与疾病、衰老与死亡、惨案与丑闻、色情故事、讨厌的丑闻等方面的话题，不仅格调庸俗、低下，而且会令人不愉快，所以不宜谈及。如中国人相见时，往往互相问候对方身体状况如何；而外宾则不愿谈论这种话题。如果你与外宾讨论、分析以上问题，将会被外宾看做是失礼的。

(4) 杜绝谈论他人的长短。在外宾面前谈论其他品牌首饰不好，传播小道消息，议论同伴的邻里长短、单位中的人际纠葛、女士的美丑和胖瘦、路人的服饰与发型，讥笑或讽刺他人等，都是非常无聊的。这样的人会被外宾看做是缺乏教养和不务正业。

(5) 不得涉及宗教信仰、政治主张和当事国的内政等方面的话题。有关宗教信仰、政党、思想等方面的观点和话题，包括国际、国内有争议的领土或民主独立、经济纠纷、核问题纠纷等方面的内容都不应该作为与外宾交流的话题，也包括一些有关政治、军事领袖人物方面的内容。

在涉外交谈中还应注意，如果万一谈到了外宾反感的问题，应该表示歉意，并立即转移话题。对外宾不愿意回答的问题，不要追问，更不能究根问底。

二、部分国家的文化习俗忌讳

不同国家、地区和民族有不同的文化习俗忌讳，涉外营业人员要在服务中避免不同国家、地区和民族忌讳的颜色、数字、动物和植物方面的事或物，特别是在首饰推荐中要避免这些忌讳的款式或造型，同时也要注意行为语言的忌讳，避免因此而被外宾认为不尊重、不礼貌，造成销售服务的失误。

部分国家的文化习俗忌讳见表 2—1。

表 2—1　　部分国家的文化习俗忌讳

地区	国家	忌讳的颜色	忌讳的数字	忌讳的动物或植物	常见忌讳的手势与行为
亚洲	日本	绿色、紫色	4、9	荷花、山茶花	忌给别人敬烟
	韩国	黑色、灰色	4、13	韩国国花木槿花，禁止采摘	接受礼品时忌当场打开
	新加坡	黑色、紫色	4、7	乌龟	①忌不文明的行为 ②忌双手叉腰 ③在商业上反对使用如来佛的形态和侧面像 ④在标志上禁忌使用宗教词句
	泰国	褐色	6	茉莉花	①忌用左手与别人接触 ②忌接触别人头部
	印度尼西亚	无特别忌讳颜色	4、13	乌龟、老鼠	①忌左手触碰别人头部 ②忌讳用左手递接物品
	印度	白色、黑色、灰色	1、3、7	乌龟、白色百合花	忌讳用左手接物品或接触他人
	马来西亚	无特别忌讳颜色	13	狗	①忌用左手递接物品 ②忌左手触碰别人头部
	菲律宾	茶色、红色	13	乌龟、鹤	①忌用左手递接物品 ②忌左手触碰别人头部

续表

地区	国家	忌讳的颜色	忌讳的数字	忌讳的动物或植物	常见忌讳的手势与行为
中东地区	以色列	黄色	13	猪	①忌用左手递接物品 ②忌左手触碰别人头部
	伊朗	蓝色、粉色等被认为是消极的颜色	13	猪	①忌用左手递接物品 ②忌左手触碰别人头部
	沙特阿拉伯	蓝色、粉色等被认为是消极的颜色	13	猪	①忌用左手递接物品 ②忌左手触碰别人头部
	阿联酋	粉红色、黄色、紫色	13	猪	①忌用左手递接物品 ②忌左手触碰别人头部
美洲	加拿大	黑色	13	白色百合花	禁止用食指指点交往对象
	巴西	紫色	13	紫红花	禁忌用“OK”手势
	墨西哥	黄色、红色	13	蝙蝠	忌讳相互不熟悉的男人握手或亲吻
大洋洲	澳大利亚	黑色	13	黄色菊花、兔子	①禁止用食指指点交往对象 ②忌用左手与人握手或递接物品
欧洲	英国	墨绿色	13	百合花、黄色菊花	①忌用手拍打别人 ②忌用右手拇指和食指构成“V”形时手背向外
	法国	黄色、墨绿色	1、13	黄色菊花、牡丹花、杜鹃花、水仙花	①接受礼物时应当面打开，不当面打开视为对送礼者的不尊重 ②拇指朝下指表示“差”或“坏”
	德国	红色、红黑相间之色	13	玫瑰花、蔷薇花	①忌四个人交叉握手 ②忌用“纳粹”式的方式与人打招呼，即身体立正，右手向上伸直，掌心向外
	意大利	紫色	3、13	菊花	①忌拒绝他人的宴请 ①忌讳用手帕送人
	瑞典	黄色、蓝色	13	蝙蝠	①忌当众擤鼻涕或清洁鼻孔 ②忌讳陌生人询问他们的政治倾向和年龄
	俄罗斯	黑色	13	黑猫	①忌用左手与人握手或递接物品 ②交往中切忌用肩膀相互碰撞

续表

地区	国家	忌讳的颜色	忌讳的数字	忌讳的动物或植物	常见忌讳的手势与行为
非洲	埃及	黑色、蓝色	13	猪	①忌用左手递接物品 ②忌左手触碰别人头部
	南非	黑色	13	受到种族、宗教、习俗的制约，南非的黑人和白人所忌讳的动植物不同	①忌用左手递接物品 ②忌讳外人对其祖先的言行举止表现出失敬
	苏丹	黑色	13	狗	①忌用左手递接物品 ②忌讳有人随便与他们国家的女人交谈、握手或接触
	尼日利亚	红色、黑色	13	猪	①忌用左手递接物品 ②忌用食指人，表示挑衅

学习单元2　珠宝首饰搭配艺术

学习目标

➢掌握珠宝首饰的搭配艺术。

知识要求

一、珠宝首饰服装搭配艺术

首饰除了要与个人的身材、肤色、体型和脸型搭配之外，与服装的组合也十分重要。此外，还要注意男女首饰的搭配习俗。不合适的首饰佩戴搭配，甚至会造成不礼貌的穿戴或引起不雅的感觉。

佩戴珠宝首饰还应该讲究场合。不同的场合佩戴适宜的首饰，既是社交礼仪的规律，也能把佩戴者的气质和品位衬托出来，更能显示出珠宝首饰的高贵和审美情趣效应，反之，即使全身上下珠光宝气、价值连城，也只能给人一种庸俗的感觉。同时，不合时宜的佩戴也是对他人的不尊重和缺乏交往诚意的表现。

此外，性格外向的人可选择瑰丽奇幻、光彩闪耀的首饰；内向的人则最好选择内敛、淡泊的款式。不考虑性格佩戴首饰就等于失去了灵性，失去了魅力。

1. 珠宝首饰与服装的搭配

如果是穿着牛仔装等粗犷休闲造型装束，皮绳穿的项链或手环非常适合，纯银与半宝石的宽边手镯或多串细手镯与皮绳、彩色线绑成的手环饰品，都是十分休闲的设计。

穿着柔软细致的布料或紧身衣裙时，腰间与颈间可以佩戴精致的金属链、珍珠项链，再加上小巧精致的单颗钻石耳环或珍珠耳环，能表现出飘然优雅的一面；或者采取简约的都市化穿着，在颈间挂上由金银贵金属打造的流线型项圈，而其他首饰可分别变化，如同款的手镯、中性方形钻戒、衣领的几何形胸针等，也能显示典雅优美的风采。

穿着面料挺括的服装时，如西装套装，胸针是最佳的搭配。几何线条的胸针看起来有型而不做作。

根据服装的领型不同，又可分不同的配饰法。流行的 V 字领最适合华丽有坠饰的项链，其实它可以搭配各种形状的颈链，但戴 V 字项链时，长度最好不要超过领口；穿帆船领服装时，链坠要避开领口与颈部肌肤相接的部分，这样才不会有重叠且不佳的搭配效果；至于穿高领服装时，唯独不适合太紧的项链，其他各式项链的戴法都适宜，特别是配长形链十分出色，因为服装布料会加宽颈部的尺寸。

2. 宝石色彩与服装色彩的搭配

宝石的色彩要完美地融合到服装的彩色中，才会产生好的点缀效果。最简单的搭配方法，就是选择与宝石同色系的衣物。衣服的明度或彩度比宝石的略低就可以突显宝石的光彩。

二、珠宝首饰不同性别的搭配艺术

不同性别的人应该佩戴不同的首饰，既是社交场合当中的必要礼仪，也符合文化习俗的要求。当然，进入 21 世纪以来的社会是一个多元化的社会，每个人对珠宝首饰的审美观点是多样化的。但在公众场合，或针对珠宝首饰营业员推荐首饰而言，还是应该了解一些得到消费者普遍认同的规律。

1. 女性珠宝首饰的搭配

（1）女童、少女。女童、少女用红珊瑚打扮，其稚嫩可爱之处可以得到突出。少女到 18 岁开始有社交活动，并出入一些正式的隆重场合，少女佩戴水晶或透明亮丽半宝石饰物装扮自己，可以显得既纯洁又美丽；佩戴象牙、珍珠项饰或纤细的金项链很合适，显得淡雅、娇美；以蓝宝石、绿宝石镶嵌的K金项链也可以佩戴，显得清丽秀气；佩戴红色宝石镶嵌的首饰会显出勃勃生机来；选择五颜六色的其他宝石镶嵌的项链，会把少女衬托得神采奕奕、个性鲜明；少女佩戴过于冷色调或粗犷的首饰往往会给人不和谐的感受，是缺乏文雅的表现，缺少了天真，多了些叛逆，甚至会给人一种性格孤僻的感觉。女孩也可以佩戴俏皮可爱样式的动物形链坠、别针或小花戒指，显得活泼又可爱。

（2）年轻女性。年轻女性对于链坠的选择，以生动、灵巧的挂件为主，如鸡心锁片、鸡心像盒、抽象的几何图案挂件。如果佩戴珍珠项链，未婚女子一般只戴一串就可以了。总之，青年人肤色润泽，并且朝气蓬勃，以选择颜色鲜艳明亮、款式新颖的首饰为主。另外，因为珠宝与年龄的协调关系，青年女子，特别是少妇，尽管经济上不宽裕也要佩戴与年龄、身份相符的珠宝。非重要场合不要显得太豪华，它会引起周围人的猜忌与嫉妒，而适时佩戴昂贵的首饰是聪明的，但在一般工作、生活、学习场合的年轻姑娘珠光宝气则易流于庸俗。

（3）中年女性。人到中年适宜佩戴中高档、深色宝石，如翡翠、绿宝石、珍珠、蓝宝石、钻石首饰，戴上后既显得年轻，又显得端庄，给人以尊严感。反之，如果佩戴档次较低的珠宝首饰，则易被人轻视、怠慢。因为这个年龄佩戴珠宝首饰，不再是只起装饰作用，而且还有其社会意义，即表明一个人的经济状况、社会地位或品位。项饰的佩戴，可以是翡翠的、松石的、宝石的、珍珠的；如果佩戴K金链，需要加坠饰，坠饰的选择以规则、庄重的款式为好，如翡翠坠饰、钻石镶宝坠饰。总之，中年妇女以佩戴工艺性要求高、款式简约又奢华、质地高档的首饰为原则。

（4）老年女性。老年人一般都喜欢朴素一些的装扮，可以佩戴款式传统经典、工艺精湛的金银首饰，或色泽凝重的镶嵌宝石首饰。其中金银首饰尤其以东方老年妇女最喜欢佩戴，像赤金耳环、金手镯、金戒指等。欧美国家老年妇女则喜欢在胸前别上一枚鲜艳的胸针，以表现她们开放而年轻的心态。

2. 男性珠宝首饰的搭配

男性佩戴首饰也越来越成为一种时尚，男性常用的首饰是项链、戒指。

（1）男式项链。男式项链要求造型粗犷、厚重、有力度，体现男性阳刚大气的气度。一般而言，男式项链比较粗，花纹图案比较简单，大多采用方、圆、角等简约的几何图案造型，而不是花式造型。线条流畅凝重，切忌细腻与雕琢，这一审美观念，正好同女性相反。

男式项链的材质大多采用黄金、铂金，在闪烁的光芒中显示爽朗的阳刚之气，如果采用骆驼骨链或者螺贝链，则更能映衬古代龙虎武士般的强悍气质。男式黄金链，一般只有机制链和马鞭链两种。

机制链在国际男式首饰市场上十分流行，由机器将K金材料拔丝扭成，断口为圆形或正方形，规格有三环套、五环套等多种，链径一般为3～5 mm。由于男性皮肤相对粗糙，因而机制链的粗犷造型更能体现勇武的男子汉风采。

马鞭链外观类似马鞭，由单股或三股金丝扭合成马鞭状链环，然后节节套接而成。马鞭链加工成本比机制链略有提高，更富有少数民族气息。

男式骨链加工要求很高，特别是光洁度要求也较高，常琢磨成佛珠形，长圆筒形或者长方形，也有横穿的长圆锥虎牙形的老虎链，更能显示男人刚毅果断的气质。

男式项链的挂件造型远没有女式项链丰富，只有鸡心形、方形和十字架形三种。

鸡心形用于镶嵌古堡美人的玉照，富有骑士风采。有的时尚男士，则在鸡心挂件中嵌一束意中人的秀发，也十分别致。

方形挂件显示男人性格有棱有角，表现了绝非圆滑的处世态度，挂件中可以嵌自己童年的照片和崇拜偶像，或者嵌入龙、虎、狮、蛇等凶猛威武的图腾。

十字架则带有浓厚的宗教色彩，有嵌如来、弥勒或大佛的，借以表达自己的信仰，祈求平安、万事如意。这类挂件，尤以自视“仕途凶吉难测、行业风险极大”的商人群体中最为普遍。

(2) 男式戒指。男人手指关节很粗，为了突出男性雄壮的体格和勇猛的气质，男性戒指的要求是厚、重、阔、大。一般戒面宽度不小于3 mm，特别是身高体胖的男性，更要求戒面的阔度达到8～10 mm，这样才能同粗壮的手指关节相称，重量一般在7 g以上。总之，女戒美在细而窄，男戒美在粗而阔。

男性黄金戒指，有海军戒、佛手戒、名字戒和宝石戒四种。

1) 海军戒。戒面为5∶3的长方形，表面为平板或者刻有一轮红日从海浪中涌起的花纹，有的干脆就雕上一头大鲸，给人以英勇、雄浑、威力的印象。

2) 佛手戒。戒面有长圆形图案，有的还铸有一个佛字，戒面宽而背柄窄，造型流畅而富有变化，给人的印象是机警果断，深谋远虑。

3) 名字戒。名字戒融审美与实用为一体，戒面为正方形或者3∶2的长方形，四边为不倒角，这是它同海军戒的最大区别，戒柄也比海军戒宽。名字戒在订制的时候，通常在戒面上铸有自己的名字，可以作为图章使用。

4) 男式宝石戒。男士宝石戒目前十分流行，宝石戒面常琢成大底锥的锥形，而不是女戒的葡萄形、半圆球形或者65面体的维多利亚形，造型尽量简洁厚重，这是男戒基本的美学要求。男性选择的戒面宝石，多为无色或深色。无色的宝石有钻石、锆石、托帕石、水晶，深色的有蓝宝石、祖母绿、深红石榴石等。其他一些宝石，如星光红玉、月光石、猫眼宝石、蛋白石、鲜嫩的紫水晶、尖晶石、翡翠，阴柔之气太浓重，不宜选作男戒宝石。总之，鲜艳颜色、大红大绿的颜色，那些偏重女性色彩的款式，男性最好不要选择。

三、珠宝首饰不同场合的搭配艺术

1. 晚宴、晚会场合的首饰佩戴

晚宴、晚会一般都比较隆重、富丽豪华，着装多是华丽的晚礼服，因而佩戴的首饰也应与服装和气氛场合相一致。庄重正规的宴会上应该佩戴华丽、传统、庄重的珠宝首饰，而且以材料、款式统一的套件为好。豪华的晚宴可以佩戴四件套、五件套，只要与服装、气质相协调，就能充分展示首饰的美，能倍增自信，光彩照人。除了套件首饰外，与服装配搭得体的各种类型首饰都可以选择。如一条三串式的珠链，粒粒珍珠浑圆晶莹，配上一个长方形的两颗水滴形红宝石做主石，伴以“小钻”构成的典雅耳饰，尽管显得传统，但却有着独具的高贵感，再配上红宝石或蓝宝石与钻石镶嵌的戒指，在晚会上显得华贵、雅致而得体。还有羽形嵌珠宝的豪华项饰，会使佩戴者在晚会上抢尽风头。

2. 舞会场合的首饰佩戴

舞会是娱乐交谊的场所，应该打扮得引人注目、风姿绰约，去赢得较多的社交机会。现代舞厅室内环境的设计柔和，各种旋转的五光十色灯光产生强弱对比，加强了节奏感，同时闪动的灯光能极好地把钻石首饰光彩表现出来，映入人的眼帘，与舞会的气氛相协调。因此，以佩戴白色的独钻或“碎钻”群镶的首饰，或“碎钻”和浅淡颜色透明亮丽的宝石镶嵌的珠宝首饰为好。如由一颗颗闪耀的小钻石紧密串联一起构成的白金钻石项链、耳饰、手链、胸链或独钻戒指。钻石特有的折光性能，把无论来自任何角度的光线，折射出耀眼的异彩，如夜空中的群星般迷人，与舞动者的优美身段和华美的裙衫相配合，无疑会让女士们大放异彩。

3. 丧礼场合的首饰佩戴

参加丧礼时衣着要朴素，一般多用没有光泽的深暗色面料为宜，色彩鲜艳或袒露过多的服装是失礼的，以佩戴白色或黑色珍珠首饰为宜。粒粒珍珠酷似人的泪珠，很适合丧礼的气氛。如佩戴图案复杂、色彩鲜艳的首饰，显然与悲哀、肃穆的气氛极不协调。早期欧洲普鲁士王室就有规定，参加丧礼时的衣着只允许黑白两种颜色。除珍珠之外，还可以佩戴煤玉、黑玛瑙等，也与当时的气氛协调一致。

4. 职业场合女性的首饰佩戴

职业女性在办公室佩戴的首饰，以简单大方为主。首饰的款式要简洁，色彩要淡雅，但材质要好。所佩戴的首饰质地高雅，虽不如晚宴上用的首饰那样耀眼夺目，但却能显出职业女性的成熟与作风。首饰的佩戴以不妨碍工作为原则，如佩戴项链常会因为过长被桌角勾住而影响工作效率，或项链的坠子太长，挂在正面可能妨碍工作或被弄坏，以至于为方便把坠子放在背后，这样都显得不得体。此外，佩戴耳饰也以佩戴耳钳为好，免得长长的耳坠摆动不符合工作时的打扮，不仅看起来不庄重，还会引起别人的非议。佩戴戒指时要选择线条流畅、造型简洁的线戒或嵌宝戒为好，但镶嵌大块高档宝石的戒指不宜出现在工作场合，它显得过分豪华，而使人对佩戴者的工作能力持怀疑态度。总之，职业女性的首饰佩戴，格调要高雅，搭配要有品味，表现出职业女子的练达与潇洒，可佩戴斯文有质感的首饰，通常可选择一些心形、小花形等；而年轻穿职业装的女性，佩戴各种精致的几何图形、卡通图形是较好的选择，但不可以选择夸张的款式。

有些职业对首饰的选择有更大的制约作用，如医务工作者在工作时不可以佩戴首饰，以免影响卫生和诊断工作；教师在课堂上不宜佩戴光彩夺目的珠宝首饰，避免学生盯着老师光彩夺目的首饰而分散精力和忘记听课。相反，在业余生活中，医生和老师应该把自己打扮得漂亮些，尽情地选用所喜爱的首饰，既能调节一下工作中紧张、严肃的气氛，又会使自己看起来温馨美丽、浪漫亲切。

5. 外出旅游休闲或上街购物时的首饰佩戴

外出旅游休闲或上街购物时，以佩戴清新、明朗、鲜艳活泼的时尚首饰最宜。因为这种场合很随意，佩戴时尚首饰使自己悠闲自得、逍遥自在，同时休闲时装的随意、艳丽、潇洒与时尚首饰是最好的搭配。而华美昂贵的、造型严谨传统的珠宝首饰与游玩时的轻松、活泼环境气氛不符，如果佩戴起来不合时宜、不合场合，反而显得过分张狂，也会妨碍宽松的活动氛围。

除此以外，在首饰搭配的数量、色彩和质感方面，还应注意以下三点：

(1) 数量以少为佳。佩戴首饰时数量上的原则是以少为佳，不同类型的多件首饰佩戴在一起，让人眼花缭乱。若必须同时佩戴多种首饰，最好不要超过三种，此外除耳环、手镯外，同类首饰最好不要佩戴一件以上。当然，艳丽的新娘和艺人例外。

(2) 色彩力求同色。佩戴首饰的色彩要力求同色，切忌不要同时把几种色彩斑斓的首饰佩戴在一起，它们会相互冲淡彼此，更会带来混乱的效果。若同时佩戴两件或更多首饰，应使其色彩一致。佩戴镶嵌首饰时，应使其主色调、风格保持一致。

(3) 质感争取同质。若同时佩戴两件或两件以上首饰，应使其质地相同，如镶嵌首饰，应使被镶嵌宝石质地和托架质地力求相同，能使其从整体上看起来协调和谐，不至于让人感觉到差异过大而别扭。

学习单元3 珠宝首饰奢侈品服务

学习目标

➢了解珠宝首饰奢侈品的特性。

➢熟悉珠宝首饰奢侈品消费者的动机。

知识要求

一、珠宝首饰奢侈品的特性

1. 奢侈的概念

奢侈，源于拉丁词，意思是“过盛的”“多于正常生活的”，是一个充满感情的词。奢侈的官方字典定义是：非必需品，但能传达愉悦和舒适；昂贵的，难以获得的；华丽的生活环境，奢侈的居住环境（《美国传统英语字典》The American Heritage Dictionary of the EngLish Language第四版）。

20世纪以来，公认的奢侈品的反义词是必需品，奢侈成为描述商品、工业、客观事物的一个词，它变成了代表昂贵的、只有富人能负担得起的物品，代表质量卓绝的“上上品”。在关注商品本身品质的同时，奢侈品变成了价格很高，并体现高雅和奢华的东西，例如，“昂贵的珠宝和钟表”“豪华汽车”“豪华公寓”等。奢侈用来描述精英们的生活方式，他们购买的东西、居住的地方。像绰美、蒂芙尼、梵克雅宝、宝玑、伯格多夫古德曼、巴尼斯纽约（Barneys New York）和萨克斯第五大道百货公司（Saks Fifth Avenue）这样的供上层阶层购物的零售商业曾经在奢侈的范畴里。奢侈是专供富人享用的，拥有奢侈生活方式的“入门费就是一个富足的银行账户”。

在20世纪80年代中期，奢侈的定义方式从关注对事物的品质描述又回到了以体验为基础的视角上。“新奢侈”驱动着奢侈模式的转变——感知奢侈理念和那些可以负担得起的东西。与传统奢侈不同，新奢侈不再被理解为那些图标式的传统奢侈品牌，如宝格丽、卡地亚、御木本、劳力士、江斯丹顿、古驰、法拉利等。新奢侈常常和“奢侈的民主化”这一话题或“名牌大众商品”联系在一起，是指新潮的、可以负担得起的奢侈品。在奢侈品市场，真正标志新奢侈模式出现的是以消费者为中心的理念，人们把奢侈定义为一种体验或感受。换句话说，传统奢侈是关于某样东西的名词，新奢侈是关于消费者体验的动词，“如果它让我感觉好，它就一定是奢侈品”。从体验的角度看，奢侈都是有关消费者如何感受、体验奢侈的。例如，一家公司可能设计了一个产品，这个产品的每个特征都是这一品类中最好的，但是，如果产品的目标消费者不在意产品是否特别，或者是否具备该品类中最好的特征，那就没有理由把更多的钱花费在这些不提供什么额外价值的特征上。

2. 珠宝首饰奢侈品的特征

传统珠宝首饰奢侈品的本质特征见表2—2。

表2—2　传统珠宝首饰奢侈品的本质特征

①产品线上的所有首饰，从高价到低价，都一致地传递优质

②传统手工制作，通常是由最初的设计者完成

③可辨认的式样或设计，聪明的珠宝首饰消费者不需要看商标就知道它的品牌

④每件首饰都限量生产，保证首饰的专有性及可能产生的一个等候购买的消费者名单

⑤通过有限的分销和高价把营销计划建立在将情感诉求和卓越品牌首饰联系起来的市场定位上

⑥全球声誉

⑦在相关的首饰领域中，把一个公认的具有卓越的品牌首饰来源及独特美誉的原产国名字和首饰联系在一起

⑧每个首饰都有特别之处，尽可能多地增加功能。例如，一个并不完美的珠宝首饰，提供了一份独一无二的品牌品质担保书

⑨当首饰属于时尚密集型时，需要及时设计的创新能力

⑩体现该品牌创造者的个性和价值，当一个奢侈品牌能够传达社会地位和形象时，该品牌在整个首饰类别中就能够获得更高的市场占有率

描述珠宝首饰奢侈品的新词语见表2—3。

表2—3　描述珠宝首饰奢侈品的新词语

舒适	制作精美	更方便
昂贵	质量	外形漂亮
满足	设计	让生活更简单
不需使用	非必要的	最好的
过度的	声望/地位	感受的
独特的	没有后顾之忧的	有特权的
不一般的	想要的	放任的
手工制作的	愉悦的	难以找到的
有吸引力的	多余基本的	专有的/品味
特别的	生活的温暖	自由/个性

珠宝首饰企业可以通过两种基本方式来传递奢侈体验，在设计首饰商品的过程中适当地把首饰特征和个人属性结合在一起，把情感价值同奢侈品联系起来，以达到对奢侈体验的某种期望。

二、珠宝首饰奢侈品的购买动机

许多珠宝首饰奢侈品远离大众的直接反应就是变得更加高级，通过定价、有限发售以及其他一些类似手段让一部分珠宝首饰消费者得不到首饰或者让他们不能在一般珠宝店里购买。但是现在，由于对奢侈品的概念发生了变化，简单的高级或者更高级，都不能使珠宝首饰消费者产生共鸣，珠宝首饰消费者不会仅仅因为首饰商品更单调的高级而产生多大的兴趣。除了高级外，首饰商品必须具备更多的价值。

在“联合营销”最近的奢侈品跟踪研究中，高级和社会地位都是最不重要的珠宝首饰奢侈品购买动机之一。研究表明，珠宝首饰奢侈品消费者需要的是对他们而言是独一无二的东西，为他们度身定制的东西，能令他们显得独特、能表达他们个人风格和身份的东西。

珠宝首饰奢侈品的定位不是要剥夺一些人拥有某件贵重首饰、某个品牌或在某家高级珠宝商店购买的权力，而是将某件首饰、某个品牌或某家珠宝商店转变为针对某个人或某一类人而提供的独特的东西。传统和现代的奢侈品区别只是理念的不同，传统的是“请勿进入”，现代的是“只给最特别的你”。当那些独立、自由、排斥物质主义的社会新贵消费者慢慢统治奢侈品市场时，这种强调方式的转变极其重要，他们的价值体系极其抵触势力或者任何与势力有关的东西，如“唯我独尊”的概念。现代典型的珠宝首饰奢侈品成功的例子就是蒂芙尼珠宝和宝格丽，包括施华洛世奇。

珠宝首饰奢侈品消费的动机调查如图2—1所示。

不管在珠宝首饰大众市场还是在高端奢侈品市场，珠宝首饰消费者总是愿意通过购买一些东西来获得对个人的肯定，特别是通过显示经济上的富裕和社会地位，反映对权力和欲望得到的满足，因此，珠宝首饰营业员应该永远可以把更多的“奢侈价值或奢侈涵义”加入到珠宝首饰商品中，最简单的方法就是提供卓越的个性服务，让你的消费者感觉到自己不同一般的特殊性。

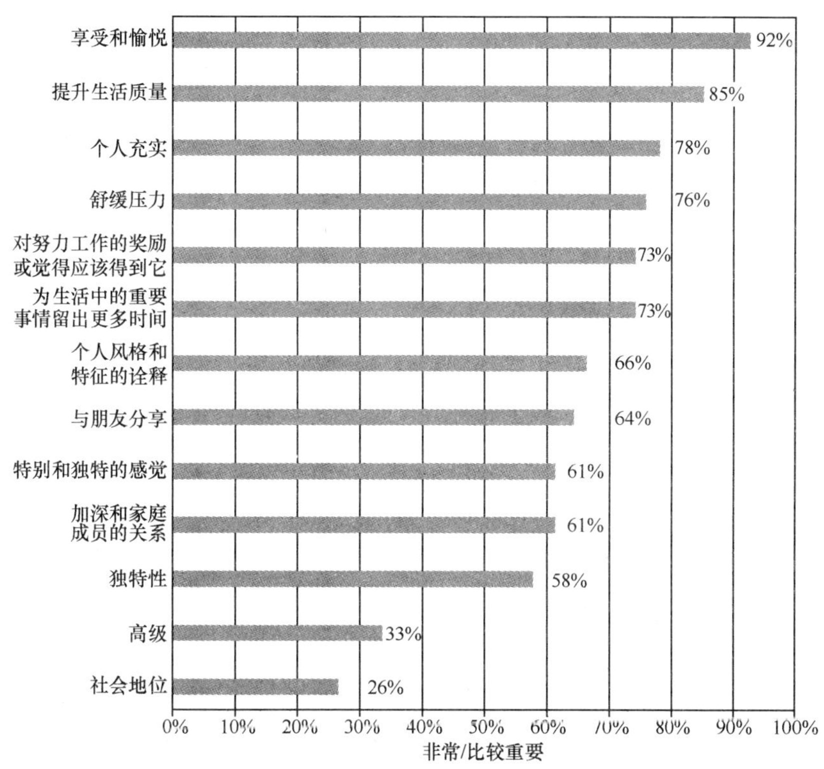

图 2—1　奢侈品消费的动机调查

第 2 节　珠宝首饰设计艺术

学习单元 1　珠宝首饰设计风格

学习目标

➢了解珠宝首饰设计风格。

知识要求

珠宝首饰是艺术和文明的载体，不同的首饰设计风格反映了当时人们的审美情趣和文化习俗风格，具有鲜明的时代特征和时尚元素。

珠宝首饰从设计制作艺术的角度分析，既有不同设计理念所代表的设计风格，也有不同国家和地区的艺术特征。

一、不同国家和地区的首饰设计艺术特征

1. 欧洲珠宝首饰的设计风格

欧洲的现代首饰设计风格极大地渗透出现代艺术的气息。或者更为准确地说，现代欧洲艺术萌生了现代首饰设计的风格。

受西方诸多艺术设计思潮的影响，在最近四五十年里，欧洲首饰设计尤其强调摒弃首饰代表身份财富的观念，提倡使用廉价材料，主张设计理念取代材质要素，使设计者个人的艺术观念在设计中起主导作用。

（1）意大利首饰。欧洲的意大利作为文艺复兴的发源地，首饰原创性强，充满想象力，工艺水平高超。现代意大利首饰设计善于与雕塑之间建立起内在联系，借鉴雕塑的手法进行现代首饰设计创作。意大利一些知名的首饰设计师被尊称为雕塑家，而有些雕塑家也同时酷爱设计首饰。意大利维琴察是全球著名的首饰生产基地之一，首饰设计水平首屈一指，尤其在黄金首饰方面，拥有世界顶级的设计和加工技艺（见彩图 2—1）。

（2）俄罗斯首饰。俄罗斯珠宝首饰大致是以公元 1000 年以来俄国制造的首饰为代表，虽然首饰风格受到拜占庭风格的影响，但仍具有自己的特点。特别是在花丝、凸纹制作（浮花）、錾花、景泰蓝、粒化和乌银等金属表面修饰工艺方面别具一格，如费伯格首饰中最为人们熟知的是蛋形吊坠，外表像一个小小的蛋，可以悬挂在项链上，用黄金制作并用烧蓝和宝石装饰（见彩图 2—2）。

（3）法国首饰。法国作为全球时尚之都，珠宝首饰一直保持着奢华的经典风格，是众多的国际品牌珠宝和设计师的发源地，如梵克雅宝、卡地亚等。

（4）德国首饰。第二次世界大战后，德国（当时的西德）、英国、荷兰、奥地利、瑞士等国的许多首饰设计者在运用材料方面开始新的探索，尝试采用一切可能的非传统的材料来表达设计理念。在设计风格方面，许多设计者深受 20 世纪六七十年代流行的荷兰抽象画派之影响，充分展示了源于抽象画派美学思想的一种形式上的精炼简洁的追求（见彩图 2—3）。

2. 亚洲珠宝首饰的设计风格

东亚及东南亚地区的珠宝首饰有着强烈的民族风格和鲜明的艺术个性。在意境上大多追求圆满、丰富的心理意象，往往在形式和结构上以各种形象充实着，追求浓密的形、色组合，注重造型对称。造型中心大多以某一种形象为主，其他形象围绕中心按主次关系组织排列，呈现出热烈的艺术气氛，体现了东方人特有的审美意象（见图 2—2）。

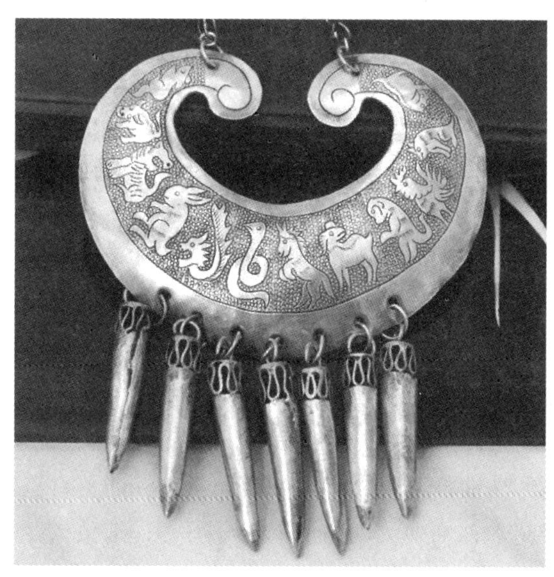

图 2—2　泰国工艺品

南亚地区的黄金工艺历史悠久，受到中国西藏和印度首饰风格的影响，其中缅甸、柬埔寨和越南等地的首饰最具有特色，常常以多股珊瑚、绿松石、沉香等木材串珠并列形成项链，有的还装饰有浮雕的银饰，色彩鲜艳（见彩图 2—4）。

印度首饰（见彩图 2—5）有着强烈的民族特色，在意境上大多追求圆满、丰富的心理意象和浓密的形、色组合，大量采用子珠串和有色宝石，如红宝石、祖母绿等，坠饰和流苏使用频繁，许多首饰是由几部分组合到一起的；首饰品种多种多样，包括发饰、额饰、鼻饰、项饰、手链、护符、戒指、脚链、趾环等；烧蓝工艺和花丝工艺也非常普遍，其造型对称，造型中心大多以某种形象为主，其他形象围绕中心按主次关系组织排列，呈现出热烈的艺术气氛。此外，印度风格首饰含有宗教意味。

印度次大陆包括印度、巴基斯坦、孟加拉、斯里兰卡，但是在历史上，印度版图曾扩展到尼泊尔、缅甸、阿富汗等邻国，这些国家的首饰也受到印度风格的影响。

日本本土缺少宝石资源，日本人较少使用珠宝首饰。日本传统服装是和服，也不适宜佩戴项链、胸针等首饰。自公元前至近代，日本的珠宝首饰品种非常有限，主要是妇女用的发梳、发夹以及一些简单的耳环，男士用的悬挂在腰部的饰品，还有一些首饰盒等。第二次世界大战后，日本经济高速发展，日本人的消费习惯发生很大变化，对珠宝首饰的喜爱程度陡增。现代的日本以铂金首饰的设计、生产与消费而闻名于世，同时也生产仿宝石首饰。日本的珠宝首饰风格最大的特点就是艺术上的综合性。历史上日本人从未曾停止过对外来艺术的汲取，日本的首饰艺术受中国的影响很大，日本设计者从中国学会了漆艺和烧蓝技术，并将它们发扬光大，“日本”一词的英文名称“Japan”就是“漆艺”的意思。日本人还从中国发现了一种适合于他们精神气质的艺术表现手法——线条的装饰化运用，同时，又从西方艺术中得到了色彩的启示。线条的刚硬感和色彩的朦胧感，恰好吻合日本人敢作敢为和深沉忧郁的文化心理（见彩图2—6）。

3. 美洲珠宝首饰的设计风格

美洲各地区、各民族的首饰表现出风格迥异的特征，反映出各自不同的审美情趣、民族性格和地域环境。

（1）南美洲首饰。南美洲的首饰艺术主要集中在以秘鲁为中心的安第斯山区，使用的材料主要是金和金铜合金。首饰类型包括胸饰、鼻饰、耳饰、唇饰和面具等（见彩图2—7），多采用錾花、浮花、花丝及假花丝工艺，以人像或青蛙、鳄鱼、狐狸等动物造型为主，带有一定的宗教信仰功能。其中以写实主义风格著称的莫奇首饰是争奇斗艳的安第斯山首饰艺术中的一枝奇葩，首饰中的动物形象十分写实，细致入微，生动有趣，展示出莫奇人非凡的观察能力和表现能力；精美的齐穆金银首饰是安第斯首饰艺术的另一个杰出代表，常见的种类有胸饰、项饰、耳饰、面具、王冠等，齐穆文化的黄金首饰有两个显著的特点：一是善于以联珠纹加以装饰，二是喜欢镶嵌宝石，这两种装饰手法，丰富了黄金首饰的材质肌理，同时增加了作品的精美程度。

（2）中美洲首饰。中美洲的首饰设计主要代表是玛雅首饰（见图2—3），在中美洲今墨西哥东南、危地马拉、洪都拉斯及萨尔瓦多西部。玛雅首饰以翡翠耳饰、戒指、唇饰为最多，大多运用夸张变形的手法，古拙浑厚、造型洗练，充分显示材质肌理。与天文、历法等诸多方面表现一样，玛雅人的首饰也是完全为神服务的，因而，首饰风格与装饰图形、文字的风格比较统一，都表现出较强的宗教性质，深受宗教信仰和宗教观念的支配，完全体现宗教的意志，带有浓郁的神秘丰富色彩和宗教气息。

（3）北美洲首饰。北美洲首饰设计的代表是印第安人首饰（见彩图2—8），居住在北美西北海岸地区的印第安人的首饰艺术别具一格，常常使用绿松石、粉红色贝壳、珊瑚、青金石制作首饰，以常见的动物、植物为纹样，朴实无华。印第安人首饰骨雕和木雕作品巧夺天工，主要以传说中的神兽为描述对象，既非单纯的写实造型，又非完全的抽象几何造型，而是出于从模仿自然走向形式化过渡的过程中，既保留了动物形体的基本特征，也加入了本民族独特的审美表现手法和萨满教的信仰精神，即表现崇拜自然、万物有灵、渴望人神沟通并具有神的力量的风格。

图 2—3　中美洲玛雅首饰

4. 非洲珠宝首饰的设计风格

非洲历史悠久，是人类的发祥地之一，也是最早进入人类文明的地区之一。由于自然环境的影响和历史发展进程的制约，非洲首饰艺术保持了一定的原始特征，体现出古朴、稚拙、简洁、洗练和深沉的原始艺术气息，在世界范围内形成了独具一格的风格特征。非洲的首饰艺术，乃至其他的装饰艺术，以地处东北部的埃及最为重要，并自成体系，除此之外，其繁盛地主要集中在西非和中非。

埃及首饰（见彩图 2—9）设计风格是在“不灭”和“再生”的宗教信念和“为了来世”的美学观念的培育之下而发展的，埃及人“永恒”和“不变”的信念直接影响了其设计风格，即始终充满着静穆、庄重、浑厚和古老的风韵，同时伴随着浓郁的神秘主义色彩和宗教气息。在这一精神的指导下，众多珠宝品牌设计出精湛的埃及风格首饰作品。

西部非洲的贝宁王国大约形成于公元 10 世纪。到了 15 世纪，贝宁王国已经相当强大。在非洲首饰艺术史上，贝宁是最为悠久和发达的中心之一。贝宁的象牙雕刻面具是佩戴在胸前的，人们相信制作面具和祖先像能给人们带来幸运，保护部族免遭灾祸，并能预示未来（见彩图 2—10）。

综上所述，非洲幅员辽阔，部族繁多，在首饰风格上形成了各自不同的鲜明民族特征和地域风格。但从整体来看，非洲首饰艺术还是表现出一个共同的特点，首饰设计大多古朴，但在造型、色彩等形式上，表现出浓郁的现代气息，形成了敦厚、简洁、洗练的定型化特征，即强烈而奔放，鲜明而简洁，同时具有极强的艺术性和程式化的表现。如佩戴显示地位和荣耀的串珠项链珠光闪烁、华丽异常，串珠首饰由各色小圆珠穿连起来，呈现出方形、螺旋形、菱形的图案纹样，色彩鲜艳明快，图案简洁大方，具有普遍性。非洲部落的原始艺术在外界眼中总是充满了奇妙色彩和异国情调，它那稚拙、朴素和强烈的表现力在20世纪初装饰艺术运动时期还引起了欧洲艺术家们的注意，并对西方现代首饰的发展产生了相当大的影响。

5. 中国珠宝首饰的设计风格

中国是世界文明古国，民族艺术丰富。中国珠宝首饰的设计风格，技术精湛，独树一帜，可以分为贵金属首饰、宝石镶嵌首饰和以玉石为主的宝石挂件首饰设计风格。中国首饰设计以写实风格为主，寓意表达不同时代的不同主流文化思想。在贵金属首饰方面，工艺精致，最为常见的是耳饰、项饰、腕饰、头饰、冠饰及动物、植物造型的饰件，采用“花丝、鎏金、錾花、浮雕、镂镶、点翠”等精细工艺，图案丰富、色彩炫丽，以线条为设计元素，大量采用折枝花鸟或狩猎纹、宝相花纹、忍冬纹、连珠纹和异兽图形为主，大多具有吉祥如意、招财进宝、龙凤呈祥、喜庆延年，以及佛教色彩的祈福寓意；在镶嵌首饰和宝石挂件方面，大量采用翡翠、玛瑙、祖母绿、珍珠、水晶、红蓝宝石等色彩斑斓的宝石，与贵金属镶嵌一体显得庄重或雍容华贵、典雅或金碧辉煌。

现代中国珠宝首饰设计风格主要以欧美风格的时尚首饰设计风格为主，并采用现代工艺将中国元素融入首饰材料和造型设计中，表现中国的传统文化寓意，如陶瓷首饰、红木首饰等非传统意义上的宝石材质，融合中国传统文化的风格设计，极大地丰富了首饰的形式。特别是在玉石首饰设计方面，独有的玉石挂件首饰（见彩图2—11）和“金镶玉”的设计独树一帜。

图2—4 范克雅宝“中国红”系列首饰

中国珠宝首饰设计的风格在国际珠宝首饰设计的领域占有相当的影响力。2008年奥运期间，“卡地亚”采用“龙”为主题的造型，“范克雅宝”也采用了“中国红”为主题，设计了一套首饰，受到了全球首饰界的瞩目和欢迎（见彩图2—12和图2—4）。

中国珠宝首饰设计中各种不同的设计元素具有各自不同的设计寓意（见表2—4）。

表 2—4　中国元素在首饰设计中的寓意表达

造型	设计特征	寓意表达
动物、花卉造型	各种动物造型的首饰设计是典型的中国首饰设计风格之一。动物设计常在戒面、挂件、手摆件当中出现，寓意丰富 花卉形态的首饰设计或娇艳欲滴或清丽脱俗，也是首饰设计的典型风格，代表着不同的含义。花卉形态的首饰设计特别在女性耳饰设计方面表现得非常丰富	蝙蝠：寓意福到和福气
		鹌鹑、菊花和落叶一起，寓意平安如意、安居乐业
		壁虎：寓意必得幸福
		八爪鱼：寓意八方进财
		白鹭含花：寓意一路发
		蝉：寓意丰富，其中俗称“知了”寓意知道了，读书一听就会，功课进步；蝉挂胸前，一鸣惊人；蝉挂腰间，腰缠万贯
		蟾：蟾与钱的谐音，常见蟾口中衔铜钱，寓意富贵有钱；蟾咬钱，寓意钱滚钱；与桂树一起寓意蟾宫折桂、金蟾送宝。常有三脚蟾与四脚蟾之分
		大象：寓意吉祥。与瓶一起寓意吉祥平安；与如意一起寓意吉祥如意；走象寓意走向成功
		狗：寓意旺财
		龟：寓意平安或长寿，与鹤一起寓意龟鹤同寿，带角神龟即长寿龟龙龟，寓意长寿，荣归
		鸡冠花：上站蝈蝈或雄鸡，寓意官上加官
		怪兽与蝙蝠、铜钱、喜鹊一起，寓意福禄喜
		豆角：也称福豆、富贵豆，寓意四季发财或四季平安
		白菜：菜与“财”谐音，佩带翡翠白菜，寓意聚百财于一身，财源滚滚来；也寓意清白传家。还有一层意思是包生财，百财聚来
		瓜果：瓜生长成熟，能结出小瓜、大瓜，小瓜变大瓜，瓜又多子，用来寓意子孙延绵不断
纹样造型	回纹以一点为中心，用方角向外环绕	连续不断的回纹寓意着富贵不断头
	云雷文是以连续的“回”字形线条构成	
	谷钉纹是青铜器和古玉器常用的纹饰	寓意五谷丰登、生活富足
汉字造型	汉字是世界上体系最完整、结构最严谨的文字。在首饰设计中常用汉字作为首饰造型，在戒面、挂件中出现	汉字造型的首饰具有象形、指事、会意、形声、假借等多种手法的寓意表达，如福、禄、寿三字分别代表了福气、财富、长寿的寓意

续表

造型	设计特征	寓意表达
工艺品造型	扇	寓意着文化与知识的气质
	灯笼	寓意前途光明
	结	结，是彩带编结当中的一种造型。在首饰中常作为一种造型设计出现，或直接作为挂件出现。寓意结发、结盟、谊结同心
	茶壶	寓意福气满，五福临门，打麻将连着和
	长命锁	寓意祝愿孩子平安，聪明伶俐；而翡翠玉锁更能体现这种美好的愿望
	风筝	寓意青云直上或春风得意
钱币的造型	古钱	寓意钱滚钱
佛教造型	达摩	佛教常有达摩渡江、达摩过海、达摩面壁等造型。达摩面壁九年修行，有“面壁九年成正果，风风火火渡江来”的说法，寓意好运冲天
	佛	佛可保佑平安，寓意有福（佛）相伴和解脱烦恼。佛的造型常取材于大肚弥勒佛造型，是解脱烦恼的化身。其中开口便笑，寓意笑天下可笑之人；大肚能容，寓意容天下难容之事
	佛手	寓意福寿之意、横财到手、掌上明珠，也叫招财手
	观音	观音心性柔和、仪态端庄、世事洞明、永保平安、消灾解难、远离祸害、大慈大悲、普度众生，是救苦救难的化身，寓意平安消灾。常有“男戴观音女戴佛”的习俗
	莲花	出淤泥而不染，寓意圣洁、高尚、博爱

二、不同珠宝首饰设计理念的艺术风格

不同的设计理念有不同的设计风格。珠宝首饰不同设计理念的艺术风格见表2—5。

表2—5　首饰设计理念

类型	理念
古典风格	古典风格首饰以高超精细的工艺，采用昂贵的金银珠宝为材料，色彩绚烂华丽，结构繁复精致。中式旗袍的典雅衣领、神秘莫测的甲骨文字、雕梁画栋的明清建筑、古罗马的建筑装饰或浮雕都可能成为古典风格首饰设计的灵感来源。在造型上汲取古埃及、古希腊、古罗马、古中国的风格，与现代技术和材料相结合，使之既保留昔日的奢华风采，又具有它们新的时代简约特征

续表

类型	理念
自然风格	自然风格首饰体现了追求自然和原始的意境，使佩戴者产生返璞归真、回归自然的感觉。设计师用理想化的手法，寓形寄意，托物寄情，借自然事物表达了人们对美好生活的憧憬。生活中的花草树木、飞禽走兽都可以用仿生首饰设计体现出来。设计者不追求形象上的逼真，更倾向于外形上的“神似”，用简洁抽象化的造型给人以想象的空间，并刻意流露出手工加工的痕迹。自然风格首饰不仅仅是指具有自然物象造型的首饰，还包括线条简明、造型单纯、色彩纯朴的首饰，这类首饰具有柔和的曲线或规整的直线，呈现出清新、自然的格调，传递出安静、平和、纯真、和谐的自然感觉
现代风格	现代风格首饰是工业文明的产物。现代工业技术造就的标准化几何抽象图形和空间结构在首饰艺术造型上具有鲜明的特征。统一标准的点、线、面形成了现代首饰造型的基本元素，一系列几何形态简化了首饰造型的自然属性，将自然的多种形象浓缩到几种规则化的几何符号中。这种纯粹由几何图形构成的形式手法十分强烈而且鲜明有效，一方面适应现代机械化的生产特点，方便了大批量生产，另一方面呼应着现代人快节奏的生活方式和简洁精炼的审美诉求
前卫风格	前卫风格首饰代表了个性张扬的潮流，人的自我表现意识得到了空前的张扬，也称为艺术首饰或概念首饰。在艺术的表达上，更为关注自我的精神和情感的宣泄，首饰设计也呈现出表现主义的审美取向，淋漓尽致地表现出某种观念或意象，对思维、形象和蕴意等精神层面的追求，远远胜过对形式的创新。前卫风格首饰的特点是追求个性，讲究蕴意，非理性、隐喻、象征、雕塑感成为主角，大胆采用高科技非传统材料与制作工艺，强调夸张的对比
后现代风格	随着后现代主义的到来，人们对现代生活方式感到厌倦，开始萌生出一缕怀旧之情以及几许思古的幽意。首饰设计开始使用各种原始材料和传统图形作为设计元素，体现人们对传统的寻求和对自然的亲近。中国古代的彩陶纹饰、夏商的青铜图案、战国的漆艺造型、汉代的画像石（砖）以及中国陶瓷艺术、木雕工艺等都是首饰艺术可以在造型方面吸收借鉴的风格 这种吸收借鉴包括两种形式：第一是将古代的图案作为一种符号、一种元素或一种形式直接应用到现代的首饰艺术作品中，使首饰直接体现远古风格；第二是在理解古代图案造型的精神实质、审美内涵的基础上，运用这种精神、内涵来表现设计者自己的思想和信息，从而在首饰设计作品上创造出新的图案造型

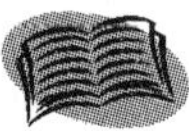

学习单元 2　不同珠宝首饰材料的工艺设计艺术

学习目标

➢了解不同珠宝首饰材料的工艺设计要求和艺术表现。

知识要求

首饰设计中，不同材料和工艺的使用，代表了不同时期的社会文明进程和技术进步。不同首饰制作材料形成了不同的工艺美术艺术特色，首饰的设计风格更需要不同首饰材料来表现，只有材料和工艺的配合，才能显示出首饰设计的艺术风格。

一、不同珠宝首饰材料的工艺设计艺术特色

1. 宝石的价值

宝石的价值是指宝石的美学价值和经济价值的总和。

（1）美学价值。宝石的美学价值体现在外在美和内在属性两个方面。

1）宝石的外在美。宝石的外在美包括质美和形美两个方面。质美是宝石某些性质（力学性质和光学性质）产生的感官视觉美，如颜色、亮度、透明度、质地纯洁性和特殊的光学效应（如猫眼、星光、变彩、伴色、变色等）。形美是指宝石的几何造型和工艺艺术美，是人们通过琢磨而创造出来的美（随形除外）。

宝石外在美应该是质美与形美的高度和谐统一，体现在设计中，就是要对不同性质的宝石采取不同的造型，以便最大限度地体现出宝石的外在美。

2）宝石的内在属性。宝石的内在属性包括罕见性、耐久性和天然性。

一般来讲，宝石设计中，既要尽可能地保存宝石的内在属性不变，又要充分揭示出宝石的外在美。宝石的耐久性和天然性与设计关系不大，但罕见性有时与设计有密切关系，因为宝石的罕见性包括宝石种类的稀有和宝石某些性质（如重量、奇异的光学现象）的罕见性，与设计有关的是后一种罕见性。

宝石的质美在设计加工之前，往往不能或不完全能表现出来，只有通过一定的造型设计才能完美表现出来，如猫眼石，只有设计成一定方位的凸面型宝石才能表现出逼真的“猫眼效应”。形美中的造型艺术美则完全由设计来决定，它首先应该服从充分体现质美的要求，在质美的前提下，才能造就造型艺术美，这一点与工艺品的设计有所不同。

在评价宝石的美学价值时，重点往往放在宝石的外在美上，因为这是感觉得到的，并且在很大程度上能反映出人们设计水平的高低。

（2）经济价值。首饰镶嵌用宝石的经济价值主要表现在对重量、颜色、琢型的综合评价要求，具体内容如下：

1）重量要求。宝石的重量对于大多数宝石，特别是高档宝石是一个十分重要的参数。一般情况下，在宝石设计中应尽可能地减少除去的量，或者说，保存尽可能大的体积（或重量）。这里所说的保存尽可能大的重量有两层含义：一是指单粒宝石成品尽可能大；二

是指一块宝石原石经切割琢磨后所获得的各粒宝石成品的重量总和应尽可能地大，即成品率尽可能高。大多数情况下，两种含义的重量都是十分重要的，前者对高档贵重宝石尤其重要。

对于钻石价值评价由于要综合考虑“4C”，即克拉（carat，重量）、颜色（color）、切工（cut）、净度（clarity）。从目前钻石设计的一般规律来看，设计中倾向于重点考虑切工，以获得最佳的“亮光”和“火彩”，同时兼顾重量。

2）颜色要求。宝石的色彩是天然的或由人工确定的，一般比较稳定，设计中无法改变。但色度在某些情况下，通过造型设计可以改变，原因是透明至半透明有色宝石的色度往往与宝石的厚度和粒度有关，厚度越大，色度越大，同样，粒度越大，色度也越大，反之则色度越小，但对微透明和不透明宝石意义不大。当然要注意一点，就是通过改变宝石厚度和粒度来改变色度，同时也会改变色耀度，即厚度和粒度增大，色度浓了，但色耀度却会降低，使颜色鲜亮程度降低，可见色度和色耀度在设计中是一对矛盾，既要颜色浓艳，又要颜色鲜亮，一般情况下难以做到，多数情况下是取二者的综合效果以达到最佳状态。

非均质体宝石大多有多色性，其中以二色性最常见。有明显多色性的宝石很少，常见的有红宝石、蓝宝石、碧玺、坦桑石和托帕石等。人部分宝石的多色性不易被人的肉眼所区分，因而在设计时可以不考虑；而对多色性明显的宝石，设计中有一个定向定位的问题，以便表现宝石最受欢迎的亮丽色彩。多色性显著的宝石定向，应以达到最佳的颜色状态为标准，即色彩纯正、艳丽，色度和色耀度高，色调均匀。

有些宝石原石，如蓝宝石、红宝石、碧玺、紫晶和海蓝宝石等，常出现色形现象，其表现为两种情况：其一是颜色分布不均匀，即在原石不同部位，色度和色耀度有差异；其二是原石不同部分的色彩或色调不同，形成色区。有时奇异的色形可以起到特殊的效果，使宝石价值因此而提高，大多数情况下，还是要设法避免颜色不均匀现象发生。具体做法很简单，在比较强的照明条件下（最好是日光），转动宝石原石，注意观察，选择一个颜色比较均匀的方向，将此方向作为台面方向即可。如对有色带的蓝宝石，只要在垂直于C轴方向观察，就可以见到比较均匀的蓝色。

3）琢型要求。设计中琢型的选择十分重要，这不仅是造型艺术美的问题，而且涉及能否充分体现宝石的美学价值和经济价值，以下是有关琢型选择所涉及的几个主要问题。

①透明度。透明度对琢型选择影响比较大，一般透明宝石选用刻面型琢型；微透明和不透明宝石采用凸面型和珠型琢型；至于半透明宝石，既可以选用刻面型，也可以选用凸面型、珠型和其他琢型，具体选用哪种琢型，要根据情况而定，基本原则仍然是充分体现宝石的价值。如有星光效应的蓝宝石应设计为凸面型，以显示星光，而没有星光效应的，

则应选用刻面型，以显示其颜色。

②亮度、火彩。亮度是宝石反射光的总强度，包括透射光、表面反射光和内部全反射光，其中表面反射光称为光泽。除了表面反射光线，其余透射光线均进入宝石内，成为折射光线，这些折射光线在穿过宝石进入空气时，一部分又被反射回宝石中。对于透明宝石，尤其是无色透明者，其表面反射光线占入射光线的光量比例不大，一般都低于20%，但钻石的抛光平面反射光线可达入射光线量的30%。凸面型宝石由于内部发射光极弱，透射光也极弱，故其亮度主要由反射光产生；刻面型宝石的亮度则是由表面光泽、透射光和内部反射光组成。火彩又称火，泛指刻面宝石内部反射的光，呈彩色光芒。火彩是当白光射入刻面宝石后，组成白光的不同波长的光以不同角度折射使白光分解，而现出光谱的色彩，是色散效应和闪光效应的综合表现。

亮度和火彩在设计中是一对矛盾，因为亮度是各色反射光和透射光线的总量，亮度强，表明各单色光在宝石内的全反射都比较强，任何一种单色光的反射光量减少或漏失，都会使亮度减弱，而火彩的要求正好相反，对各单色光的全反射不一致，某些单色光反射量大一些，另一些反射量小些或漏失，这样火彩就显得突出。由此可见，要使亮度达到理想状态，就会尽失火彩，同样，要使火彩达到最佳效果，亮度就会大大减弱。实际设计中，不可能使二者均达到理想的最佳状态，只能使二者的综合效果达到最佳状态，二者综合效果通常称为闪耀。

以钻石为例，影响钻石闪耀强度的因素很多，从琢型来看，主要有亭部厚度、亭角、冠角和冠高等（见图2—5）。

一般亭部厚度太大，光线易从亭部底漏失，从而使亮度减弱；反之，厚度太小，也同样可使部分光线从底部漏失。

冠部高度的变化对钻石闪耀度的影响可以从中看出，冠高降低，亮度增加，火彩将减弱；冠高增大，火彩加强，但亮度会随之减弱。一般冠高要能使台面直径占腰直径的53%～60%，就可以产生较理想的闪耀，而台面大于或小于该比例，都会引起钻石闪耀强度的减弱。

对于其他的无色（或色很浅的）透明宝石，也可以通过计算和“试琢磨”来确定其最佳的面角比例。如果宝石的折射率大、色散强，则着重突出宝石的闪耀；若宝石的折光率比较低，强调闪耀就不合适了，因为要使其亮度达到较高状态，势必要设计较大的亭角和亭部厚度，而亭部厚度太大反而又会减少亮度，因此，折光率较低的宝石一般不会有很强的亮度；至于彩色透明宝石，火彩的意义不大，通常主要考虑使宝石亮度增大，且不改变宝石的色度，这实际上就是为了加强宝石的色耀度。为此，有色透明宝石琢型的台面相对要比钻石大些，冠角和亭角大小主要由宝石的折射光率和实际需要来确定。

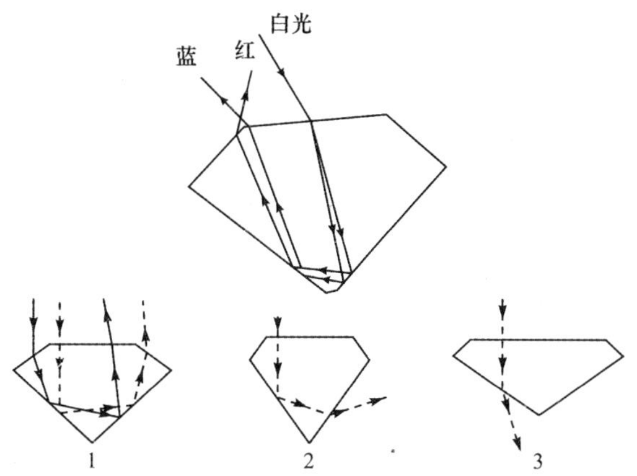

1.正确的亭部角度可使光全部反射回去。
2.亭部太深，使光在经过一次反射以后，却在另一边漏失。
3.亭部太浅，入射角偏小导致光全部漏失。

图 2—5　钻石琢型对色散的影响

③特殊光学效应。大多数具有特殊光学现象的宝石是半透明的，少数为透明的，因而所用琢型以凸面型为主，有时也用珠型和刻面型，这主要是因为只有弧面才能突出表现大多数的特殊光学效应，刻面型难以做到这一点。当然变石和欧泊例外，它们采用什么琢型，主要与加工习惯和消费者的爱好有关。

除了上面两种宝石外，其他的特殊光学效应现象都有方向性，这在实际设计中，就存在一个如何定位的问题。所谓定位，就是确定能使特殊光学效应达到最佳效果的方位。

常见宝石特殊光学效应的定位见表 2—6。

表 2—6　　常见宝石特殊光学效应的定位

<table>
<tr><th colspan="2">特殊光学效应</th><th>成因</th><th>常用及流行琢型</th><th>定位方法</th><th>主要品种</th></tr>
<tr><td colspan="2">色变</td><td>对光线的透过和吸收由于光源不同而不同</td><td>透明者用刻面型，余者用凸面</td><td>选择色变强烈的方向为台面或凸面</td><td>金绿玉变石、蓝宝石、尖晶石、碧玺、合成蓝宝石等</td></tr>
<tr><td rowspan="2">变彩</td><td>欧泊</td><td>显微硅质球粒使光线产生衍射和干涉现象</td><td>单凸面式或薄片</td><td>选择色变强烈的方向为台面或凸面</td><td>欧泊、人造欧泊</td></tr>
<tr><td>拉长石</td><td>聚片双晶使反射光线产生干涉</td><td>可用单凸式或平面式，也可用刻面型</td><td>单凸式的底面或刻面型的台面平行于双晶面</td><td>拉长石、直闪石、人造拉长石</td></tr>
</table>

续表

特殊光学效应	成因	常用及流行琢型	定位方法	主要品种
猫眼	纤维构造或显微平行管束状包裹体的反射而产生的现象	厚的单凸式或双凸式	底面平行于纤维方向和管束包体的排列方向，且腰长轴垂直于纤维方向和包体排列方向	金绿宝石、碧玺、绿柱石、蓝宝石、红宝石、方柱石、透辉石、红柱石、绿帘石、坦桑石、矽线石、透闪石、硅灰石、磷灰石、石英
星光	显微针状，管状包体沿2个或3个方向分布而产生的反射	厚的单凸式或双凸式	底面平行于各方向包体的排列面，即垂直于C轴	红宝石、蓝宝石、海蓝宝石、石榴石、石英、尖晶石、合成蓝宝石、合成红宝石
金星	微细的片状包体成层分布而产生的反射光	单凸式	底面平行于微细片状包体所构成的面	钠长石、奥长石、石英
月光	聚片双晶或不同折光率长石的层状结构而产生的光的反射及漫反射现象	单凸式	底面平行于双晶面或层状构造的层面	钠长石、奥长石、正长石、石英
珍珠	珍珠表层微细片或叠瓦状构造而使光产生光干涉的现象	天然珍珠形状	选择干涉现象强烈的面为台面，不能破坏其表皮	珍珠、贝壳

④造型。宝石琢型的造型艺术美主要是指宝石成品（首饰用宝石）的形态美（即形美）。如前述，它以宝石的质美为前提条件，没有质美的形美毫无价值，而形美又是质美充分表达的主要条件之一。因此，造型设计强调形美和质美的统一、和谐。

⑤瑕疵。宝石中的瑕疵包括各种气、液、固体包裹体和裂纹、裂理及其他缺陷，它是影响宝石价值的重要因素之一。应尽可能在考虑重量、颜色、特殊光学效应的情况下降低瑕疵影响，主要处理方式有以下三种：

其一，尽可能避开瑕疵，或使瑕疵在随后的琢磨中可以被琢磨去掉。

其二，有大而深的破裂面（解理面、裂理或裂纹），那么，应首先沿此破裂面将原石剖开后再行设计。对细小裂纹，应尽量不留在设计“坯型”的内部；微细短浅，且无法完全去掉时，应尽量将其置于宝石内影响质美比较小的位置，如腰部附近。

其三，颜色较深的包裹体若实在无法除去时，应尽量将其置于对宝石美观影响不大的部位，在镶嵌时掩盖掉，不要留在亭部底端附近，以免由于翻光面多次反射而产生“满天星”的不良后果。

2. 金属材料首饰的设计工艺特色

首饰用金属主要包括贵金属、普通金属和高熔点金属三大类，除了这三类金属外，锗也开始用于制作首饰。

（1）贵金属。贵金属是指有色金属中密度大、产量少、价格昂贵的贵重金属，包括金、银、铂、铑、钯、铱、锇、钌，前两种与铜统称为铜族元素，后六种元素统称为铂族金属，其中锇和钌不用于制作首饰。贵金属材料拥有良好的耐腐蚀性，是珠宝首饰的主要基础材料，使用历史悠久。但由于纯的贵金属较软，无法支撑镶嵌宝石，需要在单一的贵金属中添加一定量的其他金属，生产出各种颜色的贵金属合金作为首饰用贵金属。

1）金（Au）。金也称为黄金，是人类最早发现并开采和使用的一种贵金属。金所具有的恒久迷人的黄色金属光泽，几千年来，在人类心目中就是财富和权力的象征。黄金首饰的灿烂光辉，使古代的人们联想起他们曾视为生命创造者而加以膜拜的太阳，故被先民们认为是“太阳的灵魂”。

金是首饰艺人和公众最喜爱的金属之一。对于艺人们来说，金最明显的优点是捶击时无须加热，黄金不会断裂，黄金有很强的韧性；但纯金的缺点是质地柔软，易变形，不能用于镶嵌宝石，故通常在纯金中加入银、钯、铜、镍、锌和铁等不同金属元素制成合金以增强其硬度和强度，但延展性相对纯金则降低了。

金合金有多种颜色，在首饰制作中使用最多的是黄色金，它是金、银、铜的合金，较常见的还有粉色和白色金。总的说来，金合金中含银越多，合金颜色越绿；含铜越多，颜色越粉。北美人比较喜欢 14 K 金，欧洲人更喜欢 18 K 金，而中国、印度和东南亚人则比较喜欢 22 K 金。

2）银（Ag）。银也称为白银，使用历史也十分悠久。银的光泽柔和明亮，有着很强的亲和力，其温润、细致、素雅的品质让人很容易接近它。中国古代将白银首饰视为吉祥之物，是赠给初生婴儿的首选礼物。民间流行的银项圈、银锁片、银帽花上都雕刻有“吉祥如意”“长命百岁”等字样，表达了上辈人对孩童们的祝愿。银首饰也是中国少数民族以及佛教和伊斯兰教徒们喜爱的装饰品，而且是“见银在先，见金在后”，对银首饰尤为珍重偏爱。他们根据各自的生活习惯、宗教信仰，冶制出了很多富有民族特色和宗教信念的银首饰，如发饰、腰饰、耳环、戒指、手镯、项链以及银摆件、供器和日常用品等。

银首饰不仅具有贵金属的优良品质，而且价格便宜，是便装和新潮服饰的理想搭配。19 世纪中叶，银首饰曾短暂流行于英国及其他一些国家，但随后被铂金首饰所取代。此后，在新艺术时期以及自 20 世纪 60 年代开始，银首饰作为中等价位的装饰首饰又重新流行起来，通常镶嵌不太贵重的宝石。

为了防止银变色，可以在银首饰表面镀铑或镀金。其中以镀铂族金属铑的效果最好，这一技术可使银首饰表面银光闪烁，色如铂金，而且由于铑镀层坚硬耐磨，可以抵抗酸碱的腐蚀。但有的设计者认为银变色后呈现的暗色古朴典雅，因此通过工艺技术手段使银故意呈现变色的效果，突出复古的感觉。为了使银增强硬度镶嵌宝石，首饰业中也通常使用银合金，主要是银和铜的合金。银合金既有一定硬度，又有一定韧性，打磨后光泽耀眼，比较适合于制作各种首饰、器皿。

3）铂（Pt）。铂金具有稀有、纯净、坚韧三大特性。著名首饰设计师路易斯卡地亚称铂金为“贵金属之王”。铂金的强度是金的两倍，其韧性更胜于一般贵金属，铂金首饰的银白色泽自然天成，经常佩戴也不会出现锈斑和褪色，而且可以与任何类型的肤色相配。铂金色彩的纯粹，更衬托出佩戴者的清秀脱俗。

铂金首饰主要流行于日本、欧洲与北美一些经济较发达的国家和地区，尤其受到日本民族的偏爱。尽管铂金的硬度比金高，但要镶嵌钻石和其他珠宝玉石仍感硬度不够，这时往往需在铂金中加入少量的钯、铑、钴、铜等金属做成铂合金来提高材料的硬度和韧性。铂钌合金与铂铱合金是在首饰业中使用最广的铂合金，尤其适合制作镶钻首饰。光彩夺目的钻石镶嵌在银辉闪烁的铂金托架上，晶莹的钻石与洁白的铂金交相辉映，相得益彰。而纯铂金则一般制成不镶珠宝的素铂金首饰，如线戒、项链和丝状耳环等。

（2）普通金属。这类金属产量大、价格低廉，例如铜、铁、锡、锌、锑、铅、镍和铝等。普通金属常常以一定比例添加入贵金属中制作贵金属合金，此外还以不同比例相互添加制成各种合金，如铜基合金、锡基合金等，有些也单独使用制作首饰，如铜首饰、铁首饰、铝首饰等。为了改善外观，提高价值，普通金属首饰表面常用机械包覆或电镀的方法包一层贵金属。

1）铜（Cu）。铜的新鲜色为粉红色调，但极易氧化成为绿色。铜易于加工、颜色温和、结实耐用，故自远古时期就被用作首饰材料。铜的主要缺点是易氧化，并很快失去光泽，故纯铜首饰随后被各种铜合金首饰替代。以铜为主要成分的合金，最早有黄铜和青铜，后来又有了亚金、稀金等。黄铜是由铜和锌组成的铜合金，与24 K黄金色泽相似，但黄中泛红；青铜是以除锌、镍以外的元素为主要合金元素的铜合金，是制造青铜器的合金材料；亚金是以铜为主，适当添加锌和镍等金属的铜合金，色金黄微泛绿色，是较低廉的仿金材料；稀金是稀土元素如镧、铈等与黄铜熔合而成的铜合金，其色泽、工艺性质均与黄金相似，是近年来新发展起来的较好的仿金材料。

2）铁（Fe）。铁曾用于生产一些铸造和锻造的首饰，但直到18世纪之前数量都不很多。19世纪初在德国柏林开始大量生产铸铁首饰，被称为“柏林铁首饰”，包括胸针、项链、手链等，其中有些是涂黑漆的，少数是镀金的。这种生产一直持续到19世纪末，由于铸铁硬化后会变脆弱，故铸铁中常加入硅及比钢中稍多的碳，在制造时还加入一些硫黄，使铁水更易流动，以制成图形复杂的薄铸件。近代出现的不锈钢材料实际上就是含铬、镍、钛和碳元素的铁合金，具有适中的硬度、韧性和耐腐蚀性。目前，首饰专用的316L材料又称为白钢，可以呈现犀利的银白颜色和镜面般的光泽。

3）铝（Al)。铝呈蓝白色，质轻，延展性好，不易氧化。当铝刚刚被发现时，其价格甚至高于金。现在，铝作为一种常见的普通金属，只用于制作一些装饰首饰，其中有的经过阳极氧化和染色处理，产生缤纷的颜色。

(3）高熔点金属。高熔点金属包括钛（Ti)、铌（Ni)、钽（Ta）和锆（Zi)，以熔点高为共同特征。这些金属过去在工业领域，特别是尖端技术领域有广泛应用，但现在已开始应用于首饰业，其应用前景十分被看好，特别是在制作现代新潮首饰领域。

20世纪60年代，英国人率先开始研究高熔点金属的表面着色技术，主要是通过加热或阳极氧化的方法使金属表面产生氧化层而着色。钛的着色效果尤为理想，其表面的一层薄的钛金属氧化膜不仅可以起保护作用，而且可以产生美丽的晕彩。钛的优点是密度小，抗蚀性能优良，故钛合金首饰在接触人体汗液时不易腐蚀变色；缺点是难于成形和折弯，而且不能用常规方法焊接，故通常做成扁平的首饰，或用铆接方法进行拼接。

由此可以看出，各种金属材料具有各自不同的性质和特点，例如金和银的特质不仅在材料的硬度和色彩上有所区别，而且可以通过其经济价值的差异来体现其不同的心理效应；而铁和铝，在经济价值上相差不多，但其质量上的差异，会产生稳重与安全上的不同心理反应。掌握各种金属的性质，对于表现首饰设计意图很有帮助。

3. 常见不同宝石首饰的设计与工艺特色

常见不同宝石的首饰类别见表2—7。

表2—7　　常见不同宝石的首饰类别

宝石名称	出现的场合	镶嵌形式	首饰类别
钻石	经常出现在帝王、王后的王冠、凤冠、龙椅宝座之上，也出现在高级品牌手表、高级皮具、服饰纽扣中，当然更多是出现在经典的首饰市场上	①独钻镶嵌首饰 ②组合镶嵌钻石首饰	戒指、项坠、项链、耳钉、耳坠、耳环、手链、手镯、胸针、脚链等
红宝石、蓝宝石		①优质红宝石、蓝宝石往往独立镶嵌或加钻石衬托 ②小颗粒红宝石、蓝宝石的群镶以及与钻石、祖母绿、翡翠的组合镶嵌也相当常见	戒指、胸坠、耳环、耳钉、胸花别针、手链、项链、手镯等
祖母绿		①单颗宝石镶嵌 ②多颗粒宝石群镶	戒指、耳钉、项坠、手链、胸针、手镯等

续表

宝石名称	出现的场合	镶嵌形式	首饰类别
碧玺	各类首饰市场	①贵金属镶嵌饰品 ②不用或少用贵金属的非镶嵌类链饰挂件 ③观赏宝石类	戒指、耳钉、项坠、手链、胸针、手镯等
珍珠		①贵金属镶嵌饰品 ②不用或少用贵金属的非镶嵌 ③类链饰挂件	戒指、项坠、耳钉、胸针、手链、项链等
翡翠		①贵金属镶嵌饰品 ②不用或少用贵金属的非镶嵌类链饰挂件 ③观赏宝石类	戒指、项坠、耳钉、耳环、耳挂、胸针、手链、项链、发饰、摆件等
和田玉			子刚牌、随形挂件、手把件、玉镯、扳指、玉带钩、项链、手链、项坠等
石榴石		①贵金属镶嵌饰品 ②不用或少用贵金属的非镶嵌类链饰挂件	戒指类、项坠类、耳饰类、手链类、手镯类首饰及胸针类饰品等
水晶			戒指、项坠、耳钉、耳环、耳挂、胸针、手链、项链、发饰、摆件等
琥珀			戒指、项坠、手链、挂件等

(1) 钻石。钻石类首饰毫无疑问是所有宝石饰品中类型最多、最丰富、最奢华的，钻石经常出现在帝王、王后的王冠、凤冠、龙椅宝座之上，也出现在高级品牌手表、高级皮具、服饰纽扣中，当然更多是出现在经典的首饰市场上。

钻石首饰根据其存在的表现形式分成两个大的类型：独钻镶嵌和组合镶嵌。

1) 独钻镶嵌。独钻镶嵌首饰类型是钻石作为唯一一种宝石品种出现在各种类型的首饰饰品中，主要包括：戒指、项坠、项链、耳钉、耳坠、耳环、手链、手镯、胸针、脚链等。在一些国外地区，甚至还出现鼻饰品及腹饰品的钻石饰品。在这一类型中，犹以结婚钻石戒指为主，占据同类饰品市场约一半以上。

2) 组合镶嵌。组合镶嵌钻石首饰，钻石作为旁石与其他宝石品种组合镶嵌在首饰饰品中，钻石虽作为配角出现，但两者却相映生辉，钻石和其他有色宝石的搭配，更能显出首饰的高贵与奢华。

钻石镶嵌首饰以 Pt950 及白色 18 K 金为主，是市场主流，与黄色 18 K 金单独使用相对较少。此外，在小钻系列为主的“对戒”市场，18 K 玫瑰金单独使用以及同白色 18 K 金搭配使用也是近几年的新风尚，主要是迎合了年轻人浪漫新潮、富于创新的特点。在钻戒首饰中，以结婚钻戒、纪念钻戒和钻石对戒最受市场欢迎。

钻石对戒是结婚钻戒的另一种重要类型，设计上更偏向于情侣戒的风格，即保持款式和造型上的一致性，仅在钻石的大小上有所差别。风格主要有三大类：简约古朴、时尚前卫和浪漫奢华。简约古朴风格的对戒一般选 18 K 白金或者铂金来镶嵌，男戒通常以素圈为主，点缀一颗 10 分左右的小钻石，女戒则多缀 4 颗至 7 颗小钻；时尚前卫的对戒多选目前流行的黄金或玫瑰金来镶嵌，钻石大小一般选 15 分以内的，造型独特；浪漫奢华风格的对戒则在主钻与小钻的组合上更显奢华。不同钻石镶嵌类型体现了不同的设计内涵风格，钻饰设计的风格总体来说可以归纳为简洁精练、回归自然和经典装饰三大主流。

（2）红宝石、蓝宝石。红宝石、蓝宝石可以说是彩色宝石中首饰类型最多、最丰富的品种。常见的有戒指、胸坠、耳环、耳钉、胸花别针、手链、项链、手镯等，有时甚至它们也同钻石一样，出现在王室权力象征物上和高级手表及其他饰品中。

一般来说，0.5 ct 以上的优质红宝石、蓝宝石往往独立镶嵌或加钻石衬托，也有用立方氧化锆相衬的。此外，小颗粒红宝石、蓝宝石的群镶以及与钻石、祖母绿、翡翠的组合镶嵌也相当常见。

（3）祖母绿。祖母绿同钻石一样，出现在王室权力的象征性饰品以及奢侈品市场中，也出现在高级品牌手表中，更多的是出现在经典的首饰市场上。贵重金属镶嵌祖母绿饰品的类型主要有：戒指、耳钉、项坠、手链、胸针、手镯等。饰品主要分单颗宝石和多颗粒宝石群镶两大饰品类型，比如槽镶的祖母绿群镶戒指。但更多时候，则是在高品质的祖母绿宝石旁边配以圆形、方形、梯形、橄榄形、水滴形的钻石镶嵌。另外，祖母绿也经常同钻石、红宝石、蓝宝石四种宝石组合镶嵌成各种类型饰品，所用金属以白色 18 K 金为主，也有用 Pt950 的。

（4）碧玺。碧玺饰品可分三大类：第一类为贵金属镶嵌饰品，所用贵金属主要为白色 18 K 金，Pt950 铂金极少使用；第二类为不用或少用贵金属的非镶嵌类链饰挂件；第三类为观赏宝石类。

在镶嵌首饰大类中，以戒指、项坠为主，耳饰类及手链、胸针、手镯偶有所见，但不是主流。在该类首饰中，碧玺绝大多数情况以单颗宝石出现，极少出现多颗宝石组合群镶的样式。款式风格上，贵重碧玺大部分加钻石配镶，以衬托碧玺本身的优雅与大气。

在非镶嵌类的链饰首饰中，以手链、项链为主，有等直径的圆珠形，也有由两端向中心逐渐过渡加大的塔珠项链，还有不常见的圆环式项链和手排手链。手排手链是指单粒碧玺宝石呈现椭圆状或长方形状、近长方形状底部磨平的形态用线穿起来的手链。这类首饰以各种颜色的碧玺组合搭配为主要形式，尽情展示碧玺宝石的绚丽多姿，也见单独颜色的饰品，也有些首饰挂件是用碧玺设计制作的。

在观赏宝石首饰中，以项坠为主。碧玺大都以稍微切割成“随形”原石形状，常以单颗金石形式出现，体现了自然、朴实、简约、大气的风格。

（5）珍珠。珍珠饰品在首饰王国中独领风骚，不仅类型多，款式也繁多。人们广为熟知的珍珠项链即是一个重要类型，形态上分圆珠形、盘珠形、米珠形及异形珠等，其中以圆珠形项链最受市场热捧。珍珠项链除单链穿接形式外，细粒珍珠或细粒异形珠还经常以两遍以上的项链形式出现，多者可达数十条。这种类型珠粒虽小，但组合编成大的项饰，尽显雍容典雅，高贵大方。此外，珍珠经常与孔雀石、绿松石、珊瑚、玛瑙等宝石相组合串接成各种手链及项链。

在镶嵌首饰领域，所用的珍珠质量较好，有圆形珠、梨形珠及异形珠等，品种可分为戒指、项坠、耳钉、胸针、手链、项链等，镶嵌贵金属主要为 18 K 金，白色、黄色都有。高档的大溪地黑珍珠及南洋金珠在镶嵌款式上多配以圆钻、梯形条钻、橄榄形钻，从而衬托出珍珠的高贵妩媚、雍容华贵。在以 925 白银为镶嵌材料的饰品市场上，各种主要饰品类型均有，但以小粒珍珠占主导，档次低于 K 金镶嵌珍珠饰品。

（6）翡翠。宝石级的翡翠首饰类型异常丰富，是市场上重要的贵重宝石首饰大类。在镶嵌首饰领域，有戒指、项坠、耳钉、耳环、耳挂、胸针、手链、项链、发饰等，几乎涵盖了所有首饰种类，镶嵌用贵金属也呈多样化，有 Pt950、白色 18 K 金、黄色 18 K 金、18 K 玫瑰金及 18 K 粉色金等。

翡翠戒面以椭圆形占绝大多数，其他形状还有心形、水滴形、橄榄形、圆形、珍珠形及随意形等。翡翠的粒度大小变化也较大，由小到 3 mm 的戒面到 5 mm×7 mm、6 mm×8 mm、7 mm×9 mm、8 mm×10 mm、9 mm×11 mm，甚至更大到 15 mm×20 mm 左右的戒面均可见到，以 8 mm×10 mm 左右的尺寸最为常见。价值从几百元人民币到数万甚至数百万元人民币的都有。在非镶嵌首饰领域，种类有手镯、项链、手链、挂件配饰、扳指、烟嘴等。

（7）和田玉。和田玉传统上用于首饰的主要有：雕刻诗文画面的子刚牌；其他各种吉祥图案的圆形、长方形和随形挂件配饰；各种各样辟邪、聚财、招财的手把件，皮带配饰；十二生肖挂件，玉镯，扳指，玉带钩，项链，手链等。现代的和田玉首饰除延续传统款式外，18 K 金及足金的金镶玉饰品也风靡市场，这类题材包括玉璧、玉钱等，还有镶嵌的白玉戒指、白玉项坠、白玉手链等。

（8）石榴石。石榴石虽不如水晶类饰品表现活跃，却也逐渐形成了规模，市场首饰商品比较丰富。在镶嵌饰品领域，国内市场主要选择 18 K 金及 925 白银做镶嵌用托，而同类商品国外以 14 K 金及 925 白银为主。

镶嵌饰品类型分为戒指类、项坠类、耳饰类、手链类、手镯类首饰及胸针类饰品。石榴石的镶嵌类饰品国内市场很少见。石榴石宝石的琢型有椭圆型、水滴型、橄榄型、祖母绿型、圆型、方型等。

石榴石饰品更多地出现在非镶嵌饰品市场中，以手链及项链类型为主流，圆珠类常见，异形加工石榴石饰品也比较丰富。石榴石还经常与橄榄石、水晶、托帕石等宝石组合成镶嵌或非镶嵌饰品的制作，如戒指、项坠、手链等饰品。

（9）水晶。水晶饰品在市场上最为奇特，小到日常首饰佩戴的颗粒，大到巨型宝石雕刻品，均可见到水晶的品种。一般而言，粒度小、颜色好、透明度高、纯净无瑕疵的水晶才用于制作镶嵌首饰，有缺陷的则进入非镶嵌饰品市场。在镶嵌饰品领域，国内市场主要选择 18 K 金及 925 白银做镶嵌用托，同类首饰商品国外以 14 K 金及 925 白银为主。

镶嵌饰品类型分为戒指类、项坠类、耳饰类、手链类、手镯类首饰及胸针类饰品。在水晶品种上，绝大多数选用紫色水晶及黄色水晶。在宝石的琢型上，除传统经典的椭圆型、水滴型、橄榄型、祖母绿型、圆型、方型外，近几年还出现了以“千禧切工”为代表的花式切工、格子面花式切工等。

在非镶嵌饰品市场，各种水晶挂件、水晶手链、水晶项链大量涌现，高中低档均有。

（10）琥珀。琥珀饰品极少用 K 金镶嵌，镶嵌主要用 925 白银。镶嵌首饰形式主要是戒指、项坠、手链等，大部分琥珀呈异形，椭圆等几何形态也有。琥珀最常见的饰品形式是各种形态的手链及项链类，其中又以圆珠类为主。此外，各种观音、佛的挂件是另一重要饰品类型。

二、首饰设计的工艺美术表现方法

首饰设计的工艺美术表现方法主要是指色彩的使用和肌理的表现。

首饰设计用材料一般都具有色彩。天然的色彩具有朴素美、真实感，同时也可以对材料进行色彩的人为附着加工，起到美化材料和保护材料的效果。

首饰设计中材料肌理和质感既能反映首饰材料的不同，也能反映首饰材料制作工艺的水平，从不同的肌理和质感可以造成视觉上不同的审美效果和表现首饰设计风格，包括对首饰本身价值的评价。

1. 色彩的使用

首饰设计中色彩的使用是至关重要的，不但能体现首饰的造型美，反映不同的设计风格，也能通过首饰中宝石和其他材料的色彩美，反映首饰的珍贵和精致的工艺水平，从而体现首饰的价值。

（1）宝石的色彩。宝石材料色彩缤纷、绚丽纷呈。宝石中可能呈现红色的有红宝石、石榴石、碧玺、托帕石、钻石、日光石、珊瑚、玛瑙、翡翠、芙蓉石等；可能呈现蓝色的有蓝宝石、海蓝宝石、托帕石、碧玺、锆石、坦桑石、青金石、玉髓等；可能呈现绿色的有祖母绿、绿色绿柱石、孔雀石、蓝宝石、石榴石、钻石、碧玺、萤石、翡翠、绿玉髓等；可能出现黄色的有蓝宝石、托帕石、黄水晶、黄色绿柱石、钻石、石榴石、琥珀、珍珠等；可能呈现紫色的有紫水晶、方柱石、萤石、翡翠等；可能呈现无色的有钻石、蓝宝石、水晶、月光石、萤石、珍珠等；可能呈现黑色的有钻石、碧玺、水晶、黑曜岩、玛瑙、翡翠、煤精、珍珠等。有时候，即使在同一块宝石上也可能存在多种色彩，如碧玺、玛瑙、欧泊。塑料、玻璃和珐琅等人工材料，则可以拥有层次渐近的更为丰富的色彩，满足广泛的设计需求。

就金属材料而言，目前首饰设计中应用较多的是黄色和白色金属。使金属首饰产生颜色效应的传统方法是镶嵌有色宝石，或者涂珐琅，或是将不同颜色的合金并排组装在一起。随着科技的发展，金属的色彩越来越丰富，可以用电镀、喷漆、喷塑等方法使金属材料着色。用化学试剂使银变黑也是一种常采用的方法。当前备受首饰制造商和消费者关注和青睐的新技术方法是高熔点金属钛、铌、钽和轻金属铝通过阳极氧化方法呈现出缤纷的色彩。

（2）首饰设计中颜色的使用

1）筛选颜色的种类。筛选颜色的种类即色相的选择。色彩从三棱镜中分出来的是红、橙、黄、绿、蓝、紫，但每两种颜色之间并无明显的分界，而是个渐变的过程。所以，色相有多种划分方法，如8种、20种、24种，甚至100种等。

2）色彩有明度上的差别。现代色彩学理论认为，色彩的差异是由于光线的变化而形成的，明暗是构成色彩关系的基础，也是研究首饰设计色彩不可忽视的一个重要因素。以明度的高低而言，白色明度最高，黑色明度最低。不同的颜色本身就存在着明度的差异，其中黄色明度最高，紫色明度最低。

把色彩的各种色相与白色、黑色不同量地调和，能产生不同颜色的不同明度。如把无色彩的白色与无色彩的黑色进行不同调和，就能产生不同明度的灰色。

还有色彩的纯净程度，或者说，色彩中含有黑色与白色的程度。纯净的色彩看起来很刺激，视觉效果上冲击力大，但在视觉上也会造成难以与其他色彩相配合的效果。

3）色彩的心理反应。人们在传统的风俗影响下，会形成色彩的习惯心理反应，包括色彩的情绪感、色彩的冷暖感、色彩的轻重感、色彩的形状感、色彩的音乐感等（见表2—8）。

表 2—8　　色彩的习惯心理反应

色彩的情绪感	色彩带给人的情绪感受。通常认为，温暖的黄色是金的色彩，是太阳光创造的色彩，象征着欢乐、富有和成熟；而与之形成对比的是与淡绿色接近的淡黄色，可能代表的是妒忌和猜疑；蓝色常常被看做是理智的色彩，象征着清新、明晰和合乎逻辑，可能与永恒的天空是蓝色有关
色彩的冷暖感	因色彩的色相变化而造成的人们心理上的冷暖差别。以蓝色系为主的是冷色调，给人寒冷、清爽、锐利、理智、冷漠、规则、神秘、空旷的感觉，以红色系为主的是暖色调，给人温暖、喜庆、激昂、自由、热烈、积极、力量、跳跃的感觉
色彩的轻重感	不同的色彩往往会给人“轻”或“重”的感觉，这主要是由于色彩的明度所致。一般明度高的色彩会感到轻，明度低的色彩会感到重；而在同明度中，纯度高的色彩感到轻，纯度低的色彩则感到重
色彩的形状感	色彩常常让人产生与某种形状相似的心理。例如，心理学家分析红色有正方形的视觉感，这是由于红色具有迫近感、充实感、不透明等特性，这些特性与正方形的心理很贴近。同样，黄色与三角形的心理感受很贴近，橙色与长方形、蓝色与圆形、绿色与六边形在审美心理上均有着相近的感受
色彩的音乐感	通过音乐元素来表现色彩的视觉效果。色彩的传达性在许多方面同音乐很相近，色彩也有明快与隐晦之分，色彩也有高亢与低沉之别，色彩也有调子，能体现情绪。而且，由于色彩总是要依附于形态元素而让人感受到，形态构成加上色彩本身的语言特性，更能生动地将人们的思想情感有效地传达出来

4）色彩的组合。在首饰设计中，当一种色彩与另一种色彩组合在一起时，它的含义或者视觉效果通常会发生变化。例如，红色与粉红色在一起，会产生浪漫、温柔的感觉；而红色与黑色在一起，会产生神秘、高贵的感觉。而一种色彩往往较少单独使用。总之，色彩的和谐总是相对的，单纯地追求和谐，反而可能会使首饰设计作品显得毫无生气，要使首饰生动起来，方法之一就是加大色彩之间的差异性，从而使色彩对比成为作品中一个引人注目的亮点。

5）色彩的对比。色彩的对比，包括色相、明度、纯度、冷暖、形状等不同方面的对比。在首饰设计过程中，各种对比经常混杂在一起，无法完全区分开，只是在视觉上的感觉效果不同而已。下面以伊顿十二色环（见彩图 2—13）为例说明。

①同种色对比。单一色，使用存在微小差异的同一种色彩匹配，可以传达出高雅、静寂的感觉。

②邻近色对比。相邻两色的匹配，对比关系柔弱、含蓄。

③类似色对比。间隔一色的两色的匹配，对比关系统一、协调。

④中差色对比。间隔2～3色的两色的匹配，对比关系比较丰富，色相变化多，明快、生动。由于相对于以下互补色而言是邻近色，所以兼有对立和平稳的感觉。

⑤对比色对比。间隔4色的两色的匹配，饱满、华丽、鲜明、欢快，让人兴奋。

⑥互补色对比。间隔5色的两色的匹配，刺激、醒目、强烈、颇具动感。即使面积较小，也能通过绝对的对比产生紧凑感。

从以上多种色相对比的实例可以看出，色相差越大，越活泼，反之，色相越靠近，越稳重。而调动色相环上的每个色相、网罗式的配色称为“全色相型”。

由于多种色彩使用，便有了色彩的多类对比，如果对对比不加以控制，可能会产生杂乱的感觉，所以，需要首饰设计师的理性安排，处理好首饰中每一块色彩的明度、纯度、色相、冷暖、面积等，使彼此之间通过对比相得益彰，这就是首饰色彩的调和。首饰设计中，色彩关系的和谐既可以通过相似色配色的原则，也可以运用对比色配色的原则。如两只戒指的主色调分别是红色和绿色、红色和蓝色，色彩对比十分强烈，通过插入无色钻石和黄色金属，将对比进行适当缓和，但保留下来的整体感觉还是色彩对比强烈的效果。

利用人们对于色彩的共性感觉，在色彩的配置上充分考虑色彩的心理效应，就能使色彩成为符合首饰设计的有意味和涵义的形式。

2. 肌理和质感的使用

（1）肌理。肌理是物象表面质地的肌肤与纹理，包括纹理、颗粒、质地、光泽、痕迹等多种视觉表象。

（2）质感。质感源于拉丁文，在《牛津词典》中被定义为：“织物经纬之排列；表皮、外壳等表面或实体经触摸或观看所得的稠密或疏松程度；物体质地松散、精细、粗糙的程度；表皮、岩石、文学作品等构成成分及结构的排列；艺术作品中物体表面的描写；生物学上的组织、组织的结构的意思。”

（3）肌理与质感的区别。肌理和质感之间的区别很模糊，但是两者还是存在一定差异的。质感偏向于材料和品质对心理的暗示，软的还是硬的、温暖的还是冰冷的等，例如丝绸和钢铁分别给人柔软光滑和冰冷坚硬的质感。质感也偏向于纹理、材质给人的“视觉质感”的概念。而肌理可分为视觉肌理和触觉肌理两种。视觉肌理是平面的，触觉肌理是立体的。

肌理与质感通常可以给人不同的心理反应。一般来说，粗糙、冰冷而无光泽的表面会令人有笨重、原始的冷漠感觉；而平滑、温暖而有柔和光泽的表面会令人有平易、舒适和想触摸的亲切感觉。

（4）肌理的特性。肌理可以从视觉或触觉上消除形态的单调感。例如较大面积的平面常常会让人感到很“空”，如果增加了一些平面肌理或触觉肌理，就会让人感到很“充实”。一些触感肌理还会给人以特殊的感受，如呈颗粒状的肌理会有一种刺激感，皮纹状的会有一种柔和感，喷砂状的会有种摩擦感，光滑的会有一种顺滑感。

（5）肌理的修饰与创造。大部分天然材料都具有显在的肌理，例如木质肌理、石质肌理、纤维肌理、宝石的花纹等。首饰设计中，可以直接模仿、借用天然肌理，或者对它们进行重新组合。如木手镯具有极简洁的双环造型，正是这种极简洁的形态突出了木质朴素纯粹的纹理给人一种自然美，而其中一小截木环上包覆了光滑洁净的银作为装饰，与木纹形成色泽和肌理的对比，增加了木手镯整件的工艺性美感和贵重性。

首饰造型应充分利用材料的自然属性，除了材料的自然属性所拥有的肌理和质感，首饰设计中还要人为地创造肌理和质感。即在材料自然属性的基础上做人为的加工，从而创造出丰富、宜人的人工表面特征，增强形态的立体感，提高首饰的观赏性，为首饰设计带来更丰富的审美愉悦。总之，人工的物质肌理是美的形式的集中体现，具有更强烈的视觉冲击力。稍大一些的肌理形态在强光照射下还具有较强的立体光影效果，运用光影的变化塑造多变的心理感受，是增加肌理美感的方法之一，可以简单而有效地改善形态过于“平板”的状况。各种不同的肌理还可以按一定规律组合在一起，从而形成更为丰富的肌理效果，能有效地消除首饰形态的单调感。

（6）金属表面修饰的工艺类型。首饰设计中，常常对金属材料添加人为肌理效果，也称为金属表面修饰。金属表面修饰的类型和工艺多种多样，但大体可以分为以下三大类：

1）光面肌理。光面肌理是以获得明亮反光的表面为目的，主要途径为镜面磨光。高精度的表面处理，可以感受到与不修边幅的粗犷风格的感受是截然不同的。近年来也使用带钻石刀具的机械在金属首饰上刻制图形的“钻铣”工艺和使用带钻石刀具切金属链的表面使其具有宝石般明亮刻面的“钻切”工艺。使用这些工艺可在金属首饰上刻画出各种线条和图案，所截切的面非常光亮，无须进一步抛光，可表现出首饰的精致和美感。

2）毛面肌理。毛面肌理是以获得无光的毛面为目的，使金属首饰具有暗淡的无反射的表面，达到突出毗邻的抛光部分的目的。当首饰设计者认为金属的颜色比金属的光泽更重要时，可以采用毛面肌理的表面处理方式，主要途径为喷砂和丝光两种方式。喷砂，是用喷砂机将金刚砂颗粒或细小的玻璃珠射向金属表面使其变毛，以突出首饰抛光区的亮度。喷砂分为干喷砂和湿喷砂两类，干喷砂加工表面较粗糙，有一种朦胧的效果。丝光，是用金属丝刷轮使金属表面呈现出平行线条纹，并产生柔和的漫反射效应。使用不同类型的刷轮可产生不同的修饰效果，如用粗钢丝刷轮，可使金属表面产生较深的条纹，外观似树皮；用细钢丝刷轮，可产生极细的条纹并显示出缎面般柔和的光泽，往往能表现出首饰的简约和现代感。

3）花纹肌理。花纹肌理以获得各种花纹、图案为目的。根据设计要求，采用不同的工具和工艺可以获得花纹肌理的效果，例如使用雕刻、镶嵌、锻打等工艺。有时候，甚至信手涂鸦的刻画也能产生随意的花纹肌理效果，以增加首饰的奢华感。

第3章

珠宝首饰企业市场营销

第1节　珠宝首饰市场营销概述　/60

第2节　珠宝首饰企业市场营销的方法　/84

第1节　珠宝首饰市场营销概述

学习单元1　珠宝首饰市场营销基础

学习目标

➢了解珠宝首饰市场营销的基本概念。

➢熟悉珠宝首饰市场营销的特点。

知识要求

市场营销一词来源于英文单词“marketing”，是现代美国企业创造的管理理论，珠宝首饰市场营销就是以珠宝首饰市场为营销对象的基本营销理论和方法。

一、珠宝首饰市场营销的基本概念

1. 珠宝首饰市场营销的定义

珠宝首饰市场营销是指在珠宝首饰市场动态环境因素影响下，为方便和加速与服务的交换而采取的一切珠宝首饰企业经营与管理活动，是一种在确定珠宝首饰消费者需求的基础上组织和指导珠宝首饰企业的活动，使潜在的珠宝首饰消费者的购买力转变为对珠宝首饰商品或服务的实际有效需求的管理功能。珠宝首饰营销的对象不仅是珠宝首饰市场需要的商品、劳务或服务，而且还包括思想、观念的营销等。珠宝首饰营销是把满足珠宝首饰消费者的需求放在经营活动的首位，是一切珠宝首饰企业经营活动的出发点。

珠宝首饰市场营销可以理解为针对珠宝首饰消费者和企业的市场营销活动。

2. 珠宝首饰市场营销与销售

珠宝首饰市场营销不是简单的珠宝首饰销售，营销是对潜在的珠宝首饰消费者的发现和管理，促使潜在的珠宝首饰消费者成为实际的购买人，珠宝首饰销售是对已经成为购买人的珠宝首饰消费者的服务与管理。因此，珠宝首饰营销的目的是为了珠宝首饰销售，珠宝首饰销售属于珠宝首饰营销活动中的重要环节和最终目的。

二、珠宝首饰市场营销的核心概念

珠宝首饰市场营销的核心概念包括需要、欲望和需求、产品、价值和满足、交换和交易、市场几个方面（见表3—1）。

表3—1　　珠宝首饰市场营销核心概念

需要、欲望和需求	需要——没有得到某些基本满足的感受状态，具体是指没有得到某些珠宝首饰所带来的基本满足的感受状态
	欲望——想要得到基本需要的具体满足物时的愿望，具体是指想要得到珠宝首饰所带来的具体满足物质的欲望
	需求——对具有支付能力购买并愿意购买的某个具体产品的欲望，具体是指对具有支付能力并愿意购买某个具体的珠宝首饰产品的欲望
产品	任何能满足人类某种需要和欲望的东西都是产品，具体是指能够满足珠宝首饰消费者某种需要和欲望的珠宝首饰产品。包括实体产品和服务
价值和满足	从营销的观点看消费者对产品满足各种需要的能力的评估，并不仅是指商品本身的价值，具体是指珠宝首饰消费者对珠宝首饰产品满足各种需要的能力的评估
交换和交易	交换——通过提供某种东西作为回报，获得需要的产品的方式，具体是指通过某种东西作为回报获得需要的珠宝首饰产品的方式
	交易——交换活动的基本单元，是由双方之间的价值交换所构成的
市场	狭义市场——商品交换的领域或场所，具体是指珠宝首饰商品交换的领域或场所
	广义市场——具有特定需要或欲望，而且愿意并能够通过交换来满足这种需要或欲望的全体顾客，具体是指具有特定的珠宝首饰需要和欲望，而且愿意并能够通过交换来满足这种需要或欲望的全体珠宝首饰顾客

三、珠宝首饰市场营销的观念演进

在策划和从事珠宝首饰营销活动时所依据的指导思想和行为准则的理念称为珠宝首饰市场营销观念。随着珠宝首饰市场的不断发展和变化，珠宝首饰企业的营销理念也在不断进化，主要的营销观念从单纯的企业角度思考营销问题，逐步演变到从消费者的立场上考虑营销问题，并发展到关注整个社会问题，承担社会责任的营销观念（见表3—2）。

表3—2　　珠宝首饰市场营销的观念演进

生产观念	①致力于提高生产效率和扩大销售覆盖面 ②重生产、轻营销
商品观念	①致力于商品的不断改进 ②导致“营销近视症”，忽略市场的需求

续表

推销观念	①大力开展推销和促销活动 ②仍然没有摆脱以企业为中心的框架 ③企业注重的是做成买卖，而不是与珠宝首饰消费者建立长期的可获利的关系
市场观念	①实现营销目标的关键在于正确确定目标市场的需要和欲望 ②抛弃以企业为中心，确定以消费者为中心的现代营销思想
社会市场观念	与市场观念相比，社会市场观念是一种调整，强调在满足珠宝首饰消费者欲望的同时，还要考虑全社会的长期利益。体现珠宝首饰企业的社会责任感和持续发展的观念，适应了珠宝首饰消费者对珠宝首饰企业的社会责任方面的要求

1. 生产观念

生产观念认为，珠宝首饰消费者需要那些随处可买到的价格低廉的珠宝首饰商品，珠宝首饰企业应致力于提高生产效率和扩大销售覆盖面，这是20世纪初，生产技术水平较低的时期指导珠宝首饰企业行为的营销观念之一。在20世纪80年代，中国珠宝首饰行业发展的初期，珠宝首饰商品的需求大于供给、工艺设计制作水平不高、成本较高的情况下，这是有效的指导思想。进入21世纪以来，过分狭隘地仅注重自己的生产经营，会使珠宝首饰企业面临极大的风险。

2. 商品观念

商品观念认为，珠宝首饰消费者欢迎那些高质量、多功能和有特色的珠宝首饰商品，珠宝首饰企业应致力于珠宝首饰商品的不断改进，这也是早期指导珠宝首饰企业行为的另一种营销观念。在珠宝首饰企业设计一款新的珠宝首饰商品时或珠宝首饰企业过于迷恋自己的商品时，极易滋生这种观念，它导致“商品近视症”，即不适当地把注意力过分地放在珠宝首饰商品设计或制作工艺上，疏忽了与市场需要的分析“对接”，当商品与市场需要不再吻合时，这可能危及珠宝首饰企业的生存发展。

3. 推销观念

推销观念认为，珠宝首饰消费者通常不会主动购买某一珠宝首饰企业的商品，因此珠宝首饰企业必须大力开展推销和促销活动，刺激珠宝首饰消费者大量购买。这一观念被大量用于推销“非日用品”，如珠宝首饰、钟表和其他奢侈品。大多数珠宝首饰企业在商品过剩时也奉行推销观念，追求的近期目标是推销出其生产的珠宝首饰商品，而不是生产市场想要的珠宝首饰商品，如片面地降价或折扣，这样珠宝首饰企业必然面临高度的风险，因为企业注重的是做成买卖，而不是与珠宝首饰消费者建立长期的可获利的关系。

4. 市场观念

市场观念认为，实现珠宝首饰企业目标的关键在于正确确定珠宝首饰目标与市场需要和欲望，并且比竞争对手更有效、更有利地传送目标市场所期望的珠宝首饰商品和服务。与前述诸观念以珠宝首饰企业为中心不同，市场观念的核心是以珠宝首饰市场即消费者需要和欲望为导向。进入 21 世纪，面临买方市场的形势逼迫，很多珠宝首饰企业逐渐接受了市场观念，这是珠宝首饰营销观念的一大进步。

5. 社会市场观念

社会市场观念认为，珠宝首饰企业的任务是确定目标市场的需要、欲望和利益，并以保护珠宝首饰消费者和增进社会责任的方式，使竞争更有效、更有利地向珠宝首饰目标市场提供所期待的满足。20 世纪 70 年代以来，面临环境恶化、资源短缺、人口爆炸、社会服务被忽视的现状，简单的市场观念受到质疑，人们提出了许多新观念，诸如“持续发展观念”“生态环保观念”等。这些观念都是从不同角度来探讨社会问题，因此形成了“社会市场营销现象”，这种营销观念代表了先进的对社会可持续发展的营销思想，越来越多的珠宝首饰企业实行社会市场观念，并已取得了显著的成效，受到了社会的肯定和欢迎。如武汉百年龙凤珠宝首饰举办慈善活动，提出将人与人之间的小爱，转化为回馈社会的大爱，做一个实至名归的慈善企业、爱心企业。据悉，“龙凤珠宝”与深圳市慈善会合作在河南成功资助了困难学生继续求学，还先后向小学援助一批教学物资。

四、珠宝首饰市场营销组合的理论演进

珠宝首饰市场营销组合是指珠宝首饰企业营销管理过程中由企业能够自行控制的因素，如产品设计、价格、销售渠道、促销策略等方面，在综合考虑企业所处的竞争环境和企业的综合资源后所作出的营销组合策略。市场营销组合理论的演进经历了 4Ps、4Cs、4Rs 的演变。珠宝首饰市场营销组合的理论是在市场营销组合的理论框架下针对珠宝首饰企业的营销组合内容。

1. 4Ps 理论

4Ps 理论产生于 20 世纪 60 年代的美国，是随着营销组合理论的提出而出现的。1953 年，尼尔·博登（Neil Borden）在美国市场营销学会的就职演说中创造了“市场营销组合”（Marketing Mix）这一术语，其意是指市场需求或多或少的在某种程度上受到所谓“营销变量”或“营销要素”的影响。为了寻求一定的市场反应，企业要对这些要素进行有效的组合，从而满足市场需求，获得最大利润。营销组合实际上有几十个要素（博登提出的市场营销组合原本就包括 12 个要素），杰罗姆·麦卡锡（Jerome McCarthy）于 1960 年在其《基础营销》（Basic Marketing）一书中将这些要素一般地概括为 4 类：产品（product）、价格（price）、分销渠道（place）、促销（promotion），即著名的 4Ps。1967 年，菲利普·科特勒（Phlip kotler）在其畅销书《营销管理：分析、规划与控制》第一版

中进一步确认了以4Ps为核心的营销组合方法（见表3—3）。

表3—3　4Ps营销理论

产品（product）	注重开发的功能，要求产品有独特的卖点，把产品的功能诉求放在第一位
价格（price）	根据不同的市场定位，制定不同的价格策略，产品的定价依据是企业的品牌战略，注重品牌的含金量
分销渠道（place）	企业并不直接面对消费者，而是注重经销商的培育和销售网络的建立，企业与消费者的联系是通过分销商来进行的
促销（promotion）	企业注重销售行为的改变来刺激消费者，以短期的行为（如让利、买一送一、营销现场气氛等）促成消费的增长，吸引其他品牌的消费者或导致提前消费来促进销售的增长

2. 4Cs理论

随着市场竞争日趋激烈，媒介传播速度越来越快，4Ps理论越来越受到挑战。1990年，美国学者罗伯特·劳特朋（Robert Lauterborn）教授提出了与传统营销的4Ps相对应的4Cs营销理论。

4Ps营销组合向4Cs营销组合的转变，具体表现为产品（production）向顾客（customer）转变，价格（price）向成本（cost）转变，分销渠道（place）向便利（convenience）转变，促销（promotion）向沟通（communication）转变（见表3—4）。

表3—4　4Cs营销理论

顾客（customer）	顾客（customer）主要指顾客的需求。企业必须首先了解和研究顾客，根据顾客的需求来提供产品。同时，企业提供的不仅仅是产品和服务，更重要的是由此产生的客户价值（customer value）
成本（cost）	成本（cost）不单是企业的生产成本，或者说4Ps中的price（价格），它还包括顾客的购买成本，同时也意味着产品定价的理想情况，应该是既低于顾客的心理价格，亦能够让企业有所盈利。此外，这中间的顾客购买成本不仅包括其货币支出，还包括其为此耗费的时间、体力和精力消耗，以及购买风险
便利（gonvenience）	顾客在购买某一商品时，除耗费一定的资金外，还要耗费一定的时间、精力和体力，这些构成了顾客总成本。所以，顾客总成本包括货币成本、时间成本、精神成本和体力成本等。由于顾客在购买商品时，总希望把有关成本包括货币、时间、精神和体力等降到最低限度，以使自己得到最大的满足，因此，零售企业必须考虑顾客为满足需求而愿意支付的“顾客总成本”。努力降低顾客购买的总成本，如降低商品进价成本和市场营销费用从而降低商品价格，以减少顾客的货币成本；努力提高工作效率，尽可能减少顾客的时间支出，节约顾客的购买时间；通过多种渠道向顾客提供详尽的信息、为顾客提供良好的售后服务，减少顾客精神和体力的耗费
沟通（gommunication）	沟通（gommunication）则被用以取代4Ps中对应的促销（promotion）。4Cs营销理论认为，企业应通过同顾客进行积极有效的双向沟通，建立基于共同利益的新型企业/顾客关系。这不再是企业单向的促销和劝导顾客，而是在双方的沟通中找到能同时实现各自目标的途径

从4Ps的"促销"转变到4Cs的"沟通"，实质上是企业从单向营销信息灌输转变到与顾客之间双向的、互动的信息交流。沟通策略就是强调"忘掉促销，考虑双向沟通"。从心理学角度来说，沟通就是"请注意消费者"，在市场日益成熟的今天，肯定是"请注意消费者"比"消费者请注意"更有利于企业的长期发展。

但以消费者战略为核心的4Cs，随着时代的发展，也显现了其局限性。当消费者需求与社会原则相冲突时，消费者战略也是不适应的。例如，在倡导节约型社会的背景下，部分消费者的奢侈需求是否要被满足。这不仅是企业营销问题，更成为社会道德范畴问题。

3. 4Rs理论

艾略特·艾登伯格（Elliott Ettenberg）2001年在其《4R营销》一书中提出4Rs营销理论；与此同时唐·舒尔茨（Don E Schultz）也提出了关联（relevancy）、反映（reaction）、关系（relation）、回报（reward）的4Rs，"侧重于用更有效的方式在企业和客户之间建立起有别于传统的新型关系"。4Rs理论以关系营销为核心，重在建立顾客忠诚。它既从企业的利益出发又兼顾消费者的需求，是一个更为实际、有效的营销制胜术（见表3—5）。

表3—5　4Rs营销理论

关联（relevancy）	即认为企业与顾客是一个命运共同体。建立并发展与顾客之间的长期关系是企业经营的核心理念和最重要的内容
反映（reaction）	在相互影响的市场中，对经营者来说最现实的问题不在于如何控制、制定和实施计划，而在于如何站在顾客的角度及时地倾听和从推测性商业模式转移成为高度回应需求的商业模式。
关系（relation）	在企业与客户的关系发生了本质性变化的市场环境中，抢占市场的关键已转变为与顾客建立长期而稳固的关系。与此相适应产生了5个转向：从一次性交易转向强调建立长期友好合作关系；从着眼于短期利益转向重视长期利益；从顾客被动适应企业的单一销售转向顾客主动参与到生产过程中来；从相互的利益冲突转向共同的和谐发展；从管理营销组合转向管理企业与顾客的互动关系
回报（reward）	任何交易与合作关系的巩固和发展，都是经济利益问题。因此，一定的合理回报既是正确处理营销活动中各种矛盾的出发点，也是营销的落脚点

4Rs营销理论的最大特点是以竞争为导向，在新的层次上概括了营销的新框架，根据市场不断成熟和竞争日趋激烈的形势，着眼于企业与顾客的互动与"双赢"，不仅积极地适应顾客的需求，而且主动地创造需求，运用优化和系统的思想去整合营销，通过关联、关系、反映等形式与客户形成独特的关系，把企业与客户联系在一起，形成竞争优势。其反应机制为互动与"双赢"、建立关联提供了基础和保证，同时也延伸和升华了便利性。"回报"兼容了成本和"双赢"两方面的内容，追求回报，企业必然实施低成本战略，充

分考虑顾客愿意付出的成本，实现成本的最小化，并在此基础上获得更多的市场份额，形成规模效益。这样，企业为顾客提供价值和追求回报相辅相成，相互促进，客观上达到的是一种“双赢”的效果。

五、珠宝首饰市场营销的作用和趋势

1. 珠宝首饰市场营销的作用

珠宝首饰市场营销是一个系统的珠宝首饰企业管理过程，不仅包括生产、经营之前的具体经营活动分析，如市场调研、设计开发新商品等，而且还包括销售过程的具体的经营活动，如珠宝首饰商品定价、分销渠道、促销活动、售后服务、信息反馈等，是珠宝首饰企业极其重要的指导性经营管理活动。

2. 珠宝首饰市场营销的趋势

随着中国经济和社会的发展，珠宝首饰消费者的文化知识得到快速的提高，对珠宝首饰市场营销而言，珠宝首饰消费者将更加具有个性化审美趋势，更加关心社会的环境与发展，在对珠宝首饰的款式、品质、服务以及品牌价值和企业形象等方面具有显著的、更高要求的评估能力，这必将引导珠宝首饰企业市场营销朝着个性化、专业化服务和良好的品牌形象化方向发展。

学习单元2 珠宝首饰市场分析

学习目标

➢了解珠宝首饰市场分析的基本概念。

➢熟悉珠宝首饰市场分析的方法。

知识要求

一、珠宝首饰企业市场分析

珠宝首饰企业市场分析包括市场细分、目标市场选择以及对目标市场的定位。

1. 珠宝首饰市场细分的概念

珠宝首饰市场细分概念的提出，是基于珠宝首饰消费者需求的差异性，即每个珠宝首饰消费者的需求、爱好、购买动机及购买行为都是有差异的，但在某一类珠宝首饰市场中，珠宝首饰消费者对销售策略的反应又具有一定的相同性。这样，从需求状况角度考虑，不同珠宝首饰商品的市场可以分为两大类：一类叫无差异市场，另一类叫差异市场。凡珠宝首饰消费者或顾客对某一类珠宝首饰商品的需求、欲望、购买行为以及对营销活动的反应等方面具有基本相同或极为相似的一致性，这类珠宝首饰商品的市场就是无差异市场，无差异市场不需要再分。但是绝大多数珠宝首饰商品都是差异市场，即珠宝首饰消费者或顾客对珠宝首饰商品的品质、特性、规格、款式、质量、价格、包装等方面的需求和欲望是不同的，或者在购买习惯、购买行为等方面存在差异性。如多数城市居民对珠宝首饰有相同或相似的需求，但在具体款式、品质、价格和购买习惯等方面明显不同，有的喜欢追求时尚潮流，有的保持传统观念，有的追求宝石的高品质，有的追求个性化款式，有的追求工艺质量，有的喜欢在大型商场购买，有的更信任珠宝连锁专卖店，正是这种差异化，使市场细分成为可能。例如，某珠宝首饰企业在某区域市场，根据珠宝首饰消费者年龄不同对珠宝首饰商品需求存在的差异性，将珠宝市场细分为青年人市场、中年人市场和老年人市场；或根据经济收入的不同细分为高档珠宝市场、中档珠宝市场和低档珠宝市场；根据性别的不同细分为男性珠宝市场和女性珠宝市场，整个市场细分后，各个细分的了市场之间，对同类珠宝首饰商品又有近似的需求。因此，对于整体珠宝首饰市场中的需求，既有同中求异，又有异中求同，这正是求大同存小异的方法在市场细分中的运用，也正是通过这种市场细分使珠宝首饰企业在纷杂的珠宝首饰市场中寻找到适合于本企业的目标消费者或顾客，即目标市场。

2. 珠宝首饰市场细分的作用

对于珠宝首饰企业来说，和所有的企业一样，企业资源是有限的，服务的对象也是有制约的。因此，珠宝首饰市场细分是一项十分重要的工作，是珠宝首饰企业选择目标消费者或顾客市场以及进行商品定位的基础、条件，珠宝首饰企业的生产和经营要针对某个或几个细分市场来进行，盲目地追求小而全或大而全都是不可取的。从珠宝首饰市场营销的角度来说，珠宝首饰市场细分的作用可以归纳为以下几个方面。

（1）有利于珠宝首饰企业根据消费者或顾客的要求更精确地确定市场。通过科学有效的市场细分，可以使珠宝首饰企业全面而准确地了解珠宝首饰市场及每个细分市场的需求，然后，结合本企业的实际情况，确定哪些细分市场是本企业商品的需求者，决定珠宝首饰企业应该生产和经营哪些商品来满足这些不同层次首饰消费者群体的需求，从而可以确定哪些珠宝首饰商品是本企业的主要商品，哪些珠宝首饰商品为从属商品，明确了珠宝首饰企业在珠宝首饰市场上的位置和生产经营目标，可以避免盲目的生产和经营活动。

（2）有利于珠宝首饰企业发掘新的市场机会和开发新的珠宝首饰商品。市场细分是在市场调查的基础上进行的。通过市场调查，可以全面了解各个不同层次的珠宝首饰消费者群体的需求满足程度，如珠宝首饰消费群体中哪些需求已经满足（如黄金饰品商品丰富，满足了消费者需求）；哪些满足不够（如首饰款式陈旧）；哪些尚待开发（如彩色宝石首饰需要开发）；以及哪些细分市场竞争激烈、哪些细分市场较少竞争、市场消费趋势发生了哪些变化等。这些信息可以使珠宝首饰企业寻找和发掘新的市场机会，及时调整营销战略，进入有利于珠宝首饰企业的细分市场，寻找更好、更多地发展机会，开发新的珠宝首饰商品满足不断变化的消费需求。同时，通过珠宝首饰市场细分，强化了珠宝首饰企业适应市场需求变化的能力。

（3）有利于珠宝首饰企业更有效地配置经营资源，提高企业的市场竞争力。企业的综合资源总是有限的，如何更有效地利用企业资源（人力、物力、财力）是每个珠宝首饰企业都应该考虑的问题。珠宝首饰企业资金占用量很大，管理环节复杂而细致。通过市场细分，根据自身条件选择一个或几个有利于本企业的细分市场，集中将人力、物力和财力资源投入目标市场，迅速及时地将适销对路的珠宝首饰商品送到目标市场，这样既充分有效地使用了企业资源，发挥了珠宝首饰企业的优势，又大大提高了珠宝首饰商品的市场竞争力。

3. 珠宝首饰市场细分的方法

珠宝首饰市场之所以可以细分，主要是由于珠宝首饰消费者需求存在着差异，这些差异化因素归纳起来主要有如下几个基本方面：地理因素、人口因素、心理因素、行为因素，依据这些因素来细分珠宝首饰市场，就形成了地理细分、人口细分、心理细分和行为细分四种市场细分的基本形式。

（1）按地理因素细分市场。地理细分是按照珠宝首饰消费者所处的地理位置、自然环境来细分珠宝首饰市场。不同地理环境下的珠宝首饰消费者对同一珠宝首饰商品的需求和偏好不同，对珠宝首饰商品的品种、款式、价格、分销渠道、广告宣传等市场营销的反应也不一样。中国北方市场与南方市场、沿海经济发达地区的市场与内地市场、城市市场与农村市场等，这些市场之间的珠宝消费理念、消费品种、消费水平都存在着明显的差异。如城市市场对钻饰商品需求较大，但农村市场对黄金饰品的需求较大。珠宝首饰企业在进入某一区域市场时，按地理位置和自然环境来细分市场是十分必要的，它直接影响到珠宝首饰企业目标市场的选择和是否能够提供适销对路的商品。

（2）按人口因素细分市场。人口细分，即是按人口调查统计的内容来细分珠宝首饰市场。人是构成珠宝首饰市场营销的基本要素，是珠宝首饰企业市场营销活动的最终对象，珠宝首饰企业进入一个珠宝首饰区域市场进行市场细分时，除了要分析这个地区的总人口外，还要研究其人口的构成情况，包括消费者的性别、年龄、收入、职业、受教育水平、宗教信仰、民族等情况。人口因素比较容易衡量，只需通过简单的市场调查就可以获得全面的有关人口的相关数据。珠宝首饰企业常常将人口因素作为市场细分的重要依据并对区域市场的人口状况做以下系统的分析。

1）性别。性别区分主要有男性和女性两类，还可以增加“中性”的划分。女性在珠宝首饰商品需求偏好上有很大的不同，珠宝首饰在很大程度上来说是女性的偏爱，但也不能排除男性购买的可能。珠宝首饰企业在选择目标市场的过程中瞄准女性消费者的同时，也应适时地相互渗透，以男性消费者作为目标市场，如结婚或订婚的男性、成功的男士等。个别首饰既适用于女性，也适用于男性，属于中性化首饰风格。

2）年龄。按年龄进行市场细分是珠宝首饰企业常用的市场细分方法。不同年龄的珠宝首饰消费者由于在经济收入、审美意识、生活方式、价值观念、社会活动和社会角色等方面存在着较大的差异，必然会对珠宝首饰产生不同的消费需求。如青年人喜欢时尚的流行首饰，老年人则倾向于传统、具保值功能的首饰。因此，在市场细分活动中，珠宝首饰企业应把握好不同年龄层的珠宝首饰消费者的需求特点，并以此为依据作出进一步细分。

3）经济收入。消费者的经济收入水平，决定了一个地区消费者的生活水平和生活方式，是珠宝首饰购买力的决定因素。按照当前的平均经济收入水平，可以将一个地区的居民收入分为高收入、中等收入和低收入三类。高收入消费者和低收入消费者在生活方式、消费方式、社会交际等方面有很大的不同，珠宝首饰是高档消费品，其购买者主要是中高收入的消费者。因此，珠宝首饰企业要了解一个地区不同消费者的工资收入水平、家庭收入总额和人均收入状况，并具体分析消费支出占个人家庭收入的比例以及收入变化对消费者需求的影响，并结合其他情况对珠宝首饰市场进行细分。

一个家庭不同阶段珠宝首饰消费能力的分析见表 3—6（仅作参考）。

表 3—6　　家庭不同阶段珠宝首饰消费能力的分析

阶段	经济状况及典型的购买要求
独立生活的单身青年	很少经济负担，生活自由，富裕。购买基本的家具和厨房用具。对娱乐性商品、汽车、度假、服装和化妆品、手表、珠宝（时尚首饰或钻石首饰）更感兴趣。他们是购买时髦珠宝首饰商品的带头人
年轻的离婚或分居者	为支付赡养费或保留两处寓所的开支，经济上可能比较紧张。购买物一般限于“必需品”，对那些没有工作或没有技术特长的妇女更是如此，对于经济困难的一般不会购买珠宝首饰商品，对经济上充裕的妇女，则对珠宝首饰商品有一定购买力
新婚夫妇，没有孩子，有职业	双方都工作，经济上比较宽裕。购买汽车、冰箱、大件家具及娱乐度假用的活动器具包括珠宝首饰。购买率，特别是中高档耐用消费品的购买率最高，是珠宝首饰商品的购买人群

续表

阶段	经济状况及典型的购买要求
青年夫妇，孩子在7岁以下	手头较紧，储蓄额不多。购买洗衣机、烘干机、电视机和适合孩子吃或用的食品、药物和玩具。对新产品感兴趣，喜欢买登过广告的商品。对珠宝首饰商品购买兴趣不大，除非家庭经济收入富裕
青年夫妇，孩子满7岁或7岁以上	经济情况有所改善，把更多的钱用于日渐长大的孩子们的食品、衣着、教育和娱乐方面。愿花钱购买清洁用品、自行车、钢琴等。较少受广告的左右，对珠宝首饰购买兴趣不大，除非经济收入富裕
有抚养子女负担的中年夫妇	经济地位进一步改善。丈夫的工资可能提高，妻子多数有工作，有的孩子已经就业。把更多的钱用在娱乐和旅游上。耐用消费品的购买率较高。购买新的更美观的家具、汽车和旅游等，受广告的影响不大。是中高档珠宝首饰的购买者，女性偏重于翡翠、彩色宝石、珍珠首饰，男性偏重于贵金属项链、钻戒或工艺品挂件或其他类型贵金属首饰
无子女在身边，丈夫仍在工作的老年夫妇	大多很满足他们的经济地位和积蓄。对娱乐和自学感兴趣。喜欢度假、旅游、购买保值商品。打算进一步改善其生活品质、条件。对新产品不感兴趣，但对中高档珠宝首饰感兴趣，经济富裕者特别对于翡翠、彩色宝石首饰、黄金首饰、钻石首饰有投资的心理购买需求因素
无子女在身边，丈夫已退休的老年夫妇	收入显著下降，在家过平静生活。购买药品和有助于消化、睡眠和健康的商品，对中高档珠宝首饰兴趣一般，特别对黄金首饰、珍珠首饰、翡翠首饰比较有兴趣
仍在工作的单身老人	收入尚佳，很可能购买房子。喜欢度假并购置老人服务部销售的各种商品。希望送货上门，对珠宝首饰有投资收藏的消费观念，具有购买力
退休的单身老人	收入显著下降。有护理、友爱和安全保障方面的特殊需要。购买和其他退休人员一样的药品和其他商品，对珠宝首饰的投资收藏的兴趣

4）职业与教育。职业不同和受教育程度不同对珠宝首饰的需求是不一样的，按职业和受教育程度可以将一个珠宝首饰市场划分出若干个不同的细分市场。有些职业，如医生尽管经济收入水平和消费观念都符合消费珠宝首饰的条件，但其职业要求不能佩戴首饰，医生的职业风格往往使其也并不会热衷于追逐珠宝首饰的变化，因此这类职业对珠宝首饰需求不大。此外，不同教育程度的消费者和不同从业人员对珠宝首饰有不同的爱好和价值观，对珠宝首饰的艺术性欣赏和品位也不同。因此，珠宝首饰企业应注重按照消费者的职业和受教育程度不同来划分不同的细分市场，这对珠宝首饰企业对商品定位和目标市场的选择具有十分重要的意义。

5）宗教信仰。消费者的宗教信仰不同，对珠宝首饰商品的审美观和价值观是不一样的，因而也应该按宗教信仰的不同划分出不同的细分市场。

6）民族。不同的民族有不同的消费需要和消费习惯，在珠宝首饰消费中都有各自鲜明的民族文化特点，从而形成了符合民族特点的珠宝首饰消费需求。按民族的不同来细分珠宝首饰市场，不仅有利于满足各民族珠宝首饰消费者的特殊需求，也使珠宝首饰企业获得了更广泛的发展机会。

在实际工作中按照人口因素细分市场，既可以按单个因素细分，如只按“经济收入”这一变量来细分市场，也可以按多种因素组合来细分市场，按多种因素组合来细分市场会使珠宝首饰企业的目标市场选择和市场定位更加准确。

（3）按心理因素细分市场。心理细分，就是按照消费者的心理特征来细分市场。对珠宝首饰有购买动机是一个内在的心理过程，消费心理不同，其购买动机和购买行为也不同，所追求的利益也有明显的差异。心理因素主要包括社会阶层、生活方式和消费习惯等。

1）社会阶层。在现实社会中，不同的人所处的社会阶层是不同的，一般可以将社会阶层分为上层、中层和下层，如图 3—1 所示。不同阶层的人在价值观、爱好、兴趣和行为方式、经济收入与支出等方面存在较大的差异，各社会阶层在珠宝首饰消费方面存在不同的偏好，消费水平也有很大的不同，珠宝首饰企业应仔细分析各社会阶层消费者的珠宝首饰需求偏好、购买方式和购买计划，选定自己的目标市场，根据各阶层消费者的不同特征来制定自己的珠宝首饰营销策略。

不同阶层对珠宝首饰消费的特点（见表 3—7 和图 3—1）。

表 3—7　　当代中国不同阶层购买特征（仅作参考）

阶层	珠宝首饰购买特征
底层	一般不会购买珠宝首饰商品，但会购买一些仿珠宝首饰商品，作为服饰佩戴
下层	一般极少购买，即使购买也会购买保值类的黄金首饰或婚庆首饰
中层	一般会购买中档以上的珠宝首饰作为保值和佩戴。翡翠、黄金首饰、钻饰是主要的购买和类，追求时尚与品牌，紧跟潮流，注重体验消费
中上层	一般购买时尚品牌高档珠宝首饰，引领潮流，注重品牌和品质高档
上层	奢侈珠宝首饰的拥有者，注重品味与品牌，有投资收藏的购买欲望

2）生活方式。人们形成和追求的生活方式不同，对珠宝首饰消费的偏好也不同。如有的人追求时髦，有的人追求佩戴方便，有的人追求高雅，有的人追求华贵，有的人追求表现力。据此，珠宝首饰企业便可以将追求某种生活方式的消费者群体作为珠宝首饰细分市场的标准，并据此来选择目标市场。

3）消费习惯。消费习惯也称消费个性，是指一个人比较稳定的消费心理倾向和心理特征，它会导致一个人对其所处消费环境作出相对一致和持续不断的反应。每个人的个性

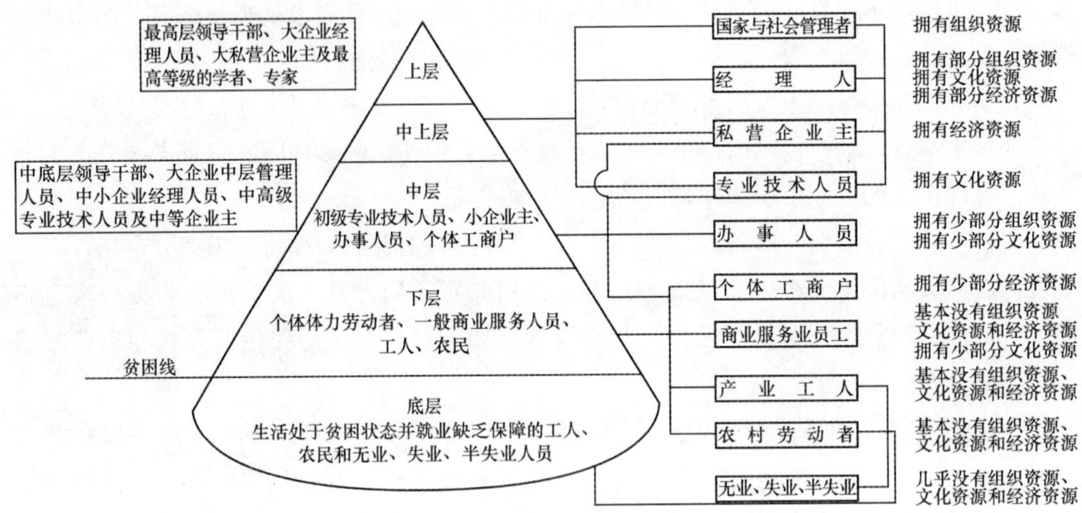

图 3—1　当代中国社会阶层分析

注：摘自陆学艺《当代中国社会阶层研究报告》。

都会有所不同，因而会有不同的消费偏好，如性格开放、追求时髦者可能比较容易接受款式新颖或新开发的珠宝首饰商品，而性格保守者则会更多地倾向于购买自己熟悉的品牌商品，并更注重珠宝首饰商品的内在质量和适用性。珠宝首饰企业可以按照人的性格特征进行市场细分，给自己的珠宝首饰商品赋予品牌个性，以迎合相应消费者的个性特征。如“用珍稀的，为珍惜的”的“I DO”品牌个性就是珍惜人生、注重生活品质的消费个性。

4）心理因素。心理因素是长期的社会文化影响造成的，珠宝首饰企业细分市场时要侧重于调查该细分市场目标消费者或顾客受社会文化影响而形成的心理特点，只有了解清楚一个市场或地区的珠宝首饰消费文化，才能正确掌握珠宝首饰消费者的消费心理，选择正确的珠宝首饰目标市场。

（4）按行为因素细分市场。行为细分就是按消费者的消费行为来细分市场。珠宝首饰消费行为因素包括购买时机、追求利益、购买频率和对品牌的忠诚度等。行为细分是珠宝首饰市场细分最重要的因素之一，主要细分因素如下（见图 3—2）。

1）购买时机。就是按珠宝首饰消费者购买珠宝首饰的时机来细分市场。珠宝首饰消费者购买珠宝首饰的时机很多，如每当中国的传统节日来临时（如元旦、春节、五一劳动节、国庆节等）或圣诞节、情人节等西方节日，就是消费者购买珠宝首饰的主要时机。有些时候企事业发放奖金或工资的集中日期，也可能是消费的重要时间，珠宝首饰企业进行时机细分，就是要抓住各种销售机会，扩大消费者购买本企业商品的范围，促进商品销

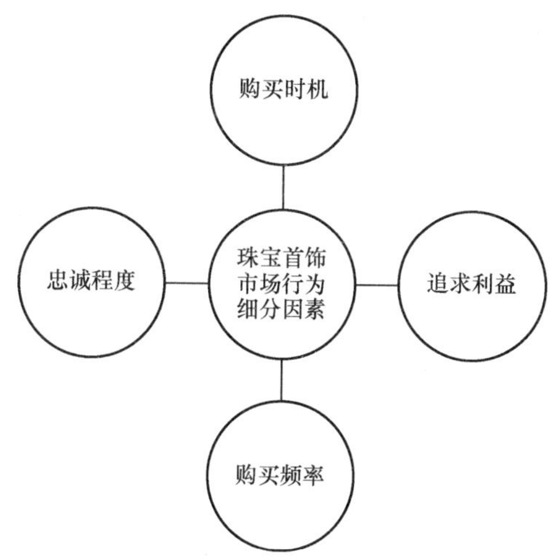

图 3—2　珠宝首饰市场行为细分因素

售。利用购买时机细分市场并以此作为目标市场对珠宝首饰企业十分重要，通常节庆假日前后一天的销售额是平常销售额的数倍甚至数十倍。

2）追求利益。就是根据珠宝首饰消费者在购买商品时追求的不同利益而形成的市场进行细分。珠宝首饰企业进行利益细分时，关键是要了解珠宝首饰消费者购买珠宝商品所要获得的预期利益是什么。如有的人追求美观时髦，有的人追求珠宝首饰商品的高品质，有的人追求保值，有的人追求佩戴品牌珠宝所带来的荣耀感等。根据珠宝首饰消费者追求利益的不同，珠宝首饰企业应该选择其中一个或几个追求某种利益的珠宝首饰消费群作为目标市场，运用利益细分法，要从了解消费者购买珠宝首饰所寻求的主要利益是什么开始，然后掌握寻求某种利益的珠宝首饰消费群是哪些人，再调查市场上的竞争品牌各自适合满足哪些利益，还有哪些利益没有得到满足，最后确定本企业珠宝首饰商品要突出的某些利益特征，并辅以适当的促销手段，反复宣传这些特性，最大限度地吸引追求这些利益的珠宝首饰消费者。

3）购买频率。就是按照消费者对商品的购买状况和购买频率进行市场细分。同一市场的珠宝首饰消费者对珠宝的购买状况可能同时存在从未购买者、曾经购买者、潜在购买者、初次购买者和经常购买者几类，购买和使用的程度也不一样。通过这种细分，珠宝首饰企业可以根据本企业在珠宝首饰市场上的状况，确定将哪些消费者或顾客群作为自己的目标市场。规模大的珠宝首饰企业一般注重将潜在购买者变为实际购买者，经营的商品尽量满足多层次的珠宝首饰消费者的需求，而规模小的珠宝首饰企业则注重以经常购买者为服务对象，并设法将竞争对手的购买者引向购买自己的商品。珠宝首饰不是日常消费品，重复性购买的机会不是很大，这也是大型珠宝首饰企业将注意力面向广泛的市场的原因，而中小珠宝首饰企业在经营中会发现，70％的销售额是靠30％的经常性购买者或大金额购买者实现的，珠宝首饰企业应集中精力研究这30％的珠宝首饰消费者的消费特征，确定适应这些购买者的价格、包装、企业形象和营销策略，以适应这些珠宝首饰消费者的需求。同时争取更多的经常性购买但不一定选择本企业珠宝首饰商品的消费者选择本企业的珠宝首饰商品。

4）忠诚程度。就是根据消费者对某种品牌的偏爱程度来细分市场。通常可以将珠宝首饰消费者划分为几个不同的消费群：单一品牌的忠诚者、几种品牌的忠诚者和非品牌的忠诚者。单一品牌的忠诚者始终如一地偏爱于某一个珠宝首饰品牌，任何时候、任何场合都只购买该品牌的珠宝首饰商品；几个品牌的忠诚者总是在几个珠宝首饰品牌中选购；非品牌忠诚者在购买珠宝首饰商品时不注重品牌，而是根据其他因素决定是否购买商品。这种细分方式给珠宝首饰企业带来这样的启示：对于单一品牌的珠宝首饰忠诚者和几种品牌的珠宝首饰忠诚者占主导的珠宝市场，其他企业是很难进入的，即使进入也难以提高市场占有率。因此，珠宝首饰企业应从非品牌忠诚者占大多数的市场入手，采取有效的营销手段，开发出新颖的商品，使珠宝首饰消费者购买本品牌珠宝首饰商品所获得的利益明显大于其他品牌，同时加强品牌宣传，提升企业形象和品牌形象，吸引忠诚于其他品牌的珠宝首饰消费者转向忠诚于本企业的品牌。

5）对珠宝首饰商品的态度。就是根据市场上珠宝首饰消费者对珠宝首饰商品的关注程度来细分市场。同一地区不同的珠宝首饰消费者对珠宝首饰的喜爱可能存在较大的差异，主要取决于对珠宝首饰的认识和珠宝消费文化的普及程度。一般可以划分出五种持不同态度的群体，即热情、冷淡、相信、怀疑和轻视。珠宝首饰企业可以通过市场调查和市场分析，了解消费者对珠宝首饰消费的态度，针对不同态度的珠宝首饰消费者采取不同的营销策略，如对持冷淡和轻视态度的消费者，珠宝首饰企业没有必要花更多的时间去改变他们的态度，而对持怀疑态度的消费者，珠宝首饰企业应在珠宝首饰商品品质、企业信誉等方面充分重视、加以改进，从而改变消费者的不利态度。

6）待购阶段。这是按照珠宝首饰消费者准备购买珠宝首饰时所处的准备、待购阶段来细分市场。待购阶段可分为不注意、注意、知道、有兴趣、想买和计划购买。任何时候，一般可假设珠宝首饰消费者总是处在不同的待购阶段。例如，有的消费者可能对珠宝首饰确实有需求，但只知道有红宝石首饰而不知道有红色碧玺首饰；有的消费者已经知道有珠宝首饰某种商品存在，但对价格、质量等还存在疑虑；有的消费者已经对某种珠宝首饰产生了兴趣；有的消费者想购买某种珠宝首饰；有的消费者正在计划购买。珠宝首饰企业应对这种市场做细致的划分，对处在不同待购阶段的珠宝首饰消费群采取不同的营销策略，并随着待购阶段的进展适时地修改并推出新的营销方案。

以上珠宝市场细分的几种基本形式并不是孤立存在的，而是互相融合的。在实际的珠宝市场细分中，常常是将几种细分形式结合起来综合考虑，分为三个过程：首先按整体消费者市场进行分析，其次针对珠宝首饰消费者的特征进行针对珠宝首饰消费者市场的再划分，最后根据珠宝首饰企业自身的特点选择有利于企业发展的细分市场。每一过程的细分一般以某一种细分因素为主，几种其他细分因素为辅，形成若干组影响因素来细分珠宝首饰市场。一般是有秩序地细分，后一顺序的细分要素是对前一细分要素划分的市场的再划分，如先按地区划分，在每一个划分后的地区市场中再按心理因素、行为因素或人口因素再划分，以此类推。市场细分后，珠宝首饰企业还应调查分析每个细分市场的消费者数量、平均购买率和市场竞争程度，将这些情况综合考虑，分析每一个细分市场的潜在价值或赢利空间，最后权衡利弊，结合珠宝首饰企业自身的实际情况，选择一个或几个细分市场作为本企业的目标市场。但是也有的珠宝首饰商品并不需要复杂的划分，如儿童首饰，一般就不需要针对性别、经济收入等划分（性别观念重、经济差距大的情况除外），往往只需按地理因素划分即可。如果对整体消费者市场中的珠宝首饰消费者市场划分已经非常明确，也可以直接对珠宝首饰消费者市场进行市场细分。

二、珠宝首饰企业目标市场

1. 珠宝首饰目标市场的概念

珠宝首饰企业目标市场是珠宝首饰企业在对珠宝首饰市场进行细分后的若干个细分市场中，根据自身的条件和实力，决定要进入的细分市场，就是珠宝首饰企业所要满足的那一部分市场需求的理想市场，珠宝首饰企业的生产经营活动都是围绕其选定的目标市场进行的。

珠宝首饰市场细分与选择目标市场既有联系，又有区别。市场细分是按照珠宝首饰消费者的需求和购买行为的差异划分珠宝首饰消费者群的过程；而选择目标市场是根据自身综合实力选择一个或若干个细分的珠宝首饰市场作为营销对象的过程。珠宝首饰企业选择目标市场是在珠宝首饰市场细分的基础上进行的，通过珠宝首饰市场细分，发现珠宝首饰市场上有尚未满足的需求，而珠宝首饰企业自身又具有满足需求的条件，就可选择该细分市场作为本企业的目标市场。因此，珠宝首饰市场细分是珠宝首饰目标市场选择的基础和前提，珠宝首饰目标市场的选择则是珠宝首饰市场细分的目的。

2. 珠宝首饰目标市场的选择

珠宝首饰企业选择目标市场是对各珠宝首饰细分市场做出全面评价后，结合企业特征选择其中一个或几个细分市场作为本企业的目标市场，并制定相应的目标市场营销策略。

珠宝首饰企业在评价各细分市场的时候，必须考虑以下三个因素。

（1）是否有适当的市场容量和发展潜力。某珠宝首饰市场具有一定的容量是珠宝首饰企业进入该市场的重要条件，它表明珠宝首饰企业在该市场可能获得计划的销售量和利润，而珠宝首饰市场是否具有一定的发展潜力表示珠宝首饰企业在该市场是否具有扩大销售量和增加利润的可能。因此，珠宝首饰企业首先必须收集各细分市场现行销售量的资料，分析其增长率和预期利润。一种常见的倾向是有些珠宝首饰企业喜欢选择销售量大、增长率高和利润丰厚的市场作为目标市场，但实际上最大和增长最快的市场并不适合较小的珠宝首饰企业，因为快速增长的市场需要大量资源的配合和物流的协作，较小的珠宝首饰企业选择较小的和较逊色的细分市场则更有利于发展。

（2）是否有足够的吸引力。一个有适当市场容量和发展潜力的珠宝首饰细分市场一定是有吸引力的珠宝首饰市场。

珠宝首饰企业还必须考虑几个重要因素，以判别该细分市场是否有足够的吸引力：

1）该细分市场中是否已有许多很强的竞争者。

2）该细分市场是否会吸引新的竞争者。

3）该细分市场中的珠宝首饰买方消费者是否比卖方珠宝首饰企业有更强的讨价还价能力。

4）是否有许多实际的或潜在的替代品会限制该细分市场中的珠宝首饰商品的价格和利润。

如果该细分市场中不存在激烈竞争，也不会吸引新竞争者，很少有替代品；珠宝首饰企业本身很有实力；市场价格合理，该细分市场对珠宝首饰企业就很有吸引力。

（3）是否适合企业的目标和资源能力。珠宝首饰企业还必须考虑细分市场是否适合企业的经营目标和资源运作能力。有些珠宝首饰细分市场具有适当的市场容量和发展潜力，也具有足够的吸引力，但是不适合珠宝首饰企业的长远目标，进入该市场，不能长期推动本企业实现主要目标，甚至会分散珠宝首饰企业的注意力和精力，就不得不放弃。如某珠宝首饰企业在原有钻饰商品基础上想以发展彩宝首饰市场为主，但该市场对彩宝首饰并不感兴趣，根据该珠宝首饰企业的营运目标战略，只能放弃该目标市场。即使有些细分市场适合珠宝首饰企业的目标，如果珠宝首饰企业不具有进入这些细分市场的可持续资源经营能力，如供应商能力有限，珠宝首饰商品经常短缺或者不具有超过竞争者的竞争条件，市场价格不合理，珠宝首饰企业也不能进入该市场，也只能放弃。

在评价各细分市场后，珠宝首饰企业要决定选择哪些和选择多少细分市场，也就是要选择目标市场。

3. 珠宝首饰目标市场的选择策略

珠宝首饰企业目标市场的选择一般有三种策略：无差异珠宝首饰市场营销、差异性珠宝首饰市场营销和集中性珠宝首饰市场营销（见表3—8）。

表3—8　　珠宝首饰企业目标市场选择策略（仅作参考）

	无差异珠宝首饰市场营销	差异性珠宝首饰市场营销	集中性珠宝首饰市场营销
概念	珠宝首饰企业不考虑市场需求的差异性，把整个珠宝首饰市场看做一个大的目标市场，把一类商品以一种营销组合形式推向所有的珠宝首饰购买者	珠宝首饰企业把整体珠宝首饰市场分为若干个细分市场，针对每一细分市场的需求特点，设计和生产不同款式、规格的珠宝首饰商品，并采用不同的营销组合，分别满足不同的珠宝首饰消费者需要	珠宝首饰企业集中所有力量，以一个或为数不多的几个珠宝首饰细分市场为目标市场，实行专业化的生产和销售
优点	易于实行珠宝首饰大批量生产、储运和销售，生产成本低，销售费用省，有利于珠宝首饰企业在竞争中以物美价廉的优势取得较大的市场占有率	可以广泛地适应市场需求，扩大销售，争取较大的市场占有率	集中力量，在较小的细分市场上获取较高的市场份额。也可以使企业大大节省营销费用，提高投资收益率。在竞争中不断发展自己。这是许多中小珠宝首饰企业用以与大型珠宝首饰企业相抗衡的有效策略
缺点	容易招致过度标准化竞争，而且由于市场需求千差万别，珠宝首饰企业可能丢失大量的细小市场，最终失去更多的市场	随着珠宝首饰商品品种、款式和规格的增加，生产成本会提高；随着多种营销渠道的开通和多种促销手段的实施，销售费用也会增加	目标市场比较单一和窄小，如果市场情况突然变化，例如市场上出现了强大的竞争者，或购买者兴趣和爱好转移，珠宝首饰企业就极有可能陷入困境
适用情况	①珠宝首饰目标市场的需求差异性小，珠宝首饰购买者对商品属性的要求以及购买动机和行为大致相同或相近 ②珠宝首饰商品是差异性较小的同质性商品，如素金首饰、钻戒、金条等评价标准统一的商品； ③珠宝首饰商品处于市场生命周期的初期，竞争者少，如新款首饰刚上市的阶段 ④珠宝首饰企业资源及能力条件较脆弱，目标市场的选择受到限制	①珠宝首饰目标市场的需求有明显的差异性，珠宝首饰消费者对珠宝首饰商品的要求、购买动机和行为差别较大 ②珠宝首饰商品处于生命周期的成长期或成熟期，市场竞争趋向激烈 ③珠宝首饰企业资源雄厚，创新设计能力条件较好，珠宝首饰商品的差异性较大，能在较广的市场上满足不同珠宝首饰消费者需求 ④珠宝首饰企业的部分竞争对手采取的是无差异市场营销策略	集中性珠宝首饰市场营销的适用条件基本上与差异性珠宝首饰市场营销相同，唯一不同的是差异性珠宝首饰市场营销要求珠宝首饰企业资源雄厚，创新设计能力条件较好，而集中性市场营销没有这种要求，只是比较而言它更适合于资源条件有限的中小型珠宝首饰企业

4. 珠宝首饰目标市场的作用

在珠宝首饰市场营销活动中，任何珠宝首饰企业都应选定目标市场，以便在纷繁复杂的市场中发现何处最适合销售本企业商品，如主要购买者是谁，购买者的地域分布、需要、爱好、购买行为特征是什么等。总之，珠宝首饰企业在营销决策前，要确定具体的营销对象，即正确地选定目标市场，它不仅关系到珠宝首饰企业营销成功与否，更是创造珠宝首饰品牌、突显珠宝首饰品牌个性的必经之路。

三、珠宝首饰企业市场定位

1. 珠宝首饰目标市场定位的概念

珠宝首饰目标市场定位，就是在珠宝首饰目标市场中，为珠宝首饰企业和商品创造和维持某种相对于竞争对手珠宝首饰商品形象的预期形象，是指珠宝首饰企业根据目标市场上的珠宝首饰消费者偏好、竞争状况和自身优势，确定自身商品或服务在目标市场上所处的竞争位置，目的是突出珠宝首饰商品的某些特色或个性，形成一个独特清晰的特定市场形象，吸引那些偏爱本企业和商品的特色或个性的珠宝首饰消费者。

珠宝首饰市场定位的首要目的是使珠宝首饰商品现在的消费者发现并认同珠宝首饰企业及其商品的特色或个性，激发珠宝首饰消费者对珠宝首饰企业和商品的偏好，影响消费者的购买行为，使消费者最终成为本企业珠宝首饰商品忠实的购买者。其次，珠宝首饰市场定位还要了解竞争对手的商品具有哪些特色，竞争者在进行珠宝首饰商品的市场定位时有哪些经验值得借鉴，使本企业和商品在市场中保持鲜明的特色和风格。

2. 珠宝首饰市场定位的方法

珠宝首饰目标市场定位主要是设计和塑造珠宝首饰企业和商品的特色或个性。珠宝首饰企业和商品的特色或个性可能通过多种形式体现出来，有的可以从首饰商品实体上体现出来，如商品独特的款式设计、齐全的商品组合、形象与陈列展示等；有的可以从珠宝首饰价格水平上体现，如高价、低价、折扣等；有的还可以通过材料及品质、包装、服务等方面来反映；有的也可以从企业形象策划来表现。珠宝首饰企业可以根据消费者的多种需求，采用多种商品定位的选择。

从珠宝首饰商品的属性和利益要素角度定位分析，具体定位方法见表3—9。

表3—9　　从珠宝首饰商品的属性和利益要素角度定位分析

定位方式	说明
功能性定位	即珠宝首饰商品本来要发挥的基本实用功能或商品属性，如易使用性（佩戴、保养、保管方便）、可靠性、健康安全、耐久性、款式美观、婚庆、祈福等

续表

定位方式	说明
感觉性定位	即区别于他人、自我表现等，如时尚、流行、有魅力、表现个人的品位等
心理性定位	即提高内心的实现感和充实感，追求精神上的丰富和满足感；保持良好的心理状态，如自尊心、威望、地位的满足、不同偏爱、不同祈愿等
经济性定位	即价格上的不同带来的降低成本、便宜和降价感等
社会性定位	即谋求对社会生活的发展和革新的贡献程度以及社会的接受程度，如无公害或减轻公害、增大社会利益、增进健康等
文化定位	即对应价值观的多元化适应不同文化习俗、价值观，如风俗习惯、品味、审美风格等
使用者定位	即根据特定的使用者来进行珠宝首饰商品的生产和销售，通过珠宝首饰使用者的形象来树立珠宝首饰商品的市场形象，如针对高端消费者、男性、女性、时尚人士、职业经理人等

无论珠宝首饰企业采用何种形式定位，都要将突出鲜明的市场特色和个性放在首位，给珠宝首饰消费者丰富的想象力和联想，使珠宝首饰消费者对珠宝首饰企业和商品产生富有价值的满足感。

3. 珠宝首饰市场定位的作用

珠宝首饰市场定位是企业营销策略的重要组成部分，珠宝首饰企业市场定位是否准确，直接关系到珠宝首饰市场营销的成败。定位准确，珠宝首饰企业可以充分发挥自身的资源优势，充分满足目标市场各种层次珠宝首饰消费群体的需求，确保珠宝首饰企业的市场营销活动高效而有序地运作；定位失误，寻找不到合适的市场，即使投放高额的营销费用，仍不能找到足够多的珠宝首饰消费者，致使珠宝首饰企业营销陷入非常不利的境地。

珠宝首饰企业通过市场定位，可以确认现在所处的地位，即珠宝首饰商品、品牌能在多大程度上对应市场需求；可以比较评价竞争者与本企业的珠宝首饰商品和品牌在市场上的地位；可以预先发现潜在的重要市场位置、机会，了解和掌握应该追加投放新珠宝首饰商品的市场位置，以及现有珠宝首饰商品重新定位或放弃的方向等；还可以设法在自己的商品、品牌上找出比竞争者更具竞争优势的特性或者创造与众不同的特色，从而使其商品、品牌在市场上占据有利地位，取得目标市场的竞争优势。

四、作为奢侈品的珠宝首饰市场分析

1. 珠宝首饰消费者对珠宝首饰奢侈品的态度

参照美国 Pamela N. Danziger 在 *Let Them Eat Cake：Marketing Luxury to the Masses—As Well As the Classes* 一书中的描述，可以不考虑性别、年龄、不同出生年代，甚至收入水平，把珠宝首饰奢侈品的消费者分为四类，即超级富裕者、奢侈品的沉迷者、奢侈品的追逐者和打破旧习的社会新贵。珠宝首饰奢侈品消费者在态度和动机上是十分相似的（见表 3—10 和表 3—11）。

表 3—10　对奢侈品及珠宝首饰奢侈品消费者细分市场

	奢侈品的沉迷者	社会新贵	奢侈品的追逐者	超级富裕者
消费心理	奢侈品的沉迷者沉浸在自己奢侈的理想和设计中，热衷于把他们的“窝”装饰得更奢侈。通过奢侈消费和全面参与奢侈生活的方式来彰显个性。是奢侈品珠宝首饰有能力的购买者	社会新贵是最前卫的消费者，他们知道物质并不能使他们快乐，但仍高度参与奢侈品消费。他们关注个人奢侈品和体验奢侈品，因此脱离了自我沉浸的生活及他们与外面的世界联系。珠宝、手表、服装奢侈品是率先能带给他们满足感的。追求奢侈生活时，他们会寻找内心情感生活同外在世界的平衡	奢侈品的追逐者尚未达到所向往的奢侈水平。他们认为奢侈是对自己拥有什么的解释。对于这些消费者，购买的奢侈品品牌产品最能代表奢侈	超级富裕者是最热情的奢侈消费者，最频繁购买且花费更多。尽管向往奢侈体验，但他们仍更重视物质世界。在这一点上，他们与社会新贵们不同。他们寻求奢侈的物品和体验，随心所欲地花费。他们对奢侈生活投资很大，并会继续这种生活方式。是昂贵的珠宝首饰最理想的购买者

表 3—11　对要奢侈品及珠宝首饰奢侈品的态度

	非常同意	同意	中立	不同意	非常不同意
奢侈品并不总是指最贵的或者最高级的品牌而是一种体验	49	39	8	3	1
当购买奢侈品时，你会期望它高于平均水平吗	45	41	10	3	1
奢侈不能用花费多少来衡量，而在于它对我的意义有多大	43	40	14	2	1
我喜欢在特价时购买奢侈品，并且常常寻找最低的价格或者最高的价值	43	37	15	2	1
奢侈不是炫耀消费，也不是为了使自己引人注目，而是一种品位	43	34	15	7	2
奢侈是一种感觉，一种只要我愿意，我有能力做我想做的一切的感觉	40	41	12	3	1
奢侈是一种追求自己激情和爱好的能力	38	45	13	3	5
奢侈是属于每个人的，且对每个人又都是不同的	38	39	18	3	1
我生活中的奢侈就是我的感受以及和家人、朋友在一起时的回忆	35	40	20	4	2
奢侈是购买生活中额外的一些东西，从而让我的生活变得更加舒适和有意义	33	54	10	2	1

续表

	非常同意	同意	中立	不同意	非常不同意
奢侈是通过我穿的衣服，佩戴的珠宝、手表，驾驶的车，使用的香水等来自由表现我的个性特点	31	45	19	4	2
拥有奢侈的生活方式让我很有优越感	31	38	24	4	2
购买奢侈品是我关爱自己的一种方式	30	41	25	3	1
奢侈是一种满足感，例如，体现价值的幸福感或者渴望被人注目的兴奋感	30	47	17	4	2
当两件产品的质量相当时，我会根据品牌的声誉来选择	27	38	24	8	3
在我的生命中，我并不渴望拥有更多物品，而是希望把钱花在能使我回味终身的特殊体验上	24	36	28	9	4
一旦你尝试过奢侈的感觉，你决不会想再回到平凡的生活中去了	23	38	24	11	4
尽管奢侈体验很美妙，却很短暂，因此我更愿意购买我能保留和珍藏的物品	21	42	24	11	3
如今购买奢侈品对我来说已经没有过去那么重要了	15	33	36	12	4
如今我不会像过去那样为家庭添置很多奢侈品了	12	30	32	20	7
奢侈是由品牌决定的，因此不是奢侈品牌就一定不是奢侈品	8	16	24	32	20

各个珠宝首饰奢侈品消费群体之间消费习惯的不同点远远少于他们之间的相似点，这些消费群体都更在乎消费的体验过程。这些消费群体之间的消费观念在形式上有所不同，但是统计数据显示，各群体之间的消费观念实质是相同的，而且他们对于珠宝首饰奢侈品的偏好和观念也基本一致。尽管他们在消费观念上的差别甚微，但是各消费群体都会表现出他们不同的珠宝首饰奢侈品购买和消费模式。由此可见，营销和品牌战略的制定需要针对不同消费群体的消费模式量体裁衣。

2. 中国富裕人群的细分与奢侈品珠宝首饰消费观念

作为奢侈品的珠宝首饰，其主要的消费群在富裕的群体。

从中国奢侈品消费人群的数量来讲，不断扩大的中产阶级是奢侈品消费的“基础力量”。2005 年，国家统计局将世界银行公布的全球中等收入阶层的人均 GDP 起点换算为中国的中等收入群体指标，将中国的中产阶级定位在家庭（以平均人口 3 人计算）年收入为 6 万～50 万元，较符合中国现实情况。中国中等收入阶层正以每年 1%的比重增长，预计到 2020 年，中国中等收入阶层将有望达到 40%左右。

中国富裕人群的构成如下：

（1）企业家。

（2）拥有一定地位的干部。

（3）部分国有（集体）企业总经理以上的高官；包括接受过良好的高等教育、对国际流行趋势颇有了解、拥有技术专业能力的高级职业经理人。

（4）某些特殊行业的职员、经纪人、各类明星，包括从事媒体、艺术、音乐、公共关系、时尚、娱乐、体育等行业的成功人士。

中国富裕群体消费观念细分（见表3—12）。

表3—12　　中国富裕群体消费观念细分

类型	平均家庭收入（千元）	占全部财产的百分比（%）	主要特征
时尚奢华型	85	22	①中国富裕消费者中收入最高的群体，主要居住在一级城市；女性比例较高 ②重视健康、环境和家庭生活质量 ③对奢侈品充满热情 ④走精致低调的消费路线；引领时尚潮流 ⑤与品牌相比，更在意质量；反对水货、假货
苛求完美型	84	13	①收入水平高于大部分富裕消费者，但工作仍然最勤奋 ②偏爱有助于使他们在人群中显得与众不同的时尚产品 ③不太愿意花高价买最好的产品；难以取悦 ④对未来收入是否会大幅度增加缺乏信心；不喜欢借贷消费
浮华炫耀型	78	22	①收入略高于富裕消费者的平均水平，较多成员居住在一级城市 ②舍得花钱的奢侈品大买家，喜欢炫耀；看重品牌 ③不排斥水货、假货 ④为了淘到便宜货，不怕麻烦，货比三家 ⑤对自己的财务状况充满信心，但仍然勤奋工作；不太重视健康和环境
都市精英型	73	14	①收入低于富裕消费者的平均水平，较多成员居住在一级城市和二级城市；男性比例较高 ②非常在乎健康、环境和家庭生活质量 ③走精致低调的消费路线，与时尚奢华型相比，较少花钱购买奢侈品 ④对产品质量比对品牌更关心；反对使用水货、假货 ⑤非常在意社会地位，渴望与有前途、有影响力的人交往 ⑥喜欢奢侈品，但并不将其视为生活必需品 ⑦不愿意多花钱买更好的产品；为了淘到便宜货，不怕麻烦，货比三家 ⑧对自己的财务状况信心不足

续表

类型	平均家庭收入（千元）	占全部财产的百分比（%）	主要特征
务实生活型	70	10	①比较年轻，致富和接触奢侈品的时间都不长；较多成员居住在二级城市 ②与社会生活相比，更加看重家庭生活 ③很少关心较高档的产品；对外国品牌基本上不感兴趣 ④当他们真正花钱购买奢侈品时，他们只买低调优质的产品 ⑤对自己的财务状况有信心，但承受着来自同辈的要赚更多钱的压力

注：此表参考《奢侈品营销》。

中国富裕人群的消费理念正如约翰·史都瑞（John Storey）所说："我们消费的内容与方式，诉说了我们是怎样的人，或者我们想要成为怎样的人。经由消费，我们可以建立并保持特定的生活风格。"

炫耀性是初期中国奢侈品消费者及珠宝首饰奢侈品购买者的主要动机。凡伯伦（Thorstein Veblen）曾指出，光是拥有财富，并不足以获得人们的尊敬和景仰，还必须通过某种大家都能预感到的方式展现其地位和财力。从社会其他阶层跃起的新富裕阶层，在经济收入大大提高后，非常愿意向社会显示身份地位的变化。

凡伯伦曾用"炫耀性消费"来描述美国"第一代富豪"以及他们的消费习惯。在中国的社会背景下，这也同样适用于改革开放后中国的第一代"富裕人群"，他们在积累财富的同时，通过购买和使用奢侈品包括珠宝首饰、手表、汽车、别墅等昂贵的商品来获取社会对他们的尊重，显示他们的价值。炫耀式消费曾经是表现财富、能力与地位的唯一最佳形式。当然，富裕的人们会选择公众最为熟知的主流奢侈品品牌。因为，没人认识的奢侈品对显示身价毫无作用。

此外，商务往来也是奢侈品珠宝首饰消费的另一动机，通过赠送珠宝首饰奢侈品来维系和发展某种关系，打造个人生存、情感与发展的关系网，约占整个中国奢侈品消费总额的50%。

随着中国经济社会文化的快速发展，对外交流的不断深入，国民的素质正在提高。同样，中国"富裕人群"的奢侈品消费包括奢侈品珠宝首饰正悄悄地在发生着变化。路易·威登全球主席及行政总裁贾世杰（Yves Carcelle）也指出现在中国消费者的消费越来越趋于理性，市场已经被教育得越来越成熟，他们知道什么是精品和时尚，可以说消费心理已经和全球其他成熟市场趋于一致。

美国运通2007年发布的报告《探索富裕群体的世界》指出中国富裕群体的心态已经发生了重大的改变。他们努力工作，积极创造财富，并愿意花时间去享受生活；他们把消费世界级的奢侈品产品和服务当做开创财富的里程碑，而且乐于开拓高品质生活形态新领域，他们追求世界顶级品牌市场的“潮流、新颖、新奇”所在，为了紧跟时尚而去国外观光购物已经成为他们优质生活的习惯。中国的富裕群体已经普遍懂得去追求世界级的客户服务，在其过程中也要求得到“我就是焦点”的尊重、礼遇、优先款待等。值得一提的是，不少中国富人把奢侈品消费中的“根植经典”看得与“时尚潮流”同样重要，出于喜欢或者怀念而耗费巨资购买古董、珠宝首饰或者艺术品并不少见。报告指出，随着不断增长的人数和财富数量，中国富裕群体将迅速地从“紧跟潮流者”演变为“引领潮流者”，他们提高了信心，开始向全球传播其对富裕生活方式的新观点，给予中国富裕群体身份象征的新定义。影响奢侈品购买行为的因素如图3—3所示。

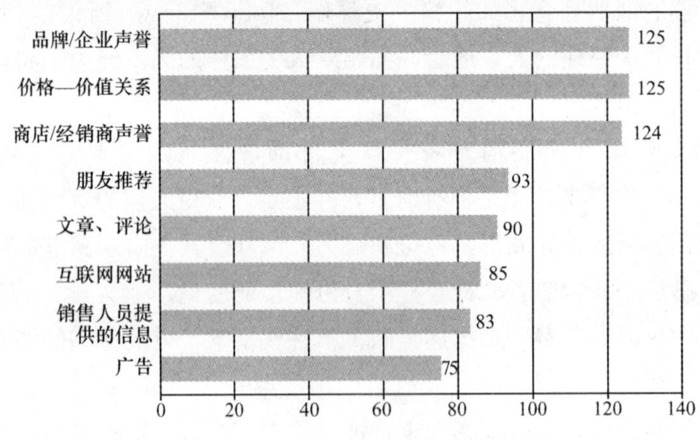

图3—3 奢侈品购买影响因素指数

第2节 珠宝首饰企业市场营销的方法

学习单元1 珠宝首饰企业的渠道管理

学习目标

➢了解珠宝首饰企业渠道管理的基本概念。

➢熟悉珠宝首饰企业渠道管理的基本方法。

知识要求

一、珠宝首饰企业分销渠道基本概念

珠宝首饰企业分销渠道是指珠宝首饰企业商品从生产领域向消费领域转移时所经过的路线、途径或流转渠道，又称销售渠道。它包括两层含义：一是指珠宝首饰商品从制造商转移到消费者的经营环节或经营机构，如批发商、代理商、零售商及企业自己的销售机构等；另一层含义是指珠宝首饰商品实体从制造商到消费者的流动过程。珠宝首饰企业分销渠道包括五种流程，如图 3—4 所示。

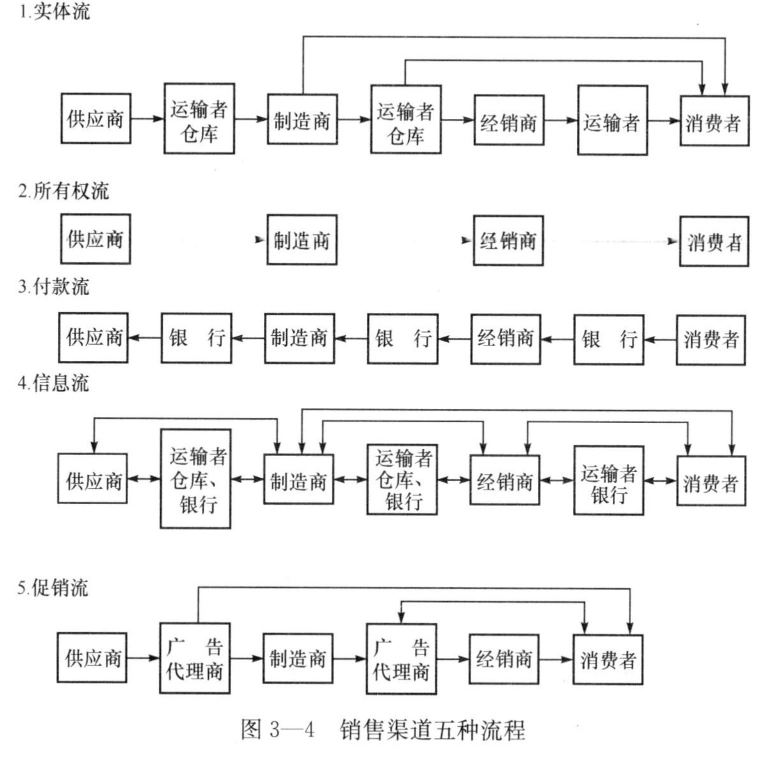

图 3—4 销售渠道五种流程

珠宝首饰企业的分销渠道是珠宝首饰企业最重要的外部资源之一，分销渠道管理就是对以上两个含义的内容进行决策，其主要功能在于调节珠宝首饰生产制造和销售服务在时间、空间、数量等方面的关系，以最节省的时间、最合理的环节、最经济的费用实现珠宝首饰商品的价值。

二、珠宝首饰企业分销渠道的特征

在珠宝首饰商品流动过程中，珠宝首饰企业分销渠道的结构比较复杂。但是，无论多复杂的分销渠道一般都具有以下特征：

珠宝首饰企业分销渠道由参加珠宝首饰商品转移的多种类型的中间商所组成，如前所述的批发商、代理商、零售商，每一条分销渠道的起点都是供应商，终点都是最后的消费者或最终用户。

在珠宝首饰商品从制造商向消费者转移的过程中，最少必须转移一次商品所有权，商品所有权的转移有直接转移和间接转移两种情况。珠宝首饰商品所有权的转移多数情况下是直接转移，如果通过中间商实现珠宝首饰商品的分销，则是间接转移。

珠宝首饰分销渠道中的中间商是指在珠宝首饰制造商与最终消费者或顾客之间参与交易业务，促使买卖行为产生的经济组织或个人，包括商人中间商和代理中间商。

1. 商人中间商

珠宝首饰商人中间商也称为珠宝首饰经销商，是指从事珠宝首饰商品交易业务，在珠宝首饰商品分销渠道中处于中间位置，在珠宝首饰商品买卖过程中拥有商品所有权的中间商。也正因为商人中间商拥有商品所有权，所以在买卖过程中要承担经营风险。珠宝首饰商人中间商又可分为珠宝首饰批发商和珠宝首饰零售商（见表 3—13）。

表 3—13　　珠宝首饰企业商人中间商

批发商	珠宝首饰批发商是指向制造商或上一级经销商购进珠宝首饰商品，供应其他单位（如零售商或下一级经销商）进行转卖或供给下一级制造商进行再加工制造珠宝首饰商品的中间商。批发商在珠宝首饰工商企业之间进行交易活动，批发交易结束后，珠宝首饰商品仍留在流通领域。批发商销售的珠宝首饰商品数量一般比较大，销售的频率相对较低，设点较少
零售商	珠宝首饰零售商是指把珠宝首饰商品直接销售给最终珠宝首饰消费者，是供应珠宝首饰消费者个人或家庭消费的中间商。珠宝首饰零售商处在珠宝首饰商品流动的最终环节，直接为最终珠宝首饰消费者服务。珠宝首饰零售商的交易对象是最终消费者，交易结束后，珠宝首饰商品脱离流通领域，进入消费领域。零售商销售珠宝首饰商品的数量比较小，但销售频率高；零售商数量多，分布广。目前国内外的珠宝首饰零售商根据其经营特征可分为两种类型： ①专业商店。珠宝首饰专业商店是专门经营某一类珠宝首饰商品，或专门经营具有关联性的几类珠宝首饰商品，或专门为特殊珠宝首饰消费对象经营特殊需要珠宝首饰商品的商店，如卡地亚珠宝店、老凤祥银楼等。中低端首饰店一般采取薄利多销的方针，争取消费者，如饰品店，首饰商品价格经常浮动，有竞争对手时便减价争取消费者，无竞争对手时则提价争取多盈利。无论是高档的珠宝首饰专业商店还是中低档的首饰专业商店的经营都要求需要具有较高的专业知识和操作技能，销售与服务密切结合，能提供周到的服务 ②邮购商店。珠宝首饰邮购商店主要是通过向珠宝首饰消费者寄送商品目录来吸引消费者邮购珠宝首饰商品。如中低端的饰品首饰可以采取这种经营模式

总之，珠宝首饰企业一般会采取设立专业商店或在百货公司、购物中心或超级市场内设立店中店、专柜等形式，除饰品或低端珠宝首饰商品外，不会选用自选商店的形式。此外，还有很多形式的零售商，诸如在线网络商店、电视购物等。

作为奢侈品珠宝首饰个人购物者的首选场地，相对服装、香水、手表而言，其特点见表 3—14。

表 3—14　　珠宝首饰个人奢侈品购物场所首选

奢侈品消费者在哪里购物	第一选择	第二选择	第三选择
服装	百货商店（63%）	服装专卖店（47%）	网上购物/邮购/电视购物（16%）
时尚配件	百货商店（57%）	服装专卖店（33%）	其他商店（14%）
香水和美容产品	百货商店（58%）	网上购物/邮购/电视购物（25%）	其他商店（17%）
珠宝首饰	珠宝店（59%）	网上购物/邮购/电视购物（17%）	百货商店（16%）
手表	珠宝店（44%）	网上购物/邮购/电视购物（20%）	百货商店（18%）

2. 代理中间商

珠宝首饰代理中间商即代理商，是指接受珠宝首饰制造商委托从事珠宝首饰销售业务，但不拥有珠宝首饰商品所有权的中间商，收益主要是从委托方获得佣金或者按销售收入的一定比例提成，一般不承担经营风险。珠宝首饰代理商按其和制造商业务联系的特点，又可分为一般代理商、独家代理商、寄售商、经纪商和采购代理商（见表 3—15）。

表 3—15　　珠宝首饰企业代理中间商

一般代理商	一般代理商是指受珠宝首饰制造商委托签订销货协议，在一定区域内负责代理销售珠宝首饰商品的中间商。一般代理商和制造商之间是委托代理关系，代理商负责推销珠宝首饰商品，履行销售商品业务手续，珠宝首饰制造商按销售额的一定比例付给一般代理商酬金，有独家代理，也有非独家代理
独家代理商	独家代理商与珠宝首饰制造商签订长期合同，为珠宝首饰制造商代销珠宝首饰商品，但与一般代理商有显著不同的特点，即：每一个珠宝首饰制造商只能签约一个独家代理商，而且制造商将其全部销售工作委托给某一个独家代理商以后，不得再委托其他代理商代理其珠宝首饰商品，甚至也不能再派推销员去推销珠宝首饰商品；独家代理商替委托人代销全部珠宝首饰商品，而且不限定在一定的地区内代销，在规定销售价格和其他销售条件方面也有较大的权力，因此独家代理商实际上是委托人的独家全权代理商
寄售商	这是经营现货代销业务的珠宝首饰中间商。珠宝首饰制造商或个人根据协议向珠宝首饰寄售商交付珠宝首饰商品，销售后所得货款扣除佣金及有关销售费用后，再支付给制造商或提供寄售珠宝首饰商品的个人。寄售商要自设仓库或铺面，以便储存、陈列珠宝首饰商品，使珠宝首饰消费者能及时购得现货

续表

经纪商	珠宝首饰经纪商俗称掮客，是指既不拥有珠宝首饰商品所有权，又不控制珠宝首饰商品实物价格以及销售条件，只是在买卖双方交易洽谈中起中介作用的中间商。经纪商的作用是沟通买卖双方，促成交易。其主要任务是安排珠宝首饰买卖双方的接触与谈判，交易完成后，从交易额中提取佣金，与买卖双方没有固定的关系
采购代理商	珠宝首饰采购代理商是指与珠宝首饰买主建有较长期的关系，为珠宝首饰买主采购珠宝首饰商品，并提供收货、验货、储存、送货等服务的机构，如大规模珠宝首饰市场上或展会上有一种常驻买客，专门物色适合于小城镇的一些小型珠宝首饰零售商经营的珠宝首饰。他们专业知识丰富，可向其委托人提供有益的市场情报，并为其采购适宜的优质珠宝首饰商品

三、珠宝首饰企业分销渠道的作用

珠宝首饰企业分销渠道使珠宝首饰商品的供销渠道得以畅通，各种类型的中间商沟通了珠宝首饰制造商与消费者的联系，一方面为珠宝首饰消费者提供了珠宝首饰商品供应信息，另一方面为珠宝首饰制造商寻找潜在珠宝首饰消费者或顾客，并促进和实施他们之间的交易活动，沟通了珠宝首饰商品的供销环节。

1. 为珠宝首饰商品的快速流动提供了保证

通过物流渠道能及时地把珠宝首饰商品运送到珠宝首饰销售市场和消费者身边。还能根据珠宝首饰市场的需要对珠宝首饰商品进行分等、分类，根据不同的珠宝首饰市场提供不同的珠宝首饰商品，合理搭配珠宝首饰商品，使珠宝首饰商品通过各种中间环节快速流动，并能在适当的时机投放珠宝首饰市场。

2. 使珠宝首饰企业资金得到了快速周转

珠宝首饰企业的分销活动使珠宝首饰商品快速流动，并通过金融中介机构的活动使销售资金快速回收，使货币资金安全快速地运转，提高了使用效率。

3. 使珠宝首饰企业的经营风险得到了分担

珠宝首饰分销渠道中介环节的增加，实际上是将原先由珠宝首饰制造商单独承担的销售风险分散到各个中间商，各中间环节充分发挥自身的优势，使珠宝首饰商品销售的风险可通过各个中间商之间的利益调整和专业化经营效益的发挥而得以分担和减少。

珠宝首饰分销渠道的上述作用，需要珠宝首饰中间商有良好的运营能力，有利于珠宝首饰制造商更有效地将其珠宝首饰商品广泛地投放到各个目标市场，有利于珠宝首饰企业商品迅速占领市场，提高市场占有率，实现最佳的经济效益。

四、珠宝首饰企业分销渠道的策略

珠宝首饰企业的分销渠道，可以从不同的角度、按不同的标准进行分类。如按分销活动中是否有中间商的参与，可分为直接渠道与间接渠道；按分销过程中经历中间环节的多少，可分为长渠道与短渠道；按珠宝首饰企业在分销活动中使用的中间商类型的多少可分为宽渠道与窄渠道。由此便有了珠宝首饰直接渠道与间接渠道策略、长渠道与短渠道策略和宽渠道与窄渠道策略，其中，后两者都是珠宝首饰间接渠道策略的拓展；还有按照参与分销的分销商的层次可分为珠宝首饰单渠道与多渠道策略。

不同的珠宝首饰渠道策略有不同的特点，要求珠宝首饰企业根据自身的实际经营情况和企业的经营目标选择使用。

1. 珠宝首饰企业分销渠道的策略类型

（1）珠宝首饰直接渠道与间接渠道策略见表3—16。

表3—16　　**直接渠道和间接渠道**

渠道类型	定义	优点	缺点
直接渠道	珠宝首饰商品从生产领域转移到消费领域时，不经过任何中间商而直接把珠宝首饰商品销售给消费者，这是集制造、销售于一体的大型珠宝集团采用的一种分销渠道类型	制造商和消费者直接接触，能及时、具体、全面地了解珠宝首饰消费者的需求状况，把握珠宝首饰市场变化，有利于珠宝首饰制造商及时调整生产经营决策，同时流通中间环节少，缩短了流通时间，减少了利润的分割，提高了利润率	涉及的经营环节太长，经营管理难度很大，经营费用会相对大幅提高
间接渠道	珠宝首饰商品从制造领域向消费领域转移时，需要一个或一个以上的中间商的介入	经营管理相对简单，可集中优势资源从事本企业经营范围内的工作，制造商不必花大量的人、财、物力直接同大量的消费者交易，只需要选择适量的、合适的中间商，借助专业珠宝首饰中间商的力量来扩大销售范围，提高市场占有率	中间环节多，利润相对分散、减少

（2）珠宝首饰长渠道与短渠道策略见表3—17。

表3—17　　**长渠道和短渠道**

渠道类型	定义	优点	缺点
长渠道	珠宝首饰制造商经过两个或两个以上的中间环节才能将珠宝首饰商品转移给消费者	中间环节多，能有效地覆盖珠宝首饰市场，提高市场占有率，扩大珠宝首饰商品销售	销售费用增加，各个环节的利润就会相对减少

续表

渠道类型	定义	优点	缺点
短渠道	珠宝首饰制造商不经过或只经过一个中间环节（如制造商直接将珠宝首饰商品提供给零售商）就将珠宝首饰商品提供给最终消费者	节省珠宝首饰商品流通时间和费用，提高珠宝首饰商品的市场竞争力，有利于珠宝首饰制造商和中间商建立直接、密切的合作关系	不利于珠宝首饰商品大范围、大批量的销售

（3）珠宝首饰宽渠道和窄渠道策略见表3—18。

表3—18　　宽渠道和窄渠道

渠道类型		定义	优点	缺点
宽渠道		珠宝首饰制造商在以下的各个中间环节中同时选择一个以上的同类或同层次的珠宝首饰中间商销售珠宝首饰商品，使各个分销环节拓展得很宽	使本企业的珠宝首饰商品形成一种连锁效应，使珠宝首饰消费者不论在哪个城市或哪个大型商场都能看到本企业的品牌和商品，不管在哪里都能买到本企业的商品，这样不仅方便了珠宝首饰消费者购买，也提高了珠宝首饰商品的市场占有率，另外有利于制造商选择效率高的中间商而淘汰效率低的中间商，提高销售效率	中间商多，容易引起彼此冲突，不易形成统一的珠宝首饰企业形象和统一的经营理念，提高了渠道管理成本
窄渠道	选择性分销策略	珠宝首饰企业在珠宝首饰市场范围内，在同一渠道环节层次上仅选择少数几家经过审查最符合条件的珠宝首饰批发商和零售商来销售其珠宝首饰商品	使珠宝首饰企业获得足够的市场覆盖面，达到一定的市场占有率。通过对分销商的有效控制和管理，更有利于珠宝首饰企业形象的建立，有利于珠宝首饰“品牌”的建立	由于经销商数量少，可能会损失部分暂时利益，但从珠宝首饰企业战略的眼光出发，这种损失是值得的
	专营性分销策略	珠宝首饰制造商在某一特定地区仅选择一家专业中间商销售其珠宝首饰商品，被选择的中间商必须有足够大的经济实力，保证本企业珠宝首饰商品在本区域内有足够大的市场覆盖面	珠宝首饰制造商为中间商提供货物，规划企业形象，培训员工，提高服务质量和服务水平，供销双方能密切配合、协作，容易控制市场和价格，以品牌效应获得更多的利润	专营性分销是最窄的分销渠道，通常是著名品牌珠宝首饰企业所采用的分销策略

（4）珠宝首饰单渠道和多渠道策略。如果珠宝首饰企业将所有珠宝首饰商品由自己直销或交批发商经销，则称之为单渠道；若珠宝首饰企业在同一分销层次中利用不同的珠宝

首饰经销商，则称为多渠道分销，即珠宝首饰制造商将珠宝首饰商品既卖给珠宝首饰批发商，也卖给珠宝首饰零售商，同时，自己也从事零售活动，目的是选择多种分销渠道，在批发业务之外开辟新的零售业务的销售渠道，争取更大的利润。如珠宝首饰企业在零售中，既利用经销商，又在百货商场设专柜等各种形式来销售自己的珠宝首饰商品，是珠宝首饰零售业务的多渠道战略。在中国珠宝市场竞争日益激烈的今天，珠宝首饰多渠道分销策略已被越来越多的珠宝首饰企业所采用，一方面积极寻找机会将珠宝首饰商品卖给中间商，另一方面又主动出击进入珠宝首饰零售市场，寻求发展机会，通过多种渠道获取更多的利润。

以上各种珠宝首饰分销渠道策略在实际珠宝首饰分销活动中是相互联系的。一般说来，珠宝首饰长渠道必然是宽渠道或多渠道；珠宝首饰短渠道同时也是窄渠道或单渠道，如珠宝首饰制造商自销属于直接渠道，是最短、也是最窄的渠道；珠宝首饰间接渠道中，珠宝首饰制造商的商品经过几道批发再到零售环节，在渠道宽度上必然是广泛性渠道。因此，珠宝首饰制造商在选择分销渠道策略时，必须全面考虑，避免出现渠道间的矛盾而影响分销效果。

2. 影响分销渠道选择的因素

在确定珠宝首饰分销渠道模式的基础上，珠宝首饰企业要自动选择和决定具体的分销渠道对象，即选择哪些珠宝首饰中间商来销售本企业的珠宝首饰商品。合理地选择珠宝首饰分销商，实施分销渠道策略是实现珠宝首饰商品价值的前提和关键，珠宝首饰企业在进行分销渠道决策时，要结合珠宝首饰企业的实际情况，综合分析影响分销渠道选择的各种因素，详细了解市场营销环境，以便作出正确的决策。

（1）珠宝首饰企业自身因素。实行分销渠道策略是珠宝首饰企业综合实力的体现，珠宝首饰企业的分销策略的制定首先必须与珠宝首饰企业的综合实力相吻合。这种综合实力包括：珠宝首饰企业的规模与信誉，企业的组织与管理能力，以及为各个分销渠道提供珠宝首饰商品必须具备的货源保证。

（2）珠宝首饰商品因素。商品因素是珠宝首饰企业实行分销渠道策略要考虑的重要因素之一。首先，珠宝首饰是高档消费品，非日用品，分销渠道不能太长，如果经多个中间商转手，势必造成最终售价过高而影响珠宝首饰商品销售；其次，珠宝首饰是时尚商品，对商品的多元化个性特色要求高，不同地域、不同的文化背景和不同的消费意识会对分销渠道产生直接的影响；第三，珠宝首饰企业商品的种类多少对分销渠道的选择也会产生直接的影响，如果珠宝首饰企业的商品单一，就不利于分销渠道对多元化珠宝首饰商品的选择。

（3）珠宝首饰市场竞争因素。珠宝首饰企业分销渠道的选择是根据自身商品实际情况出发的，同时要充分考虑竞争对手的情况，如果竞争对手的实力很强，则应避其优势，在竞争对手未涉足的市场空白点另辟渠道，如果与竞争对手的实力相近或强于竞争对手，就要以公开的方式竞争，以实力在竞争中赢得市场和商誉。

3. 珠宝首饰企业分销渠道评价原则

珠宝首饰是高档商品，不宜建立长线的分销渠道，珠宝首饰企业在实施分销渠道策略时应遵循三方面的原则，即经济性、控制性和适应性的原则。

（1）经济性原则。珠宝首饰企业的营销活动是为了追求经济效益，对分销渠道的选择遵循经济性原则实际上就是强调经济效益原则。珠宝首饰企业在选择分销渠道时，需要将分销渠道决策可能引起的销售收入的增长同实施这一方案需要花费的成本进行比较，若珠宝首饰企业自身销售渠道的投资报酬率低于利用中间商的投资报酬率，就可以考虑选择专业中间商来开展销售活动，反之，则可以自销。

（2）控制性原则。珠宝首饰企业选择分销渠道决策时，除考虑经济效益外，还要考虑对分销渠道的有效控制问题。企业自销是最好控制的，但要不断地提高市场占有率，扩大市场覆盖面，还必须建立一个长期的、稳定的分销系统，但建立分销系统容易，管理起来难度较大，只有能有效控制的分销渠道才能保障售后目标的完成。

（3）适应性原则。珠宝首饰企业要根据分销渠道所处的不同地区的珠宝首饰消费水平、市场特点、人口结构等因素，为中间商提供与市场相适应的珠宝首饰商品。在分销商的选择上，要合理确定中间商的类型和数量，避免中间商的渠道冲突。珠宝首饰企业在实施分销渠道策略时要始终保持灵活的适应性。

珠宝首饰是一种高档商品或奢侈品，对珠宝首饰不同品牌而言，选择珠宝首饰零售渠道伙伴对树立品牌形象至关重要。在珠宝首饰消费者购买决策中，商店或渠道商誉的重要性仅次于珠宝首饰本身品牌的声誉，良好的商店渠道或商誉能为珠宝首饰品牌带来增强消费者购买体验和依赖效应，这也解释了为什么珠宝首饰优秀品牌愿意建立自己的品牌零售店，以便进行全方位的管理。

五、珠宝首饰企业的实体分销

1. 珠宝首饰实体分销的基本概念

珠宝首饰商品由生产领域进入消费领域需要完成两个转移，一个是商品所有权的转让，另一个是商品实体的空间移动，这是既有区别又有联系的两个活动。珠宝首饰商品所有权的转移引导着珠宝首饰商品实体空间移动所经历的路线与珠宝首饰商品所有权转移所经历的路线是不尽相同的。这是因为，珠宝首饰商品所有权的转移是珠宝首饰商品价值形态的更替，不会追加珠宝首饰商品价值，而珠宝首饰商品实体的空间转移，需要追加“活劳动”，是生产经营过程中活劳动的延伸，能增大珠宝首饰商品的价值。同时，实现珠宝首饰商品实体的转移是为了取得使用价值。因此，为了维护珠宝首饰商品使用价值，避免转移过程中的损失，也为了制定合理的珠宝首饰商品价格，珠宝首饰商品实体转移不能跟着价值转移所经历的路线而进行多层次的转移，必须按最合理的路线，使珠宝首饰商品由生产领域进入消费领域。珠宝首饰商品实体转移合理与否，反过来又影响着珠宝首饰商品所有权转移的实现。珠宝首饰商品实体转移需要经过订货、运输、搬运装卸、仓储、存货管理、分装六项活动的配合才能完成，又称为珠宝首饰物流。

珠宝首饰实体分销就是指珠宝首饰商品的实体转移的管理过程，又可称为珠宝首饰的物流管理。

2. 珠宝首饰实体分销的作用

珠宝首饰实体分销是珠宝首饰企业商品重要的流通过程，在珠宝首饰实体分销的过程中，珠宝首饰企业的商品会因增加流动服务，如包装、运输、仓储，甚至是再加工，一方面增加了珠宝首饰企业商品的生产或管理成本，另一方面也使珠宝首饰企业的商品得到了增值，因此，不同实体分销水平反映了珠宝首饰企业的经营和管理水平，也对珠宝首饰企业的价格和利润产生了相当的作用。此外，由于珠宝首饰实体分销的过程也是对珠宝首饰商品的物流过程，对珠宝首饰消费者便捷购买珠宝首饰商品有着密切的关系，因此，对珠宝首饰消费者的服务也产生了影响，反映了珠宝首饰企业销售服务的水准。

3. 珠宝首饰实体分销的主要内容和管理方法

珠宝首饰实体分销的主要内容包括订货、运输、搬运装卸、仓储、存货管理、分装六个方面。

订货是指购买者向珠宝首饰制造商或批发商等提交购货计划，珠宝首饰制造商或批发商等必须根据购买者所要求的珠宝首饰商品品种、数量、收货时间、地点等需求准备珠宝首饰商品。运输是将准备好的珠宝首饰商品按一定路线、方式，选用工具向购买者运送珠宝首饰商品。搬运装卸是伴随着运输与仓储的活动。仓储是指为了保证对购买者的服务，必须储存一定量的珠宝首饰商品，在储存工作中需要进行珠宝首饰商品入库验收、堆放和保养。存货管理是对珠宝首饰商品库存数量的控制。制定合理库存量，既要降低库存管理费用，又能适应对珠宝首饰消费者的服务要求。

珠宝首饰实体分销的管理要求如下。

（1）运输方式和路线选择。珠宝首饰运输方式可分为铁路运输、公路运输、水路运输、航空运输四种。选择合理的运输路线是珠宝首饰商品运输决策中的重要组成部分，其实质是缩短商品运输里程、减少珠宝首饰商品在途期间，一则可以减少运费，二则可以做到准时向珠宝首饰消费者交货，提供较好的服务。当珠宝首饰企业向单个珠宝首饰求购者运送珠宝首饰商品时，路线的选择较为容易。但是当珠宝首饰企业向多个而且有不同服务要求的珠宝首饰求购者运送珠宝首饰商品时，运输路线的选择就显得复杂，珠宝首饰企业必须根据不同的服务要求来决定运输路线。

（2）仓库选择。珠宝首饰商品从生产领域进入消费领域，需要经过一系列仓库周转。珠宝首饰成品仓库常设在珠宝首饰制造商工厂内，批零仓库是商业部门的仓库。珠宝首饰企业需要考虑的是：是否需要中转仓库？这要根据珠宝首饰求购者的数量、分布及单个珠宝首饰求购者的运输、次数等因素来决定。如果一个珠宝首饰制造商拥有较多的珠宝首饰求购者，而且地点分散，次数多，批量小，就应设置中转仓库。设置中转仓库不但可以及时、迅速地将珠宝首饰商品送往目标市场，满足目标珠宝首饰消费者需要，而且可以减少运费，这是由于整车满载的运费率比非整车运费率低。如果为了减少运费，珠宝首饰企业等到小批量订货积聚到整车发运，就会因运送商品不及时而失去珠宝首饰求购者。而小批量运货，虽然可以及时将珠宝首饰商品运送给珠宝首饰求购者，但是珠宝首饰企业却要多支付运费。解决这个矛盾的方法就是设置中转仓库。珠宝首饰企业可以先从工厂整车满载将珠宝首饰商品运往目标市场集中地区的中转仓库，然后再由中转仓库按订货近距离地运送（通常是公路运输）。

当珠宝首饰企业决定需要设置中转仓库后，必须对中转仓库的数目、地址、类型进行决策。

1）中转仓库数目。中转仓库数目的确定要权衡利弊。数量较多的中转仓库固然能向珠宝首饰求购者提供较好的服务和减少运输费用，但是每修建一个中转仓库或租赁一个中转仓库需要花费很大的投资与租赁费用，仓库越多，投资与租赁费用越大，实体分配成本就越大。因此，中转仓库数目的决策必须考虑服务与费用的最好平衡，能为珠宝首饰企业带来最大利润。

2）中转仓库地址。中转仓库地址的选择是仓库决策中心。合理的位置选择既可以减少中转仓库数目，又可以保持珠宝首饰企业经营目标的实现。确定仓库地址选择需要考虑的因素很多，其中主要是运输费用和服务标准。运输费用一般是由运输单价与运输里程吨位的乘积决定（运输里程吨位＝运输距离×运输量）。因此，当运输工具确定后，运输费用的大小主要就由运输珠宝首饰的数量决定。珠宝首饰体积小重量轻，一般不会按这种方式计算，而是按其贵重程度或件数计价。但无论如何计价，仓库地址选择要比较距离与需求量的乘积，选择最小乘积作为仓库地址。

（3）存货管理—进货数量选择。珠宝首饰企业存货管理就是指库存管理，主要解决进货的时间和进货的数量问题，在上一册教材中已经为进货的时间进行了分析，现在仅对进货数量选择进行分析。

进货数量不仅直接影响珠宝首饰求购者的订货次数、订货至交货的间隔时间，而且还影响到订货费用与库存管理费用。在一定的销售期间内，珠宝首饰求购者如果大批量订货，可以因减少订货次数而减少订货费用。反之，小批量订货，虽然可以减少库存而减少库存管理费用，却会因增加订购次数而增加订购费用。据此，必须从订购费用与库存管理费用两者相对关系中，寻找一个总费用在最低情况下的进货数量。这就是最优进货量，也称经济订货批量。经济订货批量可用数学公式求取，也可用制图方法求取。

公式为：

$$Y=(Q\div 2)\times CI+(D\div Q)\times S$$

式中 Y——由一次订购批量多少而变化的全年总费用（仅限于变动成本）；

Q——经济订货批量；

D——全年销售量；

I——单位商品全年库存费用占单位成本（%）；

S——每次订购费用；

C——每个商品的成本。

在上式中，能使 Y 值最小的因素是 Q，因为有批量才会有订购费用与库存费用，当 Q 发生变化时，订购费用与库存费用才会变化。

用图解法求取经济订货批量时，需用坐标图。纵轴表示费用，横轴表示批量。图 3—5 所示为经济批量示意图。

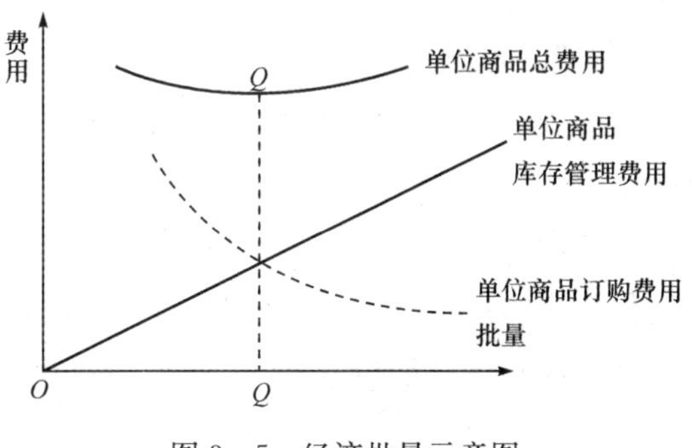

图 3—5　经济批量示意图

在图上分别划出两条线以表示不同订购量时单位商品订购费用与库存管理费用，通过这两条线垂直叠加，可以得到一条新的曲线，这是总费用曲线。这条曲线的最低点在横轴上的投影点 Q，就是最佳经济订货批量。

学习单元2 珠宝首饰企业的商品管理

学习目标

➢了解珠宝首饰商品管理的基本概念。

➢熟悉珠宝首饰商品组合的基本方法。

知识要求

一、珠宝首饰商品

珠宝首饰商品不是日常生活用品，而是个人奢侈品（除价格低的饰品或首饰外），与首饰、饰品具有不同的概念，具有三大特征。

1. 珠宝首饰商品的概念

（1）珠宝首饰。珠宝首饰，是指珠宝玉石和贵金属的原料、半成品，以及用珠宝玉石和贵金属的原料、半成品制成的人体佩戴饰品，具有投资价值的可属于艺术收藏品。一般使用天然贵重的材质，创意设计，价值较高。

珠宝首饰也具有表现个人社会地位、显示财富、表现品位等意义。随着中国社会经济、文化的飞跃发展，中国社会正从温饱型步入小康，城市化发展迅速，崇尚人性和时尚，不断塑造个性和魅力，已成为人们对珠宝首饰商品的追求。

（2）首饰。据《后汉书·舆服志下》“后世圣人……见鸟兽有冠角胡之制，遂作冠冕缨蕤（音：蕊），以为首饰”的描述，首饰原本义仅指戴于头上的装饰品，现泛指以金属、宝石等各类材料加工而成的耳环、项链、戒指、手镯等，包括服饰。因此，佩戴在人身上的所有装饰人体的装饰品均为首饰。首饰包括珠宝首饰，有价值较高的，也有价值较低的。

（3）饰品。饰品是用来装饰的物品，一般用途为装点居室、美化公共环境、装点汽车、美化个人仪表。故饰品可分为以下几类：居家饰品、服饰饰品、汽车饰品等，一般饰品的价值相对于珠宝首饰较低，所采用的材料并不贵重，注重的是款式的创意设计。饰品行业是从首饰、工艺礼品行业中分离出来，综合形成的一个新兴产业。首饰市场上一般将低端半宝石首饰或其他非天然宝石或价格低的首饰统称为饰品，饰品作为新经济的增长点，发达国家已逐步走向成熟。

2. 珠宝首饰商品的特征

（1）贵重性。珠宝首饰商品所使用的材质和首饰生产加工工艺要求高、复杂，商品价值高。

（2）稀有性。珠宝首饰商品所使用的材质短时期内不可再生，而本身在自然界存量不多，属于稀缺性物质。此外，珠宝首饰商品需要设计师的创意设计，具有设计的专利性或唯一性，不可模仿，有稀有性特点。

（3）审美性。珠宝首饰商品主要功能是为了体现美观或装饰要求而佩戴，有审美要求；同时不同款式的设计风格，也代表着不同的审美价值。

二、珠宝首饰商品组合的基本概念

珠宝首饰企业在生产经营活动中，必须根据珠宝首饰市场需求和企业实力，确定生产和经营珠宝首饰商品的品种和每一种品种的规格、款式等，并明确各商品品种之间的相互关系。

1. 珠宝首饰商品组合

珠宝首饰企业商品组合是指一个珠宝首饰企业生产或销售的全部珠宝首饰商品的组合方式。其中，珠宝首饰商品线是由一组密切相关的能满足同一类需求的珠宝首饰商品项目所构成，又称珠宝首饰商品系列；珠宝首饰商品项目是指在同一珠宝首饰商品线或商品系列下不同规格、型号、款式、质地、工艺、颜色的珠宝首饰商品。

如某珠宝首饰企业的商品类别包括了贵金属首饰、宝石镶嵌首饰、工艺品等，这些类别就是该珠宝首饰企业的商品组合内容，其中每一类珠宝首饰构成一个商品线；如在贵金属首饰商品线中，按材质不同可分为黄金首饰、银首饰、铂金首饰几种贵金属首饰，那么每一种贵金属首饰，如铂金首饰就构成一个商品线下的一个商品项目，商品项目不再进一步区分。需要注意的是，只要按一种要素区分商品项目就可以了，不需要按多种要素重复区分。如以上贵金属首饰不再按工艺、颜色等要素再区分商品项目。

2. 珠宝首饰商品组合的特征

珠宝首饰企业的商品组合具有一定的特征，一般分为宽度、长度、深度和密度四个特征，商品组合的这四个特征是有区别的（见表3—19）。

表3—19　珠宝首饰商品组合特征

宽度	宽度又称珠宝首饰商品组合的广度，是指一个珠宝首饰企业的商品组合中所包含的商品线的数目，所包含的商品线越多，其商品组合的广度就越宽；反之，其商品组合的广度就越窄。如百货公司所经营的商品就很多，商品线较宽，珠宝首饰仅作为其中一条商品线，每一种首饰类型就是一个商品项目；而专业的珠宝首饰店所经营的每种珠宝首饰类型是一个商品线，相对百货公司而言数量少，商品线较窄

续表

长度	长度是指一个珠宝首饰企业商品组合中所包含的商品项目的总数
深度	深度是指珠宝首饰企业所经营的每一个商品线中所包含的商品项目的数量，即每一类珠宝首饰商品的规格、款式数目越多，其商品组合的深度就越深，反之就越浅
密度	密度也叫珠宝首饰商品组合的关联性或一致性，是指各种珠宝首饰商品线在最终用途、生产条件、分销渠道或其他方面的相互关联的程度，即珠宝首饰商品种类之间的一致性，关联的程度越紧，其密度就越大；反之就越小。如甲珠宝首饰企业商品为黄金素金首饰、宝石镶嵌黄金首饰，另一乙珠宝首饰企业商品为翡翠首饰、钻戒首饰、黄金素金首饰，则甲珠宝首饰企业商品组合的密度就较大

不同的珠宝首饰企业商品组合的宽度、长度、深度和密度不同，构成不同的商品组合。珠宝首饰企业在选择决定商品组合宽度、长度、深度和密度时，会受到珠宝首饰企业资源、市场需求及市场竞争的制约。珠宝首饰企业商品组合的宽度、长度、深度和密度主要取决于珠宝首饰企业目标市场的需要。

研究珠宝首饰商品组合的宽度、长度、深度和密度在珠宝首饰市场营销战略上具有重要意义。首先，珠宝首饰企业需要根据市场竞争及珠宝首饰商品生命周期变化而动态化地调整不同商品的组合，扩展经营领域，实行多元化经营，充分发挥珠宝首饰企业优势，使珠宝首饰企业尤其是大企业的资源、技术得到充分利用，开拓新的市场，提高经济效益，此外，实行多元化经营还可以分散珠宝首饰企业的投资风险。其次，珠宝首饰企业增加商品组合的长度和深度就是丰富珠宝首饰商品的款式、品种，可以占领同类珠宝首饰商品中更多的细分市场，适应更广泛的珠宝首饰消费者的不同需求和爱好。再次，珠宝首饰企业加强商品组合的密度，可以显示珠宝首饰企业商品的专业化程度，提高珠宝首饰企业的专业地位。

不管采取什么样的珠宝首饰商品组合，都应该首先对珠宝首饰商品的销售市场做好分类。珠宝首饰商品销售市场分析的分类和理想的商品发展顺序如图3—6所示。

按珠宝首饰商品市场占有率和增长率可划分为四种不同市场状况，并称之为“问题商品”“狗商品”“明星商品”和“现金牛商品”。

“问题商品”（右上限）一般是新投入珠宝首饰市场的商品，尚未达到期望的销售水平，或者是正处于消退的珠宝首饰商品，需要进一步改进，延长商品的寿命周期。

“狗商品”（右下限）一般市场占有率较低，无利可图。这些珠宝首饰商品通常被视为将从商品组合中退出。

“明星商品”（左上限）一般是在市场营销、研究和开发上花费较高的珠宝首饰商品，但同时赢利也高。从产生现金的角度分析，明星商品处于中心地位。

“现金牛商品”（左下限）一般是高市场占有率、低市场增长率的成熟珠宝首饰商品，

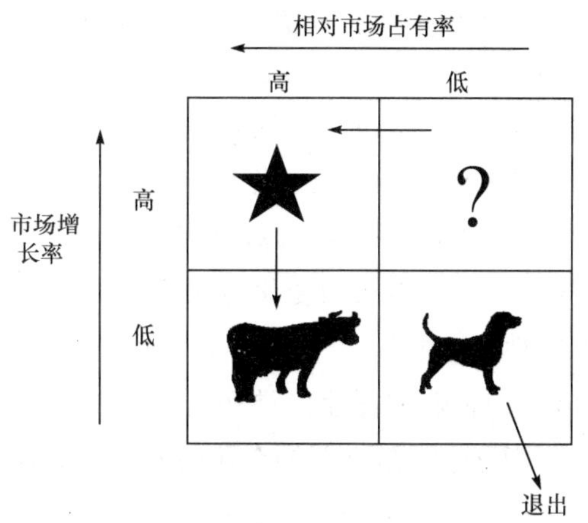

图 3—6　按商品销售市场分析珠宝首饰商品分类矩阵

能带来高额利润，而只需要较少的市场营销费用，同时也并不需要研究和开发费用来维持市场中的地位。

三、珠宝首饰企业商品组合策略

珠宝首饰企业商品组合策略，就是珠宝首饰企业根据目标市场的需要和企业的经济实力，对珠宝首饰商品的宽度、长度、深度和密度进行不同的组合的策略。尽管珠宝首饰商品组合的宽度、长度、深度和密度与珠宝首饰企业的销售量和利润大小并不存在必然的直接比例关系，但是，一个珠宝首饰企业为了获得最大的销售额和利润，满足目标市场中不同珠宝首饰消费者的需求，确定一个最佳的商品组合是非常必要的。

珠宝首饰企业在制定商品组合的决策时，根据不同的情况和目标市场的不同特点，可以选择如下几种策略。

1. 扩大商品组合策略

（1）扩大商品组合策略的概念。所谓扩大商品组合策略就是拓展商品组合的宽度或深度，即珠宝首饰企业在原有商品线的基础上，再增加一条或几条商品线，扩大商品经营范围，或是在原有商品项目的基础上增加新的商品项目，生产经营更多规格的珠宝首饰商品以满足市场的需求。

扩大商品组合策略是在充分的市场调查的基础上，对珠宝首饰市场前景进行预测后做出的相应决策。当珠宝首饰企业预测现有的商品项目的销售额和利润在未来的一段时间内有可能下降时，就应该考虑在现有商品组合中增加新的商品项目，或加强其中有市场潜力的珠宝首饰商品项目。新增加的商品线与原商品线可以相关，也可毫不相关，如某专业经营银首饰的珠宝首饰企业，为了适应市场需求，新增了黄金首饰项目和矿物原石商品线，前者是相关项目，后者是不相关的拓展商品线。当珠宝首饰企业打算增加商品特色，或为更多的细分市场提供商品时，可选择在原有商品线内增加新的商品项目。

（2）扩大商品组合对珠宝首饰企业经营的作用

1）能够综合利用珠宝首饰企业的各项资源，降低成本，增强商品竞争能力。

2）能够减少季节性变化和市场需求的变化对珠宝首饰企业经营造成的负面影响，增强珠宝首饰企业经营的稳定性。

3）能够充分利用珠宝首饰企业的商业信誉和商标，完善商品系列，最大限度地增加珠宝首饰企业的销售额和利润，提高珠宝首饰企业的市场营销效率。

4）有利于满足珠宝首饰消费者多方面的需求，扩大生产和经营规模，进入和占领多个细分市场。

应用扩大市场营销组合策略时，要正确处理扩大商品组合与“小而全”的矛盾。该策略的应用必须是在企业资源条件没有充分利用，而市场确有需求的情况下，以最大限度地发挥珠宝首饰企业的潜力并增加利润；而“小而全”则是盲目地扩大生产意识的表现。

（3）扩大商品组合的方式

1）平行扩大法。即珠宝首饰企业在生产或经营设备、技术力量和流动资金允许的范围内充分发挥企业潜能，向专业化方向扩展。在原有商品线的基础上增加商品项目，在商品线层次上平行延伸。

2）系列扩大法。即珠宝首饰企业增加商品线，同时也增加商品项目，在商品的宽度和深度两个方向上同时扩展，向商品的多规格、多类型、多款式、多种类发展，增强生产经营的灵活性。

3）综合利用扩大法。即珠宝首饰企业生产或经营与原有商品系列不相关的类别商品，通常与综合利用原材料、处理积压商品等结合进行。如某宝石批发企业在长期的业务中，遗留下一批规格不齐的宝石半成品，为了处理这些半成品，将这些半成品加工成镶嵌首饰后再批发，从而增加了成品批发业务项目。

2. 缩减商品组合策略

（1）缩减商品组合策略的概念。缩减商品组合就是珠宝首饰企业降低商品组合的宽度和深度或长度，即在原有的商品组合中取消若干个商品线或商品项目，集中力量生产或经营一个或少数几个商品项目，以提高专业化经营水平，试图集中资源从生产经营较少的商品中获得较多的利润。商品组合的缩减是在珠宝首饰市场需求趋于饱和、价格竞争激烈的条件下，主动让出商品组合中低利润商品的市场份额，集中企业的优势资源，力争从经营较少、效益较高的商品项目中获得较多的长期利润。如在近几年的珠宝市场中，钻石消费占珠宝首饰市场的主体，一些珠宝首饰企业主动减少或放弃销量较少的珍珠、彩色宝石等商品线或商品项目的经营业务，重点从事钻石首饰的营销。

(2) 缩减商品组合策略对珠宝首饰企业经营的作用。珠宝首饰企业在一定的市场条件下，采取缩减商品组合策略是十分必要的。

1) 可以让珠宝首饰企业集中技术资源改造保留的商品线，降低生产经营成本，提高商品的市场竞争能力。

2) 能够减少资金占用，加快资金周转。

3) 有利于生产经营的专业化，有利于珠宝首饰企业在某一特定市场赢得利益和信誉。

4) 可以使商品组合的配置更加合理完善，以谋求企业在市场上的长期利益。

(3) 珠宝首饰企业缩减商品组合的几种方式

1) 缩减商品线。即根据珠宝首饰市场发展的变化，减少经营的商品线，集中企业的优势资源，生产经营少数几个有市场潜力的珠宝首饰商品系列，并力争在市场竞争中取得主导地位，弥补因减少商品线给企业带来的利润损失，在所经营的商品线中创造更大的利润。

2) 减少商品项目。即减少珠宝首饰商品系列内的不同品种、规格、款式的商品生产和经营，淘汰低利润商品，尽量经营销路好、利润高的商品。

3. 商品延伸策略

珠宝首饰企业商品延伸策略也称高档商品与低档商品策略。任何珠宝首饰企业的商品都有其特定的市场定位，所谓商品延伸策略是指全部或部分地改变企业原有商品的市场定位，将珠宝首饰企业现有商品大类延长的一种策略。具体来说有以下三种做法。

(1) 向上延伸。向上延伸是指原来珠宝首饰企业商品的市场定位是生产经营中低档商品，后来决定增加高档商品，即高档商品策略，就是在珠宝首饰商品组合的某一条商品线中增加新的高品质、高价的商品项目，以提高珠宝首饰企业现有商品的市场声望。这样既可以提高珠宝首饰企业原有商品的销售量，又可以使珠宝首饰企业的商品逐步转入高档商品市场，从而谋求企业的长远利益。

1) 珠宝首饰企业做出商品向上延伸决策的原因

①高档珠宝首饰商品畅销，销售增长较快，利润率较高。

②高档珠宝首饰商品市场上的竞争对手较弱，本企业参与竞争后不易于被击败。

③珠宝首饰企业想使自己成为生产经营种类全面的企业。

2) 采用商品向上延伸策略的风险

①未来的珠宝首饰消费者可能不相信企业能生产经营高档商品，为了取得消费者的信任，需要高额的广告或公关促销费用。

②珠宝首饰企业原有的销售代理商和经销商可能没有能力经营高档商品，企业需要培

训和物色新的代理商和经销商。

③可能引起生产经营高档商品的竞争者进入企业原有的低档商品市场进行反攻。

（2）向下延伸。向下延伸是指原来珠宝首饰企业商品的市场定位是生产经营高档商品的企业后来决定增加中低档商品，即低档商品策略，就是在原来商品组合的高档商品线中增加廉价的商品项目。低档商品策略的目的是要充分利用高档商品品牌的声誉，吸引消费能力较弱的珠宝首饰消费者购买高档商品线中的廉价商品。这样既满足了珠宝首饰消费者对高档珠宝首饰品牌的各种不同的需求，又增加了企业的销售额。

1）珠宝首饰企业做出商品向下延伸决策的原因

①珠宝首饰企业发展的高档商品增长缓慢，为维持经营，占领和开拓市场，将商品线扩展，增加中低档商品项目。

②珠宝首饰企业的高档商品受到激烈的市场竞争的冲击，因此不得不用侵入低档商品市场的方式来反击竞争者。

③珠宝首饰企业当初进入高档商品市场是为了建立企业品牌形象，当达到目的后再向下延伸。

④珠宝首饰企业为了填补市场空隙，抵制竞争者增加中低档商品，抑制竞争者进入中低档商品市场同企业抗衡。

2）珠宝首饰企业实施向下延伸决策的风险

①珠宝首饰企业原来生产经营高档商品，增加中低档商品后，可能使商品品牌的形象受到影响，从而影响到整个企业的商品销售。

②增加中低档商品项目后，可能会刺激原来生产经营中低档商品的珠宝首饰企业向高档商品市场发起反攻，珠宝首饰企业的经销商也可能不愿意经销中低档商品，因为中低档商品获利较少。

（3）双向延伸。双向延伸是指原定位于中档商品的珠宝首饰企业掌握了市场优势以后，决定向商品的上下两个方向延伸，一方面增加高档商品，另一方面增加低档商品，把商品项目扩大到高、中、低三个档次。

在现代市场经济条件下，珠宝首饰企业的商品线具有不断延伸的趋势，但是，珠宝首饰企业所能达到的最大商品线的长度并不一定是其商品线的最佳长度。商品线并非越长越好，关键是要做切实有效的市场调查，不能盲目地实施商品延伸策略。

4. 商品差异化策略

珠宝首饰企业商品差异化策略又称商品异样化或商品差别化策略，是指珠宝首饰企业为了使经营的商品有别于竞争者的商品而突出商品的一种或数种特性，形成明显差异，以增强商品吸引力的一种方法。一般来说，珠宝首饰企业控制市场的程度取决于它们使自己的商品差异化的程度。随着珠宝首饰消费者的需求日趋复杂化和多样化，在价格基本相同的情况下，珠宝首饰消费者不仅要依据珠宝首饰商品的质量，还要依据珠宝首饰商品的特点采取购买行动。如果珠宝首饰企业对那些与其他商品存在差异的商品拥有绝对的“垄断权”，其商品具有较大的吸引力，就能导致珠宝首饰消费者的偏好和忠诚，形成竞争优势。因此，珠宝首饰商品差异化策略对于珠宝首饰企业的市场营销活动具有重要意义。就目前中国珠宝市场来说，绝大多数珠宝首饰企业经营的都是同质化商品，在目前激烈的市场竞争条件下，突出珠宝首饰商品的差异化对于珠宝首饰企业营销、参与市场竞争是一种十分重要的营销策略。珠宝首饰商品差异化的内容主要有两个方面：整体商品差异化和市场营销组合因素的差异化。

（1）整体商品差异化。是指珠宝首饰企业对整体经营的商品的三个层次，以及每个层次的每一个因素都实行差异化。珠宝首饰商品的三个层级如图 3—7 所示。

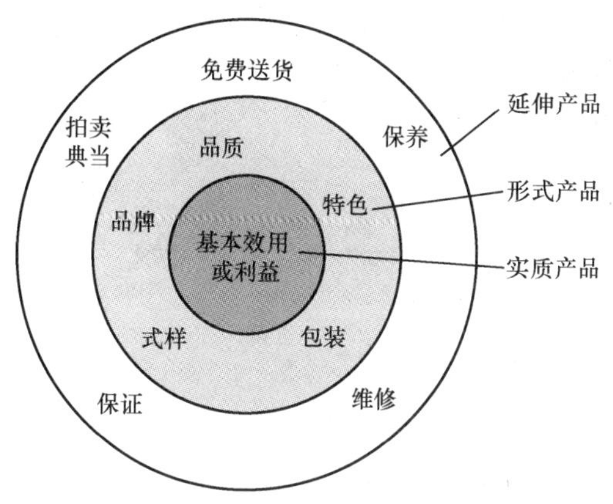

图 3—7　珠宝首饰商品的三个层次

其中，基本效用或利益是指珠宝首饰不同种类的佩戴装饰功能和满足消费者心理的购买需求，如配饰美观、赠礼、祈福祝愿，表现品位、财富或地位等各种诉求。

（2）市场营销组合因素的差异化。又称商品外在因素的差异化，即珠宝首饰企业在商品定价、分销渠道和促销策略等方面突出特色，寻求差异化。

商品差异化策略是珠宝市场营销的重要策略之一，珠宝首饰企业实行商品差异化策略很容易形成珠宝首饰企业的经营特色和品牌个性，是珠宝首饰企业在市场竞争中创建品牌的重要策略。

四、珠宝首饰商品生命周期的市场策略

珠宝首饰商品在不同的珠宝首饰市场和市场生命周期的不同阶段都有不同的特点，这

些不同的特点极大地影响着珠宝首饰企业的市场营销活动，引导珠宝首饰企业的营销策略的变化。

当根据珠宝首饰商品的市场生命周期来制定不同的营销策略时，一般遵循以下原则：第一，在珠宝首饰市场导入期应尽快地使自己的商品为珠宝首饰消费者所认识和接受，尽量缩短导入期的时间，减少经营费用和广告宣传费用。第二，运用一切营销手段保持和延长珠宝首饰商品的市场成长期和成熟期。第三，在新的珠宝首饰商品未进入衰退期之前，在综合考虑的前提下使原有珠宝首饰商品以较慢的速度被淘汰。总之，要根据珠宝首饰商品在市场上所处的生命周期的特点来制定相应的策略，以使珠宝首饰企业获得最大的利润。不同的珠宝首饰生命周期如图 3—8 和图 3—9 所示。

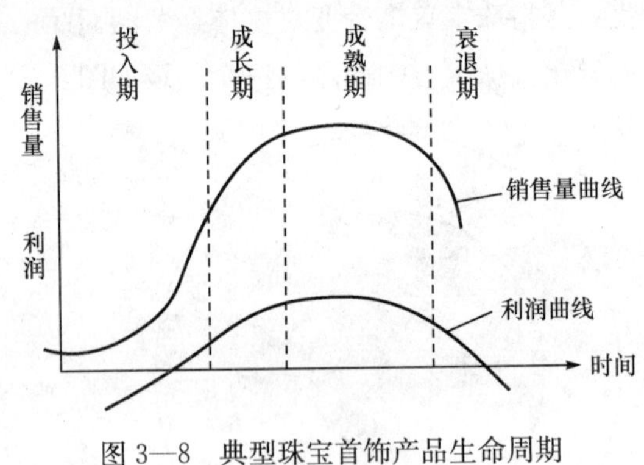

图 3—8　典型珠宝首饰产品生命周期

1. 珠宝首饰商品市场导入期的特点及策略

导入期是珠宝首饰商品生命周期的第一阶段，新的珠宝首饰商品在经过开发过程后开始投入市场销售，这时是新的珠宝首饰商品能否在市场上站稳脚跟的关键时期，如果该商品在导入期即被消费者拒绝，那么珠宝首饰企业为此做出的努力将前功尽弃。新的珠宝首饰商品只有度过艰难的导入期才能茁壮成长。

新的珠宝首饰商品在导入期的市场特点是珠宝首饰消费者不了解新的珠宝首饰商品，购买者少，经销商不愿多进货，销售渠道少，因此，销售增长率十分缓慢。由于新的珠宝首饰商品还不能大批量生产或上市，因而，新的珠宝首饰商品生产成本高，珠宝首饰企业可能无利甚至亏本，但是对全新的珠宝首饰商品来说，一般没有直接的竞争者，因而，促销的重点在于介绍新的珠宝首饰商品的特点，刺激消费需求。所以，珠宝首饰企业必须把销售力度直接投向最有可能的购买者，尽可能缩短导入期的时间，一般有四种营销策略。

（1）快速掠取策略。快速掠取策略又称“快取脂”策略，就是利用高促销费用、高价格，以求迅速扩大销售量，加强市场渗透和扩张，迅速收回商品成本。其具体做法是制定

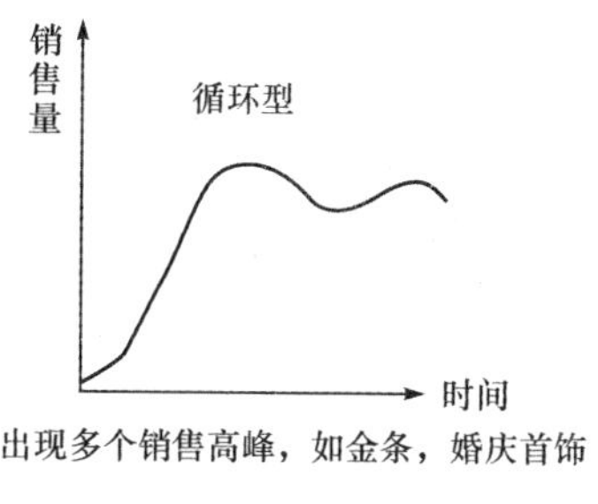

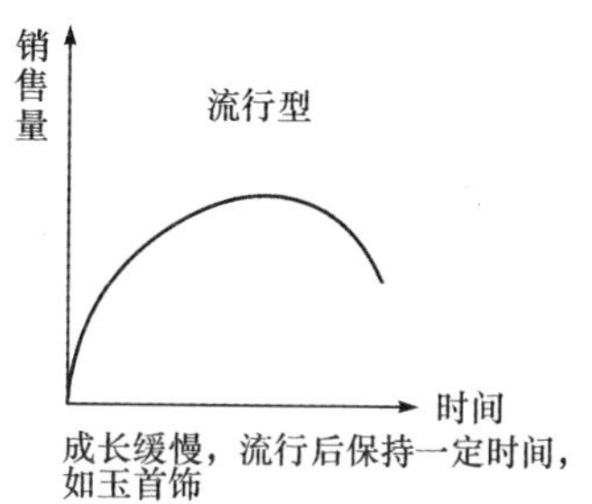

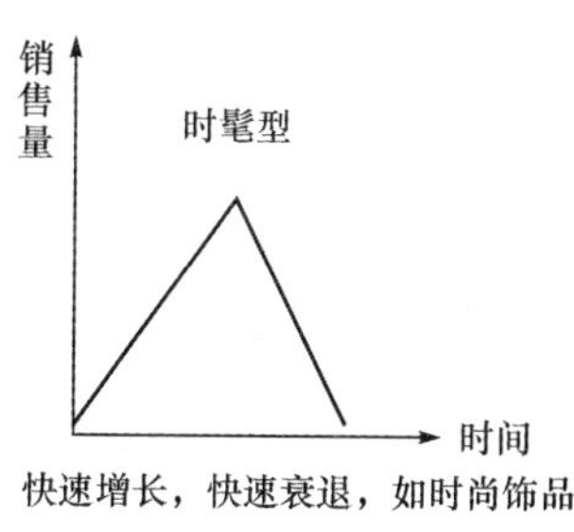

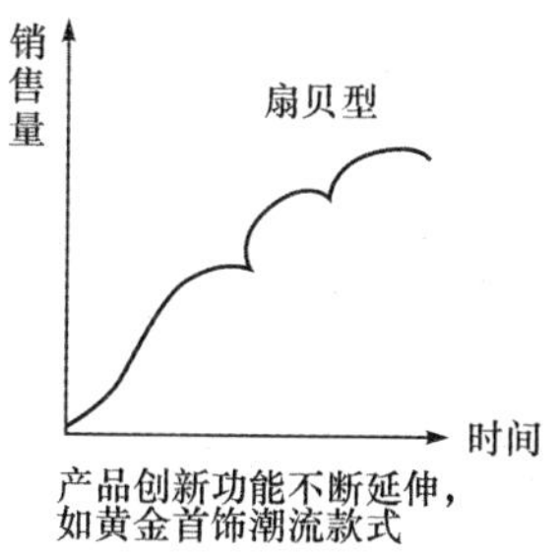

图 3—9　不同首饰产品生命周期类型

较高的价格，使用大量的资金进行广泛的广告或公关宣传，以求珠宝首饰消费者尽快了解并接受新的珠宝首饰商品。例如，“DTC”在 2002 年推出“煽动系列”的钻石首饰时，在总共不到一个月的时间内，仅在中国武汉市电视媒体广告上投入的促销费用即高达 78 万元人民币，使这一系列别具一格的钻石首饰在最短的时间内吸引了绝大多数消费者。

“快取脂”策略适用于下列市场条件：

1）大部分潜在珠宝首饰消费者不了解新的珠宝首饰商品，需要开展大规模的广告公关促销宣传。

2）该新的珠宝首饰商品价格需求弹性不大，不会因高价而抑制预期的市场目标。

3）该新的珠宝首饰商品潜在的竞争威胁强大，首饰的设计与工艺技术含量不高，竞争对手很容易模仿，为了尽早树立品牌、稳定销售，需要开展大规模的广告公关宣传。如喜庆钻戒、祈福类黄金首饰技术与工艺要求不高，款式设计容易模仿，一般采取这种策略。

（2）缓慢掠取策略。缓慢掠取策略又称“慢取脂”策略。其具体操作是给珠宝首饰商品制定较高的价格，用少量的资金做适当的广告公关宣传。

“慢取脂”策略适用于下列市场条件：

1）大部分潜在的珠宝首饰消费者已经或可以通过其他各种信息渠道了解到新珠宝首饰商品的资料，因此，不必要做大规模的广告公关宣传。

2）该新的珠宝首饰商品的市场容量相对有限，因此不需要做大规模的广告公关宣传。

3）该新的珠宝首饰商品潜在的竞争威胁不大，没有必要做大规模的广告公关宣传。

4）该新的珠宝首饰商品的需求弹性不大，有制定较高价格的前提条件。

例如，某种珠宝加工新设备的上市，由于新开发设备属于高科技商品，不易让竞争对手模仿，市场容量比较有限，不适宜做大量的广告公关宣传，只需印制宣传册给珠宝首饰业内的制造商即可，一般采取这种策略。

（3）快速渗透策略。快速渗透策略又称快速推销低价策略或“快渗透”策略。这里所说的“渗透”是指珠宝首饰企业利用低价格去渗透珠宝首饰购买者的心理。其具体做法是给新的珠宝首饰商品制定较低的价格，花费大量资金做大规模的广告公关宣传，以迅速取得最大的市场占有率，着眼于利润的长期获得，如对中低档品质的翡翠首饰。

快速推销低价策略适用于下列市场条件：

1）潜在珠宝首饰消费者对新的珠宝首饰商品不了解，但该商品的价格需求弹性较大，因此，既要大规模地宣传，又要谨慎地制定价格。

2）该新的珠宝首饰商品市场容量相当大，应当做大规模的推销，以便吸引更多的潜在的珠宝首饰消费者来购买。

3）该新的珠宝首饰商品的成本可因大量销售、大批量生产而降低，这为制定低价格提供了条件。

4）该新的珠宝首饰商品潜在市场竞争将十分激烈，必须进行大规模推销。

（4）缓慢渗透策略。珠宝首饰缓慢渗透策略又称低费用低价格策略或“慢渗透”策略。其具体做法是采用低价格，用少量的资金进行推销活动，薄利多销，着眼于长期的最大程度的市场占有率，从低价中获取最大利润，如中高档银饰品。

缓慢渗透策略适用于下列市场条件：

1）该新的珠宝首饰商品市场容量很大，在短时间内不易被珠宝首饰消费者接受或短期内市场不会饱和，须着眼于长期策略的实施。如果新的珠宝首饰商品市场容量在短期内能达到饱和，采用慢渗透策略便得不到预期的效果。

2）珠宝首饰消费者对新商品已基本了解，因为新商品一般只是原商品的改进型，所以不必进行大规模的推销。

3）该珠宝首饰商品的价格需求弹性较大，高价格容易引起销售量急剧减少。

上述策略主要根据新的珠宝首饰商品在市场导入期的特点，从收益（表现为制定价格高低）和费用（表现为推销规模的大小）两个方面来考虑，选择与新的珠宝首饰商品特点相符的营销策略。在新的珠宝首饰商品导入期，整个策略思想是让珠宝首饰消费者尽快接受新商品，因此，除考虑上述两个主要因素外，在市场上还要利用其他一些特别的推销手段：

（1）利用现有畅销珠宝首饰商品带动销售，如随同现有的相关畅销珠宝首饰商品免费赠送新的珠宝首饰商品宣传纪念品；将新珠宝首饰商品与现有商品合并出售，利用现有珠宝首饰商品的商标、资料或广告附带宣传新的珠宝首饰商品；将新老珠宝首饰商品合并陈列等。

（2）利用特殊手段引导、鼓励珠宝首饰消费者试戴，如在一段时间内向珠宝首饰消费者熟悉的“明星人物”提供免费试用并大力宣传或提供促销价格优惠等。

（3）利用一定的手段诱使珠宝首饰中间商经销。如采取寄售或其他手段，减少中间商进货的风险；给经销商独家经销权；提供合作广告津贴；派员协助推销；培训经销人员等。

2. 珠宝首饰商品成长期的特点及策略

新的珠宝首饰商品在市场导入期通过成功的营销活动，在成长期已被广大珠宝首饰消费者和经销商所接受，此时珠宝首饰商品的销售增长率会大幅度提高。珠宝首饰企业由于新的珠宝首饰商品已基本定型，开始大批量地生产该珠宝首饰商品，该珠宝首饰商品成本随之下降。因此，珠宝首饰企业开始盈利且利润逐步上升，在成熟阶段达到最高峰。与此同时，仿制品开始出现，围绕该珠宝首饰商品的竞争逐渐激烈。

在珠宝首饰商品成长期内，珠宝首饰企业营销策略的核心思想是尽可能地延长珠宝首饰商品的成熟阶段，一般是快速通过成长期，以能最大限度地提高销量或市场占有率，使珠宝首饰商品能在销售最高限度时进入成熟期。这样，便能从该珠宝首饰商品的最大销售收入中获得尽可能多的利润。在珠宝首饰商品成长期内可采用以下营销策略：

（1）扩大和改善珠宝首饰商品的销售渠道市场，让了解并可能购买的珠宝首饰消费者能够方便地购买该珠宝首饰商品，尽可能地使该珠宝首饰商品的每次销售机会都能实现。

（2）树立品牌，增强信任度。在成长期内，促销策略的中心应从介绍珠宝首饰商品、扩大珠宝首饰商品的知名度转移到树立品牌形象，主要目标是培养消费者对珠宝首饰商品品牌的偏好和品牌忠诚度，并创立珠宝首饰商品品牌，不断争取新的消费者。

（3）重新评价分销渠道的选择，巩固原有分销渠道，扩展新的分销渠道，以开拓新市场，最大限度地扩大珠宝首饰商品销售，采取一切措施加强珠宝首饰企业在分销渠道中的地位。

（4）改进珠宝首饰商品品质。根据市场投入期销售时珠宝首饰消费者的要求和其他市场信息，不断提高珠宝首饰商品质量，努力发展新款式、新规格，提高珠宝首饰商品的竞争能力，满足珠宝首饰消费者更广泛的需求。

（5）适时调整价格。在大量生产的基础上，珠宝首饰商品成本会降低，这时，适时降低价格或采用其他有效的定价策略，会吸引更多的购买者。

在珠宝首饰商品成长期内，珠宝首饰企业面临较高的市场占有率和高利润率的抉择。一般来说，实施市场扩张策略会减少短期利润，但能够提高市场占有率。因此，是着眼于短期利润，还是着眼于能带来长期利润的高市场占有率，这是一对矛盾的选择。很多珠宝首饰企业都会着眼于能给企业带来长远利益的高市场占有率。

3. 珠宝首饰商品成熟期的特点和策略

珠宝首饰商品经过市场成长期后，销售量在高水平上稳定下来，但增长率会缓慢下来，利润开始缓慢下降，这就标志着珠宝首饰商品进入了市场成熟期。进入市场成熟期后，珠宝首饰商品的销售量增长缓慢，逐步达到高峰，然后缓慢下降，珠宝首饰商品的销售利润也从成长期的最高点开始下降，市场竞争非常激烈，各种珠宝首饰品牌、各种款式的同类珠宝首饰商品不断出现。菲利普·科特勒根据成熟期商品销售量的变化情况，把市场成熟期又分为三个阶段：第一时期为成长的成熟期，这一时期市场基本饱和，销售增长率和利润率增速下降，但销量仍呈增长的趋势；第二时期为稳定的成熟期，这个时期市场饱和，销售增长率停滞甚至稍有下降，销售量在高水平上稳定下来；第三时期为衰退的成熟期，这个时期虽然销售量仍比较高，但是销售增长率已明显下降，原有消费者的兴趣已经转向其他替代商品。

珠宝首饰企业制定商品成熟期营销策略的主要原则是要努力延长这个阶段。同时，由于市场竞争激烈，制定营销策略时要着重于提高珠宝首饰商品的市场占有率。具体地说，可采用如下策略。

（1）改良市场策略。所谓改良市场策略就是不改变珠宝首饰商品本身，只是改变珠宝首饰商品的定位或用途、推销方法来扩大珠宝首饰商品的销售对象，以增加销售量。为达到这一目的可以采用两种措施：

1）寻找新的细分市场，把珠宝首饰商品引入到尚未使用过这种珠宝首饰商品的市场，使本珠宝首饰商品不断拥有新的购买者，重点是要发现珠宝首饰商品的新用途，并运用于其他细分市场，以使珠宝首饰商品的成熟期延长。如原经销黄金金条作为投资的，则可以以礼品赠送的角度开发新市场。

2）对珠宝首饰商品进行心理重新定位，寻找新的购买者。如某种彩色宝石首饰原来是从生辰石角度定位，现还可以从祈福的角度重新再定位。

（2）改变珠宝首饰商品策略。所谓改变珠宝首饰商品策略就是改变珠宝首饰商品的主要属性，向珠宝首饰消费者提供新的利益来吸引新的购买者，增加珠宝首饰商品的销售量。改变珠宝首饰商品策略又称“珠宝首饰商品再推出策略”，凡是整体珠宝首饰商品概念任何一个层次的变化，都可看做珠宝首饰商品的再推出。主要做法：一是改变珠宝首饰商品的实体部分（如提高珠宝首饰商品材质质量、增加新的款式等），向珠宝首饰消费者提供新的利益，如对原镶嵌锆石的首饰，可改用蓝宝石或其他彩色宝石镶嵌，采用新的制作工艺等；二是增加珠宝首饰商品的附加商品和附加服务，用新的额外利益来吸引顾客，如黄金首饰推出回购服务等。

（3）调整市场营销组合因素。调整珠宝首饰市场营销组合因素就是根据珠宝首饰商品在成熟期的特点来重新调整定价、分销渠道及促销的组合方式，以延长珠宝首饰商品的市场成熟期。珠宝首饰市场营销组合因素不是一成不变的，它应该随着珠宝首饰企业的内外部环境的变化做出相应的调整。珠宝首饰商品进入成熟期后，各种内部条件和外部环境都会发生重大的变化，因而，市场营销组合也要做出相应的调整。一般是通过改变一个或几个因素的组合方式来刺激或扩大珠宝首饰消费者的购买冲动，刺激销售量的回升。例如，珠宝首饰商品品质不变，但降低价格或扩大销售渠道，便可以从竞争者那里吸引一部分珠宝首饰购买者。改变珠宝首饰商品营销组合策略简便易行，但必须注意，在改变策略前要充分调查、分析市场，执行决策时必须迅速果断，以免贻误时机。

4. 珠宝首饰商品衰退期的特点及策略

珠宝首饰商品在经过成长期和成熟期的高增长和大批量销售之后，由于市场竞争、科技进步、流行趋势及其他环境因素的变化，原有珠宝首饰商品不可避免地进入衰退期，从而诱发出更新的珠宝首饰商品上市。在市场衰退期珠宝首饰企业面临的问题，一是销售量从缓慢下降变为急剧下降；二是面临着已经形成的大批量的生产能力和迅速缩小的市场需求之间的矛盾；三是原有的竞争者大多退出该珠宝首饰商品的市场，转向其他市场。这时，珠宝首饰企业的营销策略必须注意两种倾向：一是刚发现商品进入市场衰退期就立即退出市场，会使新旧珠宝首饰商品的更替不能连续；二是即使证明该珠宝首饰商品已进入衰退期，也迟迟不退出市场，结果造成大量珠宝首饰商品积压。这两种倾向都会给珠宝首饰企业造成大量的经济损失。

在珠宝首饰商品市场衰退期，虽然市场需求大幅度减少，但由于大部分竞争对手都退出了市场，继续留在市场上的珠宝首饰企业往往还能保持一定的销售量，甚至会略有增加。针对这些特点，珠宝首饰企业可采取的营销策略有如下几种。

（1）连续策略。按照原来的计划继续生产销售，直到该珠宝首饰商品完全退出市场为止。大型珠宝首饰企业一般会采用连续策略，采用这种策略主要是为了尽可能满足市场上还有这种需求的珠宝首饰消费者。即使数量很少，与生产日的不一致，在满足珠宝首饰消费者需求前提下，还是要有获利。

（2）集中策略。珠宝首饰企业把资源集中到最有利的细分市场，缩小经营范围，从小范围的经营中获得利润。

（3）榨取策略。珠宝首饰企业继续生产销售，但极力降低推销费用，减少推销人员，逐渐降低该珠宝首饰商品的生产量或进货量，使该珠宝首饰商品缓慢地退出市场。

（4）放弃策略。对于衰退比较迅速的珠宝首饰商品，则应当当机立断，放弃经营。

综上所述，珠宝首饰企业在市场营销活动中，要不断地及时对各种商品线或商品项目的市场占有率情况做出准确的分析，对各种珠宝首饰商品的生命周期做出准确的判断，并根据分析判断结果及时调整商品策略。同时，珠宝首饰企业如果要保持稳定的利润，必须同时生产经营多种处于不同生命周期的商品线或商品项目。从这个方面来看，从事新珠宝首饰商品开发，不断地向市场推出新珠宝首饰商品，对珠宝首饰企业的生存和发展来说具有重要的意义。珠宝首饰产品生命周期特征及营销策略的分析见表3—20。

表3—20　　珠宝首饰商品生命周期特征及营销策略

		导入期	成长期	成熟期	衰退期
特征	市场需求状况	确认对新产品的需要，新产品上市试销，其销售量较低	需要量急剧增加，市场规模急速扩大，销售量快速增长	需要量横向发展，老顾客更换旧品，只有少数新的消费者，销售增长缓慢	由于新产品的出现，产品的销售每况愈下，销售量急速下降
	市场抵抗	市场抵抗性强，开始展开试销，少数人使用	市场抵抗性弱，使用频率提高，也有再度购买情况	无抵抗性，市场完全被开放，市场占有率呈巅峰状态	市场占有率降低，市场规模逐渐萎缩
	消费者	创新的顾客	市场大众	市场大众	延迟的顾客
	经销商	经销商虽顾虑，但开始尝试销售	经销商积极地销售，逐渐提高销售量	经销商已完全掌握市场，各自相互竞争	经销商兴趣降低，数量也剧减
	竞争者	竞争对象最少，竞争较缓和	竞争对手增加，彼此竞争激烈	竞争对手最多，有的只好半途退出，非价格竞争非常激烈	竞争对手锐减，但尚有若干对手存在
	营销费用	推广费用高	推广费用高	推广费用高	推广费用低
	利润	无多少实际的收益	单位利益达到最高状态	单位利润稳定，总利润最大	总利润逐渐降低
对策	策划特点	市场扩张	市场渗透	防守占有率	酌情退出
	营销重点	产品宣传	品牌推广	品牌忠诚	优化选择
	产品	基本的	改进的	多变的	合理的
	价格	高价或低价	较低价	低价	最低价
	促销	推广传播	强调竞争差异	以销售为导向	最小化促销
	销售渠道	集中	扩大	扩大并调整	尽可能减少网点

五、珠宝首饰畅销与滞销商品的管理

在实际珠宝首饰商店商品规划布局中，珠宝首饰商品除了按照流通渠道和商品生命周期进行分析管理外，现在还需要根据珠宝首饰店铺实际销售与利润情况分析。一般珠宝首饰商品可分为畅销、滞销、高利润、廉价等多类划分，不同的销售或利润类型的珠宝首饰商品应采取不同的商品管理方法。

此外，还需要考虑到另外一个重要的因素，就是为了体现珠宝首饰商店商品的丰富性和对珠宝首饰消费者的吸引力，对一些珠宝首饰商品需要进行保留和管理。如有些珠宝首饰商品即使是滞销的，但为了丰富商品，需要保留；有些高端珠宝首饰商品即使是价格高，购买率低，但为了表现珠宝首饰商店实力和珠宝首饰商品的水准，也需要保留；还有些珠宝首饰商品利润低，但有销量，为了增加珠宝首饰商店的客流量，只要不降低珠宝首饰商店商品的水准或与珠宝首饰商店整体的商品水准距离不大，也需要保留。

以下介绍几种常见的体现不同销售与利润的珠宝首饰商品管理方法。

1. 珠宝首饰畅销商品

畅销的珠宝首饰商品指的是“高利润趋向”“高畅销趋向”的珠宝首饰商品。“高利润趋向”珠宝首饰商品，指的是毛利润率高、销售数量多、能获得非常大的利润、对珠宝首饰企业利润可能会有很大贡献的珠宝首饰商品；“高畅销趋向”珠宝首饰商品，指的是毛利润率一般、但销售数量很多的珠宝首饰商品，这类珠宝首饰商品的周转次数很高，对珠宝首饰企业的贡献很大；还有“廉价方面”的珠宝首饰商品，毛利润率低，但从销售的绝对数看，也可归为畅销商品。

一般在以下三个地方可发现畅销的珠宝首饰商品。

第一，珠宝首饰店内销售的，在珠宝首饰商品销售分析中处于A级商品（注：一般根据销量分析，将销售额或销售数量中占前面80%的商品列为A级商品，排在其后15%部分为B级商品，此后到5%的为C级商品，销售为零的商品为Z级商品，这种分析方法简称为“ABCZ”分析法）。

第二，存在于其他珠宝首饰商店的热销商品中。

第三，存在于珠宝首饰消费者内心中的需求。采购人员应着眼于这些地方分析，找到畅销的珠宝首饰商品的款式、材质、工艺等特征或趋势，按照本珠宝首饰企业的市场定位进行采购，如发现本店没有的畅销商品类别，应力求使该类型珠宝首饰商品也成为本店的畅销商品。

2. 珠宝首饰滞销商品

珠宝首饰商店将销售量很少或完全卖不出去的珠宝首饰商品称为“滞销商品”，被大量“滞销商品”所占据的珠宝首饰商店就被称为“滞销商店”。

（1）滞销珠宝首饰商品排除标准。珠宝首饰企业要善于从目前销售的珠宝首饰商品中把滞销的珠宝首饰商品挑选出来，排除的标准如下：

1）与珠宝首饰商店理念不相符的珠宝首饰商品。

2）与珠宝首饰商店主题不相符的珠宝首饰商品。

3）与珠宝首饰商店的目标消费者定位有距离的珠宝首饰商品。

4）难以通过采用正常的方式销售的珠宝首饰商品。

5）供应商、批发商的思路与本珠宝首饰商店不一致的珠宝首饰商品。

6）因供应商问题，存在珠宝首饰商品无法稳定供给的潜在不安定因素的珠宝首饰商品。

7）尽管价格偏高促成销售困难，但供应商仍要求提价的珠宝首饰商品。

8）超出价格幅度的珠宝首饰商品。

9）无价格亮点的珠宝首饰商品。

10）包装的色彩与珠宝首饰商店要求不协调的珠宝首饰商品。

11）具有流行时尚特点的商品，流行的高潮正在退去，过量销售有危险的潮流珠宝首饰商品。

12）已有缩小该商品的计划，在“ABCZ”分析中处于B级的珠宝首饰商品。

13）属于“ABCZ”分析中的C级珠宝首饰商品。

14）属于“ABCZ”分析中的Z级珠宝首饰商品。

（2）“ABCZ”分析方法的具体步骤

1）按销售数量多少为序加以排列，制成图表（见图3—10）。

2）把各商品线的销售数量除以总销售数量，算出该珠宝首饰商品的销售数量比率。以图3—10中的g商品为例，485÷3421＝0.142，销售数量比率为14.2%。

3）把各珠宝首饰商品的销售数量比率从销售量多的珠宝首饰商品开始按顺序相加，直至累计数达到80%左右时为止，这部分珠宝首饰商品经确认后，列为A级商品群。图3—10中，U商品正好在这一范围，因此g至U为止的珠宝首饰商品属于A级商品群。

4）进而再找出累计数达到95%前后的珠宝首饰商品。图3—10中I商品正好在这一位置，于是，自B商品开始到I商品为止，均属于B级商品群。

5）在本例中，B级以下，即使销售数量仅一个，也属于C级商品群。图中由S开始到O为止的珠宝首饰商品均属这一级。

6）销售量为零的珠宝首饰商品是Z商品群。图3—10中O以下的商品就属此类。

以上尽管列出许多滞销珠宝首饰商品排除标准，但基本的只有如下三条。

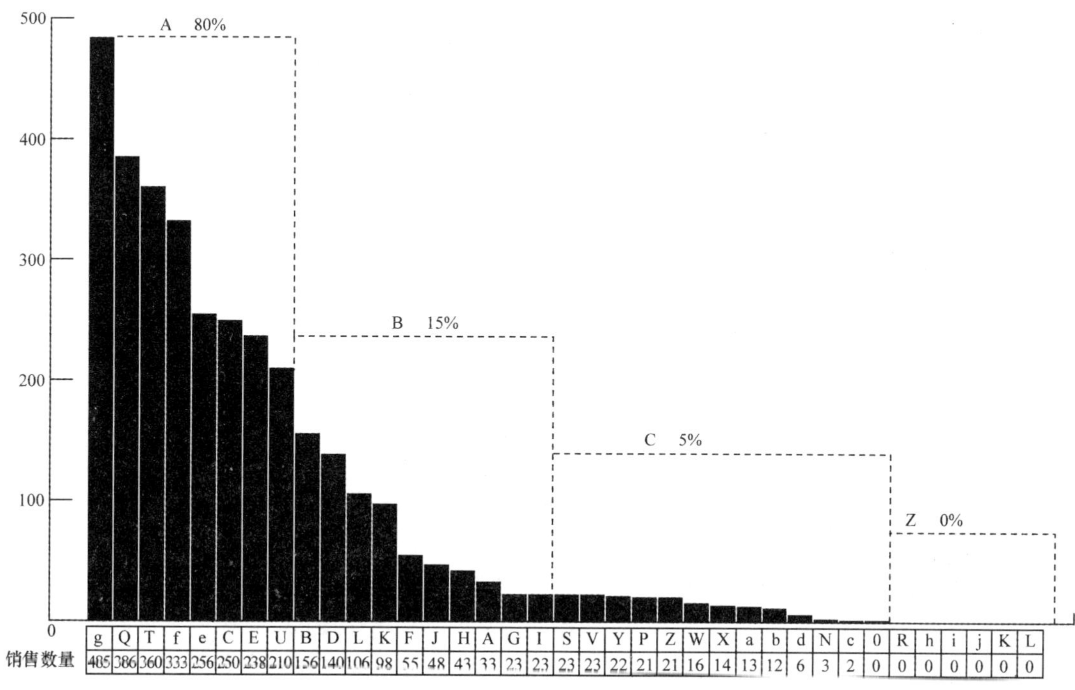

图 3—10 销售数据 ABCZ 分析法

①不能卖出去的珠宝首饰商品要排除。

②认为不可能卖出去的珠宝首饰商品要排除。

③即使能卖出，但偏离珠宝首饰商店理念的珠宝首饰商品要排除。

另外，为了排除滞销或不利于经营的珠宝首饰商品，还必须发现、引进新的珠宝首饰商品作为补充或更新，如果做不到，那就不能排除滞销珠宝首饰商品，以保持珠宝首饰商店的商品丰富的形象。

总之，能否有效地排除滞销的珠宝首饰商品，是衡量珠宝首饰商品管理能力的一个重要标志。

3. 换季珠宝首饰商品的处理

珠宝首饰商店何时进行季节转换需要经过经营判断。珠宝首饰商品一般是 2—3 月、5 月、8 月、10—11 月进行换季。

新季节来临后，要关注每天的珠宝首饰商品销售信息管理数据的变化，对各商品线的销售数量加以确认。总之，季节到来后，从第 2 周起就必须要对销售数量少的商品线开始加以注意；反之，对销售数量异常增加的商品线也要予以关注，最低限度从第 3 周起就要有具体的调整，否则就有可能招致滞销珠宝首饰商品积压、畅销珠宝首饰商品丧失机会的危险行为。

珠宝首饰商品换季转换的方法如图 3—11 所示。

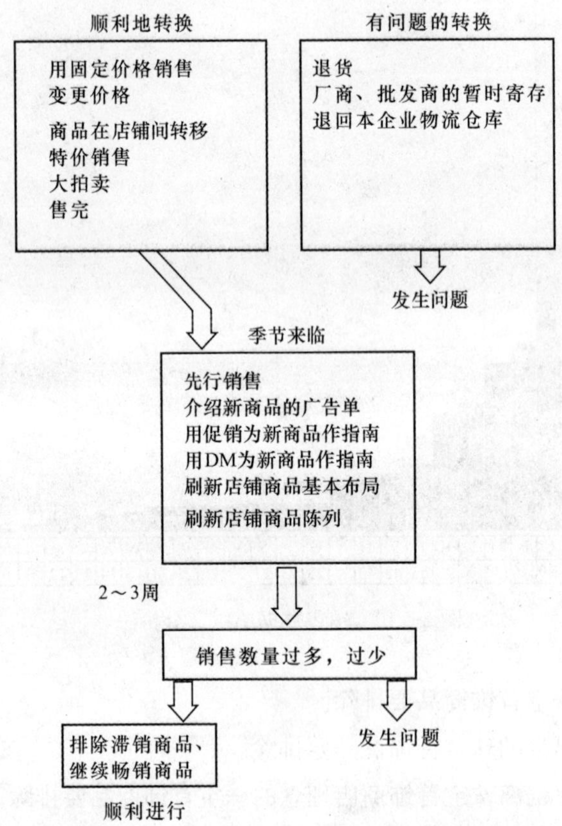

图 3—11　珠宝首饰商品顺利完成季节转换的方法

4. 珠宝首饰新商品的引进

在引进新珠宝首饰商品时，关键是要依靠自己的市场敏感性尽可能地收集市场信息并加以分析。重点考虑的是以下这些信息：

（1）国内外的珠宝首饰产地信息。

（2）珠宝首饰供应商的新商品信息。

（3）国内外的珠宝首饰材料厂商信息。

（4）珠宝首饰的国内外变化趋势信息。

（5）珠宝首饰消费者的生活状况。

（6）珠宝首饰企业（商店）自主品牌商品的开发状况。

（7）发现其他珠宝首饰企业（商店）的畅销商品。

（8）价格亮点的珠宝首饰商品信息。

一般而言，没有完成排除滞销珠宝首饰商品就不能引进新珠宝首饰商品，为了实现珠宝首饰商店的理念和销售目标，必须将排除与新引进珠宝首饰商品的交替数量控制在三分之一以上的幅度内，如果没有这种水平的反复排除与重新引进的交替，就不可能适应珠宝首饰商店理念与珠宝首饰消费者的需求变化。

学习单元3 珠宝首饰企业的形象策划

学习目标

➢了解珠宝首饰企业形象的基本概念。

➢熟悉珠宝首饰企业形象策划内容。

知识要求

一、珠宝首饰企业形象的基本概念

珠宝首饰企业形象习惯上简称珠宝首饰企业“CIS”（corporate identity system），直译为“珠宝首饰企业识别系统”。珠宝首饰企业识别系统是指珠宝首饰企业区别于其他企业的标志和特征，是珠宝首饰企业在社会公众心目中的特定位置和确立的独特形象。

珠宝首饰企业“CIS”是珠宝首饰企业通过现代设计艺术结合企业管理系统的整合运作，把珠宝首饰企业管理、企业精神和企业文化传达给社会公众，从而达到塑造珠宝首饰企业特征、显示企业精神、使珠宝首饰消费者对珠宝首饰企业产生认同感、在市场竞争中谋取有利地位和市场空间的目的。

珠宝首饰企业形象及其策划实质上是体现珠宝首饰企业差异化经营的一种经营战略。珠宝首饰企业“CIS”设计不仅仅是珠宝首饰企业标识系统的设计，也是珠宝首饰企业整体形象的设计，包括珠宝首饰企业经营目标、经营理念、市场行为和内部管理等在内的整体特征的形象设计，并不仅仅局限于视觉系统的标识性设计。

总之，珠宝首饰企业总体形象设计的目的就在于实现珠宝首饰企业的自我认识和珠宝首饰企业向社会的自我形象展示，以营造良好的经营环境，并作为长期赢得市场的营销战略之一。

二、珠宝首饰企业形象的内容

珠宝首饰企业“CIS”因不同的国家对其意义理解的不同出现了不同的称谓，如称作企业设计、企业形象、企业识别等。这些称谓都从不同的角度揭示了珠宝首饰企业“CIS”的特点。

珠宝首饰企业“CIS”是一个整合策划系统，由珠宝首饰企业“MI”“BI”“VI”三个要素组成。

1. “MI”（mind identity system）理念识别系统

珠宝首饰企业的理念识别系统（MI）包括企业的经营使命、经营方向、经营思想、经营作风、进取精神、价值观念和风险意识等。企业的理念识别系统是“CIS”的灵魂，是珠宝首饰企业的行动指南，是指导珠宝首饰企业识别系统的渊源和纲领。

2. “BI”（behavior identity system）行为识别系统

珠宝首饰企业的行为识别系统（BI）包括对内行为与对外行为。对内行为主要指珠宝首饰企业管理人员教育、员工培训、生活福利、工作环境、内部营运等管理活动；对外行为主要指市场调查、销售服务、商品开发、广告宣传、公关活动等业务或营销活动，表现为珠宝首饰企业形象的动态识别形式。

3. “VI”（visual identity system）视觉识别系统

珠宝首饰企业的视觉识别系统（VI）包括企业的实体形象（如企业标志、建筑物装潢设计、包括各类视觉传达形成的主要色彩搭配要求、内部装饰格调等）、员工形象、品牌包装形象等，表现为静态视觉意识符号，是具体化、视觉化的传达形式，项目最多，层面最广，是企业识别系统的视觉表现形式，也是珠宝首饰消费者最能体验到的珠宝首饰企业识别系统。

珠宝首饰企业“CIS”三个要素有机地结合在一起，相互作用，塑造具有特色的珠宝首饰企业整体形象。

图3—12为珠宝首饰企业形象策划三个要素结构层次图。

三、珠宝首饰企业形象的作用

珠宝首饰企业导入“CIS策略”，实施“CIS”战略，不仅是珠宝首饰企业内部管理的需要，也是珠宝首饰企业营销战略的需要。

首先，通过一致的价值取向和行为规范的确立和表现，能实现珠宝首饰企业的规范化管理，增强员工归属感和凝聚力，激励员工士气，增强员工的企业自豪感，从而吸引人才，提高生产力，营造良好的内部氛围。

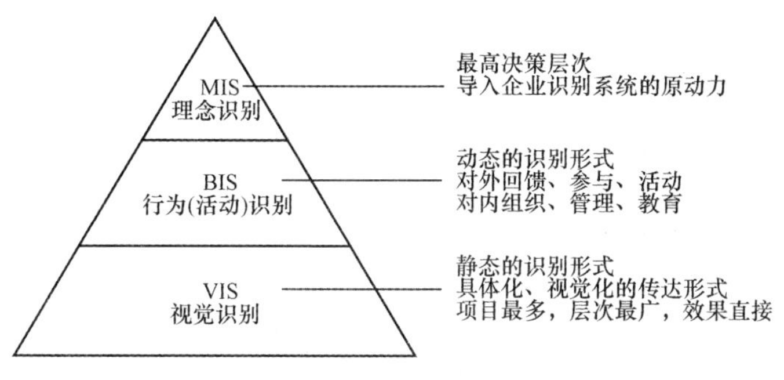

图 3—12　CIS结构

其次，通过对珠宝首饰企业视觉要素的标准化设计，给公众或珠宝首饰消费者以鲜明的视觉效应，使消费者容易认出珠宝首饰企业和商品的品牌特色，并留下深刻的印象，有利于实现珠宝首饰企业信息传播的高效率，树立珠宝首饰企业独特的形象，提高知名度，从而通过提高珠宝首饰企业在市场上的认知影响力来增强珠宝首饰企业的营销竞争力。

珠宝首饰企业 CIS 的功能构造如图 3—13 所示。

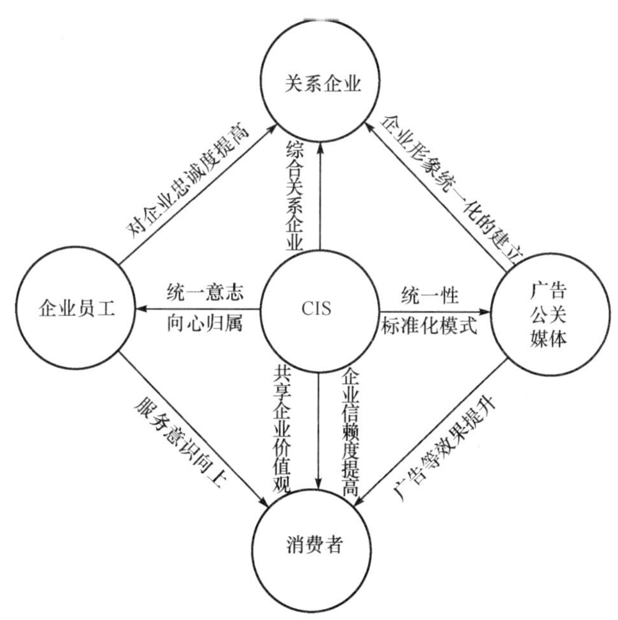

图 3—13　CIS 功能构造

四、珠宝首饰企业形象策划

珠宝首饰企业形象的策划，要根据珠宝首饰企业的经营战略目标对珠宝首饰企业所处的社会环境和目标市场按市场分析方法进行企业形象现状调查，并按照企业形象的三要素内容进行珠宝首饰企业形象整体策划。在理念识别策划上应富有珠宝首饰企业自身经营战略的特色，尽可能与其他企业表达上有区别，并符合商业伦理的要求，与珠宝首饰企业文化建设保持一致，起到激励与引导的作用；在行为识别系统上要具体化，以理念识别为指导，规范的行为要具有可操作性和全面完整，适应珠宝首饰企业目标市场的需求；在视觉识别系统上，应富有艺术的创意性，能被珠宝首饰企业确定的目标市场消费者所接受，与其他企业相比有鲜明的差异化个性特征，易于公众或珠宝首饰消费者识别和记忆。

学习单元 4　珠宝首饰企业的公共关系与广告

学习目标

- 了解公共关系的基本概念。
- 熟悉珠宝首饰企业公共关系的基本方法和作用。

知识要求

一、公共关系的基本概念

“公共关系”一词来源于英文的 Public Relations，简称 PR。公共关系起源于美国，被区分为静态的“公共关系状态”和动态的“公共关系活动”。公共关系也不是一个不变的概念，公共关系概念可以从多种不同角度进行理解。经济学家于光远说：“现代社会有经济分工，就有关系，就要研究怎样搞好关系，怎样有组织地搞好关系。这门学问就是公共关系学。”通俗地揭示了公共关系的基本概念，即和谐关系或合作关系。

关系指的是人和人或人和事物之间的某种性质的联系，其构成要素是主体、媒介、客体。从关系的性质来说，有社会关系、经济关系、道德关系、阶级关系等。生活在社会中的人，是社会关系的总和，通常所说的关系，一般指的是人和人之间的社会关系。

公共关系是关系的一种，其主体是社会组织或个人，公众是公共关系的客体，传播是公共关系的媒介。由于社会组织是现代社会最基本的细胞，也是公共关系赖以发展的重要条件，一般把社会组织视为公共关系最重要的甚至是唯一的主体，因此，社会组织、公众、传播是公共关系活动过程的三个基本要素。

公共关系的公众形象见图 3—14。

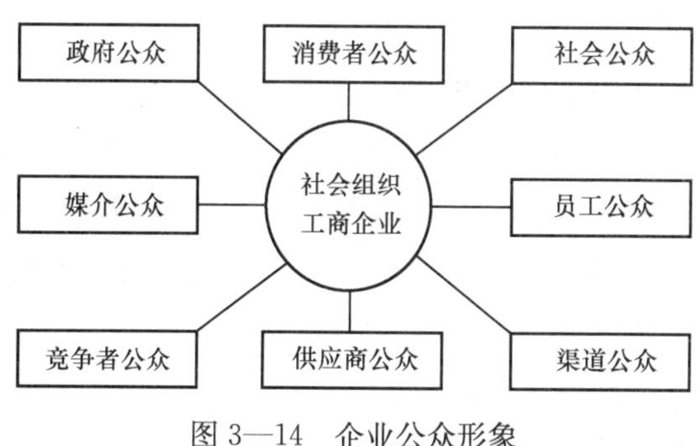

图 3—14　企业公众形象

二、珠宝首饰企业公共关系的内容

1. 珠宝首饰企业公共关系活动的内容

珠宝首饰企业的公共关系部门的工作涉及许多方面，其工作内容也随着对象的不同而有所差异，这些活动虽然不是在直接推销珠宝首饰企业的商品，但对珠宝首饰企业营销工作却起着不容忽视的推动和指导作用。珠宝首饰企业的公共关系活动内容主要有以下一些方面：

（1）与新闻界建立关系。通过新闻媒介传播珠宝首饰企业的各种活动及信息，以吸引珠宝首饰消费者的注意。

（2）珠宝首饰商品宣传报道。开展各种活动来宣传介绍特定的珠宝首饰商品，如新商品上市或商品的新卖点等。

（3）珠宝首饰企业沟通活动。通过内部与外部的沟通活动，增加公众或珠宝首饰消费者对珠宝首饰企业的了解，理顺珠宝首饰企业与供应商、经销商和消费者等的关系，包括解除珠宝首饰企业信任危机。

（4）政府游说。与政府机构保持良好关系，施加影响以使其政策法令有利于珠宝首饰企业。

（5）形象咨询。向其他管理部门提供建议，以处理好公众意见，树立珠宝首饰企业在社会大众心目中的地位和形象。

在所有的公共关系活动中，珠宝首饰企业要特别注意对特殊事件或突发事件的处理，也称之为危机公关。因为这类事件往往是公众注目的焦点，珠宝首饰企业若处理得好，可以使珠宝首饰企业声誉大振；若处理不好，则可以使珠宝首饰企业名誉减弱，甚至丧失公众的信任。

珠宝首饰企业公共关系方案实施，首先要明确公共关系活动的目标，按市场调查的方法进行前期的调查和策划分析。

2. 常见珠宝首饰企业公共关系的活动

珠宝首饰企业公共关系活动的目标应与珠宝首饰企业整体目标相一致，并尽可能具体，同时对珠宝首饰企业现有的经营环境和所处的公众形象要有明确的分析。首先要分清主次轻重；其次是要确定公共关系活动的对象，即所进行的公关活动所针对的目标公众；然后是确定具体的公共关系的项目，即采用什么方式来进行公共关系活动，如记者招待会、纪念或庆祝活动、慈善募捐活动等。在制订和实施方案时，还要考虑公共关系活动的费用预算及各种影响因素。

常见的珠宝首饰企业公共关系的活动如图 3—15 所示。

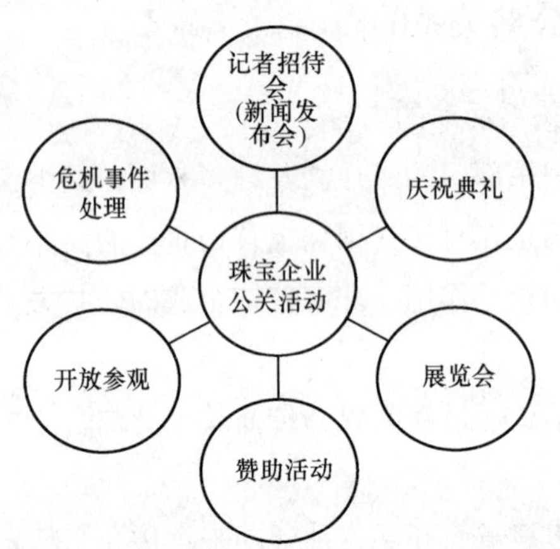

图 3—15　常见的珠宝首饰企业公共关系活动

（1）记者招待会。记者招待会又称新闻发布会，是珠宝首饰企业把新闻机构的记者邀请到一起，由珠宝首饰企业的有关负责人宣布某一有关信息，记者们就此进行提问，由召集者回答记者们的提问。

珠宝首饰企业举办记者招待会，发布信息，要有新闻报道的价值，如对社会生活产生重大影响的新商品或新技术问世，一个珠宝首饰企业如珠宝展会企业即将组织一个大规模的公共关系活动（募捐、经济洽谈会、展销活动等），大型珠宝首饰企业新建、扩建、横向联合等都可以举行记者招待会。举办记者招待会，还要确认发布新闻的紧迫性和最佳时机，这是记者招待会取得成效的关键；召开记者招待会时，发言人的讲话应简明扼要，但不能简单地说“不清楚”“不知道”或“无可奉告”等外交术语，更不能反唇相讥、嘲弄对方（包括竞争企业、提问的记者），应采用灵活的办法给予回答；同时，应表现出深沉的涵养，面对异议，以平静的话语和确凿的事实给予纠正和反驳。

会议结束，组织记者招待会的领导人和主持人应以礼相送，会后可配合主题需要，组织记者参观考察，给记者实地采访、拍摄、录像的机会。

记者招待会结束以后，应认真收集与会记者对招待会的反应，如果是不利于珠宝首饰企业的报道，对不正确或歪曲事实的报道，应立即说明真相，向报道单位提出更正要求；若报道的虽然是正确事实，但不利于珠宝首饰企业，应通过向该报道机构表示虚心接受并致歉意，以挽回声誉。

（2）庆典活动。珠宝首饰企业庆典是隆重的庆祝典礼活动，典礼是郑重举行的仪式。搞好庆典活动是珠宝首饰企业与其内外公众扩大交流、振奋企业成员的精神，扩大企业的社会影响的最好机会。庆典活动的主要形式有：奠基、落成、开幕、节庆、纪念、开业仪式等。

庆典仪式是珠宝首饰企业公开亮相的重大活动，能引起人们的特别关注，因此，需要做周密的安排和组织。

（3）展览会。珠宝首饰展览会是以实物、文字、图表、照片等形式传播珠宝首饰企业或商品信息，展现珠宝首饰企业成就的活动形式，展览会是树立珠宝首饰企业形象的一种重要的公共关系活动。同时，还可以了解市场需求，发现竞争企业，强化珠宝首饰企业商品的感染力，强化珠宝首饰商品和企业竞争力。

（4）赞助活动。珠宝首饰企业赞助活动是指珠宝首饰企业以不计报酬的捐赠方式，出资或出力支持某一项社会活动、某一种社会事业的活动。现代珠宝首饰企业不但要盈利，还需要承担一定的社会责任和社会义务，通过承担义务可以得到政府、社区和公众的支持，使珠宝首饰企业赢得社会和珠宝首饰消费者的好感，树立美好的企业形象。举办赞助活动就是承担社会责任和义务最有效的方式之一。如“老庙黄金”珠宝公司对电视财经栏目播放予以赞助就是一种树立企业形象的公共关系活动。

（5）开放参观活动。开放参观是珠宝首饰企业为了使外界公众更好地了解自己，组织公众或珠宝首饰消费者到珠宝首饰企业工作现场实地观光考察，听取公众对珠宝首饰企业工作的意见，增加珠宝首饰企业与公众的联系和情感，提高公众对珠宝首饰企业的信任度的活动。珠宝首饰企业应热情地接待并要有涉及专业知识的介绍。如“老凤祥”珠宝公司设立并开放钻石博物馆、“城隍珠宝”公司设立宝石博物馆就增加了公众对“老凤祥”珠宝品牌、“城隍珠宝”品牌的了解，从而密切了与公众的关系。

（6）危机事件处理。珠宝首饰企业危机的处理是避免危机事件的发生而引起的公众信任危机，是珠宝首饰企业公关的首要、重要任务，公共关系部门应该保持对潜在的危机的预测和应对准备。危机事件发生时首先要保持镇定，判明情况，其次要及时真实报道，争取主动，同时要协助媒体尽快介入，珠宝首饰企业领导层尽早出面表示歉意并承诺责任，争取公众或珠宝首饰消费者的理解，控制事态发展。

公共关系方案实施的一个重要因素是时机。珠宝首饰企业可以利用一些特殊危机事件或突发事件来实施公共关系方案，或者创造某些条件使普通的事情变得富有新闻性，以增加公共关系活动的宣传效果。如“张铁军”珠宝公司利用其在上海“豫园商城”的店址，历史上曾为上海珠宝交易市场“珠玉汇市”，迄今已有百多年的历史的特点，通过媒体宣传使“张铁军”珠宝公司的品牌形象得以提升。

三、珠宝首饰企业公共关系与广告活动

1. 珠宝首饰企业公共关系与广告活动的不同点

珠宝首饰广告是通过付费购买或使用传播媒介，以实现对珠宝首饰商品或服务的宣传推销，公共关系需要广告作为自己的辅助工具，而有效的广告也需要以公共关系思想来指导，二者存在着很多联系，但也有本质的区别。

(1) 行为导向不同。珠宝首饰广告是以推销珠宝首饰或商品服务、引起购买行动为导向，注重珠宝首饰商品销售、商标的介绍和宣传；珠宝首饰公共关系以实现公众双向交流、双向沟通为导向，注重的是珠宝首饰企业或品牌形象包括经营观念的介绍和宣传。

(2) 传播信息的原则和特征不同。珠宝首饰广告虽然强调信息的真实性，但多注重艺术渲染和夸张，追求轰动效应，引人注目；珠宝首饰公共关系则注重传播信息的知识性、专业性，以客观、公正的科学态度向公众或珠宝首饰消费者报道信息。

(3) 传播周期不同。珠宝首饰广告注重即时效应，往往一个时期集中宣传某种珠宝首饰商品或服务，有一定的季节性和阶段性；公共关系服从于珠宝首饰企业整体形象的塑造，因而需要全局地、长期地持续努力。

2. 公共关系与广告的相同点

首先，从广义上讲，珠宝首饰商品广告也往往发挥着公共关系的作用，珠宝首饰企业通过广告不仅可以提高知名度，而且可以塑造珠宝首饰企业的风格和形象，有些广告也称之为公益广告，本身就是公共关系的宣传方法。

其次，广告和公共关系传播的媒介基本一致，都需要借助新闻媒体、在线网络或其他宣传媒体。

此外，珠宝首饰广告与公共关系的创作原则基本一致，都需要真实性、新颖性、艺术性和深刻性相结合，以引起传播对象的注意。

总之，珠宝首饰广告与公共关系都是珠宝首饰企业的宣传活动，一般以“公关先行，广告第二”为珠宝首饰企业的宣传策略，在珠宝首饰消费者对珠宝首饰企业或商品以及服务产生了一定的信任度的条件下，再进行以推销珠宝首饰商品为主要目的的广告则更有效。

四、珠宝首饰企业公共关系与广告效果的测定

珠宝首饰企业公共关系与广告效果的测定具有相似性，可以从公共关系与广告传播效果和销售效果两个方面来进行。

1. 公共关系与广告传播效果测定

珠宝首饰企业公共关系与广告的目标是树立珠宝首饰企业良好的企业形象和推销珠宝首饰商品，因而首先是以珠宝首饰公共关系与广告的视听率、知名度和公众态度的变化等为依据来进行测定。

（1）记忆测验。这是一种珠宝首饰公共关系与广告推出之后，随机选择一部分珠宝首饰公共关系与广告对象，了解对珠宝首饰公共关系与广告的记忆程度的方法。如可请公众来调查，请公众说出对哪些珠宝首饰公共关系与广告印象最深、最好，其计算公式为：

$$记忆率=\frac{记忆公共关系与广告的人数}{阅读与视听公共关系与广告人数}\times 100\%$$

（2）态度比较。这是一种通过公众态度上的变化来检验珠宝首饰公共关系与广告效果的方法。在珠宝首饰公共关系与广告推出之后，对传播对象进行测试，看其态度是否产生了变化、产生了什么变化。如果被调查者的态度向珠宝首饰公共关系与广告文本的内容方向变化，说明珠宝首饰公共关系与广告产生了积极效果，否则，即产生相反的效果。

2. 公共关系与广告销售效果测定

珠宝首饰公共关系与广告效果的测定必须与销售联系起来，其计算公式为：

$$公共关系与广告销售效果=\frac{市场占有率增加数}{公关广告费用增加数}\times 100\%$$

或

$$公共关系与广告销售效果=\frac{销售增加数}{公关广告费用增加数}\times 100\%$$

五、珠宝首饰企业公共关系与其他营销活动

1. 珠宝首饰企业公共关系与宣传活动

珠宝首饰企业宣传活动是珠宝首饰企业根据一定的目的借助各种传播媒介来说服或鼓

励受众的一种社会活动。而珠宝首饰公共关系传播形式上看近似于珠宝首饰宣传活动，例如，它们都借助一定的传播媒介进行影响，都属于传播活动的范畴。但是，二者有明显的区别。

(1) 从活动性质看，宣传多属于政治工作、思想工作的范畴，有一定的主观性、引导性甚至是强制性，如珠宝首饰企业的“党建”宣传活动。而珠宝首饰企业的公共关系传播是以沟通双方在平等的情况下进行双向交流，双向沟通。

(2) 从活动内容看，珠宝首饰企业宣传活动侧重于“说”，而公共关系则是“90％靠自己做得对＋10％靠宣传”。

(3) 从活动对象看，珠宝首饰企业宣传以一般的“大众”为对象，没有明确的指向；公共关系传播则在公众细分的基础上，对珠宝首饰企业的目标公众进行有针对性信息输出，有明确的指向性。

2. 珠宝首饰企业公共关系与促销活动

珠宝首饰企业促销是珠宝首饰企业市场营销组合的一个重要部分，通过人员和非人员方式，运用各种策略和手段，促进现实的或潜在的珠宝首饰消费者产生消费行为；珠宝首饰企业公共关系有助于珠宝首饰企业促销活动的开展，但公共关系不是促销活动，更不是促销的一个部分。

(1) 两者的任务不同。珠宝首饰企业促销的任务旨在销售珠宝首饰商品和服务，而珠宝首饰公共关系的任务是协调珠宝首饰企业内外公众的关系，主要“推广”珠宝首饰企业的形象。

(2) 两者的范围不同。珠宝首饰企业促销只是珠宝首饰企业的一种营销行为，主要面对珠宝首饰市场及消费者，珠宝首饰公共关系作为一种协调关系的沟通方式，不仅适用于珠宝首饰企业，还适用于各种类型的珠宝首饰组织乃至个人，可以在各个领域、各种交往中开展。

(3) 两者的着眼点不同。珠宝首饰企业促销追求的是珠宝首饰企业的经济效益和近期利益，珠宝首饰企业公共关系侧重追求社会组织的社会效益和长远利益。

(4) 两者的标准不同。珠宝首饰企业促销的标准是珠宝首饰商品或服务的销售量，而珠宝首饰企业公共关系的标准是珠宝首饰企业或品牌的知名度和美誉度。

总之，珠宝首饰企业公共关系与促销活动都是珠宝首饰企业的经营活动，虽然有着不同的方面，但是最终的目的都是为了提高珠宝首饰企业的销售。

学习单元5　珠宝首饰企业的品牌策略

学习目标

➢熟悉珠宝首饰品牌的构筑与管理。

知识要求

一、珠宝首饰品牌基本概念

中国作为世界贸易组织的成员国，参与国际珠宝首饰行业的贸易与交流势在必行，随着国外和发达地区的名牌珠宝业介入中国市场，必然引起国内珠宝首饰企业与国外珠宝首饰企业、国内珠宝首饰企业与国内珠宝首饰企业之间的市场整合。如何在激烈的市场竞争中寻求到本土珠宝首饰企业的生存空间，是珠宝首饰企业普遍关心的问题。创建珠宝品牌既是中国珠宝业在激烈的市场竞争中求生存和发展的战略性问题，更是现实性问题。

1. 珠宝首饰品牌商品的概念

品牌珠宝首饰商品是指在一定范围内被珠宝首饰消费者所熟知和信任，并具有很强的购买吸引力，能产生巨大市场效应的珠宝首饰商品；是优良的内在品质质量与良好的外在形象相统一的珠宝首饰商品；是广大珠宝首饰消费者共同认可的、值得信任的珠宝首饰商品，不是某个珠宝首饰企业或部门自封的；品牌珠宝首饰商品能强有力地影响珠宝首饰消费者的购买行为和有能力承受长期的市场竞争的压力；品牌珠宝首饰商品的生产规模大、市场占有率高、经济效益好，是珠宝首饰企业商品成为品牌珠宝首饰商品以后所产生的必然结果。

2. 珠宝首饰品牌的内涵

珠宝首饰品牌包括六个方面的内涵：属性、利益、价值、文化、个性和用户（见表3—21）。

表3—21　　珠宝首饰品牌的内涵

属性	知名的优秀珠宝首饰品牌应能够在珠宝首饰消费者心目中勾勒出商品的某些特质，即属性
利益	优秀珠宝首饰品牌应暗示着某种利益，而不仅仅是珠宝首饰企业的代名词或企业的特色
价值	优秀珠宝首饰品牌应能暗示出价值感

续表

文化	优秀珠宝首饰品牌背后蕴藏着丰富的珠宝首饰文化
个性	优秀珠宝首饰品牌应能表现出一些个性化的特点
用户	即珠宝首饰品牌自身的目标市场

珠宝首饰品牌和珠宝首饰商品是紧密联系的，统一不可分的，珠宝首饰品牌的内涵是珠宝首饰商品的内在品质和外在形象的完美统一，具有优良的品质、卓越的个性化设计、精湛的制作工艺特征；珠宝首饰品牌代表着一个时期的科技水平以及一个阶段珠宝首饰消费者的消费观念和审美观念，蕴含着丰富的文化涵义，也体现了丰富的品牌价值，具有珠宝首饰品牌所针对的鲜明的目标市场。因此，珠宝首饰品牌及其商品必须在设计、用料、加工、质检、包装、管理、服务等方面下工夫，并不断地创新设计理念、引进新技术和新工艺，保持在市场竞争中处于醒目的形象和领先地位。

二、珠宝首饰品牌构筑

珠宝首饰品牌构筑是珠宝首饰企业经营管理战略的一部分，珠宝首饰企业或商品发展成为品牌企业或品牌商品需要经过市场定位、市场宣传与培育、品牌维护和品牌扩张等重要品牌营销阶段，才能在市场营销中逐渐树立良好的品牌形象并得到珠宝首饰消费者的广泛认同，最终才能成为成功的珠宝首饰品牌。实施品牌战略是一项复杂的系统工程，要依靠质量、技术、人才、营销、服务和管理等一系列具体品牌营销战略决策的相互配合，不是在短时期内单靠大量的广告公关宣传力度创造起来的。

1. 建立珠宝首饰品牌的步骤

(1) 了解珠宝首饰产业环境，认清珠宝首饰企业本身的强弱点，决定本企业的“核心”业务。

所谓了解珠宝首饰产业环境：一是要了解珠宝首饰产业竞争者，即现有珠宝首饰企业间的竞争；二是要预测潜在的新加入者的威胁；三是要熟悉珠宝首饰来自消费者的评价；四是正确评价供应商；五是要熟悉市场上新出现的同类可替代商品。总之，珠宝首饰企业一定要深入理解和明确自己在市场中的位置，发挥自己的优势。

(2) 形成珠宝首饰企业长远的发展目标及可操作的价值观，确认长期的基本发展策略。珠宝首饰企业本身需要有一个目标，这个目标至少是五年到十年，目标不是停留在利润、销售额等“数字层面”的低层次目标，而是跟珠宝首饰经营理念的共识。即要有核心意识（即珠宝首饰企业存在或经营的核心价值和核心使命），更加重要的是管理层对珠宝首饰企业的目标和经营行为要达成共识，包括企业的文化和价值观念的高度统一。

（3）形成完整的珠宝首饰品牌识别的维护管理系统。在这方面需要考虑以下一些问题：

有多少员工知道珠宝首饰企业的长远目标？珠宝首饰企业的价值观（文化或行为准则）是什么？对企业形象，多少人能讲出来、做出来？公众或珠宝首饰消费者知道珠宝首饰企业的意图吗？怎么看本企业？如何系统地维护珠宝首饰企业的品牌形象？确认珠宝首饰品牌与珠宝首饰消费者的关系，即珠宝首饰品牌提供的价值是什么？是否有品牌资产？

（4）品牌策略与品牌识别。珠宝首饰企业品牌策略需要考虑的问题是：珠宝首饰品牌是要走向全世界的品牌，或是全国性的品牌，还是地区性的品牌？作为本企业的品牌策略，是多品牌还是单一品牌？商标应是怎样的？是原品牌还是副品牌，是企业品牌还是商品品牌？品牌识别系统是否完整？

（5）品牌责任归属和组织运作。很多珠宝首饰企业的品牌责任、运作或管理放在新闻中心或者是广告企业等，这些都是不合理的状况。值得注意的是品牌商品行销或者是业务与传播的功能在很多珠宝首饰企业里是分开的，这实际上是很危险的。由于缺乏系统性整体运作珠宝首饰品牌，造成很多涉及品牌的决策的流程不清楚，很难维持一个品牌的威信。珠宝首饰企业的品牌各作业环节语言一定要统一，行销、业务、传播功能要有机地结合在一起，必须要有清楚的品牌决策流程，要有信息科技手段的协助，要有强有力的培训系统。

（6）建立全方位整合行销传播计划。要确保珠宝首饰品牌与珠宝首饰消费者的每个接触点都传达一致的有效的信息，其中包括珠宝首饰商品的使用、珠宝首饰店内陈列、广告、经销商会议、赞助活动、记者采访、电话、展览会乃至员工家属等多个层面和渠道。特别值得一提的是，以珠宝首饰品牌为载体，与珠宝首饰代理商要建立长期的伙伴关系。

（7）直接接触珠宝首饰消费者。对珠宝首饰品牌的使用或购买者要有持续的记录，要建立珠宝首饰消费者资料库，不断培养珠宝首饰消费者对品牌的忠诚度。大多数的珠宝首饰商品的消费者中是20%的购买者购买80%的商品，所以如何去取得这20%的珠宝首饰消费者的资料是重点。同时，越来越多的数据证明，开发新珠宝首饰消费者的成本比维持老珠宝首饰消费者的成本高很多（据统计前者是后者的五倍），当去开发新珠宝首饰消费者的时候，整个珠宝首饰企业的营运利润必然会下降，这些都是很重要的事实。

（8）建立品牌评估系统，追踪品牌资产，在品牌上不断投入资金，保持持续一致性。要精心确立调查方法和评估时间，及时了解珠宝首饰品牌资产的变化，检查行销传播计划的执行情况，并适时调整珠宝首饰品牌战略，保持珠宝首饰品牌的持续创新和发展，即使在珠宝首饰企业财务或经营发生困难时，也要在珠宝首饰品牌的建立上持续投资。建立珠宝首饰品牌实际上是不容易的，需要长期维持，在这个过程之中需要的是坚持和及时调整。

2. 创建珠宝首饰品牌的个性

（1）从人的价值观到品牌个性。珠宝首饰消费者总喜欢符合自己观念的品牌。每个人对自己都有一定的看法，对别人怎么看也有一定的标准。珠宝首饰消费者往往喜欢那些与自身相似或与自己的崇拜者相似的个性。因此，对于某一珠宝首饰消费群体而言，创建具有与之相近个性的品牌将是一种有效的战略。珠宝首饰品牌的个性跟珠宝首饰消费者的个性越接近（或者跟珠宝首饰消费者所崇尚或追求的个性越接近），珠宝首饰消费者就越乐意购买这种珠宝首饰品牌商品，品牌忠诚度就越高。

（2）创建品牌个性的方法。无论是珠宝首饰商品品牌还是珠宝首饰企业的品牌，珠宝首饰企业必须决定品牌应该具有什么个性特点。建立珠宝首饰品牌个性的方法之一是尽可能使珠宝首饰品牌个性与珠宝首饰消费者的个性或与珠宝首饰消费者所追求的个性相一致。创建珠宝首饰品牌个性的过程如下：

确定目标对象；了解珠宝首饰消费者的需求、欲望和喜好；勾勒出珠宝首饰消费者的个性特点；创建相应的珠宝首饰品牌个性来配合这些特点。

珠宝首饰品牌个性要简约、鲜明。珠宝首饰品牌个性一定不能太复杂。人的个性极其复杂，难以捉摸。如果试图让珠宝首饰品牌个性达到人的复杂程度，那是错误的。有的珠宝首饰企业经常问这样的问题：我的品牌该有多少个性特点？这并没有标准答案，但是一般不应该超过七八项，否则珠宝首饰企业就很难面面俱到地表达那么多的个性而不把珠宝首饰消费者搞糊涂。最好重点建立三到四项个性特点，并使之深入人心，而不要试图通过复杂的宣传活动来推广十项或更多的品牌个性。限制个性特点的数量并不一定意味着限制品牌的表现和发展。

珠宝首饰品牌个性必须根据消费者的需求变化而慢慢地演变，不能无序运作或变化无常。如一般而言，在公众眼中，性格大起大落、变化无常的人，轻者属于性格狂躁抑郁，重者属于不可接近的人，珠宝首饰品牌同样如此。由此可见，珠宝首饰消费者在与一家珠宝首饰企业或一种珠宝首饰品牌建立起“友谊”之后，希望其形象能始终如一，不出乎意料。与珠宝首饰消费者建立友谊是珠宝首饰品牌目标的一部分。当珠宝首饰品牌个性和珠宝首饰消费者个性彼此交融时，就能铸就强大的珠宝首饰品牌。

3. 维护珠宝首饰品牌利益

珠宝首饰品牌维护的基础是确保品牌不受损害。首先要求在开展与品牌个性和核心价值相关的每一项活动时，都要做到前后一致、合适得体，而且在珠宝首饰品牌已明确定位的基础上不能有任何妥协，整个工作的目的是尽可能向珠宝首饰消费者提供最好的品牌体验。

珠宝首饰品牌维护还有另一个更重要的方面，就是珠宝首饰企业是否有能力建立一种珠宝首饰品牌文化，来真正体现公共关系或广告所宣传的珠宝首饰品牌个性和品牌定位。

一般来说，珠宝首饰品牌维护应从以下方面着手进行：

(1) 明确定义珠宝首饰品牌核心价值。珠宝首饰品牌的核心价值可以通过回答以下问题来确定。珠宝首饰企业对珠宝首饰消费者的思想过程了解得越多，品牌核心价值创建就会越成功（见表 3—22 和表 3—23）。

表 3—22　　关于珠宝首饰品牌，珠宝首饰消费者的思想过程

这个珠宝首饰品牌和我有什么共同点？
这个珠宝首饰品牌能为我做什么？
用了这个珠宝首饰品牌后，别人会怎样看待我？
这个珠宝首饰品牌适合我生活的哪部分？
这个珠宝首饰品牌能否帮助我成为我想成为的人？
这个珠宝首饰品牌符合我的个性吗？
这个珠宝首饰品牌可靠吗？
这个珠宝首饰品牌我是否到处可以得到？
这个珠宝首饰品牌可以成为我的朋友吗？
我的朋友是否会喜欢这个珠宝首饰品牌？
这个珠宝首饰品牌是否能使我与众不同？
这个珠宝首饰品牌是否能使我成为某个群体中的一员？
这个珠宝首饰品牌能否使我得到别人的承认？

表 3—23　　关于珠宝首饰企业的品牌，珠宝首饰企业应该问哪些问题

珠宝首饰企业的品牌远景是什么？
珠宝首饰品牌与珠宝首饰企业远景有什么关联？
珠宝首饰品牌将满足珠宝首饰消费者的哪些需求和追求？
珠宝首饰企业能定义珠宝首饰品牌的本质个性或识别特征吗？
珠宝首饰品牌在哪些方面优于竞争对手的珠宝首饰品牌？
珠宝首饰品牌在哪些方面与竞争对手的珠宝首饰品牌不同？
珠宝首饰品牌的什么方面永远不会改变？
为什么有些人不喜欢本企业的珠宝首饰品牌而喜欢别人的珠宝首饰品牌？

(2) 为品牌核心价值开展珠宝首饰营业员培训。要实现珠宝首饰品牌价值的出色表现，珠宝首饰营业员培训必不可缺少。首先，通过向珠宝首饰营业员介绍珠宝首饰企业的品牌战略，可以让珠宝首饰营业员明确如何在他们的工作中应用这些价值；其次，珠宝首饰营业员可能要通过学习新的技能才能很好地在工作中体现这些价值。所以要根据每项价值来决定需要的相应技能是什么，并对珠宝首饰营业员加以培训。

(3) 使用珠宝首饰品牌手册。珠宝首饰品牌手册是关于珠宝首饰品牌的全面系统的介绍和说明，详细说明了品牌传播的守则，包括目标受众的区分、品牌识别、品牌核心价值、品牌有关解释以及商标和其他符号的表现方式（色彩、字样、布局）等，还应说明可以使用和禁止使用的视觉图形。

4. 珠宝首饰企业的品牌保护

市场竞争犹如一场没有硝烟的战争，珠宝首饰企业不仅应该时刻关注竞争者的挑战，还需防范有损自己商品形象的不良行为，才能保护企业品牌。

（1）要加强商标法律意识。珠宝首饰企业应防止别人率先注册商标，防止不法商家恶意抢注行为。

（2）珠宝首饰企业应视品牌为生存和发展的基础，用战略眼光来保护品牌。

值得注意的是，有些珠宝首饰企业为求一时之利而出让品牌，结果是“搬起石头砸自己的脚”，往往造成珠宝首饰品牌信誉下降或最终失去品牌拥有权。因此，拥有品牌的珠宝首饰企业即使为横向联合增强实力的需要，也应从长远的角度权衡利弊，切不可拿自己的品牌盲目风险投资。

（3）用法律手段打击假冒伪劣商品。假冒伪劣珠宝首饰商品充斥市场，是对珠宝首饰品牌致命的打击。假冒商品一般质量极差，严重损害珠宝首饰品牌的市场形象，用法律手段打假也是保护珠宝首饰品牌的重要途径之一。

（4）培养保护品牌的专门人才。珠宝首饰企业应培养一批既精通珠宝首饰品牌的专利知识、性能特点、经营现状、竞争情况，又掌握国际惯例、法律法规、民俗习惯的专门人才，一旦市场出现侵犯自己品牌权利的情况，能及时做出反应，使珠宝首饰企业防患于未然。

5. 民族品牌应对国外品牌策略

首先，中国珠宝首饰企业要根据中国国情，设计制定一套长期品牌营销战略。如果从短期策略考虑，可利用民族品牌中含有的文化底蕴，激发消费者的爱国情感。其次，要不断地汲取国外先进品牌理念，使民族品牌顺应全球品牌大趋势。具体地说，可以考虑这样几个重要方面：

（1）珠宝首饰企业理念和品牌的核心理念尽可能体现中华民族文化和精神。在珠宝首饰品牌定位方面，可以将珠宝首饰品牌的民族形象深深地印在珠宝首饰消费者头脑中，使国内消费者将爱国热情转化为切实的购买行动，在宣传促销方面，应尽量选择元宵节、春节、中秋节等具有民族文化特色的节日来设计推广活动。

（2）保护好民族品牌，合资时不要轻易放弃自己的品牌。特别对于珠宝首饰老字号、老企业来说，在合资或创新和珠宝首饰品牌延伸的过程中保留原有珠宝首饰品牌为上策。老字号本身就意味着一种文化，中国珠宝首饰消费者对这些珠宝首饰品牌怀有深刻的情感，购买行为已不仅仅是物质消费的需要，而是一种文化的、情感的需要。在不断提升珠宝首饰商品与服务质量的同时，不断将国内外先进的企业精神注入珠宝首饰品牌是保护民族珠宝首饰品牌和让民族珠宝首饰品牌成为世界品牌的有力途径。

(3) 为中国消费者提供满意实在的、适于本国国情的服务来提升品牌价值。在珠宝首饰商品的质量、功能与国外品牌距离缩短的情形下，服务是最有文章可做的，也最能表达品牌带给消费者的情感利益。尽管外资进入中国已有40年，但要做到完全本地化还需用很长时间，真正适于本国的服务还只能由土生土长的民族企业来提供——当然，关键在于提供的服务是否具有本民族的特色。

(4) 民族珠宝首饰企业应将品牌营销重点放在创新和改良的品牌的前提下，把民族自信、自强等内涵融入珠宝首饰品牌文化之中，并适应国际品牌的认知惯例，创造一个顺应世界珠宝首饰品牌大趋势、有利于自身的竞争环境，从而赢得珠宝首饰品牌市场。

6. 奢侈品品牌的基本推行策略

(1) “讲故事”是珠宝首饰奢侈品品牌营销行之有效的基本推行策略。商业过程中最有力量的是人：包括企业的管理人员、零售商的销售人员以及商品购买者。品牌运作中真正关心并且要建立紧密关联的始终是人，因此珠宝首饰奢侈品品牌需要以个人故事的形式展现，品牌故事可以围绕其他人展开，甚至还可以是虚构的人物，只要具有完整而真实的品牌个性就可以。

在珠宝首饰奢侈品品牌沟通过程中，这些人物故事是最有说服力，并能与珠宝首饰消费者联系起来的，因为一个人的故事，而不是一样物品或者像珠宝首饰企业一样的实体组织，才是最主要的特质。可以想象一下一些人物故事的威力以及故事与品牌之间不可磨灭的关联：绰美和马里·艾蒂安·尼托、梵克雅宝和阿尔弗莱德·梵克、查尔斯·雅宝、朱利安·雅宝、马莎和马莎·斯图尔特多媒体公司。我们甚至都不需要知道他们姓什么就能产生联想。

当然，珠宝首饰品牌故事的关键不在于是关于谁的，尽管珠宝首饰企业内没有人比创始人更具有热情或者更能表达珠宝首饰品牌价值，但是珠宝首饰品牌故事必须围绕着消费者能够识别、感兴趣的，并且具有个人感染力的人物而展开。

(2) 品牌在奢侈品购买中的作用。绝大多数奢侈品消费者认为，品牌对于购买珠宝首饰商品是非常重要的，对汽车、美容产品、服装、服饰品和珠宝、手表而言，品牌在影响其购买决策中所起的主导作用如图3—16所示。

三、珠宝首饰品牌的发展

珠宝首饰企业要长期占有较大的市场份额，只生产一种珠宝首饰商品是不可能达到目

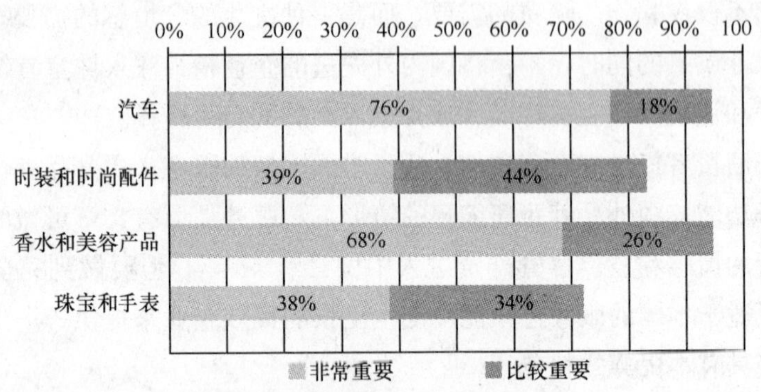

图 3—16　品牌在购买中的作用

标的，进行多种珠宝首饰商品的生产经营是珠宝首饰企业生存和发展的必由之路。

对于新推出的珠宝首饰商品，是采用已有的珠宝首饰品牌还是建立新的珠宝首饰品牌呢？即珠宝首饰品牌的发展是采用品牌延伸（单品牌策略）还是采用多品牌策略呢？这是珠宝首饰企业及其品牌发展中必然会碰到的问题。珠宝首饰品牌延伸与多品牌策略，各有优缺点以及适用范围。

1. 珠宝首饰品牌的延伸

（1）珠宝首饰品牌延伸的优势。珠宝首饰品牌延伸效益可观，但有些重要的益处甚至尚未被业内人士了解。

首先，珠宝首饰品牌延伸可以集中宣传一个珠宝首饰品牌，比分散推广多个珠宝首饰品牌更能提升珠宝首饰品牌价值与知名度，有助于珠宝首饰品牌资产与价值的提升，树立行业综合珠宝首饰品牌形象和价值。新珠宝首饰品牌的成功率一般很低，而成本很高，如果有一个坚强、灵活的原珠宝首饰品牌，新珠宝首饰商品上市就不必再起个新的品牌名，可以节约新珠宝首饰商品市场导入的费用。在一定的预算下，通过珠宝首饰品牌延伸，珠宝首饰品牌可以获得更高的知名度和关注率，并使同一珠宝首饰品牌麾下的不同珠宝首饰商品各自在市场上取得成功的美誉相互呼应，有助于提升珠宝首饰品牌整体形象。

其次，与以往相比，现在珠宝首饰消费者的口味更难满足，有更多的珠宝首饰消费者喜欢转化品牌、尝试从未用过的品牌，从而达到使用新商品的欲望。品牌延伸能丰富品牌旗下的商品线或建立新商品线，给珠宝首饰消费者带来多种新的选择，给珠宝首饰品牌注入新鲜感，通过珠宝首饰品牌延伸，既满足了珠宝首饰消费者的品牌转换愿望，又能保持珠宝首饰消费者对珠宝首饰品牌的忠诚。

（2）珠宝首饰品牌延伸的空间。珠宝首饰品牌有一定的扩充的幅度，在珠宝首饰消费者习惯并喜欢上某一珠宝首饰品牌之后，通过科学的品牌管理，能够在珠宝首饰商品系列或珠宝首饰品牌相关其他类别的商品扩展上进行延伸，如一些国际品牌珠宝商往往会在手表、商品上延伸珠宝品牌，使珠宝品牌延伸至珠宝手表品牌。

但是，如果说珠宝首饰品牌可以无限延伸，这是错误的。珠宝首饰品牌的延伸有逻辑的和经济的限制。从逻辑上讲，珠宝首饰品牌作为一个系统概念，其内涵与外延不能无限扩展；从经济上讲，一个珠宝首饰品牌要想覆盖整个珠宝首饰市场是不可能的，珠宝首饰企业的成本限制和珠宝首饰消费者习惯性思维的限制是珠宝首饰品牌无限延伸不可逾越的障碍。如果某一天珠宝首饰市场上出现“施华洛世奇”翡翠的情景，需要珠宝首饰消费者的认可比较困难，这正是珠宝首饰品牌延伸的有限性。因此，在实践中，任何试图将珠宝首饰品牌无限延伸的倾向和做法，都是非理性的。

(3) 珠宝首饰品牌延伸的速度。珠宝首饰品牌延伸速度不能太快，延伸数目不能太多。珠宝首饰品牌延伸策略的使用离不开两个前提：一是延伸的珠宝首饰品牌已有较高的品牌资产，该珠宝首饰品牌在市场上的知名度、美誉度和忠诚度较高。二是珠宝首饰消费者愿意把对该品牌的信任辐射到新珠宝首饰商品上，从而建立对新珠宝首饰商品的信任，延伸珠宝首饰商品与原珠宝首饰品牌的主导珠宝首饰商品之间需要有较强的一致性。由于品牌形象与主导商品形象是联系在一起的，因此，要把珠宝首饰品牌形象延伸到其他珠宝首饰商品，必须保持被延伸珠宝首饰商品与主导珠宝首饰商品形象的一致性。如此，珠宝首饰品牌延伸就能取得良好的品牌效应。

(4) 珠宝首饰品牌延伸的两种基本做法

1) 纵深延伸。珠宝首饰企业先推出某个珠宝首饰品牌，成功以后再用其珠宝首饰品牌名称推出同一珠宝首饰商品大类中新的珠宝首饰商品，也可以是推出新改进的珠宝首饰商品，或换代的同一珠宝首饰商品。如浙江“明牌”首饰在原有翡翠挂件首饰的基础上推出同一品种“金镶玉”型首饰。

2) 横向延伸。也叫珠宝首饰品牌扩展，即把成功的珠宝首饰品牌用于其他新开发的珠宝首饰商品大类。珠宝首饰品牌进行扩展时要谨慎，你的挑战是如何在利用新机会的同时，发挥和保护原有珠宝首饰品牌的核心价值。如“老凤祥”推出同一品牌老凤祥翡翠首饰是对原来黄金首饰、钻石首饰的横向延伸。

此外，珠宝首饰品牌延伸决策中珠宝首饰品牌核心价值与个性是最重要的因素，其他都是第二位的。

2. 珠宝首饰企业的多品牌策略

一个珠宝首饰企业属下有两个以上不同的品牌，也可称为多品牌策略。即其一为珠宝首饰企业本身的品牌，其二对珠宝首饰企业所有的商品另外使用一种或按照商品品种的不同使用不同的商品品牌，均采用不同的名字，其珠宝首饰商品品牌便可称为珠宝首饰企业品牌的子品牌，称为珠宝首饰企业商品多品牌策略。

（1）珠宝首饰企业采用多品牌策略的市场特征（见表 3—24）。

表 3—24　　珠宝首饰企业采用多品牌策略的市场特征

①珠宝首饰企业实行单一品牌的最大市场占有率较低
②珠宝首饰企业的商品品种本身存在较大的差异性，没有差异的单一品牌反而会给珠宝首饰企业增加营销成本，给珠宝首饰消费者的心理造成混乱
③珠宝首饰企业的商品品种消费层次差异较大
④消费群体容易转移试用新的品牌，品牌忠诚度较低

（2）珠宝首饰企业采用多品牌策略的实力要求。经营多种品牌的珠宝首饰企业要有相应的实力，从市场调查，到珠宝首饰商品推出，再到广告公关宣传，其中每一个单一品牌的特点与互相之间多品牌的特征要既统一又保持独自特色，因此每一项工作都要耗费企业大量的人力、物力。

（3）珠宝首饰企业采用多品牌策略的作用。珠宝首饰企业采用一品多牌策略的作用是能增加珠宝首饰企业的特色商品分类。多品牌策略有利于珠宝首饰企业抢占细分市场，扩大珠宝首饰企业总体市场份额。多个珠宝首饰品牌可以争取更多的不同个性珠宝首饰消费者，增加本企业商品被选中的概率。

其次，给珠宝首饰低品牌忠诚者提供更多的选择。珠宝首饰低品牌忠诚者或无品牌忠诚者常发生品牌转移，吸引珠宝首饰品牌转移者的最好办法是不断推出多个珠宝首饰品牌。

而且，实行多品牌策略能降低珠宝首饰企业风险，避免将珠宝首饰企业美誉度维系在某一个珠宝首饰品牌的成败上。有些珠宝首饰企业，采用根据不同的珠宝首饰商品品种使用不同的品牌，珠宝首饰企业本身不再另设企业品牌，这样既能够起到多品牌战略，又不影响企业本身的总体运营，各品牌之间也相互影响不大，品牌相互影响的风险就更低。

此外，实行多品牌策略能鼓励珠宝首饰企业内部合理竞争。不同珠宝首饰品牌管理者之间适度竞争，能发挥“鲶鱼现象”，提高珠宝首饰企业的工作效率。

总之，实施多品牌策略的珠宝首饰企业各珠宝首饰品牌应具有不同的个性和利益点，才能吸引不同的珠宝首饰消费者。这是珠宝首饰企业引进多个珠宝首饰品牌的最本质问题，或者说是多品牌策略的战略出发点。

（4）珠宝首饰企业采用多品牌策略的空间。珠宝首饰企业引入多品牌策略的终极目的是用不同的珠宝首饰品牌去占有不同的细分市场，联手对外夺取竞争者的市场份额，各珠宝首饰品牌之间实施严格的市场区隔并协同对外，各珠宝首饰品牌间不应对立。但是，各珠宝首饰品牌的独特卖点应有足够的吸引力，如果各珠宝首饰品牌之间没有明显的差异，就等于与自己竞争，无法夺取竞争珠宝首饰品牌的市场份额。

此外，在高度竞争环境下推新珠宝首饰品牌有较高的成本，珠宝首饰企业专门推出一个珠宝首饰品牌去争夺某一细分市场，若这一细分市场的容量较小，销售额尚不足以支持一个珠宝首饰品牌成功推广和生存所需的费用，就无法实施多品牌策略。例如，台湾地区人口数量才两千多万，台湾的珠宝首饰企业就很少采用这种策略，更多的是采用“一牌多品”策略；而美国与欧洲的市场容量大，就较多地采用多品牌策略。

当然，还有由于各子品牌相对独立，因而新的子品牌无法得到已成功珠宝首饰企业品牌或其他珠宝首饰商品子品牌的“庇护”。在珠宝首饰市场竞争激烈的今天，开发新珠宝首饰商品投入高、成功率低、周期长、风险大，要推出一个新珠宝首饰商品品牌更是难上加难，因此，这种策略对珠宝首饰企业要求很高，要求珠宝首饰企业经济规模大、综合实力强、推广经验丰富。

由于采用珠宝首饰企业商品多品牌策略要求高、风险大，因此目前不少珠宝首饰企业采取折中的办法，即在珠宝首饰企业品牌（也叫主品牌）不变的情况下，在主品牌后为新珠宝首饰商品添加一个副品牌，称为副品牌策略。

最后，采用多品牌策略要依据珠宝首饰商品与珠宝首饰行业特点而行，相对珠宝首饰行业，基于技术与工艺的特点，差异性较大的钟表、服饰等行业更适于采用多品牌策略，而珠宝首饰行业除材质外一般设计风格、制作工艺的差异性不会很明显，因此，采用多品牌策略的珠宝首饰企业并不多见。目前在珠宝首饰生产企业中扩大经营零售业务的珠宝首饰企业采用多品牌战略多一些，但在零售珠宝首饰企业中比较少。如“周大福”采用的就是双品牌策略，针对其主流珠宝首饰商品采用“周大福”品牌，年轻时尚的珠宝首饰商品采用“ctf2”；“老庙黄金”珠宝对翡翠商品使用“九天名玉”品牌，其余珠宝首饰产品使用“老庙黄金”品牌。

学习单元 6　珠宝首饰企业的连锁经营

学习目标

➤了解珠宝首饰企业的连锁经营。

➤熟悉珠宝首饰企业连锁经营的营运特征。

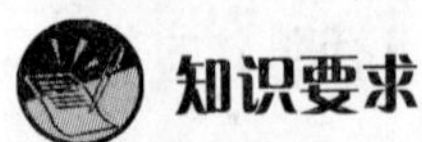

知识要求

一、珠宝首饰连锁经营的特征

珠宝首饰连锁经营是依据现代社会化工业大生产的基本原理，结合珠宝首饰商业的特点，在专业化分工的基础上，实现珠宝首饰流通的系统化和规模化，经营标准化，通过规模经营获取规模效益的珠宝首饰经营业态。

珠宝首饰连锁经营企业有大量门店，基本特征集中表现在规模化的经营方式、网络化的组织形式和规范化的管理方式三个方面。规模化的经营方式是珠宝首饰连锁经营的核心内容；网络化的组织形式是珠宝首饰连锁经营的基本条件；规范化的管理方式是获得珠宝首饰连锁经营规模效益的根本保障。

1. 规模化的经营方式

珠宝首饰连锁经营顺应社会化大生产的要求，把分散的流通渠道中的经营主体（珠宝首饰店）组织起来，形成统一管理、统一营运的群体。一方面，由于珠宝首饰连锁企业拥有大量的门店，具有大批量销售的市场优势，可以引导珠宝首饰供应商真正做到根据市场需求和珠宝首饰商业经营者的要求来进行规范化生产，从而形成了以大商业为先导、以社会化大工业为基础的现代珠宝首饰经营格局；另一方面，连锁珠宝首饰门店数量多、分布广，深入各个珠宝首饰流通渠道分散销售，适应了珠宝首饰消费者的分散性和就近购物的消费习惯，也增强了珠宝首饰消费者与珠宝首饰连锁企业之间的联系，从而有效地解决了传统经营中追求规模效益与消费分散性之间的矛盾。珠宝首饰连锁商店不同于传统的单店经营，单店是独立经营管理的珠宝首饰店铺，大多具有一定的经营特色，偏向于特色经营，而珠宝首饰连锁商店是从单店向多门店发展的，在经营方式上有了革命性的突破，实行标准化分散经营和集中决策的管理体制。珠宝首饰连锁商店整体作为一个大企业，经营业务由总部集中决策，有规模经营的各种优势；珠宝首饰门店分散销售，深入到社区与珠宝首饰消费者中间，又具有小店的渗透优势，因而珠宝首饰连锁经营企业兼有大企业与小店铺两方面的综合优势。

规模化的经营方式所带来的规模优势见表 3—25。

表 3—25　　珠宝首饰企业规模化经营优势

集中采购的规模优势	珠宝首饰连锁店在对外采购时是集中采购，因而采购的珠宝首饰数量较大，可以以较强的议价能力与珠宝首饰供应商讨价还价，获得低价进货的优势。同时，由于集中采购，较之单个珠宝首饰商店独立采购要减少采购人员、采购次数，从而还降低了直接采购成本。珠宝首饰连锁企业正是通过批量进货、规模采购，降低商品的进货成本，进而降低珠宝首饰商品的销售价格来吸引消费者，不断扩大市场份额的
仓储、配送的规模优势	在集中采购的基础上设置仓库，要比单店独立存储更节省仓储面积，可以根据各珠宝首饰店的不同销售情况，实现合理库存。通过总部集中配送可以选择最有利的运输路线，充分利用运输工具，及时运送，以免珠宝首饰门店商品库存过多或出现缺货现象
整体促销的规模优势	由于珠宝首饰连锁店门店遍布一个区域、全国甚至各个国家，因此珠宝首饰连锁店总部可以利用全国性或区域性的传媒进行广告公关宣传，而连锁促销的广告公关费用可以分摊到多家珠宝首饰门店上去，平均促销的成本并不高，而对单个珠宝首饰商店而言是难以做到的。此外，整体促销有利于珠宝首饰企业形成遍布各地的售后服务体系，极大地方便各地区的珠宝首饰消费者，形成一家销售多家服务的经营格局和服务竞争优势
规模扩张带来的规模优势	珠宝首饰连锁企业可以把自己各个门店中最为成功的经验在整个连锁体系中推广，包括在研究、开发、培训的规模优势，通过复制成功的经验模式和资源共享，实现珠宝首饰连锁企业扩张，要比一个第一次开店的珠宝首饰企业节约时间、精力和资金

珠宝首饰连锁企业规模化扩大并不意味着规模越大，连锁店的经营业绩越好。随着规模的扩大，珠宝首饰连锁店的管理和沟通必须配套，否则规模扩大所带来的收益就可能低于成本，使连锁店陷于规模不经济的状况。当珠宝首饰连锁店的扩张所导致的成本大于收益时，扩张就应该停止，规模就应加以适当控制。当然，珠宝首饰连锁企业只要具有规范化的管理方式，确保总部与门店之间的有效沟通，珠宝首饰连锁经营的规模经济优势就可以进一步发挥，连锁店的规模扩张就不会停止，但是这种扩张不可能无限化。

2. 网络化的组织形式

珠宝首饰连锁经营既是一种经营方式，又是一种组织形式。所有的连锁店都使用同一个店名，具有统一的店貌，提供标准化的服务和珠宝首饰商品，珠宝首饰连锁企业的形象一旦确立便始终贯彻。珠宝首饰连锁经营是标准化的联合，如果只有店名和店貌的统一而无服务和珠宝首饰商品的标准化，就不是真正的珠宝首饰连锁经营。珠宝首饰连锁经营方式的种种“统一”，恰恰是组织化程度提高的结果，珠宝首饰连锁经营把传统的流通体系中相互独立的各种商业职能有机地组合在一个统一的经营体系中，实现了珠宝首饰采购、配送、批发、零售的一体化，从而形成了产销一体化或批零一体化的流通格局，提高了珠宝首饰流通领域的组织化程度。

现代化电子计算机技术，把珠宝首饰连锁经营带进了现代化数字时代，珠宝首饰连锁经营系统的信息全面网络化使得其组织形式也随之网络化。

3. 规范化的管理方式

珠宝首饰连锁经营企业改变了传统珠宝首饰企业主要依赖经营者个人经验和技巧进行管理的状况，而是把复杂的经营活动分解为像工业生产流水线上每一个环节那样简单，并在各个环节推行规范化、标准化运作，从而有效地强化了珠宝首饰连锁经营企业的规范化管理。

珠宝首饰连锁经营企业的规范化管理系统强调的是对总部各职能部门管理权限的界定与控制、管理制度的建立和管理方法的设定；强调的是对业务环节的专业协作管理和每项业务流程的科学化管理；强调的是珠宝首饰门店的每个人员、每个岗位的合理设定以及每个人员作业流程的定时、定量的标准化管理。

珠宝首饰连锁经营规范化的管理方式，集中体现三个原则，又称“3S原则”。

简单化，即尽可能地将作业流程“化繁为简”。珠宝首饰连锁企业的作业流程、工作岗位上的商业活动应尽可能简单，以减少经验因素对经营的影响，去掉不必要的环节和内容，以提高效率，使“人人会做，人人能做”。

专业化，是指在珠宝首饰连锁经营中，所有的商业活动都具有详细而具体的分工，以保证连锁经营的正常运转。从职能分工上看，总部的职能是管理，珠宝首饰门店的职责是销售。珠宝首饰连锁经营总部的重要职责之一就是研究珠宝首饰企业的经营技巧，包括店容店貌的设计、货架的布局、商品的陈列、经营品种的调整等，这些都直接用于指导门店的经营，这就使门店摆脱了传统零售业那种只能依靠个人经验操作创造效益的经营方式，转向运用科技进步和专业技术来持续创造效益的经营方式。

标准化，是珠宝首饰连锁企业适应市场竞争的需要而采取的形式。珠宝首饰连锁企业的所有工作都按规定的标准去做，例如珠宝首饰企业整体形象的各项内容、珠宝首饰商品规格、包装等各项指标、经营管理的运作流程等，都一一制定出标准来，每一个部门、环节、员工、门店都按统一的标准执行运作。通常，珠宝首饰连锁经营的管理标准化主要表现在珠宝首饰商品、服务的标准化和企业整体形象的标准化上，使珠宝首饰连锁企业即使在不同的地区甚至不同的国家开设门店，都可以对相同的珠宝首饰消费群体收到相同的效果，使消费者不仅保持对一家门店的信任，而且延伸到不同的地区甚至是不同的国家，使购物者有一种宾至如归的亲切感觉。

二、珠宝首饰连锁经营的模式

珠宝首饰连锁经营的模式分为直营连锁、特许连锁和自由连锁三种形式（见图3—17），三种形式在不断地成熟与完善过程中逐渐显示出各自的风格与特色，也可以在一个珠宝首饰连锁企业中相互交叉存在。

1. 直营连锁

直营连锁又叫正规连锁，是珠宝首饰连锁企业的总部通过独资、控股或吞并、兼并等途径开设门店的一种形式，所有门店在总部的直接领导下统一经营，总部对各门店实施人、财、物及商流、物流、信息流等方面的统一管理。

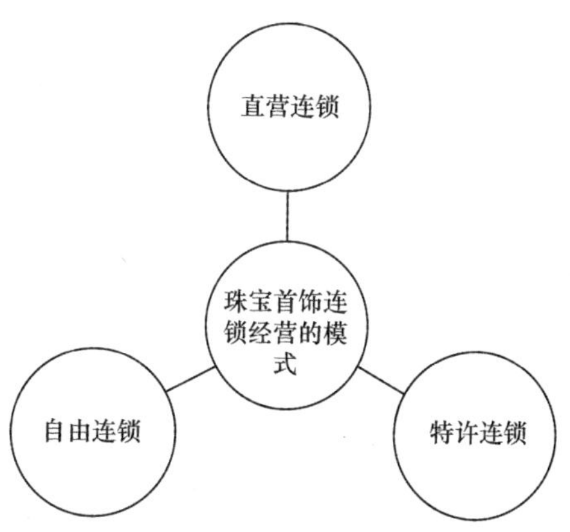

图 3—17 珠宝首饰连锁经营的模式

国际连锁商店协会对直营连锁的定义是："以单一资本，直接经营 11 个以上门店的零售业或饮食业。"

直营连锁从本质上讲，是处于同一流通阶段，经营同类珠宝首饰商品和服务，并由同一个资本及同一总部集权性管理机构统一领导，进行共同经营活动的珠宝首饰连锁经营模式。即所有权属于同一珠宝首饰企业或同一老板，由总部直接经营所有的门店，是大多数有经济实力的珠宝首饰连锁企业采用的一种方式。

2. 特许连锁

特许连锁又称合同连锁或特许加盟连锁，是总部与加盟店之间依靠契约结合起来的一种形式，实行所有权的分散与经营权的集中，总部与加盟店的关系是纵向关系，而各珠宝首饰加盟店之间不存在横向联系。

商务部 2005 年 2 月 1 日发布的《商业特许经营管理办法》中规定："商业特许经营，是指通过签订合同，特许人有权授予他人使用的商标、商号、经营模式等经营资源，授予被特许人使用；被特许人按照合同约定在统一经营体系下从事经营活动，并向特许人支付特许经营费。"

特许连锁一般来说，比较适合于那些影响力大、经营管理方面有独到经验的珠宝首饰企业，通常以珠宝首饰商品或服务等作为联结的纽带。如一些具备相当实力的大型珠宝首饰零售店，可以通过与珠宝首饰厂家联合研制、开发新品，用珠宝首饰零售店的名称命名或注册同零售店相关的商标，利用珠宝首饰零售店的自由连锁网络销售，创出珠宝首饰名牌店，再发展珠宝首饰特许连锁门店。一些位于繁华闹市、交通要道等黄金地段的中小珠宝首饰零售店，可利用自己的地理优势，改造成珠宝首饰连锁专卖店，同珠宝首饰大店名店结成特许连锁关系，销售品牌珠宝首饰商品。

中国国内许多品牌珠宝首饰连锁企业都是采取特许经营方式，它们的特许加盟店开遍了国内各地。一般来说，珠宝首饰连锁企业在开设了一定数量成功的直营店之后，就会马上考虑用特许连锁的方法来发展加盟店，其一是各直营店成功的业绩可以成为加盟店的样板店、培训店，具有吸引力；其二是以特许连锁的方法来发展加盟店，总部出资较少，不需要较大投资，可以吸收资金快速扩张；其三是据统计，各国的中小型商店占各国零售业总数的大部分，在商业竞争激烈的珠宝首饰零售业规模经营的发展推动中，需要联合加盟形成统一整体优势，具有选择加入连锁体系的可能性，也就是说，存在着庞大的、现成的珠宝首饰加盟者市场。

3. 自由连锁

自由连锁，或称自愿连锁或合作连锁，是珠宝首饰企业之间为了共同利益而采取的合作关系，是现有的珠宝首饰独立零售商、批发商、制造商之间的横向或纵向的经济联合。

自由连锁最早形成的原因，是众多珠宝首饰中小企业在与一些规模庞大、实力雄厚的大型珠宝首饰连锁企业的竞争中，由于势单力薄，竞争力不断下降，占有的市场份额日益萎缩，为了摆脱困境，若干珠宝首饰零售商共同投资设立机构，负责共同进货，开展共同促销和广告宣传等活动，以降低成本，提高利润。可见，自由连锁是珠宝首饰中小零售商对抗大型珠宝首饰连锁企业垄断而自行发起的联合组织。

自由连锁的最大特点在于各珠宝首饰门店在所有权和财务上是独立的，与总部没有所属关系，只是保持在经营活动上的协商和服务关系，如统一订货和送货，统一使用信息及广告宣传，统一制定销售战略等。门店的资产归门店经营者所有，各门店不仅独立核算、自负盈亏、人事安排自主，而且在经营品种、经营方式、经营策略上也有很大的自主权，每年按销售额或毛利额的一定比例向总部上交加盟金、管理费等。

共同进货是珠宝首饰中小企业成为自由连锁店的最大诱因和核心，这样可以使中小型商业珠宝首饰企业和大型珠宝首饰企业一样，获得低廉的珠宝首饰商品进货价格。而对总部而言，自由连锁门店是总部强有力的分销渠道，因而形成了自由连锁重要的“联购分销”机制。

珠宝首饰自由连锁的组织形式一般是由一个或几个核心珠宝首饰企业作为珠宝首饰自由连锁组织的总部，形成强有力的总部组织，也有的是单独设置的。核心主导珠宝首饰企业可以是珠宝首饰批发企业，也可以是大型珠宝首饰零售企业。总部与各加盟的成员店，是通过合同作为纽带联结在一起的，合同是各成员之间通过民主协商制定的，而不是特许连锁那样的定式合同，其合同的约束力比较松散，一般以合同规定的加盟时间一年为单位，加盟店可以随意退出自由连锁组织，在自由连锁的合同上并未规定随时退出的惩罚细则。根据自由原则，珠宝首饰自由连锁体系中的各门店可以自由地加入连锁体系，也可自由退出。

珠宝首饰自由连锁的发展与商业经营的传统风格有密切关系，根据中国目前的珠宝首饰行业状况，以批发主导型珠宝首饰自由连锁组织与行业主导型的自由连锁组织必然会逐步形成。

4. 珠宝首饰连锁经营模式的主要特征比较

珠宝首饰直营连锁、特许连锁和自由连锁之间每一种连锁都有其自身的特征、优缺点及适应范围，因此不能简单地断定孰优孰劣。同一珠宝首饰连锁企业内部，可以同时采用直营连锁、特许连锁和自由连锁三种经营形式。关键是珠宝首饰连锁企业在进行连锁经营模式的选择时，应先自我评估，有了充分的准备及阶段性的试验，才能逐渐选择，不能盲目选择经营模式。

（1）直营连锁的优势与劣势。直营连锁由于采取中央集权的管理方式，其主要优势是：能够通过大批量采购，大幅度降低经营成本和珠宝首饰商品价格，可以统一调配资金、设备、商品及人员，有利于充分利用珠宝首饰企业资源，提高经营效率。因为实行销售的分权管理，使得各珠宝首饰连锁门店可以将主要精力用在珠宝首饰商品销售管理和改善服务上。另外，由于各连锁门店不是独立主体，其关闭、调整和新店的开设基本上属于珠宝首饰连锁企业内部的事务，受外界制约相对较少，因此，总部对门店的布局和新店的开发具有较大的决定权，效率较高。

采用直营连锁方式的主要劣势在于，同一资本开设门店，要求总部必须具有较强的经济实力。同时由于权利高度集中于总部，可能导致珠宝首饰门店人员的积极性、创造性和主动性等方面受到制约，因而，珠宝首饰直营连锁企业的总部要能够处理好集中管理和分散经营的关系，避免产生总部管理的官僚主义。

（2）特许连锁的优势与劣势。采用特许连锁经营方式，对珠宝首饰连锁企业总部、加盟店乃至整个社会都具有明显的优势。成功的珠宝首饰特许经营应该是双赢模式，只有让加盟者获得比单体经营更多的利益，特许经营关系才能有效维持。对珠宝首饰特许经营企业的总部来说，能以较少的资金和有限的人员，迅速发展事业、占领市场、扩大经营，实际上具有一种融资的功能。同时，通过经营权的转让也能为珠宝首饰连锁企业积累大量的资本，使珠宝首饰连锁企业的无形资产变为有形的资产，从而增加珠宝首饰连锁企业的实力和发展能力。因此，特许经营是利用自己的专有技术与他人的资本相结合来扩张经营规模的一种成功的珠宝首饰经营模式，可以说特许经营是技术和品牌价值的扩张而不是资本的扩张。对于加盟者来说，尤其是那些具有一定资本，希望从事珠宝首饰商业活动但又没有经营技术和经验的珠宝首饰投资企业和个人，通过加盟就是一个很好的发展机会。

特许连锁的主要劣势在于，在总部与加盟店组织关系上，珠宝首饰特许连锁不如直营连锁明确和清晰，一旦出现珠宝首饰商品或服务的质量事故，总部与加盟店在承担营业责任上可能相互推诿，导致珠宝首饰消费者上诉对象模糊化而破坏了珠宝首饰企业的服务对象。同时如果总部片面追求品牌授权金，大量发展加盟店而又缺乏有效的管理和强有力的服务与指导能力，不仅会使珠宝首饰连锁企业形象受到严重损害，而且也会使加盟者的权益受到侵犯，最终很有可能导致整个珠宝首饰特许连锁系统的崩溃。

(3) 自由连锁的优势与劣势。珠宝首饰自由连锁的优势在于，其珠宝首饰门店独立性强、自主权大、利益直接，有利于调动积极性和创造性；连锁系统的集中管理指导，有利于提高门店的经营水平；统一进货、统一促销，有利于各珠宝首饰门店降低成本，享受到规模效益和总体组织化的好处；总部投资少，布点快。因此，珠宝首饰自由连锁具有较好的灵活性、转换性和发展潜力，它既具有珠宝首饰连锁经营的规模优势，同时又能保持独立小珠宝首饰商店的某些经营特色。

珠宝首饰自由连锁的主要劣势在于，其联结“组织”纽带不紧，凝聚力相对较弱；各珠宝首饰门店的独立性大，总部集中统一运作的作用受到限制，因而组织不够稳定，发展规模和地域有一定的局限性；由于过于民主，决策迟缓，相对来说竞争实力受到影响。

三种珠宝首饰连锁经营模式的主要特点见表 3—26。

表 3—26　　珠宝首饰连锁经营形态外表比较

项目	直营连锁	特许连锁	自由连锁
决策	总部做出	以总部为主，加盟店为辅	参考总部旨意，门店有较大自主权
资金	总部出资	加盟店出资	加入店出资
经营权	非独立	独立	独立
门店店长	总部任命	加盟店之店主	加入店之店主
商品供给来源	经由总部供应	经由总部供应	大部分经由总部供应，部分自己进货
价格管理	总部规定	原则上总部规定	自由制定
促销	总部统一实施	总部统一实施	自由加入
总部与门店关系	完全一体	经营理念共同体	任意共同体
总部对门店的指导	按照营运手册实施	按照营运手册实施	仅要点式地指导
教育训练	全套训练	全套训练	自由利用
门店上缴总部的指导费	一般无	一般 5%以上	一般 5%以下
合同约束力	总部规定	强硬	松散
合同规定加盟时间	无	多为 5 年以上	多为 1 年
外观形象	完全一致	完全一致	基本一致

三、珠宝首饰连锁专卖店与连锁专业店

珠宝首饰连锁专卖店与连锁专业店是珠宝首饰企业连锁经营从经营品牌商品的角度划分的两种模式（见表 3—27）。

表 3—27　珠宝首饰连锁专业店与连锁专卖店

	珠宝首饰连锁专业店	珠宝首饰连锁专卖店
定义	珠宝首饰连锁专业店是指经营珠宝首饰商品为主的，并且配备具有丰富专业知识的销售人员和提供适当的售后服务，经营多个珠宝首饰品牌商品，满足珠宝首饰消费者对不同品牌珠宝首饰商品的选择需求的珠宝首饰零售业态	珠宝首饰连锁专卖店指专门经营或授权经营珠宝首饰制造商品牌和中间商品牌商品，适应珠宝首饰消费者对专门珠宝首饰品牌选择需求的珠宝首饰零售业态店
区别特征	经营多个珠宝首饰品牌商品（较一般多商品品类经营的百货公司专业化程度高）	经营特定的（单一的）珠宝首饰品牌下的不同种类的珠宝首饰商品，具有品牌排他性。
门店应具备的条件	①选址多样化，多数店设在繁华商业区、商店街或大型百货店、购物中心内 ②营业面积根据主营商品特点而定 ③商品结构体现专业性、深度性，品种丰富，选择余地大，主营商品占经营商品的 90% ④经营的商品、品牌具有自己的特色 ⑤采取定价销售和开架面售 ⑥从业人员需具备丰富的专业知识	①选址在繁华商业区、商店街或百货店、购物中心内 ②营业面积根据经营商品的特点而定 ③商品结构以著名品牌、大众品牌为主 ④销售体现量小、质优、高毛利 ⑤商店的陈列、照明、包装、广告富有特色 ⑥采取定价销售和开架面售 ⑦注重品牌名声，营业人员必须具备丰富的专业知识，并能提供专业知识性咨询服务

珠宝首饰连锁专卖店是以珠宝首饰连锁专业店为基础而发展起来的，是以品牌来划分的。目前，那些拥有著名品牌的珠宝首饰制造商相继开发了同品牌的系列珠宝首饰商品，从而使珠宝首饰连锁专卖店所经营的珠宝首饰商品种类也不断增加。珠宝首饰连锁专卖店强调品牌经营的个性化，这种个性化表现在以下各个方面：①在经营的珠宝首饰商品上，品牌附加值大，有些珠宝首饰品牌商品还有一定的技术专利性；②在服务上，有很强的品牌针对性和亲情感；③在店铺建筑装潢上，别具一格，具有较强的品牌形象魅力，进一步从视觉上突出了它的品牌个性。因此，珠宝首饰连锁专卖店比连锁专业店更具有个性化，而个性化正是珠宝首饰消费市场的大趋势。所以，珠宝首饰连锁专卖店相对连锁专业店有更大的优势。

学习单元7 珠宝首饰企业的电子商务与在线销售

学习目标

➢了解珠宝首饰企业电子商务的基本内容和形式。

➢熟悉珠宝首饰企业在线营销的基本特色。

➢掌握构筑珠宝首饰企业商品在线销售的基本方法。

知识要求

一、珠宝首饰企业电子商务

1. 珠宝首饰企业电子商务的基本概念

珠宝首饰企业电子商务是一种区别于传统经营模式的全新珠宝首饰企业经营方式包括销售及营销活动，是基于数字化技术而发展起来的一种新型经营手段。当珠宝首饰企业的经营和管理乃至营销活动通过数字化信息技术来实现时，称为珠宝首饰企业电子商务。早期通过电信（电话、传真、电报等）来完成的商务信息交换称为最早的电子商务，而现代电子商务主要是指通过在线网络技术结合现代数字通信技术来实现的一切商务活动。

珠宝首饰企业电子商务借助在线网络提供的平台，依靠互联网传播速度快、覆盖面广、社会影响大和服务功能强的优势，广泛地将其运用于推广企业形象、传递营销互动信息、建立网上商店及企业内部经营管理中，使电子商务在现代珠宝经营管理及营销活动中发挥着越来越大的作用。同传统的经营管理及营销模式相比，珠宝首饰企业电子商务有着无比的优势。

2. 珠宝首饰电子商务的内容和形式

（1）珠宝首饰商品信息发布。网络为珠宝首饰企业和消费者提供信息发布的最好平台，珠宝首饰企业可以在网上为珠宝首饰消费者提供各种商品信息，包括珠宝首饰商品供求信息与商品相关的知识与鉴赏信息、促销信息、流行趋势信息等；有兴趣的珠宝首饰消费者在网上可以对相关珠宝首饰商品信息及时做详细的了解，有利于珠宝首饰消费者选择珠宝首饰企业的商品。同时，互联网一方面能够提供逼真的三维首饰款式和宝石的展示，形象真实逼真，有利于全面了解首饰商品；另一方面，首饰商品供求信息可以在瞬间以免费的方式传播全球，打破了时间和空间带来的障碍，无论是买方还是卖方都会发现，在网上寻找货源或卖家和买家会比以前变得更简单和高效。

（2）珠宝首饰在线商务沟通。珠宝首饰企业通过电子邮件、“微博”或“QQ”形式提供在线售后服务或与珠宝首饰消费者进行双向即时沟通，沟通双方还可以通过视频面对面的有声交流，建立珠宝首饰企业与消费者之间的直接联系，收集珠宝首饰消费者对珠宝首饰企业和商品的反馈意见；还可以通过“BBS”论坛建立珠宝首饰消费者之间、珠宝首饰消费者与珠宝首饰企业之间、珠宝首饰企业之间的多向共同讨论区，通过“面对面”的贸易交流与讨论，开发新的市场，同时也提高了市场的忠诚度。珠宝首饰企业在线沟通与传统营销沟通模式的区别如图 3—18 和图 3—19 所示。

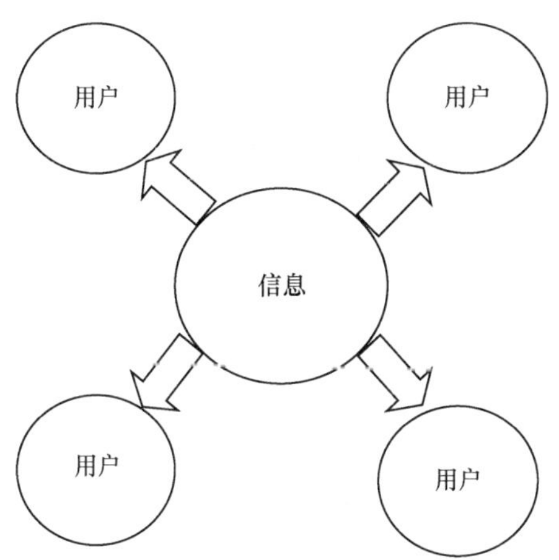

图 3—18　珠宝首饰企业传统营销沟通推广的单向传播

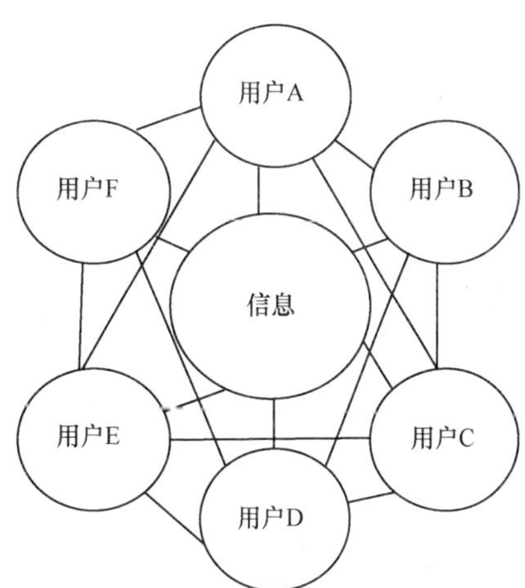

图 3—19　珠宝首饰企业在线网络营销沟通推广的互动传播

（3）珠宝首饰在线销售。珠宝首饰在线销售或网上购物是珠宝首饰企业电子商务的实质内容，珠宝首饰企业只需将自己商品的图片和说明上传到指定的网站就可以建立虚拟的网上珠宝商店，避免了传统方式开店的店铺选址、装修、聘用柜台营业人员等一系列烦琐的筹备工作，节省了大量的开店费用和人力资源，甚至是资本并不雄厚的珠宝首饰企业或个人也可借用别人的商品开设自己的网上珠宝商店。

（4）在线珠宝首饰企业内部管理。将网络技术用于珠宝首饰企业的内部管理已成为多数珠宝首饰企业运用电子商务的形式，特别是已建立起多个销售网点的珠宝首饰连锁企业，通过网络建立企业自己的商品信息库和客户资料库进行经营情况分析和市场分析，有效地管理物流系统，提高经营效率。

（5）珠宝首饰在线推广。传统珠宝首饰营销推广以传统媒体为传播介质，传播形态上属于单向传播，珠宝首饰网络营销推广以互联网为传播介质，在传播形态上属于互动传播。因此，双方在传播范围、效果、成本、表现形式、互动效果等方面存在着明显的差异。在线珠宝首饰推行有助于树立珠宝首饰企业形象。珠宝首饰网络营销推广与传统营销推广的比较见表3—28。

表3—28　　珠宝首饰网络营销推广与传统营销推广的比较

衡量标准	网络营销推广	传统营销推广
传播范围	覆盖区域广，不受时空限制	有时间、空间限制
推广成本	相对较低	相对较高，尤其电视媒体费用昂贵
传播效果	可量化，能有效监控	不易监控
表现形式	内容丰富、声色并茂、可视性强	除电视媒体声画结合外，其他媒体表现形式单一
交互性	强	弱，几乎没有互动性

珠宝首饰网络推广的常用方式见表3—29。

表3—29　　珠宝首饰网络推广的常用方式

类别	推广方式	基本概念	推广特点
网络广告	网络图像广告	珠宝首饰企业广告主直接购买网站的广告位，以图像的形式宣传企业或产品，如横幅广告、通栏广告、弹出广告、按钮广告、画中画广告、对联广告、擎天柱广告、浮动标识广告、流媒体广告、全屏广告等	表现形式丰富、信息量大，大型门户网站价格比较昂贵
	网络联盟广告	珠宝首饰企业广告主的广告通过网络联盟发布到符合珠宝首饰企业广告主要求的大量联盟会员网站上，然后珠宝首饰企业广告主按效果支付广告费，网络联盟如Google、Baidu、Yahoo等	优化了现有网站资源，降低了珠宝首饰企业广告主投放广告渠道成本
	关键词广告	关键词广告即日常的搜索引擎排名，珠宝首饰企业广告主购买网站的关键词后，当网名在该网站按照珠宝首饰企业广告主购买的关键词搜索时，根据购买时出价的高低，珠宝首饰企业广告主的信息就会出现在该关键词搜索结构页面的相应排名位置，出价越高，排名越靠前	针对性强，按点击收费，不足是表现形式受限制，基本上全是文字
	数据库营销	数据库营销，就是通过收集和积累珠宝首饰消费者的大量信息，并将这些信息处理后预测珠宝首饰消费者有多大可能去购买某种产品，然后利用这些信息给产品以精确的定位，有针对性的制作营销信息，以达到说服珠宝首饰消费者购买产品的目的。EDM（电子邮件广告）是数据库营销的一种主要形式，其沟通手段是电子邮件	能够帮助珠宝首饰企业准确地找到目标客户，降低营销成本，提高营销效率

续表

类别	推广方式	基本概念	推广特点
网络公关	论坛营销	通过在论坛中与网友交流的方式，使目标人群达成对珠宝首饰商品或服务的宣传营销	针对性强，能迅速引起目标人群的兴趣，通过口碑传播，促进销售
	博客营销	利用博客开展珠宝首饰企业网络营销	小众化媒体，表现形式丰富，可读、可视、可听
	病毒式营销	病毒式营销并非是传播病毒，而是利用用户之间的主动传播，让信息像病毒那样扩散，从而达到推广的目的。传播的内容或者有趣味性，或者对用户有价值，如电子书、视频、FLASH、QQ皮肤、桌面壁纸、屏保等	应用得当，病毒式营销能够以极低的代价取得非常显著的效果
	在线调查	在线调查就是基于网络的问卷调查，调查的目的是获取珠宝首饰企业所需要的相关信息，同时影响珠宝首饰企业的潜在客户	在线调查过程本身也是一个传播的过程，调查结果可以作为珠宝首饰企业公关传播的素材
	网络事件营销	通过策划、组织和利用具有名人效应、新闻价值以及社会影响的人或事件，在珠宝首饰企业网站发布内容，吸引媒体、社会团体和珠宝首饰消费者的兴趣与关注	能快速提升珠宝首饰企业品牌知名度与美誉度，促进销售
平台优化	网站SEO	SEO，Search Engine Optimization的简称，即“搜索引擎优化”，是一种利用搜索引擎的搜索规则来提高目标网站的搜索引擎内排名的方式	属于自然排名，推广效果要好于直接的付费广告，费用相对较低
	RSS	RSS就是一种简单的形象发布和传递方式，使得一个珠宝首饰企业网站可以方便地调用其他提供RSS订阅服务的网站内容，从而形成“新闻聚合”，让珠宝首饰企业网上发布的内容在更大的范围内传播	营销成本低，信息点击率高于电子邮件

3. 珠宝首饰企业网站的管理

许多珠宝首饰企业仅仅停留在“有网站”的阶段，或许并没有意识到一个界面粗糙、内容单一、流程无序、安全性差的网站，会给网站访问者留下不良的感觉，严重影响珠宝首饰企业的整体形象。因此，珠宝首饰企业在进行网站建设时，要注重网站的技术与管理。否则，不如不建网站。

珠宝首饰企业网站管理的要求和内容如下：

（1）目标明确。建立任何一个珠宝首饰企业网站，必须具有明确的目的和目标受众群体。网站是面对供应商、消费者还是全部？主要目标是为了介绍珠宝首饰企业、宣传某种首饰商品，还是为了实现电子商务？如果目标不是唯一的，还应该清楚地列出不同目标的主次或轻重关系。

珠宝首饰企业网站建设，包括类型的选择、内容功能的筹备、界面设计等各个方面，都受到建站目标的直接统筹。因此，网站建设的目标是一切网站管理的基础。

（2）体现专业。珠宝首饰企业基于互联网平台，发布相关信息，包括珠宝首饰商品信息、渠道政策、企业理念和经济实力等，以争取创造更多的商机，因此，网站信息应尽可能地体现珠宝首饰企业的专业性，以便表现出珠宝首饰企业的真实性和可靠性。专业性应体现在以下方面：

1）完整无误地表述珠宝首饰企业的基本信息，包括企业介绍、业务范围（珠宝首饰商品、服务）、企业理念等。

2）提供的信息应该是专业的、有说服力的、真实的、得到验证的。

3）提供的信息必须是没有失效的、及时的、有用的。

4）有原创性、独创性的内容更能引起重视和认可，有助于提升珠宝首饰企业在访问者心目中的形象。

5）如果珠宝首饰企业的市场分属不同的语系，应该提供相应的语言版本，至少应该提供通用的英语版本。

（3）功能实用。珠宝首饰企业网站提供的功能服务要尽量切合实际需求。

1）每项服务必须有定义清晰的流程，每个步骤需要什么条件、会产生什么结果、由谁来操作、如何实现等，都应该是清晰无误的，符合访问者习惯性思维。

2）实现功能服务的程序必须是正确的、简单的、能够及时响应的。

3）需要人工操作的功能服务应该设有常备人员和相应责权管理制度。

4）用户操作的每一个步骤（无论正确与否），完成后应该被提示当前处于什么状态。

5）当功能较多的时候，应该清楚地定义相互之间的顺序或轻重关系，并在界面上和服务响应上加以体现。

（4）界面易于操作。界面设计的核心是让用户更方便、更快捷、更简单操作。

1）层次性。条理清晰的结构，表现为珠宝首饰企业网站内容划分的合理性，需要注意以下几点：

珠宝首饰企业网站内容的划分应该有充分的依据，并且是容易理解的；不同的内容尽量做到没有交叉重复，共性较多的内容应尽量划分到同一系统；在最表层，尽量减少不同内容数量，通常控制在 4～6 个比较合适；划分后的结构层次不宜过深，通常以不超过 5 层为佳；在安排层次的时候要充分考虑用户操作，比较常用的信息内容、功能服务，应该尽量放到更浅的层次，以减少用户的点击次数，以免引起访问者的反感或阻止访问者进入下一程序操作而中断访问；信息内容的获取和功能服务的过程，都应该尽量控制在3～5步以内，不得不需要更多的步骤的时候应该有明确的提示，或尽量直接取消这些步骤。

2）一致性。一致性表现在页面整体设计风格一致，即不同页面的设计保持一致：界面元素命名一致，同样的元素应该用同样的命名；功能一致，完成同样的功能应该尽量使用同样的元素；元素风格一致，界面元素的美观风格、摆放位置，在同一个界面和不同界面之间都应该是一致的。

3）创意性。珠宝首饰企业网页的设计必须结合界面设计的相关原理，具有创意，增加视觉吸引力，吸引访问者：遵循基本的美术设计原则，符合基本美学原理和排版原则；整体设计应该很好地体现珠宝首饰企业“CIS”；整体风格满足目标访问者的审美情趣和喜好。

4）内容精简性。每个界面调用的时间应该在可以接受的常规范围之内，当必须耗费较长的时间时，应该有明确提示，并最好有进度显示；当不同的方式能够达到相同或近似的效果时，总是应该选取使访问者访问或使用更快捷的方式（在开发资源差别可忽略的情况下），例如尽量减少访问者一端插件的使用；主要界面尽量不超过浏览器高度的200%；大量信息内容尽量不超过浏览器高度的500%，如果超过，应该使用页内定位或者进行分页；命名应该是简洁的、可接受的、定义清晰的、易于识别理解，尽量不使用较为生疏的词语，如果一定要使用，则应给出容易理解的解释。

5）其他方面。应该具有明确的导航条和网站地图，以提供快速导航操作，避免出现错误或者无效的链接；主要的信息应该放在突出的位置上，常用的功能则应放到容易操作的位置上；针对目标群体的需要，应充分考虑浏览器的兼容性、字体的兼容性和插件流行程度等；对于专业的术语、复杂的操作等，应有直接的容易理解的帮助；在风格允许的情况下，可以适当增强交互操作的趣味性和吸引力。

（5）访问性能卓越。珠宝首饰企业网站正常的访问性能包括以下六个方面：

1）速度性。取决于服务器接入方式和接入带宽、摆放地点、硬件性能和页面数据量、网络拥塞程度等多方因素。如果目标群体不限于本地，则还应考虑跨地区地理因素造成的性能下降。

2）可容纳的最大同时请求数。取决于服务器性能、程序消耗资源和网络拥塞程度等因素。

3）稳定性。指平均无错运行时间。

4）安全性。指关键数据的保护，例如用户数据等功能服务的正常提供。

5）网站的防攻击能力。

6）对异常灾害的恢复能力。

（6）经常维护更新。珠宝首饰企业网站的不断更新是其具有生命力的源泉之一。网站更新指标包括信息维护频度和改版频度。

值得注意的是，影响珠宝首饰网站维护的一个重要元素是珠宝首饰网站界面和功能开发所选用的技术。

4. 珠宝首饰企业网站的推广

珠宝首饰企业将网站开通后，并不代表整个建站计划就大功告成了，其实这仅仅是一个开始，随之而来的是一连串的营销与宣传活动。如果没有人知道珠宝首饰企业网站的存在，那么这个网站就是形同虚设。

以下是几种常见的珠宝首饰企业网站推广方式：

（1）利用搜索引擎推广网站。主要有两个方面，一是做好网站SEO，二是设计更加准确和全面的关键词，进行搜索引擎关键词推广。

（2）与同类或相关类型的珠宝首饰企业网站结为联盟（伙伴关系）也有利于网站有针对性推广。

（3）结合珠宝首饰企业本身的宣传活动和促销活动推广网站。

（4）在“人流”密集的大网站或一些传统媒体上投放广告，宣传珠宝首饰企业及网站，不过费用一般比较昂贵。

（5）通过免费的广告交换来推广珠宝首饰企业网站。广告交换就是网站群（多个网站）上相互交叉、轮流地显示网站群内其他成员网站的广告，上网访客通过点击或者激活这些广告可以访问到另一个网站。群内的网站成员通过发布自身的广告，又同时播放群内其他网站成员的广告来增加自身网站的访问量。

（6）珠宝首饰网站必须被访问和使用才有价值。域名设计是珠宝首饰企业网站建设的重要环节，好的域名更利于被访问。

1）域名应该容易理解和记忆，并尽量简短；当难以简短的时候，宁愿放弃无意义或者难以理解的字符数字组合而选用稍长一点的域名。

2）域名设计应充分考虑目标群体的特点，如果要做到国际化，域名包含汉语拼音显然是不可取的。

3）域名应该尽量有意义和创意，并反映网站实质，但不可有歧义。

珠宝首饰企业网站建设是企业CI的一部分，因此珠宝首饰企业网站的宣传应该出现在珠宝首饰企业常备的名片、信封和各种广告内容上。

除此之外，珠宝首饰企业也可以进入与珠宝首饰企业业务或网站主题相关的论坛，利用珠宝首饰专业知识，为网友提供建议，分享经验或者排忧解难等，久而久之，珠宝首饰企业就会给网友留下良好的印象，珠宝首饰企业网站的访问量也会随之增加。论坛发言时，最好在签名档留下珠宝首饰企业的名字及网址，便于网友访问珠宝首饰企业网站。

当然，珠宝首饰企业还可以委托专业的公关企业或网络营销企业，对珠宝首饰企业网站进行专项的宣传推广，提高珠宝首饰企业网站的知名度和影响力。

二、珠宝首饰企业电子商务法律规定

珠宝首饰企业电子商务和其他企业的电子商务法律规定是一致的。由于互联网跨越了传统企业的地理约束，具有全球性的贸易自由特点，因此，针对珠宝首饰电子商务的法律必须考虑到世界各国对电子商务的法律规定。目前，世界各国在企业网站的域名注册登记、电子合同数字签名的有效性、电子商务贸易的税收管理、电子支付以及对在线网络技术传播方面知识产权的保护都有着不同的法律规定，但也存在着一些法律上的空白。中国电子商务法律方面，可以借鉴经济合同法相关法规及电信服务法律规定。

学习单元 8　珠宝首饰的拍卖与典当

学习目标

➢了解拍卖与典当的基本概念。

➢熟悉拍卖与典当的基本内容。

➢掌握珠宝首饰拍卖与典当的特点。

知识要求

一、珠宝首饰拍卖

1. 拍卖的含义

拍卖一词在《辞源》上解释为竞卖，即出卖者用叫价的方式，把物品售给出价最高的竞买者。拍卖始于古代，形成于近代，于 20 世纪发展成规模，是一种古老、特殊而又较为常见的现货交易方式。

2. 拍卖的历史

有文字记录的最早的拍卖出现在公元前 500 年的巴比伦，当时的拍卖是由男人们出价，相互竞争他们想要娶的女人；罗马战士曾采用拍卖的方式出售从被征服的敌人那里获得的财物；公元193年，古罗马禁卫军杀死珀蒂纳克斯（Pertinax）皇帝后，对外拍卖整个罗马帝国；佛教寺院也会举行拍卖，出售去世的僧侣的财产。

拍卖在17世纪的英国很流行，许多客栈举办正式的拍卖来出售艺术品和家具。18世纪出现了两家英式拍卖行——1744年成立的索斯比拍卖行和1766年成立的克里斯蒂拍卖行，它们今天仍旧是世界著名的拍卖行。

拍卖时，卖家提供用来出售的一件或多件物品，但并不定价。这称为“提供某件物品供人们出价”，或称为“把某件物品放到（拍卖）桌上”。拍卖行向需要的购买者提供有关拍卖品的信息，或提供检查拍卖品的机会，然后让购买者出价，就是购买者愿意为拍卖品出的价格；而潜在的买家或出价人每人都已经有了一个预估价，也就是购买者愿意为拍卖品支付的价格。整个的拍卖过程由一名拍卖人主持。在有些拍卖中，由卖家或拍卖人雇佣的人（雇佣的拍卖者）会朝着有利于卖家的方向出价，这些人被称为雇佣出价人。雇佣出价人会人为地提高某件拍卖品的价格，但某些特殊拍卖可能会不让他们参加。重要的、高规格的拍卖活动现场还需要有公证机构作为监督参加。

3. 拍卖的种类

常见的拍卖类型见表3—30。

表3—30　　常见的拍卖类型

英式拍卖	在英式拍卖中，出价人叫一个比前一个出价更高的价格，直到没人出更高的出价为止，最高的价格就是交易价格
美式拍卖	如果每种拍卖品有很多数量，在英式拍卖的基础上允许出价人指定购买量，则称为美式拍卖
荷兰式拍卖	荷兰式拍卖的出价从高价开始，一直降到有出价人接受的价格为止，这个价格就是交易价格。荷兰式拍卖尤其适合迅速卖掉大量商品
密封递价拍卖	在密封递价拍卖方式中，出价人各自递交自己的出价，通常不允许相互协商。在密封递价最高价拍卖中，出价最高的出价人获胜
双重拍卖	在双重拍卖中，买家和卖家都向拍卖人同时递交价格和数量来出价。拍卖人把卖家的要约（从最低价开始上升）和买家的要约（从最高价开始下降）进行匹配，直到卖家的要约提出的所有出售数量都卖给了买家为止

4. 拍卖过程

拍卖首先由拍卖人发出公告，在规定的时间、地点，按照一定的规则，将拍卖的物品进行整理、分类并编号，向所有买主公开展示。买主看过拍卖品后，按照其编号，遵循一定的章程和规则，相互公开叫价竞购，在规定的间隔时间内（往往主持人数数，如第1次、第2次、第3次……）当无人叫价时，拍卖人把拍卖品卖给出价最高的买主。即拍卖人（主锤人）用铁锤或木锤在桌上一拍，表示成交。

5. 拍卖应具备的条件

拍卖是商品买卖的一种方式，它不同于一般意义上的商品买卖。任何拍卖品的拍卖必须具备以下三个条件：

（1）必须有两个以上的买者。

（2）买卖时必须含有竞争因素。

（3）没有固定的价格。

拍卖又可分为广义的拍卖和狭义的拍卖。广义的拍卖是指含有竞争因素的买卖；狭义的拍卖是指由中介人主持的“竞买”。

6. 拍卖的特点

拍卖在其发展过程中，形成了自身独特的交易风格，并有如下特点：

（1）拍卖是一种现货交易。交易的拍卖品大多是品质或商业评估缺乏统一公认的标准或不能严格标准化，所以拍卖品在交易前必须由买主验看，拍卖后买主一般不得对拍卖品再提出索赔等要求。采用拍卖方式出卖的拍卖品大部分为古玩、玉器、珠宝首饰、钟表、绘画等。

（2）拍卖业务是由经营拍卖业务的专门机构——拍卖行，按照一定规则、法律和拍卖章程公开进行的，而不是由买卖双方直接洽谈进行的。

（3）拍卖是严格按照拍卖行公告的时间和地点进行的，其特点是买卖时间短，成交数量大。

（4）拍卖是一种现场公开竞购交易。其拍卖价格一方面取决于拍卖品的品质，另一方面取决于买主竞价的激烈竞争程度。

7. 拍卖的构成因素

一般情况下，参加拍卖的人员应由三方组成，即出卖人、拍卖人和应买人（见表 3—31）。

表 3—31　　构成拍卖的三方

出卖人	即委托人，是指有财物需要拍卖的人或机构。拍卖中，出卖人享有出卖物品的所得利益，同时履行一定的售后担保责任，但出卖人不允许同时为应买人。出卖人在拍卖场中不得收回拍卖前所做的承诺，不能因为出现意外情况而反悔
拍卖人	即接受他人或第三方委托，以自己名义公开拍卖他人的财产，并接受一定报酬的人或机构。拍卖人既可以是个人、合伙联营，也可以是某种法人形式，如有限责任公司等。而拍卖业务的经营，则必须由特许的拍卖企业或拍卖行进行
应买人	又叫投买人、竞买人，是指根据拍卖规则和拍卖程序进行竞争出价的人。在正规的拍卖中，应买人应具备以下资格：应买人必须有权利和相应的行为能力，必须具备相当的经济实力和资本。在进行拍卖前，拍卖行往往要对应买人进行必要的资格审查

拍卖中的出卖人和拍卖人都不得同时为竞买人。买卖合同是卖者和买者之间就交易标的物所达成的协议。按照法律规定，卖者和买者为同一人时，买卖合同显然是不能成立的。如上述，在拍卖中，若拍卖人或出卖人与拍定人（即买者，应买人通过公开出价竞购，其中出价最高者就是拍定人）为同一人时，一场拍卖就不能成立。所以拍卖中的出卖人和拍卖人不能参加竞买。

拍卖是一种商业活动，应该保持其严肃性和合法性。投买者在参加拍卖前，必须看样看货。因为在拍卖会上，投买者只要举牌，拍卖市场即认为应买人了解拍卖品的情况，因而一旦投买成功绝不准反悔。另外，对于拍定人，则要注意买后拍卖合同、成交确认书的签订和及时履行，不可反悔和拖延，否则将受法律制裁。

8. 珠宝首饰的拍卖

（1）珠宝首饰拍卖的特点及意义。珠宝首饰拍卖是一种特殊的商品交易方式。参加拍卖的珠宝首饰都是贵重珠宝首饰商品，主要是因为珍稀、罕见、贵重，有一定的历史、文化内涵，具有投资、收藏的功能，既可保值又可升值，可用高价购买和收藏。

珠宝首饰拍卖，为珠宝首饰商品提供了一个二级市场，使高档或贵重珠宝首饰真正实现投资保值功能，是继房地产、股票之后的第三个具有投资意义的物品。

（2）珠宝首饰拍卖的手续。在珠宝首饰拍卖会上出售或拍卖一件珠宝首饰，从委托到拍卖需要经过以下几个步骤：

1）把珠宝首饰拍卖品的照片和其他有关资料寄至拍卖行，并写清楚委托人的联络地址、邮政编码和联系电话。

2）双方约定咨询时间。

3）由拍卖行的专家对欲拍卖的珠宝首饰拍卖品进行鉴定。

4）拍卖行的专家经鉴定后，认为具有拍卖的可能，将给委托者开具“临时收货单”，把欲拍卖的珠宝首饰拍卖品暂时收存。

5）签署协议，正式接受委托人的委托。

6）交纳图录费后，委托人的珠宝首饰拍卖品将被编入拍卖品目录。

7）委托人的珠宝首饰拍卖品将在拍卖会预展上向买家展示。

8）拍卖会上拍卖珠宝首饰。

（3）珠宝首饰拍卖的要素。在珠宝首饰的拍卖过程中，拍卖前的估价、保留价、费用和付款方式是最为重要的，因此委托人必须清楚。

1）拍卖前的估价。拍卖会上拍卖的珠宝首饰均印刷有精美的拍卖品说明书。在这些说明书中，把每件要拍卖的珠宝首饰加以详细描述，介绍它的出处（包括前拥有者和其他历史资料），并配有该珠宝首饰的照片、拍卖行专家对该拍卖品的预估价。预估价被认为是有竞争潜力的竞价者的参考数，并能反映出实际的拍卖差价，但预估价并非是可靠的参数指标，有时很低，有时又很高，经常脱离了实际拍卖品的真正价值。但在多数情况下过高的预估价，不利于拍卖品的成交。

影响一件珠宝拍卖前的估价有多方面的因素，其中包括珠宝本身的品质、所使用的贵金属和宝石材料、物件的质量大小、制作年代、珍贵程度、工艺水平、制造商标记（品牌价值）、地理出处、有无历史背景（即名人效应或特殊的经历），以及相似拍卖品在近期世界各地拍卖行拍卖成交的价格。要得出最准确的资料，有些珠宝首饰需送相应权威的宝石鉴定实验室，测试宝石的质量、品质以及宝石可能的产地。拍卖前的估价往往是某一价格范围，即一个高限价格和一个低限价格，但必须注意的是，这并不是价格的保证，而仅是专家就这件珠宝首饰可能卖得的价钱的一个最佳估计。

2）保留价。在拍卖竞价过程中，如果买家的出价低于保留价，委托人的珠宝首饰将不会被出售。这个价格是委托人和拍卖行协商所确定的价格，在任何情况下这个价格都是保密的。保留价可以确保委托人的珠宝首饰在某一个价格下不会被出售。

3）费用。拍卖成功的每件珠宝首饰，拍卖行一般收取成交价10%的佣金，但委托人需支付购买的保险费、图录印刷费，如必要时还需支付贵金属或宝石鉴定费和运送费。所有的费用将“预先记账”，随后从成交款中逐项扣除。如果拍卖竞价低于保留价，一些拍卖也将收取一定的“未能出售酬金”，如拍卖行一般收取的比例为保留价的3%。

4）付款方式。如委托人已向拍卖行付清了全部款项后，拍卖行将在一定的期限内向委托人支付出售价款。如拍卖行一般规定是在出售日起三十天内以人民币将出售的收益支付给委托人。

（4）珠宝首饰拍卖的出价方式。在拍卖会竞价过程中，买主出价很方便，利用现代化的通讯手段，买主是否亲自到拍卖场已无关紧要。出价的方法主要有以下几种：

1）亲自出价。买主决定亲自出席拍卖会，首先必须登记申请个人号码牌。可以在临近拍卖会的前几天用电话或亲自前往登记。拍卖当月，必须到登记处领取号码牌，有了号码牌便可随时参与竞价。在竞价过程中，底价和随后的每次递增均由拍卖主持人自行决定，通常每次递增会是前一次出价的10%以下。

2）书面出价。如果买主不能出席拍卖会，买主可以提交“书面出价书”，交予拍卖行代理人。出价书委托拍卖行代替买主出价，直到达到买主所满意的价位。

3）电话出价。买主可以通过致电拍卖行的客户服务部门安排出价。

9. 世界主要珠宝首饰拍卖行

拍卖行是一种贸易公司，是专门从事物品拍卖的机构。20世纪以来，世界重大的文物艺术品拍卖活动主要被世界两家最大的拍卖行——索斯比和克里斯蒂所垄断。

(1) 索斯比拍卖行。索斯比拍卖行成立于1744年，至今已有260多年的历史，是世界上最大的拍卖行，最初从事古籍方面的拍卖，从20世纪起开始涉及文物和艺术品的拍卖。公司总部设在伦敦，拍卖主要在伦敦和纽约举行。宝石拍卖主要在瑞士，翡翠等拍卖则主要在中国香港。世界各地有100多家分公司。

(2) 克里斯蒂拍卖行。克里斯蒂拍卖行成立于1776年，是世界第二大拍卖行，主要从事绘画、珠宝首饰、家具、书籍等艺术品的拍卖。它共有20多家分公司，拍卖场地遍布世界各地，如伦敦、日内瓦、摩纳哥、纽约、芝加哥、中国香港等。

(3) 两大拍卖行拍卖的纪录价格。世界上重要的珠宝首饰拍卖，每年分别在这两个著名的拍卖行一共举行四次。自20世纪80年代以来，分别为每年的4月、10月在纽约，5月、11月在日内瓦，参加拍卖的人员分为交易商（包括批发商、中间商、生产商、零售商）、私人买主及收藏家。两大拍卖行围绕钻石的拍卖，相继创下了许多重要纪录。

10. 网上珠宝拍卖

(1) 世界上第一次网络拍卖及其发展简况。世界上第一次网络拍卖始于1995年9月，身居硅谷的Pierre Omidyar（彼埃尔・阿梅迪艾）为了给喜欢收藏旧物的妻子找到一种好办法来收集一种名为Pez的糖果贩卖机，在位于加州圣何塞家里的一台服务器上开始了网络拍卖生意。由此，世界上第一个网上“跳蚤市场”诞生了。并由此奠定了阿梅迪艾互联网拍卖之父的地位，他成为了拍卖圈里的经纪人。最初，他每月花费30美元通过当地ISP开辟了一个“eBay”页面。由于当时的阿梅迪艾还兼职做另一份工作，所以他只小规模地尝试着进行网上拍卖业务。半年以后，生意越来越好。如今，“eBay”已成为一种“Internet”现象。和在线股票交易一样，“eBay”已经建立了一个围绕“Internet”概念的社区，把诸如古董、珠宝首饰、体育纪念品、硬币以及玩具这样的收藏品的买卖双方连接起来。每一天，“eBay”的待拍品数量都超过50万件，分别属于从古董到体育用品到儿童玩具等1 000个不同的物品目录。但是，对于古董、珠宝首饰等贵重物品的网上拍卖并不是一开始就成功的，而是经过了“信用担保”以后的过程才得以成功的。目前，“eBay”每天展示近3 000个门类的300万件拍卖品，同时每天还有约40万件的新品供用户挑选。到1999年11月“eBay”就拥有了85万注册用户，现在注册用户已达770万，每月光顾“eBay. com”的顾客多达600万人次。

(2) 网上珠宝拍卖。1999年《个人电脑》杂志在网站上做了一项调查，了解访问者参加网上拍卖的情况。该杂志发现在回答的人中，有37%的人通过拍卖网站买过东西，有12%的人通过拍卖网站卖过东西。但也有15%的人说，永远都不会采用拍卖网站，主要原因是人们担心贵重物品特别是像高档珠宝首饰在网上竞买中，卖家物品的可靠性难以得到保证。

网上书店的先锋亚马逊公司（Amazon）进入拍卖领域后，在营销策略上采取为客户提供“拍卖担保”，这就解决了“eBay”的顾客担心被不良卖家欺骗的问题。亚马逊开办拍卖网站时对买家承诺：购买 250 美元以内的物品，若没有收到购买的物品或与卖家所声明的质量不符，亚马逊都将进行补偿。购买更贵的物品，买家通常通过第三方的代管契约服务来保护自己。代管契约服务是独立的第三方，它会先保存买家的付款，直到收到所购物品并对质量满意后，再把货款付给卖家。亚马逊在网上拍卖业务中成功地塑造了自己认真负责的形象。

1999 年 6 月，亚马逊宣布和著名的英国艺术品拍卖行索斯比组建网上拍卖合资公司。在网上拍卖美术作品、古董、珠宝首饰和其他高档收藏品。拍卖品可由索斯比和其全球代理商网络交货。这种网上拍卖形式同索斯比的当面拍卖一样，保证了拍卖品的可信性和拍卖品状况。亚马逊以“拍卖担保”及通过第三方的代管契约服务方式解决了“eBay”的高层顾客最担心的高档物品拍卖问题。自此，网上珠宝首饰的拍卖得以顺利开展。

二、珠宝首饰典当

1. 新中国的典当业

1987 年 12 月，中国四川成都市开办了中国改革开放后的第一家典当行——成都市华茂典当服务商行，率先恢复了古老而传统的典当业。

1988 年兴办典当行的有北京、上海、广州、沈阳、山西运城等城市。其中，沈阳市商业典当行挂牌亮相，成为东北地区最早成立的典当行之一；山西省运城地区稷山县典当商行成立，这是第一家由几个农民合伙成立的典当行；广州长寿典当行成立，是广州市改革开放后设立最早的典当行。上海也在 1988 年重新兴办了第一家典当行，上海恒源当铺。该当铺由上海市虹口区商业服务公司组建，标志着典当业在中国最大城市的复出，对中国大中城市典当业产生了更加重大和深远的影响，促进了现代中国典当业的强劲发展。

2. 典当的概念

典当是指以物品为质押向典当行借款的行为，它专指当户（物品持有人）将一定的标的（物品或称当物）移交典当机构占有换取当金（资金或其他财物）的行为；当户有权在一定的当期内向典当机构偿还当金本息及其他合理费用赎回当物；但过期不赎则成为“死当”，典当机构则获得该当物的所有权或以该当物变价而优先受偿。由于典当是一种贷款方式，因此典当业务就其性质来说是一种金融活动。典当可以说是商业经济最早产生的信用形式，它的产生和发展适应了商品经济发展的客观要求。

典当这种信用形式主要有以下优点：一是经营灵活，典当采用质押形式放款，认物不认人，因而对贷款对象不限制，并且典当物品随着社会经济的发展也不断创新；二是服务性强，典当业以服务为宗旨，在经济发展过程中为不同类型的个人或企业服务，满足急需，是中小企业、个体工商业主和个人便捷的、有保证的融资渠道。

3. 典当的特点

典当的主要特点是指典当作为一种特殊的融资方式，其在经营过程中所体现出来的本质特征（见表3—32）。

表3—32 **典当的特征**

融资性	这是典当最重要的特点，即典当的功能性特点。它表现为典当是一种融资手段。当户可以采用典当方式，以借贷为基础，以质押为条件，将当物移转典当机构占有，从而换取当金，达到融通资金的目的
安全性	这是典当区别于其他金融借贷行为的特点，即典当风险方面的业务性特点。它表现为典当机构向当户发放当金价值往往大大低于当物的实际价值，其风险往往较低，通常大大低于银行等金融机构的贷款风险
便捷性	这是典当十分突出的特点，即典当一个重要的行业特点。它表现为典当与其他融资方式相比，方便、快捷是典当的重要特点和优点，典当常使当户能在极短的时间内融资成功。当然，由此典当交易的时间成本相对较高，同时造成典当贷款的收益较高。另一方面，典当行发放的贷款一般为小额、短期贷款，这使典当交易的服务成本相对较高，于是典当贷款的收益也达到高于一般金融机构贷款的水平
不等价性	这是典当最有争议和最遭人非议的特点，即典当另一个重要的行业性特点。如前述，它表现为典当机构在向当户发放当金时，通常都要按照一定的“折当比率”确定当价，即使当金的实际数额低于当物的实际价值

以上是典当的一些主要特点，而其中的金额小、周期短、利润高、安全和便捷这五项特点，又是典当古往今来最具代表性和市场竞争力的核心特点。尤其是典当的小额性、短期性和高利性，不仅是其作为特殊融资方式的经济特征，而且还往往是其法律特征。

4. 典当的社会功能

典当的社会功能主要表现在三个方面，称为三大功能。其功能是典当作为一种既有金融性质又有商业性质的、独特的社会经济现象的本质所在，也是千百年来典当得以生存和发展的客观基础（见表3—33）。

表 3—33　　典当的社会功能

融资功能	融资功能是典当最主要的、首要的社会功能，是典当的货币交易功能。在典当过程中，该功能总是独立发挥或是先于典当的其他功能而发挥出来。简言之，当户借典当融资，无论是否出现赎当，典当的融资服务功能都显而易见。然而，典当的融资服务成本往往较高，通常高于其他金融机构如银行、信用社的融资成本，这使人们一方面享受着典当融资的方便、快捷，一方面又以典当的“高利息”“高价格”对典当进行抨击，从而掩盖了典当融资功能的优势，似乎典当等于高利贷 事实上，典当行从事的是贷款“零售”，其交易成本、融资服务成本自然要高于从事贷款“批发”的银行和信用社等金融机构。而且，银行等金融机构以票据业务为主，发放信用贷款居多，交易过程是单一的金融行为；但典当行则以非票据业务为主，主要发放质押贷款，交易过程是复杂的商业性金融行为，故当户接受典当的融资服务因便捷快速而付出较高的代价，应该是完全正常的
当物保管功能	当物保管功能是典当附加的、居于第二位的社会功能，是典当的商业服务功能。在典当过程中，该功能或者与典当的其他功能同时使用或者先于典当的其他功能而发挥出来。简言之，当户借助典当融资，在赎当情况下，典当的当物保管功能便随着典当的资金融通功能同时发挥；而在死当情况下，典当的当物保管功能则将在典当的资金融通功能消失后继续发挥。因此，典当的当物保管功能具有承上启下的作用。赎当发生，它终结于当户偿债之时；死当发生，它则终结于死当变现的时候
销售功能	《典当管理办法》明确规定，典当行不得从事寄卖业务。就是说，这里所说的销售职能，主要是针对绝当物品的处理而言的。这是典当次要的、居于第二位的社会功能，是典当的商品交易功能。在典当过程中，该功能总是不独立发挥或是迟于典当的其他功能而发挥出来；简言之，当户借助典当融资，只要出现死当，典当的商品销售功能便会随着典当的资金融通功能的消失而自然产生。然而，典当的商品销售利润有时较高，通常高于其他商业机构如商店、旧货店的销售利润，这使人们长期以来习惯于以典当死当物品变价后的“高价差”对典当进行抨击，认为典当收当时压低当物估价并按估价打折发放贷款，而在处分死当物品时则会赚取高于当金本息及其他费用之上很多的利润，似乎典当行有谋取暴利之嫌 事实上，典当行向当户发放当金数额的尺度，是其对本身贷款安全的考虑和对当物死当后市场行情的判断。当物估价过高、当金折当率过高，当户有可能会变借钱为卖货，即趁机制造死当，使典当行于死当物销售时无价差空间或价差空间过小的不利境地；而当物估价过低、当金折当率过低的现象，也并不能保证每笔死当物变价都有高额利润可赚。当然，当户有权拒绝认为有失公平的典当交易。而且，根据《典当管理办法》规定，绝当后，典当行对于当物销售所得扣除当金及相关费用后的余额部分，需要返还给当户，这样可以最大限度地保护当户的利益，也使典当行在这部分的收益成为合理的收入

典当的三大功能相互联系、相互作用。资金融通功能是典当的核心功能，制约着其他两项功能的发挥。当物保管功能是典当的辅助功能，分别协助其他两项功能而发挥。商品销售功能是典当的派生功能，只能在一定条件下发挥。在空间上，只要有典当交易活动，典当的资金融通功能和当物保管功能就必定存在；而典当的商品销售功能只能因死当发生而存在。在时间上，只要有典当交易活动，典当的资金融通功能便产生于收当或续当，其

发挥过程通常与典当期限同步；当物保管功能则或者与当期同步或者超过当期，因而发挥时间可能最长；而商品销售功能产生于死当，因而发挥时间可能最短。

典当除了上述三大功能之外，还有其他一些功能，诸如对当物的鉴定、评估、作价等服务功能。而且，相对于一次典当交易来说，典当的三大功能也许不会全部发挥出来，或者有先有后相继发挥出来。

5. 贵金属质押典当

贵金属典当是指个人或个体工商户将黄、铂金等饰品作为质押物存当在典当行，约定典当期限，定期交付综合费和利息而取得当金的一种行为。贵金属典当古今有之，是典当行开展最早的业务之一。

贵金属典当流程比较简单，一般折当率和综合费率、利率都比较固定，主要流程如下：

（1）携带身份证原件、购买发票到典当行申请典当。

（2）典当行核实发票，鉴别当物真伪，确定当金。折当率一般在75%左右，月综合费率和月利率按照《典当管理办法》规定执行。

值得注意的是各种贵金属纪念币的典当问题。很多典当行对于贵金属纪念币，出于谨慎考虑，一般会以市场上同等含量的贵金属的市价计算原价，而不考虑纪念币的工艺价值和纪念价值所赋予的增值。如果有类似的纪念币要典当，而又希望能多当一些钱，就需要找一些专业的典当行，它们会有专门的人员或者机构对这类纪念币进行估价，或者有一个收藏、流通此类纪念币的群体参考估价。

（3）典当行将贵金属当物封包入库，个体工商户或个人在包装封口处签上自己的名字，将相关材料留存，计算实发金额，开具当票，发放当金。

（4）个体工商户或个人凭当票办理赎当或续当手续，结清利息及典当本金。

（5）个体工商户或个人绝当的，当金在3万元人民币以下的，由典当行自行处理；当金在3万元人民币以上的，由典当行对当物进行拍卖。

6. 珠宝首饰质押典当

珠宝首饰也属于动产中的一种，其典当程序和贵金属、古玩的质押典当相似。其中，典当行一般都会借助一些专业仪器对珠宝首饰的价值进行鉴定评估。

在典当行，珠宝翡翠首饰典当业务很多，除具有较强的融资理财意识外，重要的是典当者一般持有较多的珠宝首饰，典当是为了更新换代。因此也是“淘宝”的主要对象之一。

到典当行典当珠宝首饰的顾客分两种，一种是自己经营珠宝首饰生意，店里进货没有足够的流动资金，店主就会把一些珠宝首饰拿出来典当，获取资金购买更有价值的珠宝首饰；另一种是珠宝首饰收藏爱好者，可能看中一件珠宝首饰，但因为价格高，一时间没有那么多资金购买，就把珠宝首饰当给典当行，然后通过还款一点点把珠宝首饰“赎”回去。而在绝当商品中，珠宝首饰一直受买家青睐。绝当品中的钻石镶金等首饰，无论新旧，至少比零售市场便宜三分之一，如典当行出售的 0.20 ct 以上的钻石首饰，有国家珠宝玉石首饰质量监督检测机构检测和出具鉴定证书，购买者风险不大。

此外，如果以典当的名义去鉴定和评估，则鉴定评估等费用可能是免费的。尽管典当行的“收鉴评”工作是其放贷的组成部分和必要流程，但典当行对所当物品鉴真伪、评估价等工作却是一种纯服务性的，能使顾客对自己典当的物品，通过典当明确了其财产的市场价值和流通能力。如顾客可以随时拿珠宝首饰进典当行鉴评，典当行营业员会在几分钟之内报出典当价格，即刻可向顾客发放贷款数额。如果顾客同意典当，双方便履行必要手续；而倘若顾客不同意典当，则这项鉴定评估服务或许是无偿提供的。

第 4 章

珠宝首饰营业员学习与指导

第 1 节 培训与指导 /164

第 2 节 高效珠宝首饰销售团队的建立 /172

第1节 培训与指导

学习单元1 珠宝首饰营业员的自我学习与培训

学习目标

➢了解珠宝首饰营业员自我学习与培训的基本内容。

➢能够进行符合珠宝首饰营业员工作要求的自我学习与培训。

知识要求

一、珠宝首饰营业员的自我学习与培训的基本内容

随着珠宝首饰技术的不断发展，有关宝石命名、检验数据、相关标准以及首饰的加工工艺都会发生变化，一些原有的珠宝首饰基本常识需要及时地更新。此外，随着社会的发展，市场的需求和消费观念也在不断地发生着变化，珠宝首饰营业人员需要及时地掌握最新的消费心理和技巧，而且每一位珠宝首饰营业员对知识的补充和学习也是因人而异的，因此，自我学习与培训是取得最新知识的可行方法和重要途径。

自我学习与培训是珠宝首饰营业员自我主动地通过一些学习方式提高自身职业技能，包括职业道德、专业知识、专业技能等在内的整体职业素质与技能的培训活动；是珠宝首饰营业员根据自己的专业技能掌握情况和工作的需要对自己进行培训的方式。由珠宝首饰营业员自己选定培训内容，只学习和掌握那些与自己工作最有关的专业知识技能，而不必学习无关内容。简而言之，就是珠宝首饰营业员针对自己工作中知识技能的薄弱环节，为获得自身的职业发展，自主做出学习培训决定的过程。

珠宝首饰营业员常见的自我学习培训内容包括珠宝首饰消费者（顾客）心理学、珠宝首饰消费者投诉处理与售后服务、珠宝首饰销售技巧与艺术、常见宝石鉴定常识、流行饰品促销与推广技巧等。

二、珠宝首饰营业员自我学习与培训的方法

1. 自我指导式培训

自我指导式培训是通过自学的方式进行自我培训。例如，如果希望学习更多有关珠宝首饰基本常识方面的内容，而单位或社会培训机构又没有这方面的培训，那么可以和其他珠宝首饰营业员一起自我学习，通过阅读相关方面的书籍和杂志、看一些录像资料，或相互探讨、参加相应的座谈会等形式获得所需的知识与技能。有时，还可以通过因特网而获得培训的指导。

2. 自我进修式培训

自我进修式培训可以是通过参加社会培训机构的培训方式进行自我培训。例如，如果想学习珠宝首饰经营销售或宝石鉴定方面的专项知识技能，社会培训机构也有相对应的专项课程，那么就可以报名参加培训。这样的学习能比较系统和有专业培训师的直接指导，效果较好，一般还有专门的认证考核。通过培训既能学到所需的知识技能，还能使自我培训效果得到鉴定和证书的认证，为就业提供必要的途径。

尽管自学与培训是一种有效的学习方式，但它也有一些缺陷。有些珠宝首饰营业员会觉得它缺乏人情味，或枯燥乏味。因为是自学，所以没有别人监督或鼓励自学者坚持学习。总之，自我学习需要个人有极强的自律性，培养对珠宝首饰和销售工作的兴趣，强调自主学习、灵活安排。而且要在工作岗位中边干边学，不耻下问，向周围的优秀的珠宝首饰营业员学习技能，只有这样才会更有效果。

学习单元 2　高级珠宝首饰营业员对其他营业人员的培训与指导

学习目标

➢了解高级珠宝首饰营业员对其他营业人员培训与指导的基本内容。
➢掌握高级珠宝首饰营业员对其他营业人员的培训与指导方法。

知识要求

一、在职珠宝首饰营业员的指导

珠宝首饰企业在经营的过程当中，会不断发现存在的问题和需要改进的措施，这就要

求对珠宝首饰营业人员进行及时的培训与指导。因此，对在职珠宝首饰营业员的培训与指导是高级珠宝首饰营业员经常性的培训与指导工作。在职珠宝首饰营业员的培训与指导主要包括以下内容：

1. 日常营业活动的培训指导

（1）对营业当中所发生的问题及时向营业人员传达，如营业接待、消费者投诉或售后服务等。对其中值得学习的经验组织学习指导，对工作当中存在的不足之处，应该及时地纠正并督导其他相关人员注意防范。

（2）对企业最先颁布的营业政策，如促销、营业推广、价格变动及时向营业人员告知传达，并进行必要的学习培训指导。

（3）对企业最新上市的珠宝首饰商品进行推广学习指导，了解新款首饰的设计理念与工艺特点，包括目标销售对象，并与其他企业商品进行对比学习指导。

（4）对例行规定的珠宝首饰柜台商品盘点、验货、商品陈列布置、商品标识、商品发票等柜台营业管理方面的工作执行督导或培训指导。

（5）对国家相关部门有关珠宝首饰的产品标准调整或更改的规定进行学习指导。

（6）对企业经营的珠宝首饰基本的宝石常识和首饰设计制作工艺最新技术以及珠宝首饰柜台用于首饰展示的仪器操作进行经常性培训指导。

（7）根据企业目标市场定位，分析营业销售趋势和消费者动态，对珠宝首饰营业人员销售接待技巧进行学习和探讨的指导。

2. 珠宝首饰营业员培训指导的方法

（1）示范法。是指培训指导人员向学习人员示范正确的操作技能动作或行为，主要适合珠宝首饰仪器的操作、商品的陈列等操作技能类培训与指导。

（2）案例法。是指培训指导人员向学习人员讲述某一事例并加以分析，引导学习人员采取正确的思维方式和解决问题的方法，主要适合珠宝首饰营业接待技巧的学习和分析营业过程中的管理类问题。

（3）授课法。是指培训指导人员向学习人员讲述专业的理论知识或政策法规，并进行必要的分析和说明，主要适合珠宝首饰政策法规或书面票据正确填写的学习。

（4）讨论法。是指培训指导人员组织学习人员针对某一营业销售当中存在的问题或某一需要学习的问题采用共同讨论交流的学习方法，主要适合珠宝首饰新商品上市、营业促销推广方面的措施与活动安排的统筹或消费者投诉处理艺术与接待技巧方面的学习与指导。

二、珠宝首饰企业新进营业员的培训与指导

新进珠宝首饰营业员的培训包括职前培训、入职教育、岗前培训，可以分为以下两个方面：

1. 珠宝首饰企业新进营业员的职前培训或入职教育

珠宝首饰企业所录用的新进珠宝首饰营业员是从社会人转变成为企业人的过程，是从一个团体的成员融入到另一个团体的过程，如何使新进珠宝首饰营业员逐渐熟悉、适应组织环境并开始初步规划自己的职业生涯、定位自己的角色、开始发挥自己的才能是培训的重点。相对于在职培训来说，新进珠宝首饰营业员职前培训与发展是群体互动行为的开始。

对于刚刚进入职场、踏入社会的学员来说，就像一张白纸一样，充满了对理想的工作环境的追求和期望，面临的将是一个完全新鲜和陌生的生活环境，但现实与理想的差距往往使没有工作经验的学员从行为举止到内心体验与感受都会发生一些或大或小的改变，表现出不稳定性。而对于那些从另一个单位进入本企业的新员工来说，要从一种组织文化进入到另一种组织文化，同样会担心自己是否适应新的工作，是否会得到上级领导的认可，是否会与同事们融洽相处，包括在单位的未来发展前景如何等。

高级珠宝首饰营业员对新进珠宝首饰营业员的职前培训首先要解决新进珠宝首饰营业员关心的以下三个问题：

（1）是否会被群体接纳。新进珠宝首饰营业员都会有这样的感受——进入一个新环境，是否会被这一群体接纳，不知道同事们会不会喜欢我，我是否会被别人说闲话，我的私人生活会不会被别人过分地干扰。高级珠宝首饰营业员不但要从工作上对新进珠宝首饰营业员进行指导，而且要从生活上表示出一定的关心和照顾，要善于让新老珠宝首饰营业员共同交流和沟通，如共同合作完成一项任务等营造和谐的工作关系。

（2）企业当初的承诺是否会兑现。企业为了能吸引优秀的人才，在招聘时都有对员工的承诺，而一旦员工进入企业，往往会觉得企业要求员工付出的过多、给予员工的过少。这是由于员工的误解形成的，员工往往只看到企业的奖励内容而忽略了企业对所奖励员工的标准和要求。高级珠宝首饰营业员要起到模范带头作用，并对企业的奖励措施做必要的适合时宜的举例解释，增加新进珠宝首饰营业员对企业的信任感。

（3）企业工作环境怎么样。这里所说的工作环境既包括工作的条件、地点，也包括企业的人际关系、工作风格等。

首先，高级珠宝首饰营业员应主动与新进珠宝首饰营业员交往并告诉他们必要的工作常识和经验；特别对新进珠宝首饰营业员第一周的工作要详细指导，了解他们是否完全明

白了自己的工作职责；为了完成工作，她们是否得到了必要的工作设备或条件。上述问题直接关系到新进珠宝首饰营业员对企业的评价和印象。

其次，要对新进珠宝首饰营业员进行企业概况的介绍，让新进珠宝首饰营业员全面了解、认识企业，减少陌生感，增加亲切感和使命感。一般来说，介绍企业概况应包括的信息主要有以下几个方面：

1）营业形象。营业场所与设施（包括生产经营和生活学习各类设施）及其营业形象特征。

2）品牌特征。品牌历史、使命与前景规划。

3）市场定位。首饰商品的设计风格和目标消费者定位。

4）行业优势。与同行业珠宝首饰企业的对比情况。

5）人际关系。企业的上下级、同级管理关系及重要任务。

最后，要对新进珠宝首饰营业员进行珠宝首饰营业员岗位职位说明及工作要求和奖励的解释。主要内容如下：

珠宝首饰营业员职位说明和工作要求是指描述珠宝首饰营业员工作岗位内容和行为规范的规定，包括需要完成的工作量或销售指标。高级珠宝首饰营业员要向新进珠宝首饰营业员做出示范，帮助制定工作日程安排，介绍营业环境、消费者和销售工作的特点，并在规定的时间内让新进珠宝首饰营业员掌握工作方法和工作技能，要接受新进珠宝首饰营业员提出的问题并给予耐心和必要的指导。对于绩效考核、晋职、加薪等奖励规定也要详加说明。

此外，还应向新进珠宝首饰营业员告知应掌握的在具体工作中同事的联络方式、上级领导的管理风格、必要的商业保密要求、珠宝首饰行业中或本企业中的一些“行话”等。

2. 新进珠宝首饰营业员的岗前培训

对新进珠宝首饰营业员的营业接待岗前培训指导主要是进行基本的珠宝首饰常识培训，并熟悉对不同珠宝首饰顾客的接待技巧，学会使用珠宝首饰柜台常见仪器推荐的方法和范围。基本的培训指导内容如下：

（1）珠宝首饰的基本常识，包括宝石的命名与分类，常见宝石肉眼观察特征（颜色、透明度、光泽、表面特征、琢形等）。

（2）珠宝首饰印记标识、商品标签、鉴定证书的识别。

（3）首饰镶嵌工艺（各种不同的镶嵌方式）。

（4）不同珠宝首饰消费者的接待技巧，以及珠宝首饰商品的陈列、保养、维护常识。

（5）珠宝首饰商品柜台管理方面统计与表格以及发票的填写。

（6）各类常见珠宝首饰推荐仪器的操作和使用范围的培训与指导，特别要注意仪器把持的姿势和灯光、目光的正确使用。

学习单元3　珠宝首饰营业员的职业规划与发展

学习目标

➢了解珠宝首饰营业员的职业规划与发展的基本内容。

知识要求

珠宝首饰营业员职业发展一般受到双重因素的影响，一方面作为珠宝首饰企业的一名员工承担着企业赋予的工作职责，另一方面作为社会人，承担着家庭赋予的生活职责，而往往父母子女以及配偶所带给珠宝首饰营业员个人的职责压力会大于企业赋予的工作职责压力。因此，珠宝首饰营业员在制定职业规划与发展中要充分考虑到以上两个方面的职责所带来的压力。同时，应该正确理解珠宝首饰营业员的职业规划或职业计划是针对个人的，而不是企业的。

珠宝首饰营业员的职业规划与发展，包括珠宝首饰营业员职业目标的确定和实施。相对而言，职业目标长远，工作目标则较具体。珠宝首饰营业员个人职业发展规划应该同社会发展规划相一致，并与企业的发展目标相适应。具体而言就是要根据自身的特点，如个人的性格、兴趣爱好、学历、知识技能、健康状况、家庭状况以及社会背景等，并结合珠宝首饰行业前景和企业的发展目标，如政府对行业的规划和企业的发展战略、用人要求等，制定不同阶段的工作要求和目标，以及期望得到的薪酬福利待遇和发展空间，包括学习机会。

一、珠宝首饰营业员职业发展与规划的具体内容

珠宝首饰营业员要根据自身的特点及企业的发展目标，制定个人在不同年龄阶段的职业发展要求，包括工作岗位、薪金福利待遇、职务升迁、培训机会等。如在刚开始进入工作的前三年，通过在实际工作中发现自己的优势和不足，熟悉企业用人的要求，从而制定自身的培训计划，并制定个人适应企业未来要求的岗位目标的发展计划，期望得到提高个人福利待遇和职务升迁的目标机会。总之，虽然珠宝首饰营业员并不是每一位都能够达到职业规划中的目标要求，但是珠宝首饰营业员还是要根据自身的条件，结合企业的用人要

求，不断地制定个人职业工作发展的目标，并根据实际状况予以调整，以积极的心态对待个人的发展。只有这样，珠宝首饰营业员的工作才是有目标的、有理想的，也是充满希望和有发展的。

二、珠宝首饰营业员职业发展与规划的不同阶段

珠宝首饰营业员的职业发展与规划的不同阶段如图4—1所示。

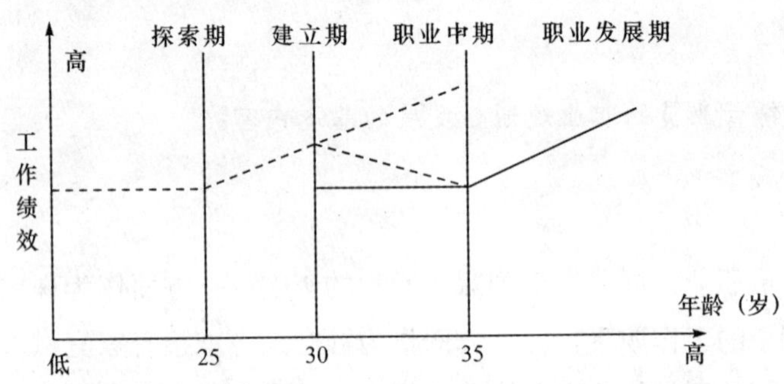

图4—1　珠宝首饰营业员的职业发展与规划的不同阶段

1. 探索期（寻找工作和找到第一份珠宝首饰营业工作的珠宝首饰营业员）

受各种因素，如家庭、所受教育、个人理想目标、社会需要等的影响，在找工作以前就确定了自己的职业选择范围为珠宝首饰营业员并朝珠宝首饰营业员的职业方向初步发展，需要掌握初级珠宝首饰营业员的知识与技能。薪金待遇达到行业平均标准。

2. 建立期（中级珠宝首饰营业员或骨干营业员）

该时期始于已经找到并有一定工作经验的珠宝首饰营业员工作，处于本阶段的珠宝首饰营业员至少达到初级珠宝首饰营业员的水平，需要掌握中级珠宝首饰营业员的知识与技能，必须学会如何更好地适应组织生活，学会与同事相处，学会如何工作，并学会逐渐改进工作表现并从错误中吸取教训。薪金待遇处于行业平均水平之上阶段。

3. 职业中期（高级珠宝首饰营业员或主管或储备店长）

该时期珠宝首饰营业员的绩效水平可能持续改进，也可能保持稳定，达到中级珠宝首饰营业员的水平，或开始下降。成功地经过一个转换阶段挑战的中级珠宝首饰营业员可能获得更大的责任和职务升迁，需要掌握高级珠宝首饰营业员的知识与技能，担任主管或储备店长。而其他的人可能要重新评价自己的能力和变换工作或寻找另一种生活方式。薪金待遇处于稳步上升阶段。

4. 职业发展期（高级珠宝首饰营业员或区域经理或企业中层管理干部直至企业高层管理干部）

对于顺利通过职业中期阶段的高级珠宝首饰营业员而言，该时期她们不可以放松进步，开始扮演高级主管或经理角色，需要与他人共享自己丰富的知识和经验，向企业证明其存在的价值。薪金待遇要求比较高。

三、珠宝首饰营业员职业生涯发展的趋势

珠宝首饰营业员职业道路是一条柔性发展的路线，珠宝首饰营业员在受雇于一个特定的珠宝首饰企业时总是沿着它来变换自己的职位。一般在企业中职业发展道路可能的运动方向有三种：纵向的变动、横向的变动和核心的变动。

1. 职业生涯的纵向变动

职业生涯的纵向变动是指企业内部珠宝首饰营业员个人职位的升降和工作等级的变动，它体现为珠宝首饰营业员得到一系列的提升和发展，如由营业员到部门主管，再到总经理。在这种变动过程中，只有极少数才能达到她们最初所确定的职业。

2. 职业生涯的横向变动

职业生涯的纵向变动是指企业珠宝首饰营业员工作跨越营业销售职能边界的变动，如由营业人员转到采购供应或行政管理部门人员等。这种变动有助于扩大个人的专业技术知识与经历，为进一步深入精通某一专业打下较宽广的基础。企业经常通过把这些业务骨干人员轮换，放在各职能部门担任一定工作或职务，然后再提升到掌管全局的全面性管理工作职位上来。

3. 职业生涯的核心变动

职业生涯的核心变动是指由企业外围职能部门逐步向核心职能部门方面的变动。这是一种非正常的但影响很大的活动方向。它指的是珠宝首饰营业员虽未获得正式授职晋升，仍处于较低层级，但却通过某种非正式的联系，如社交场合偶尔邂逅上级领导，因接触投机而产生友谊，或某些特殊事件中的表现受到上级领导的赞赏，从而得以接近企业决策核心而增大影响力。一般情况，那些具有专业知识、信息或特长的人，易于向企业核心发展，这种方向的变动对于珠宝首饰营业员职业发展的重大影响不容忽视。

美国著名组织行为学家薛恩提出以职业发展变动模型表示以上三种变动及其相互关系（见图4—2）。在此模型中，立轴表示等级层次，圆周方向表示职能，径向表示向核心方向变动，越接近中立轴，则影响力越强。珠宝首饰营业员在企业中的实际变动是混合式的，即兼有纵向、横向和核心方向的变动。

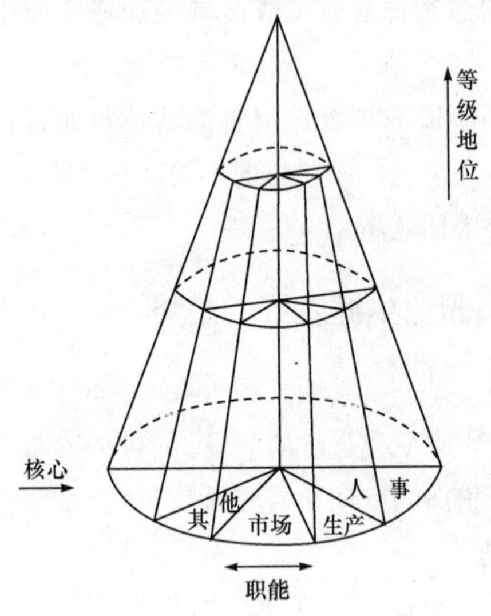

图4—2 职业发展变动模式

第2节 高效珠宝首饰销售团队的建立

学习单元1 团队和团队管理的基本概念

学习目标

➢了解团队及团队管理的基本概念。

➢熟悉不同国家的团队管理特色。

知识要求

一、团队的基本概念

传统的团队是指为了共同的目标，互相影响和相互协作的两个或两个以上的人所组成的单位。现代企业管理所指的团队是指工作团队，是20世纪60年代从日本企业管理中产生的一种企业管理模式，先后被欧洲和美国企业广泛地使用，被称为业绩突出，具有明显自我学习效应，能够使内部成员和外界均感到满意的工作集体。珠宝首饰企业营业人员团队的基本概念是指为完成珠宝首饰营业销售目标、追求珠宝首饰企业整体优势，在企业中以店铺管理或某一业务销售项目小组为单位而建立的工作集体。

团队管理是一种与职能管理方式不同的管理模式，要求实行全员平等，共同努力，对工作过程和结果共担责任，共享资源和利益，共同抵御风险的组织形式。珠宝首饰企业与其他企业团队管理的概念是一致的。

二、不同国家的团队特色

1. 中国团队，主伴型团队

中国人所提倡的理念是“中庸即是和谐”。标准的中国人是能够将任何事情都做到和谐程度的，在中国团队管理中也倡导中庸原则，即在处理团队中的人际关系时，既不可以完全相信，也不可以高度怀疑。“过”与“不及”都不合理，任何事情没有绝对的对错，只要和谐就是合理的。因此，中国式管理，实际上就是一切都追究合理化的管理，而中国式团队管理也就是合理化的团队管理。管到合理的地步就是管理。在中国人的团队管理中对上和对下是不同的。例如对同一件事情，对上级领导和下属则存在言论的区别。不仅如此，同级别的人或许又是另一种说法。与此同时，两个中国人的谈话只要有第三者介入，他们之间互动的关系马上就会做不同程度的调整。中国人超越西方的就是自身对义气和承诺的重视，不一定都要注重契约。凡是自愿做的事情，都不会计较其中的困难，反而会视其为某种挑战，进而充满着无穷的动力。总之，成功的中国团队领导者不是规定团队成员去做什么，而是促使其自发地表现自己。从这个层面上来看，可以成为最优秀的人，而当在被动地接受领导的时候，又可能成为表现最糟糕的人。因此，中国团队的领导者要善于激发出团队成员合理的行为、打造出协同一致的团队，其首要的工作在于培养出团队成员自主自发的观念。中国的团队在处理与自己合作的上下游附属团队的关系时，形成有钱大家赚的新理念，与附属团队一起分工合作、整体配合、密切合作、分摊风险，从而形成了多赢的局面。

2. 美国团队，自由型团队

美国企业对团队的控制较弱，多数企业都给予团队充分的自主权，团队就像是企业中的“自由分子”——小型组织，它们拥有较大的自主权力，比较全面的组织功能，并且企业对其控制程度较弱，40％以上的团队拥有制订工作进度，直接与客户、供应商打交道，制定生产销售定额与绩效目标功能，30％以上的团队拥有雇佣员工、绩效评估的功能，可见美国团队已基本具有一般意义的相对独立的组织功能。因此，可以称美国的团队为“自由团队”。

3. 欧洲团队，精英型团队

进入 20 世纪 90 年代，欧洲企业开始引入团队工作的模式，但比较美国、日本而言，拥有团队的企业比较少，而且企业中的团队数量也比较少。国外学者研究了几家在团队实践方面具有代表性的欧洲团队时发现：欧洲团队一般集中于创新领域且由精英们组成，其特点是成员服从企业最高管理层的命令；受到企业的特别保护，形式上类似军队中为执行某一特殊任务而组成的“别动队”，因此可称之为“精英团队”。在欧洲品牌的珠宝首饰企业中可以明显感到这种团队的严密性，即使下一级经理人员对外发送“名片”有时都要受到约束和规定，需征得上级的同意。

4. 日本团队，依附型团队

1962 年日本科学家及工程师协会注册了第一个质量小组，以此为标志，日本被认为是最早在企业中引入团队工作模式的国家。团队与企业之间虽然也有较强的自主性，但团队本身却自愿终身依附于企业，而企业也有将其视为自己保护和照顾对象的强烈倾向，因此，团队和企业之间有类似“亲子”的关系，企业对团队的控制是通过团队自愿要求和接受来进行调整的，团队并不是作为“特殊”对象而受到企业的特别保护，而只是受到平等的待遇，称为依附团队。

学习单元 2　珠宝首饰销售团队的构筑

学习目标

➤熟悉珠宝首饰销售团队构筑的内容和方法。

知识要求

珠宝首饰销售团队构筑应从培养团队精神、建立共同愿景、搞好团队学习、维护规范纪律和发挥领导在团队建设中的作用几个方面进行。

一、培养团队精神

1. 增加销售团队凝聚力，培养团队精神

销售团队凝聚力是指销售团队对其成员的吸引力以及团队成员之间的相互吸引力。加强销售团队凝聚力具体表现在使团队成员有归属感，维护团队的利益和荣誉。如组织团队的各项活动吸引团队成员参加；营造开会时或日常管理中的民主气氛，开展善意的批评；加深彼此间的了解等。销售团队精神是指团队成员之间的行动理念和价值观念。培养销售团队的精神需要树立团队正面的优秀成员形象，组织必要的反映团队价值观、思想观的礼仪和其他形式活动，经常性地组织成员之间探讨学习价值观、思想观的活动，帮助成员对销售团队的目标和行为规范达成统一的认识。

2. 帮助团队成员规划职业发展

职业的规划与发展是一个人不断地寻求工作与生活质量满意的动态平衡过程，要尽最大努力想方设法，帮助团队成员规划他们的职业，并帮助他们获取成功。如一个珠宝首饰营业员的职业规划就是从进入珠宝店后的职务升迁、业绩提高、薪酬福利待遇的改善、自身知识技能的教育培训机会等方面的逐步提高的进程计划。

3. 鼓励团队成员全力投入团队的工作

团队工作是一个持续性改善的过程，要鼓励销售团队成员不断地追求销售业绩进步与完善，使销售团队成员能从团队销售工作的实践中不断学习，自我成长和提高业绩。如珠宝首饰企业都对销售业绩的提高给予奖励，为获得珠宝首饰职业资格证书的员工提供学习奖励，以提高员工工作和学习的积极性。

一名有效的团队成员的工作要求见表 4—1。

表 4—1　　一名有效的珠宝首饰销售团队成员要求

①知道和了解团队的目的、目标以及业绩考核措施，如珠宝首饰店的每一位营业员都应了解营业工作目标和考核方式
②为制定目标、考核措施以及实现这些目标的计划作出有建设性的贡献
③让个人目标和团队任务相结合为团队业绩作贡献
④参加团队会议准时、积极；在会议上提出建议、提供市场信息和经验、积极地参与辩论
⑤需要时在会议上扮演一个活跃的角色（充当书记员、通讯员等）
⑥倾听其他成员并且信赖他们的意见和建议
⑦各种计划和行动一经达成共识，即接受承认其他成员所作出的贡献和提供的帮助，对领导和团队以外的其他成员予以支持
⑧为团队以及需要完成的工作注入高度的活力和热情

二、建立共同愿景

建立共同愿景，即告诉团队“我们想要创造什么”或“为了什么目标而一起工作”，如珠宝首饰销售团队可以为营业人员描绘珠宝首饰企业的发展远景，表明企业良好的销售业绩目标能给员工个人的发展带来什么机会。共同愿景能使互相信任的团队成员一起默契工作，使他们产生一体感。心理学家马斯洛晚年一直从事出色团队的研究，他发现这些出色团队最显著的特征是具有共同愿景与目的，在特别出色的团队里，任务与团队成员已无法分开，即当一个人认同这个团队时，认同这个人真正的自我时，他也必须会将他的任务包含在内。

三、搞好团队学习

销售团队学习是提高团队成员互相配合、整体搭配与实现销售业绩共同目标的能力的学习活动及其过程。当销售团队在真正学习时，不仅团队的整体会产生出色的成果，个别团队成员的成长也比其他的学习方式更快。这一学习的过程不但包括对珠宝首饰企业有价值的珠宝首饰销售理论、方法、知识、技巧的接受和掌握，如珠宝首饰营业员学习宝石常识、鉴定技术等，还应包括团队全体成员对外部企业的学习研究以及内部相互了解、配合与模仿，包括对销售竞争信息与形势的共同感受、分析、理解和提出有价值的对策。

四、加强对成员的道德培训

思想决定行为，世界顶级优秀销售企业以它们的实践表明销售团队中十分重要的一环是对成员的伦理道德培训。珠宝首饰销售团队文化中的成员伦理道德标准是：在所有的营业销售工作或交往中要诚实和守信；可靠地执行分派的销售任务和职责；所说的和所写的一切要真实和准确；在所从事的所有销售工作中要协作和富于建设性；对待同事、消费者和其他所有人都要公平和体贴；在所有活动中要守法；始终以最好的方式完成全部销售任务；经济、节俭地利用集体的资源。

五、发挥领导在团队建设中的作用

销售工作团队是通过组织、群体、个体的行为和语言表现出来的，团队领导是核心人物，良好的销售工作团队需要有效的领导来设计并创建。

一名有效的珠宝首饰销售团队领导工作模式见表4—2。

表4—2　　一名有效的珠宝首饰销售团队领导工作模式

确定目的： ①使团队所有成员知道消费者是谁，消费者需要什么样的珠宝首饰商品以及需要达到的标准 ②确定不断改进的销售目标并就此达成共识 ③说明这些销售目标对企业总的经营目标的贡献
阐明任务： ①确定每一位成员在团队和消费者—供应商链条中的位置，如珠宝首饰营业员的位置是营业工作位置 ②说明自己的销售任务以及作为领导的你将怎样提供支持

续表

力求使相互交流是真诚坦率的： ①倾听团队意见；交流有建设性的反馈意见 ②分享感受和感兴趣的事，要开诚布公 ③追求平等，而不是进行控制 ④承认错误 ⑤给予表扬和处罚 ⑥支持团队每个成员的个人发展 ⑦系统地发现个人的销售长处和需要改进的问题 ⑧为个人销售业务的发展提供指导、咨询和帮助
改变领导的风格： 针对销售团队中每个人的销售业务发展水平和任务的性质采用适当的被每个人都能接受的因人而异的管理风格

六、规范团队纪律

销售团队的规范纪律就是指约定成俗或明文规定的标准及制度要求。销售团队的规范纪律分为两种，即外在性规范和内在性规范。销售团队的外在性规范是公之于众、众所皆知的，通常是关于团队成员的销售行为规范在经过所有团队成员同意之后，非正式地公告或告知团队成员；销售团队的内在性规范是无形中影响团队销售行为的规则，是所有销售团队成员潜在达成的共识，甚至于连团队成员本身也不自觉，直到有人违反它以后才会被发现的那些规定。

1. 常见的外在性规范

销售团队的规章制度；所有团队成员，不论职位高低，均享有平等的发言权；开会时必须准时到达，所有团队成员到齐后才开始开会；发言时不能涉及人身攻击；开会时听完别人的意见后才能发言；不以投票来解决所有问题等。

2. 常见的内在性规范

销售团队中每位成员都应该主动参与团队活动；每个人开会应该有固定座位；见面时直呼对方名字；主动替大家倒茶水；完成一件任务后会一起去庆祝等。

成功的销售团队特别需要并注重行为标准与制度文化建设。守规矩、讲制度、重纪律，从表象上看是一种约束，实质上是一个规范化过程，是在给自由以度。团队的约束有别于传统管理模式，注重的是理解、尊重、自觉以及全身心的投入，既能充分授权给员工，让员工各尽其能地发挥自己的主观能动性；同时又能有效地控制行为，防止越轨的失误，以保证团队始终在良好有序的轨道上运行。

只有那些认为自己是一个销售团队中不可分割的一分子的员工，才是高效销售团队的真正成员。一个销售团队能否成功很大程度上要取决于所有团队成员的共同努力。因此，只有发展和保持一种销售团队纪律制度标准思维才能各尽其能，各司其职，协同工作，从而最大限度地发挥其作用，更能吸引、培养和挽留住那些最优秀的销售员工。

高效珠宝首饰销售团队的特点如下：

（1）有明确的销售目的和目标。

（2）团队成员为了实现这些销售目标而共同分担责任，为每一位成员分配适当销售任务。

（3）规模较小（不超过10人）。

（4）融合各种必要的技能（销售技术与技巧、解决问题及人际关系），如珠宝首饰店有首饰鉴定、销售、维修专业技术。

（5）拥有从事销售工作所需的资源，包括客户资源、社交关系。

（6）就共同工作的基本规则达成共识。

（7）制定销售工作惯例和实施过程并就此达成共识。

（8）通过倾听，团队领导和成员间能建设性和积极地作出反应并相互给予支持。

（9）承认个人和团队取得的成功。

（10）积极和公开地解决冲突。

（11）尽可能有效、高效和创造性地实现各个销售目标。

（12）在团队内分享领导管理权（不只是正式领导才享有领导权，做好分工合作和授权）。

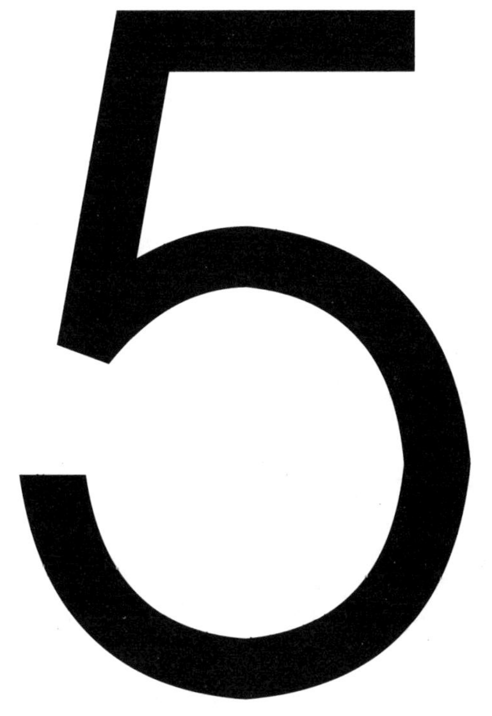

第 5 章

珠宝玉石鉴别、优化和检验

第 1 节　常见宝玉石鉴定仪器鉴别宝石　/180

第 2 节　宝石的优化处理和合成　/215

第 3 节　首饰外观工艺质量检验　/247

第1节　常见宝玉石鉴定仪器鉴别宝石

学习单元1　使用电子天平与静水称重法鉴别宝石

学习目标

➤了解电子天平的原理和结构。

➤熟悉静水称重法。

➤掌握使用电子天平测量宝石相对密度的方法。

知识要求

密度是宝玉石的重要参数，要求精度为万分之一或以上。不同宝玉石因化学组成和晶体结构不同，具有不同的密度或密度范围，同种宝玉石因化学组成的差异或含杂质及混入物，密度也会有一定的差异。在宝玉石的鉴定中常通过测定宝玉石的相对密度来确定其密度。

一、电子天平原理

电子天平是主要用来测量宝石的质量和相对密度的电子设备。电子天平是将质量信号转换为电信号，经过技术放大，由数字显示而完成质量测量的精确计量仪器。

电子天平的特点是称量操作迅速简单，在几秒钟内即可完成称量；电子天平内装有稳定性检测器，达到稳定时才输出数据，重现性和准确性较好；有些电子天平还能完成自动校验，无需额外器具或砝码。另外，电子天平抗干扰能力强，可在环境较差的工作地点保持良好的稳定性。

二、电子天平结构

用于静水称重法测量宝石相对密度和质量的电子天平的结构如图 5—1 所示，主要由数字显示屏、测量盘、盘子上的架子、样品、钢丝兜、支架等组成。

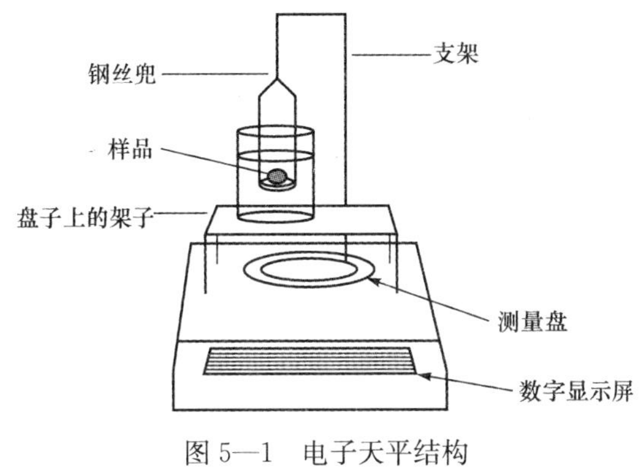

图 5—1　电子天平结构

三、静水称重法

静水称重法是测量宝石相对密度的方法，静水称重法的原理是利用阿基米德定律来计算宝石的相对密度，需要使用电子天平作为操作仪器。

相对密度是指 4℃和标准大气压条件下物体的质量与等体积水的质量之比。相对密度是一个比值，它没有计量单位。在标准大气压下相对密度值与密度值相当，物体的质量即为它的密度值。

当物体形状规则时，测量物体的质量和体积，计算密度值（质量/体积），即得物体的相对密度。宝石的形状大多不规则，其密度需要根据阿基米德定律，用静水称重法获得，这也是静水称重法的优越性所在。

根据阿基米德定律的原理：当物体浸入液体中，物体受到的浮力等于其所排开液体的质量。由数学推理可知，物体在液体中所排开的液体的质量等于物体在液体中受浮力后减轻的质量。因此，用天平称出物体在空气中质量和在液体中质量，两者相减即获得物体等体积液体的质量。

由此可得：

宝石的相对密度＝宝石的质量/同体积液体的质量

＝宝石的质量/宝石受到的浮力

＝宝石的质量/（宝石的质量－宝石在液体中的质量）

＝宝石在空气中的质量/（宝石在空气中的质量－宝石在液体中的质量）

相对密度与密度在数值上相当。因此，可以根据以上公式的推导，通过计算宝石的相对密度来得到密度值。用数学公式表示如下：

$$\rho=\frac{m}{m-m_1}\times\rho_0$$

式中 ρ——宝石在室温时的密度；

m——宝石在空气中的质量；

m_1——宝石在液体介质中的质量；

ρ_0——液体介质在不同温度下的密度。

常用液体介质为纯水。因纯水的密度受温度变化较小，在标准大气压下 4℃时水的密度为 1.00 g/cm^3，可以忽略不计，如用其他液体介质代替水，不可忽略不计。根据密度的定义，测试时的温度对物体的密度有一点影响。

技能要求

静水称重法测量宝石相对密度

操作准备

（1）使用环境。室内、常温、稳定的操作台。

（2）仪器要求。宝石镊子、电子天平。

（3）样品要求。干净的宝石（清洁宝石可以用专用擦布、蘸酒精的棉签或用镊子夹持宝石直接浸泡在无水酒精中进行）。

操作步骤

步骤 1 用于静水称重法测量宝石相对密度的电子天平的使用准备。

准备一个烧杯支架，横跨在电子天平的测量盘上，然后把加入 2/3 体积蒸馏水的烧杯放在支架上，注意烧杯支架不可压在测量盘上。钢丝兜及钢丝兜支架一个，浸没在液体中，用于放置样品，以称取样品在液体中的质量。钢丝兜上端挂在钢丝兜支架上，注意钢丝兜支架放在天平测量盘上。钢丝兜和钢丝兜支架的质量不宜过大。

步骤 2 调试电子天平。

打开电子天平的电源开关，待其稳定后按调零键，使天平归零，这时等于天平没有放置任何物品（实际上钢丝兜和钢丝兜支架已在秤盘上）。

步骤 3 称取样品在空气中的质量。

用镊子夹起样品，放在天平测量盘里称重，并记下读数。

步骤 4 称取样品在液体中的质量。

用镊子夹起样品，此时天平应归零，然后将样品放在液体中的钢丝兜里，称取样品在液体中的质量，并记下读数。

观察

将两次称取的质量数及所用液体在室温条件下的相对密度值代入公式（由于水的相对密度随温度的变化非常小，故这种温度校正可以忽略不计），便可得到样品的相对密度值。

注意事项

（1）此法一般用于大于 1 ct 的样品，小于 0.3 ct 的样品不宜用此法；多孔和多裂隙的样品，因含空气也不宜用此法。

（2）操作过程中注意烧杯支架与测量盘、钢丝兜和烧杯均不能相碰。

（3）钢丝兜与宝石浸入水中时注意消除气泡，烧杯中水不能外溅，操作过程要小心谨慎。

（4）天平要放在稳当的地方（最好是专用的操作台上），测量时周围不要有干扰。有的天平安置在玻璃罩内，称重时需随时关好玻璃罩上的门。

学习单元 2　使用查尔斯滤色镜鉴别宝石

学习目标

- 了解查尔斯滤色镜原理。
- 熟悉查尔斯滤色镜的结构。
- 掌握使用查尔斯滤色镜鉴别宝石的方法。

知识要求

一、查尔斯滤色镜原理

查尔斯滤色镜是一种仅让红光和部分黄绿光通过的光学滤色镜，是早期用来观察祖母绿与祖母绿仿制品的一种简单小巧的仪器，由英国宝石实验室研制，因首先在查尔斯工业学校使用而得名。其利用铬离子致色的祖母绿可发红色荧光，而其他非铬离子致色的绿柱石无红色荧光的原理来鉴别祖母绿，又称祖母绿镜，也曾用来观察合成宝玉石和优化处理宝玉石，如染色翡翠、钴致色的人工材料等。查尔斯滤色镜虽然是最常用的滤色镜，但是由于祖母绿和其他宝石的多样性以及合成或改善宝石技术的发展，目前查尔斯滤色镜在宝玉石鉴定中很少用到，只能作为宝玉石鉴定中的辅助仪器。

二、查尔斯滤色镜结构

查尔斯滤色镜是由能吸收特定波长光的两片滤色片组成，多数用塑料或金属框固定滤色片，其结构简单、小巧，便于携带，可同时观察多个样品，鉴别快速（见图5—2）。

图5—2 查尔斯滤色镜

技能要求

查尔斯滤色镜的使用——宝石在查尔斯滤色镜下的呈色观察

操作准备

(1) 使用环境。黑色或者白色无反射背景。

(2) 样品要求。干净的宝石。

(3) 仪器要求。查尔斯滤色镜、白色强光源。

操作步骤

步骤1 清洁宝石和滤色镜。

可以用擦钻布、蘸酒精的棉签擦净宝石或用镊子夹持宝石直接浸泡在无水酒精中进行清洗；滤色镜可以用不起毛的棉布或镜头纸、脱脂棉球擦净。

步骤2 样品置于黑色或白色无反射的背景上。

步骤3 使用强白光照射样品，透射光和反射光均可，视样品透明度情况而定，透明度较高的样品可用透射光，透明度不高的样品可用反射光。

步骤4 距样品上方30～40 cm处手持滤色镜贴近眼睛观察。

具体操作过程如图5—3和图5—4所示。

观察

观察样品在滤色镜下的呈色现象并如实记录，如“颜色不变”“颜色变红”等。常见宝石的查尔斯滤色镜下呈色现象见表5—1。

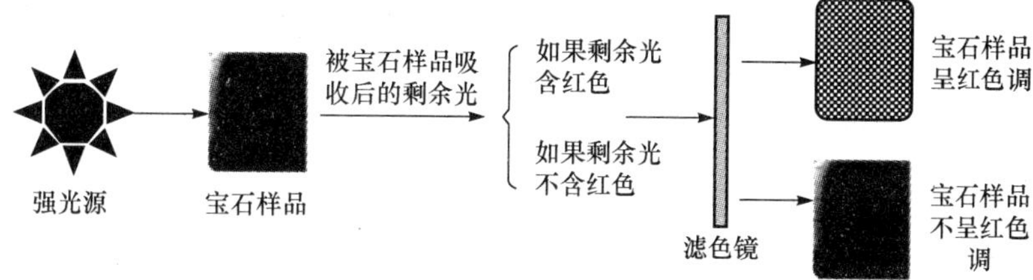

图 5—3　宝石在滤色镜下呈色现象

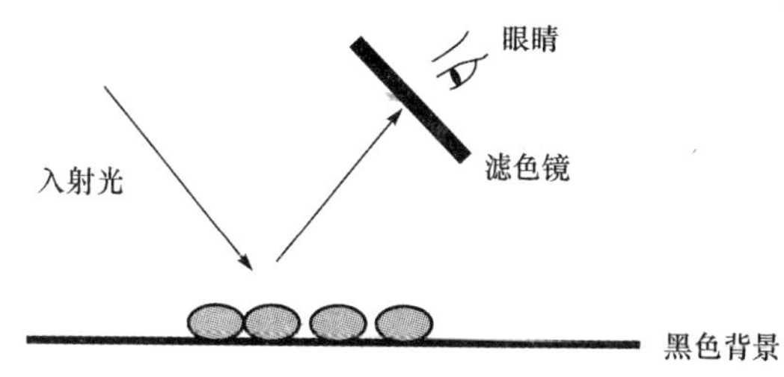

图 5—4　查尔斯滤色镜操作示意

表 5—1　　常见宝石在查尔斯滤色镜下呈色现象

宝石名称	显示颜色	宝石名称	显示颜色
祖母绿	红至粉红色、绿色	红宝石	红色、明亮红色
合成祖母绿	明亮红色	绿色钙铝榴石	粉红色
绿色玻璃	绿色	绿色人造钇铝榴石	明亮红色
绿色翡翠	绿色	蓝色尖晶石	浅红色
染绿色翡翠	红色	红色尖晶石	红色
绿玉髓	绿色	合成蓝色尖晶石	明亮红色、粉红色
绿色碧玺	绿色	钴蓝玻璃	明亮红色
青金石	暗红色	绿色萤石	浅红色
海蓝宝石	黄绿色	绿色锆石	红色
染绿色石英岩	红色		

在查尔斯滤色镜下颜色基本不变的宝石有翡翠、澳玉、绿碧玺、海蓝宝石、蓝宝石、蓝色托帕石等。

注意事项

(1) 观察过程中，样品颜色深时，光源要强一些。

(2) 强光不能照射到观察者的眼睛。

（3）滤色镜检查只能作为鉴定宝玉石的辅助手段，绝对不能以此作为鉴定宝石的唯一依据。

（4）要注意宝石的多色性对检查结果的影响。

（5）经查尔斯滤色镜观察所见颜色的深度取决于待测样品的大小、形状、透明度及其本身颜色深度。

（6）注意某些样品含铁量高时会抑制红色的出现，所以做出判断时要谨慎。

学习单元3 使用偏光镜鉴别宝石

学习目标

➤了解偏光镜原理。

➤熟悉偏光镜结构。

➤掌握使用偏光镜的方法。

知识要求

一、偏光镜原理

偏光镜又称为偏光仪，是根据平面偏振光的原理制作的检测宝石光性的仪器。平面偏振光是在垂直于光波传播方向平行于一个平面振动的光。偏光仪中的偏光片是由各向异性材料组成的，分上、下两片。通过偏光片的吸收作用，能消除自然光中其他方向的偏振光，只允许一个方向的偏振光通过；转动偏光仪的上偏光片，当上、下偏光片振动方向一致时，视域全亮；当上、下偏光片振动方向正交（互相垂直）时，通过下偏光片的光因振动方向和上偏光片方向垂直，而不能通过上偏光片，故视域全暗；在正交偏光下，载物台上放置不同光性的材料，旋转载物台360°，视域中显示不同的明暗变化现象。因此，根据不同的现象可以判断材料的光性。此外，在偏光镜的单偏光下可以观察宝玉石的多色性，但不如二色镜优越，很少使用；在偏光镜上加上一个透镜，或另配一个玻璃干涉球，可以用来观察各向异性宝玉石的干涉图特征，从而确定宝玉石的轴性。干涉图是非均质体在偏光镜下所表现出的由色环和黑带组成的图案，是由锥形偏光、非均质体和上偏光共同作用而产生的干涉所形成的。

二、偏光镜结构

偏光镜主要由上、下两片偏光片及载物台和光源组成。上偏光片可以旋转；下偏光片是固定的；载物台位于下偏光片之上，也是可以旋转的；光源位于下偏光片之下，由普通灯泡提供照明（见图 5—5）。

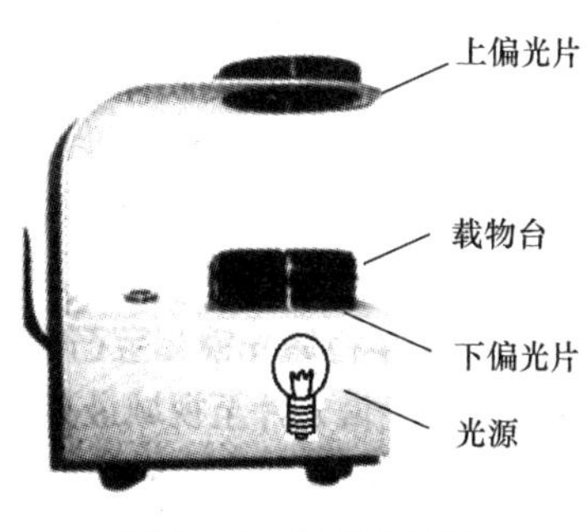

图 5—5　偏光镜结构

技能要求

偏光镜的使用——宝石的光性测定

操作准备

（1）使用环境。操作时无干扰光源。

（2）仪器要求。稳定的操作台、偏光镜。

（3）样品要求。透明或半透明的清洁的宝石样品。

操作步骤

步骤 1　清洁宝石样品和偏光镜。

步骤 2　将宝石样品置于载物台上，若是刻面宝石应台面朝上，以免产生假全暗现象。

步骤 3　打开光源，转动上偏光片，使视域变到最暗，也就是说使上、下偏光镜正交。

步骤 4　转动载物台 360°，仔细观察样品明暗变化特点并记录。

观察

（1）视域全暗，说明宝石是均质体。均质体宝石允许各个振动方向的光通过，来自下偏光片的偏振光通过各向同性的宝石后，振动方向不变，与上偏光片振动方向仍然是垂直的，光线不能通过上偏光片，因此任意转动载物台上的宝石，视域全暗，即消光。

（2）视域四明四暗，说明宝石是非均质体。来自下偏光片的偏振光进入各向异性的宝石后，被分解成振动方向互相垂直的两束偏振光，随着载物台上的宝石转动360°，两束偏振光的振动方向也随之变化。当宝石的两束偏振光振动方向与上、下偏光片一致时（转动载物台上的宝石360°出现四次），视域全暗；当宝石的两束偏振光振动方向与上、下偏光片不一致时，视域全亮；在宝石的两束偏振光振动方向与上、下偏光片振动方向相差45°的位置上视域最亮（见图5—6）。

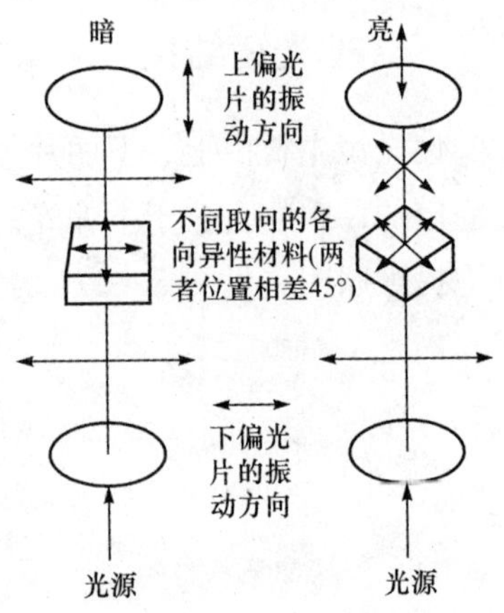

图5—6　各向异性材料在正交偏光镜间四明四暗

（3）视域全亮，说明宝石是非均质集合体或隐晶质。因为多晶集合体的每个小颗粒的方向是随机的。当转动载物台上的宝石时，总有某些小晶体的两束偏振光振动方向与上、下偏光片振动方向不一致。因此，在任何位置上宝石总会有光透过，而使视域始终是亮的。

（4）异常消光，视域明暗变化无规律，有的呈斑纹状，有的呈黑十字消光（视域部分变暗）现象。这是由于均质体宝石如钻石、铁铝榴石、琥珀、合成尖晶石、玻璃等因受应力作用或类质同象替代使内部结构不均匀造成的。异常消光与四明四暗现象难以判别时，可将载物台上的宝石转至最亮的位置，再转动上偏光片使视域全亮（即使上、下偏光片振动方向一致），此时再观察样品的变化，若宝石变亮了，说明是均质体；若宝石变暗或无变化，则为非均质体。还可以用折射仪来辅助验证。

偏光镜的使用——宝石干涉图观察

操作准备

（1）使用环境。无干扰光源。

（2）样品要求。透明清洁的宝石。

（3）仪器要求。稳定的操作台、偏光镜。

操作步骤

步骤1　调整偏光镜至正交状态。

步骤2　在正交偏光镜间载物台上放入宝石。

步骤3　转动载物台，寻找彩色干涉色。

步骤4　在彩色干涉色最集中处加上干涉球，加上干涉球能使通过干涉球的平面偏振光变为锥形偏振光。

观察

一轴晶宝石的干涉图一般为黑十字和彩色干涉色圈组成，如图5—7a所示。水晶由于内部结构使偏振光发生旋转，会出现中空黑十字的“牛眼干涉图”，如图5—7b所示。

二轴晶宝石的干涉图分双光轴干涉图和单光轴干涉图。双光轴干涉图一般由黑十字和“∞”形干涉色圈组成，如图5—7c所示，转动载物台上的宝石，黑十字会转换为两个弯曲的黑臂，继续转动载物台上的宝石，弯曲的黑臂又会形成黑十字。单光轴干涉图由一个弧形黑臂和彩色干涉色图组成，如图5—7d所示，转动载物台上的宝石黑臂会变直，继续转动宝石，黑臂又变成弧形。

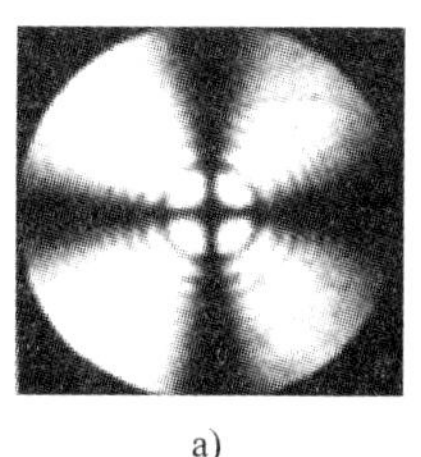
a)

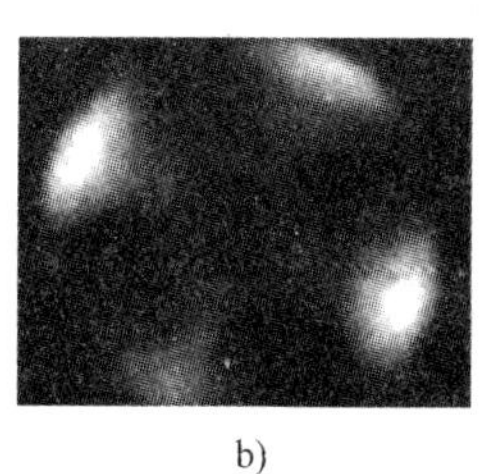
b)

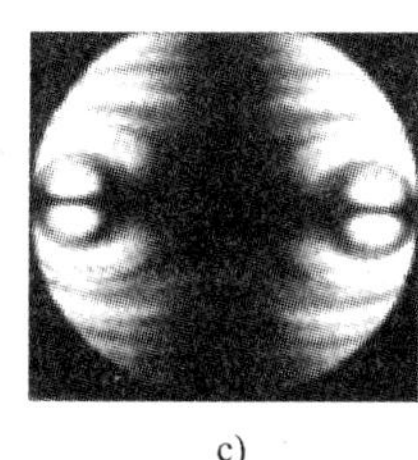
c)

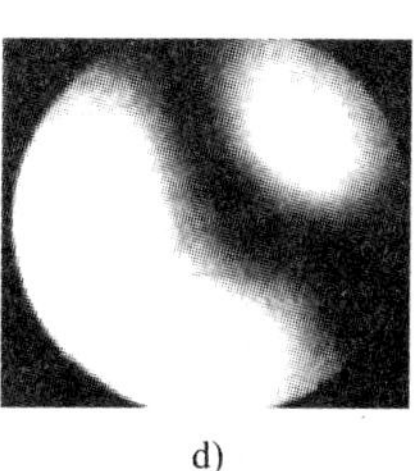
d)

图5—7　宝石的干涉图

a）一轴晶干涉图　b）水晶的牛眼干涉图　c）二轴晶双光轴干涉图　d）二轴晶单光轴干涉图

偏光镜的使用——多色性观察

操作准备

（1）使用环境。操作时无干扰光源。

（2）仪器要求。稳定的操作台、偏光镜。

（3）样品要求。样品必须是单晶透明至半透明的有色宝石。

操作步骤

步骤1　清洁宝石样品和偏光镜。

步骤2　开启光源。

步骤3　转动上偏光片使其与下偏光片振动方向一致，即出现亮域。

步骤4　将宝石样品放在载物台上（台面朝上）。

步骤5　转动载物台观察样品的颜色变化，只有非均质单晶宝石才可能出现颜色变化。

观察

观察过程中要记住宝石样品在不同位置上的颜色特征。如果宝石具有多色性，每旋转

90°，可见不同的颜色变化或同种颜色的不同色调。

注意事项

(1) 宝石样品必须是透明到半透明，观察干涉图的宝石样品必须是透明的；对不透明的宝石，可记录为“不透明不可测”。

(2) 宝石样品尺寸不能太小，否则对观察和解释都会造成困难。

(3) 宝石样品表面应清洁干净。

(4) 要注意将宝石样品变换方向来观察，以全面获得信息。

(5) 高折射率切工较好的宝石样品，若台面向下与载物台接触，会产生全反射使视域全暗，应使亭部小面与物台接触。

(6) 具有聚片双晶的宝石样品、拼合石都可因不同部分消光方位不同而出现视域全亮。

(7) 多裂隙或多包裹体的宝石样品，光在其中传播会受到影响，导致宝石明暗变化不正常，可记录为“因裂隙多，现象不明显”等。

(8) 测试时周围应无其他光源，以免影响测试结果。

学习单元4 使用分光镜鉴别宝石

学习目标

➢了解分光镜的原理。

➢熟悉分光镜的结构。

➢掌握分光镜的操作。

知识要求

一、分光镜原理

分光镜是根据光的折射和衍射原理而设计的一种光学仪器。

根据光的传播规律，透过宝石的自然光线或从宝石表面反射的自然光线，依次被分解为红、橙、黄、绿、蓝、青、紫这样一个连续光谱。如果被分解的光谱中缺失了某一波段的色光，光谱中该波段的位置上就会出现一条黑线或黑带，这是因为宝石被分解的光谱颜色是对光的选择性吸收的结果。每种宝石都有自己独特的内部结构和含有能选择性吸收不同波长的光的微量元素，即使是具有相同微量元素的宝石，由于其内部结构不同，所产生的颜色也大不相同。例如，祖母绿、红宝石都是由于晶体中含有致色元素铬而呈色的，但分别呈红色和绿色。所以每种宝石都有自己特征的吸收光谱，这就构成了鉴定宝石的基础，这也是分光镜的原理。

综上所述，有一部分光被吸收，就会使人眼感觉到宝石呈现的颜色，所呈现的颜色与吸收的光线互为补色。即不同的金属离子致色的宝石，吸收光谱特征均不相同；同种金属离子致色的宝石吸收光谱特征相似，但也并不完全一致。因此通过观察宝石中金属离子的吸收线，可以作为辅助鉴别宝石的因素之一。

1. 主要宝石中金属离子光谱特征

（1）铬。铬离子致色的宝石在红端有很多窄的吸收线，693 nm 处有 3 条清晰的吸收线，在 470 nm 处有 1～3 条吸收线，在紫、橙区有灰色吸收带。

（2）铁。铁离子主要形成红、蓝、黄、绿等色，谱线的清晰程度远远小于铬离子。在蓝区有 3 条铁的吸收线，在红、橙区有吸收带。

（3）锰。主要形成粉红色、橙红色，最强的吸收带位于紫区并可延伸到紫区外。

（4）钴。主要形成蓝色 3 条强而宽的吸收带分别位于黄、绿、蓝区。

（5）铀。主要形成鲜黄色或黄绿色，产生明显的吸收谱线，最稳定的谱线位于中红区，其他各区都有细而清晰的谱线。

（6）钕和锆。钕和锆常共生在一起，主要形成黄色和黄绿色，在黄区和绿区形成特有的细线。

2. 常见宝石吸收光谱图特征

（1）红色尖晶石。因铬致色，在红区 693 nm 附近有两条吸收线，橙、黄区有灰色吸收带，粉红色尖晶石不含铁，在 470 nm 处无吸收线。

（2）祖母绿。铬的标准吸收光谱，在红区 680 nm 附近有两条强的吸收线，在 662 nm、646 nm 处有两条模糊的吸收线，在黄、蓝、紫区有吸收带。

（3）绿色碧玺。因铬致色，在 470 nm、490 nm 附近有两条吸收线。

（4）红色碧玺。因锰致色，在蓝区 458 nm、450 nm 处有两条吸收线，与红宝石相比，在红区没有铬的吸收线。

（5）海蓝宝石。因铁致色，在蓝区 456 nm、427 nm 处有两条轮廓不清楚的吸收线，如宝石较大，在 427 nm 处吸收线较强。

（6）橄榄石。具有特征的铁的吸收光谱，在蓝区 493 nm、473 nm、453 nm 处有三条吸收带。

（7）红宝石。因铬致色，具有 659 nm、668 nm、693 nm 的吸收线，在黄区 500 nm～

610 nm有吸收带，在蓝区468 nm、476 nm处有吸收线。

（8）蓝宝石。因铁致色，蓝区450 nm、460 nm及471 nm处有强吸收带。

（9）锆石。整个光谱中有平行排列的十几条吸收线，吸收线十分清晰可见。

（10）无色钻石。在紫区415.5 nm处有强吸收线，435 nm、451 nm、463 nm、478 nm处有弱吸收线。

二、分光镜结构

分光镜可分为台式分光镜和手持式分光镜。根据仪器结构和性能的不同又分为棱镜式分光镜和光栅式分光镜两种，珠宝首饰营业员主要使用手持式分光镜。

1. 棱镜分光镜

棱镜分光镜主要由棱镜、狭缝聚焦调节、狭缝宽度控制按钮、狭缝板等组成。它的特点是：光谱明亮，产生的光区不是等距的，红区小，蓝紫区大，分辨率也是红区小，蓝紫区大；透光性好；价格昂贵，一般运用于鉴别较深颜色的宝石。

2. 光栅分光镜

光栅分光镜主要由直透镜、棱镜、衍射光栅和狭缝等组成。与棱镜分光镜相比，它的特点是：光区等距，红光分辨率大于棱镜分光镜；透光性差，需要强光照射；价格便宜，一般适用于鉴别透明度较好的宝石和在红区有吸收线的宝石。

两种分光镜的区别见表5—2。

表5—2　棱镜分光镜与光栅分光镜的区别

区别点	棱镜分光镜	光栅分光镜
结构	由一组玻璃棱镜折射和色散产生光谱	由精密光栅衍射产生光谱
焦距	有时可以调节	无需调节
透光性	好、光谱明亮	稍差
光谱特点	各波长非等间距，红区压缩，蓝紫区扩展	各波长等间距排列

技能要求

分光镜的使用——观察宝石光谱

操作准备

（1）使用环境。无干扰光源。

(2) 仪器要求。稳定的操作台、分光镜、白色冷光源。

(3) 样品要求。干净的宝石样品。

操作方法

步骤 1 清洁宝石和分光镜。

步骤 2 根据宝石透明度、大小、颜色等不同情况选择不同方法。

(1) 透射光法。适用于透明至半透明宝石，把宝石样品放于光源和分光镜之间，用白色强光源照明，只允许透过宝石的光线进入分光镜的狭缝；调节分光镜滑管的焦距，使光谱和波长刻度清晰；调节分光镜狭缝的大小，控制进光量，通常在狭缝将要闭合的情况下观察宝石的吸收光谱最容易，但对于透明度弱的宝石来说，狭缝应在闭合的情况下逐渐开大，才会有最好的观察效果，如图 5—8 所示。

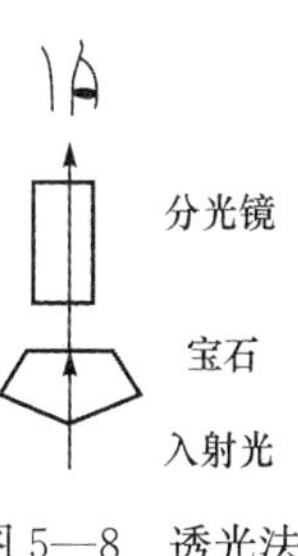

图 5—8 透光法

(2) 表面反射光法。适用于不透光宝石的测试。光线从样品的上部照射，入射光和反射光与宝石样品台面的角度均呈 45°左右，将分光镜对准反射光方向观察，如图 5—9 所示。

(3) 内反射光法。适用于颜色很浅、体积很小的透明至半透明宝石的观察和测试，将宝石的台面向下，使入射光线从宝石样品的斜上方射入，并从台面反射，从宝石样品的另一侧射出，其入射光和反射光与宝石样品台面的角度约呈 45°，将分光镜对准反射出来的光线，如图 5—10 所示。

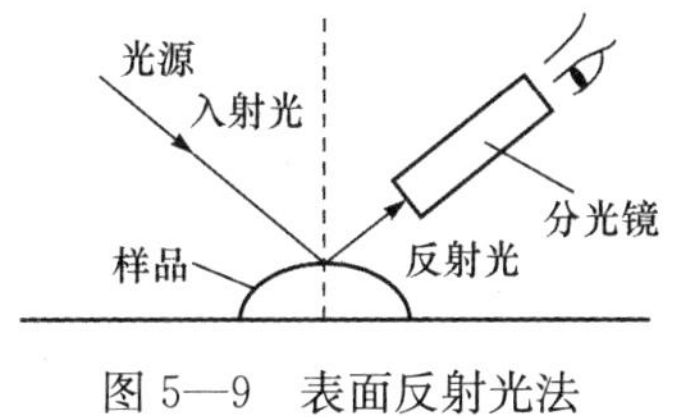

图 5—9 表面反射光法

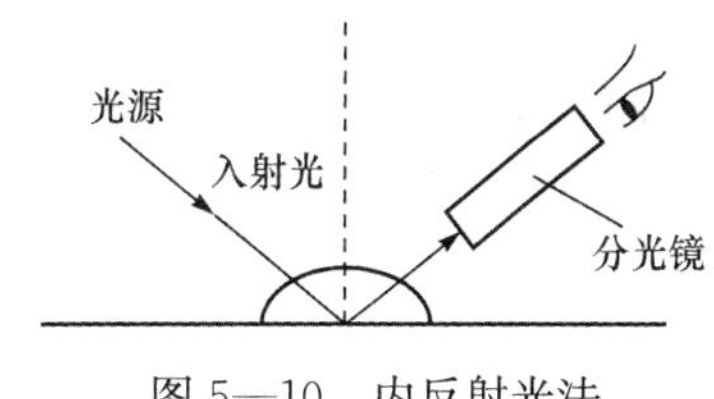

图 5—10 内反射光法

观察

观察宝石的光谱特征，包括：是吸收线还是吸收带；吸收的强度即黑线带的明显程度（强、中、弱）以及吸收的光波波长，根据不同的吸收光谱来检测或鉴别宝石。

(1) 描述吸收线或吸收带的位置。通常用光的波长或分布的色区来表示，如某宝石的特征吸收光谱中有 3 条吸收线，分别为 450 nm、653 nm 和 670 nm；还有两条宽吸收带，分别为 400～440 nm 和 480～600 nm。若分光镜中不带标尺，此吸收光谱也可表示为分别在蓝区有 1 条、红区有 2 条吸收线，在紫区有 1 条窄吸收带，并有 1 条宽吸收带覆盖了整个青、绿、黄区。

（2）描述吸收线或吸收带的亮度比。由于宝石内部致色离子浓度的不同会造成吸收光谱中吸收线或吸收带的深浅不同，因而吸收线或吸收带的明亮程度有差异。在记录宝石的吸收光谱时，还应描述吸收线或吸收带的亮度比，如在红区有3条深色（或暗色）的吸收线，在紫区有1条浅色的窄吸收带。

（3）注意正确描述截边吸收。某些宝石的吸收光谱会出现可见光谱末端全吸收（即全暗）现象。可用类似“450 nm以下全吸收”的方式描述。

（4）除用纯文字的方式描述宝石的特征吸收光谱外，还可借助简单明了的绘图方式进行记录。绘图时，应先认定吸收线和吸收带的起止色区、相对距离等，再在相应的可见光谱波段上准确画出吸收线或吸收带的位置及宽窄，还应在说明栏中对吸收线或吸收带的准确值及位置（波长数）、亮度比和截边吸收加以简单的说明。

注意事项

（1）分光镜使用的光源必须是强聚光的白色光源（白炽灯），不能使用太阳光（自然光），因为太阳光谱中存在着费琅荷费谱线的吸收；也不能用荧光灯，因为它会发出汞的吸收光谱，造成与待测宝石吸收光谱混淆的状况。一般使用聚光笔式电筒、显微镜光源或偏光镜的光源。

（2）光源和分光镜的位置要适宜，尽可能让分光镜靠近宝石样品，尽量避免未透过宝石样品的光线（眩光）进入分光镜，使用手持式分光镜时，使宝石样品和分光镜的距离约为2～3 cm。

（3）宝石样品不要久放在光源下照射，并且要远离热源，以免宝石过热而影响光谱，甚至使光谱消失；宝石样品的粒度不能太小，否则将使宝石的吸收光谱太弱且不清晰。

（4）宝石样品不要用手握着观察，因为血液会产生592 nm的吸收线，注意手对光谱的干扰。

（5）某些多色性的宝石样品在不同方向上吸收光谱会有所不同，必须在各个方向上仔细观察。宝石的透明度和颜色深度与宝石吸收光谱的清晰与否关系密切，要使观察谱线清晰，通常是浅色透明宝石应从长轴方向透射观察，深色半透明宝石应从短轴方向透射观察。

（6）对于拼合宝石样品要在不同的方向上仔细观察，因拼合狭缝有灰尘等原因，有时会出现水平黑线，不同的部分吸收光谱可能不同。一般拼合宝石不宜作吸收光谱的检测。

（7）利用分光镜鉴定宝石样品时应与其他鉴定仪器同时使用，如蓝宝石和合成刚玉拼合石在分光镜下均呈现蓝宝石光谱，以石榴石为冠部的拼合石可能呈现石榴石光谱，此时应利用显微镜进行鉴定、判别。

（8）应在暗环境下使用分光镜，应排除某些荧光线的影响，如有些宝石在黄、绿、蓝和紫区有亮线，这是由于室内日光灯的光反射进入分光镜所致。

（9）水晶、翡翠等部分宝石无特征光谱。

学习单元 5　使用折射仪鉴别宝石

学习目标

➢了解折射仪的原理。

➢熟悉折射仪的结构。

➢掌握折射仪的使用方法。

知识要求

一、折射仪原理

折射仪是根据光的折射和全反射原理，检测宝石对光的折射临界角，并能将其直接转化为折射率的光学仪器。

根据光的折射和全反射原理，当光线从一种介质（材料）进入另一种介质（材料）时，在两种介质的分界面处产生折射和反射的现象，反射光按反射定律返回原介质，折射光按折射定律进入另一种介质。光的折射是荷兰科学家斯涅耳发现的，光的折射定律如下所述：

1. 折射

折射是指光穿过两个不同光密度的介质时（入射线与分界成 90°除外），其传播方向发生变化的现象（见图 5—11）。

（1）对给定的任何两种相接触的介质及给定波长的光来说，入射角的正弦与折射角的正弦之比为一常数，$\sin i/\sin r=n$。i 为入射角，r 为折射角。对于给定的任何两种介质来说，n 为一常数，称第二介质（折射介质）对第一介质（入射介质）的相对折射率。如果入射介质为“真空”则称为折射介质的绝对折射率，简称折射率。

（2）入射光线、折射光线及法线均位于同一平面内（这里的法线是指过入射点垂直于水平面的直线）。当光从光疏介质进入光密介质时，光线是偏向法线而折射的，此时入射角大于折射角；当光从光密介质进入光疏介质时，光线是偏离法线而折射的，随着入射角

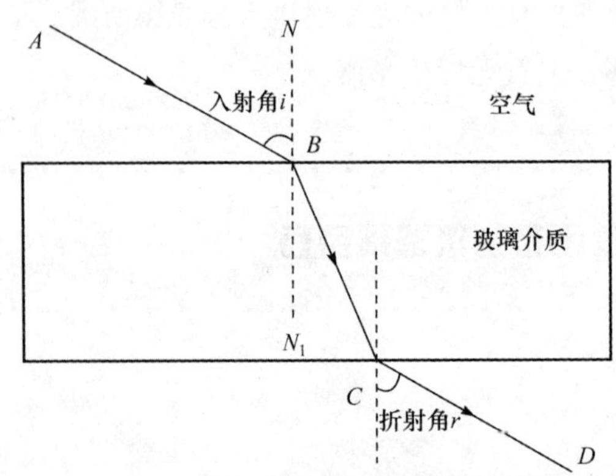

图5—11　当一条光线进入和离开玻璃介质时所发生的折射现象

的逐渐增大，折射角也增大，这时所产生的折射角总比入射角要大。当光从光密介质进入光疏介质，并且当入射角增大到足以使折射线沿两介质之间的分界面通过，即折射角等于90°时（即光线不再进入光疏介质，而是沿着介质的分界面平行分布），这个角称为临界角（见图5—12）。

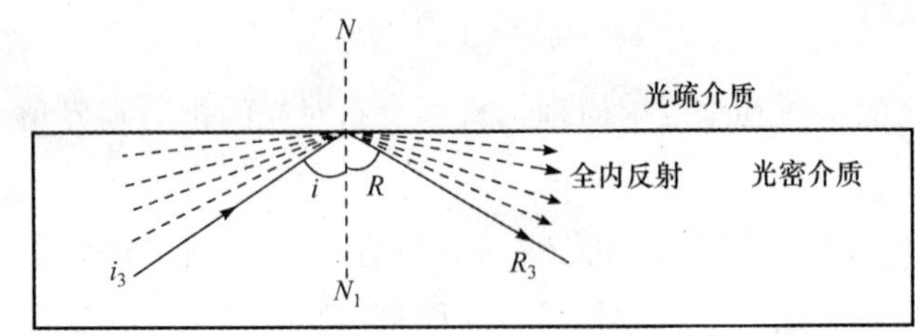

图5—12　当光从光密介质进入光疏介质时由折射转为全内反射的现象

以临界角为基准，所有以小于临界角的角度与分界面相遇的入射光，即当入射角小于临界角时，将离开光密度较大的物质而进入光疏介质中；所有大于临界角的入射光与分界面相遇时，即入射角大于临界角时，将发生全内反射（遵循反射定律）并留在光密度较大的物质中，光线全部返回光密介质（见图5—13）。

若光密介质的折射率为N，光疏介质的折射率为n，Φ为临界角，则：

$$\sin\Phi/\sin 90^\circ = n/N$$

$$n = N\sin\Phi$$

由此可见，如果当光密介质的折射率N为已知时，则光疏介质（宝石）的折射率n可由全内反射的临界角计算出来。这也是设计和制作宝石折射仪所依据的基本原理。即当光线从折射仪中的光密介质进入待测宝石的光疏介质后，按全反射原理，使折射仪中光密

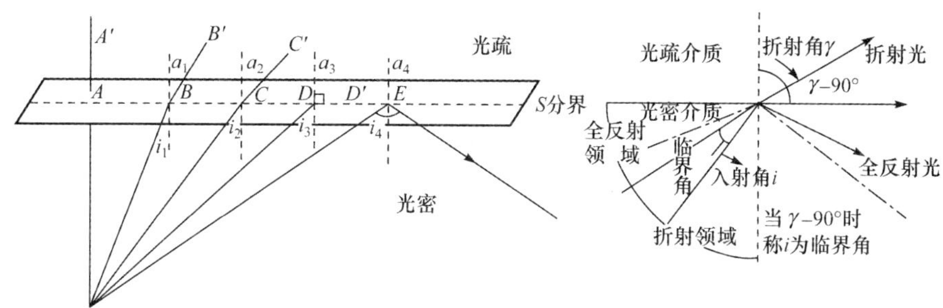

图 5—13　光的全反射示意图

介质产生全反射，此时测得临界角，并将标定临界角的标尺中数字直线换算成相应折射率则可直接取得待测宝石的折射率。

不同的物质具有不同的临界角，如水的临界角为 48.36°，玻璃为 41.50°，金刚石为 24.25°，刚玉为 34.37°等。临界角越小，全反射的范围越大，反射光的量就多，所以金刚石在打磨后可显示出极强的光泽。

2. **双折射**

属于各向异性的宝石具有使入射光分解成两条单独的光线的原子结构，当光进入这些宝石时，原子结构就使入射光分解成在相互垂直的平面上振动的两束独立偏振光，称为双折射（图 5—14）。

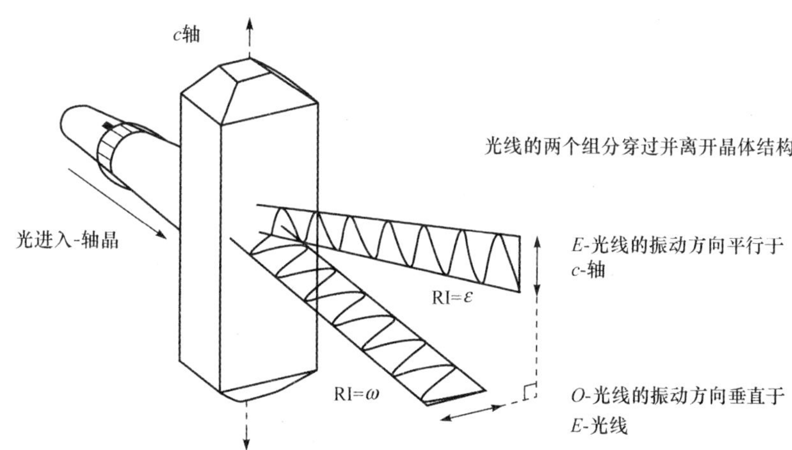

图 5—14　入射光线通过具有双折射现象的宝石分解成两条互相垂直的平面偏振光示意图

在被分解而成的两束平面偏振光中，折射最小的是传播速度较快的光线，也就是折射率较低的光线；折射率较大的是传播速度较慢的光线，也就是折射率较高的光线。例如，石英有两个折射率，经测定分别为 1.544 和 1.553，分别表示折射率较小和折射率较大的光线。

双折射一般用双折射率来表示，其数值等于最大和最小的折射率之间的差值绝对值。例如，石英最大和最小的折射率分别为 1.544 和 1.553，因此，其双折射率等于 1.553－1.544＝0.009。

二、折射仪结构

折射仪建立在全内反射原理的基础上，是测试宝石的临界角值，并将它直接换算成宝石折射率值的仪器。折射仪主要由高折射率铅玻璃或立方氧化锆制成的半球形棱镜、玻璃透镜、标尺、目镜和光源等部件构成。视域中的暗域由光的折射所致，亮区由光的全内反射所致，二者的边界相当于临界角值换算后所得的宝石折射率值。

技能要求

折射仪的使用——刻面宝石折射率测定

操作准备

（1）使用环境。无干扰光源。

（2）仪器要求。稳定的操作台，光源可使用白光（日光或光纤灯）或单色光（钠光灯或黄光二极管灯）。（相关用品：折射油、清洗折射仪工作台的清洗剂及其他备品）

（3）样品要求。干净的刻面宝石样品。

操作步骤

步骤 1　清洁宝石样品和检查折射仪。清洁宝石可以用擦钻布、蘸酒精的棉签或用镊子夹持宝石直接浸泡在无水酒精中进行。开启光源后，折射仪的视域应明亮，刻度尺应清晰。

步骤 2　在工作台上滴一小滴折射油（折射率通常为 1.78～1.81），将宝石样品中最大且抛光最好的刻面放在油滴上，小心移动调整至工作台中央，盖上工作台盖子。

步骤 3　眼睛在距离目镜 3～5 cm 远处上下移动或尽量靠近目镜，寻找刻度尺上的明暗交接处（阴影边）。若光源为白光，则其阴影边为蓝—绿色的窄带，读出此窄带的刻度，即为该宝石样品的折射率值；若光源为单色光，则其明暗交接处为灰色的阴影边，读出此阴影截止边的刻度，即为该宝石样品的折射率值。0°～90°转动目镜上的偏光片，观察阴影边线是否移动，确认宝石是单折射还是双折射。

步骤 4 将宝石样品至少旋转 180°，每隔约 15°，读数一次，每次读数均需来回转动偏光片。记录读数最大值及最小值。

观察

(1) 单折射率的测定。最好用单色光照明，从 0°～90°来回转动目镜上的偏光片，观察阴影边是否移动。若不移动，则从 0°～90°转动工作台上的宝石样品，每次转动宝石后再来回转动偏光片并观察阴影边；或者调换宝石的测试面（如将台面换为冠/亭部刻面），重复以上操作。若从互相垂直的三个方向观察后，阴影边始终不移动，则说明所检测的宝石样品为单折射，属于均质体（等轴晶系晶体或非晶质体），阴影边的读数即其唯一的折射率值。

(2) 双折射率的测定。最好用单色光照明，从 0°～90°来回转动目镜上的偏光片，观察阴影边是否移动。如果每次转动宝石后再来回转动偏光片并观察，阴影边界移动，说明所检测的宝石样品为双折射。但是仅从一个刻面上测到两个折射率，未必是“最大双折率”。因为所测的刻面并非是具最大双折射率的切面，如需观察到最大双折射率，需转换不同切面观察。

注意事项

物台上必然有所加折射油本身的折射率阴影线或色散线，当宝石的折射率大于折射油的折射率时则只能见到折射油的阴影线。

折射仪的使用——小刻面宝石折射率测定

操作准备

(1) 使用环境。无干扰光源。

(2) 仪器要求。稳定的操作台，光源可使用白光（日光或光纤灯）或单色光（钠光灯或黄光二极管灯）。（相关用品：折射油、清洗折射仪工作台的清洗剂及其他备品）

(3) 样品要求。小刻面宝石的样品。小刻面可出现于粒度小的宝石上，也可见于大宝石的侧翻面，即测面直径比物台窄。抛光越好，折射率的读数越精确，宝石样品应有平滑的晶面或抛光面。

操作步骤

步骤 1 清洁样品和检查折射仪。清洁宝石可以用擦钻布、蘸酒精的棉签或用镊子夹持宝石直接浸泡在无水酒精中进行。开启光源后，折射仪的视域应明亮，刻度尺应清晰。

步骤 2 选用最大且抛光良好的刻面。

步骤 3 用白光不放大（取下目镜）。

步骤 4　将微量折射油滴在宝石样品上，并将宝石样品小心放置到工作台的中央，使宝石样品的长轴方向平行于工作台的长轴方向。

观察

观察宝石样品所形成的影像，从刻度尺的上端（低值端）开始，寻找绿色阴影或暗阴影（色散度低时）的截止边，绿色阴影或暗阴影通过宝石样品影像位置的读数为所测折射率值，如图 5—15 所示。

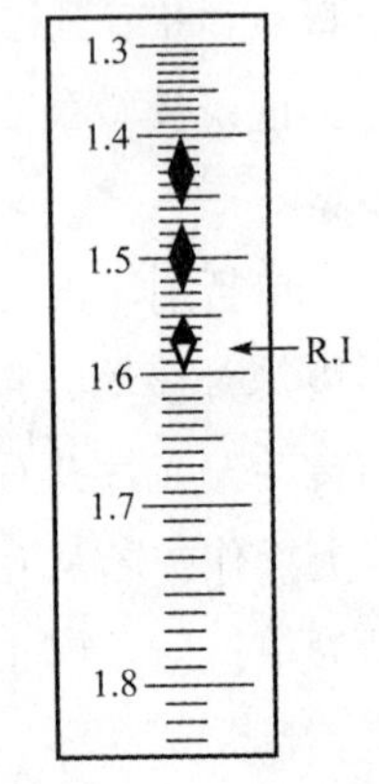

图 5—15　小刻面宝石折射率的测定

注意事项

（1）谨防接触液过多而溢绕刻面四周，影响读数。

（2）谨防接触液中有沉淀物，影响阴影线清晰度导致读数不准。

折射仪的使用——弧面型宝石折射率测定（点测法）

操作准备

（1）使用环境。无干扰光源。

（2）仪器要求。稳定的操作台，光源可使用白光（日光或光纤灯）或单色光（钠光灯或黄光二极管灯）。（相关用品：折射油、清洗折射仪工作台的清洗剂及其他备品）

（3）样品要求。弧面宝石样品。抛光越好，折射率的读数越精确，故原石样品应有平滑的晶面或抛光面。

操作步骤

步骤 1　清洁宝石和检查折射仪。开启光源后，折射仪的视域应明亮，刻度尺应清晰。

步骤 2　选择光源，用白光（也可用单色光）。

步骤 3　对于弧面型的宝石，选用宝石样品抛光最佳的部位。

步骤 4　不放大（取下目镜），在折射仪的金属部位滴一小滴折射油，将宝石样品待测面沾上折射油并小心放置到工作台的中央，若宝石样品为卵形，则使宝石样品的长轴方向平行于工作台的长轴方向，在距折射仪 30～35 cm 处上下移动来观察宝石样品点状影像的变化情况。

观察

选择下列三种点测法的读数方法中的一种进行读数，如图 5—16 所示。

（1）1/2 法。取点状影像半明半暗位置时的读数，是点测法中较为精确的一种读

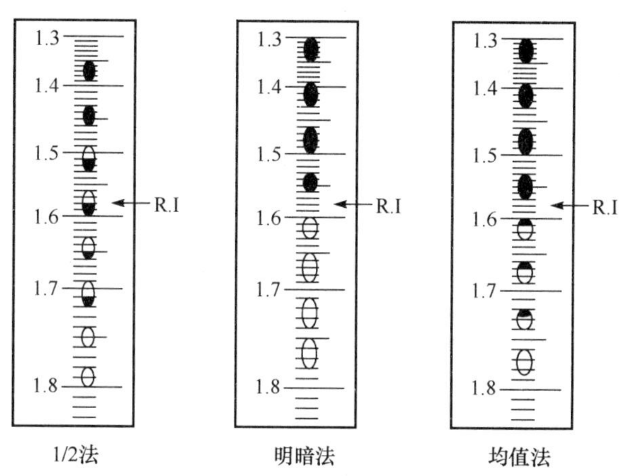

图 5—16　点测法的三种读数方法

数方法。

(2) 明暗法。取点状影像急剧地由亮转暗位置的刻度值为所测折射率。

(3) 均值法。点状影像亮度在刻度尺的某一区间内逐渐变化，取最后一个全暗影像与第一个全亮影像的读数的平均值为所测折射率，这是点测法中最不精确的一种读数方法。

使用该方法要注意的是：过多的接触液会使影像过大或产生暗色环，还可产生弯曲的阴影截止边，甚至明、暗域颠倒。若接触液过多，可将宝石样品小心垂直拿起，擦去工作台上的折射油，再将宝石样品小心置于工作台中心，如此反复操作，直到点状影像的大小约覆盖 2～3 个刻度，再进行读数。

注意事项

(1) 折射仪法测试折射率有其局限性，能测得的折射率下限值约为 1.35，上限值（取决于接触液的折射率）约为 1.80 或 1.81。如宝石样品超出折射仪测量范围，则不能测定折射率和双折射率。

(2) 放置宝石样品的玻璃台的硬度较低，容易被刻划，不能使用镊子拿上或取下宝石样品。如果接触液蒸发并结晶成硫化物晶体，应使用较多的接触液或酒精使之溶解，然后擦去，不可硬擦，否则可能会损坏宝石样品台。

(3) 折射率读数的精度和可靠性取决于以下几点：

1) 宝石样品待测部位的状态（抛光质量、刻面的平整度、干净程度）。如宝石样品无光滑面，与折射仪宝石样品台接触面过小（如小刻面、弧面等）；宝石样品所镶嵌金属超出宝石样品平面，宝石样品为多晶质集合体，则不易测定折射率和双折射率。

2) 宝石样品台的状态。已经受到腐蚀的宝石样品台使用抛光剂可除去锈迹，但不能除去擦痕或凹坑。如果样品台已遍布擦痕或凹坑则需更换，否则影响测定的数值。

3）所用折射油的多少。折射油太多会产生一个围绕宝石样品的黑色圈，混淆数值，或使待测宝石样品浮在宝石样品台上；折射油太少，则宝石样品与宝石样品台不能形成光学接触，影响读数。

4）所用的光源类型。应使用单色光或白光，一般使用黄色单色光（波长为 589.5 nm）。用白光做光源时，阴影边界为彩色带。

5）宝石样品所测刻面尺寸太小则精确度低。

（4）折射油对宝石样品有损害时（如多空隙或结构松散的宝石样品），不能测定折射率、双折射率。

（5）一般不能区分同一品种宝石中的天然品、合成品和优化品。

（6）折射仪需要定期进行校准，校准宝石除用玻璃外，还常用水晶、合成尖晶石等。

学习单元 6　使用紫外荧光灯鉴别宝石

学习目标

➢了解紫外荧光灯原理。

➢熟悉紫外荧光灯结构。

➢掌握紫外荧光灯使用方法。

知识要求

一、紫外荧光灯原理

紫外荧光灯是能辐射出一定范围紫外线的灯，用来检测宝石的荧光和磷光现象。

紫外荧光灯是利用某些宝石在被紫外线辐射时会受到激发而发出可见光的现象作为原理而制成的专用灯。不同宝石品种甚至同一品种的不同样品，因其组成元素或微量杂质元素的不同，而呈现不同的荧光反应，表现出不同的荧光颜色和荧光强度。荧光强度可分为强、中、弱、无四级。一般情况下，宝石的荧光效应对长波紫外线较短波紫外线明显。

某些宝石在停止紫外线辐射后，仍能在一定时间（1～2 s）内继续发出可见光，称之为磷光。

二、紫外荧光灯结构

紫外荧光灯由辐射出一定范围紫外线的灯管、特制的两片滤光片（只允许 365 nm 和 253.7 nm 紫外线通过）、黑色材料制成的暗箱和观察窗口挡板（或透明有机玻璃）构成。紫外线由开关控制，分别提供长波 LW（365 nm）和短波 SW（253.7 nm）紫外线（见图 5—17）。

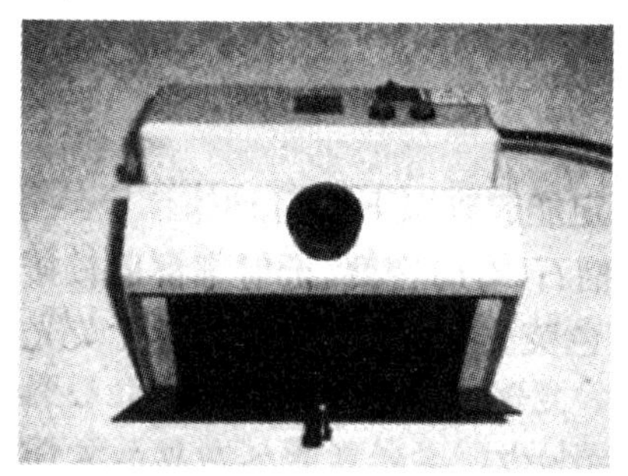

图 5—17　紫外荧光灯

技能要求

紫外荧光灯的使用——检测宝石的荧光现象

操作准备

（1）使用环境。无干扰光源或光线较暗的环境。

（2）仪器要求。稳定的操作台、紫外荧光灯、镊子。

（3）样品要求。干净的宝石样品（因为油污和纤维都具有荧光，会干扰样品观察效果。在未打开紫外荧光灯开关之前，将宝石样品放在宝石样台上或样品室内）。

操作步骤

步骤 1　清洁宝石和检查紫外荧光灯。

步骤 2　关上玻璃挡板，使宝石样品完全处于黑暗中，观察黑暗中的宝石样品，让眼睛适应。

步骤 3　分别按长波和短波按钮，稍等片刻（等待紫外荧光灯发射），观察并记录宝石样品的荧光颜色和荧光强度，记录时应注明所用的紫外荧光灯的光波波段。

步骤 4　如需观察宝石样品磷光现象，关闭开关后继续观察。

观察

记录在长波紫外线（LWUV）或短波紫外线（SWUV）下宝石发出荧光的颜色、强弱、发光部位。一般宝石在长波紫外线（LWUV）下发光强度比短波紫外线（SWUV）强，合成宝石的发光强度比天然宝石强。记录时荧光强度在前，颜色在后，中间用逗号隔开。记录示例：

LWUV 强，红

SWUV 弱，红

常见天然宝石荧光颜色见表5—3。

表5—3　　常见天然宝石荧光颜色

宝石	LWUV	SWUV	其他
钻石	橙、黄、蓝、紫、绿	橙、黄、蓝、紫、绿	可有磷光
红宝石	红	红	
红色尖晶石	红、橙	红、橙（弱）	
祖母绿（某些）	红	红	
变石	红	红	
欧泊	白	白	可有磷光
黄、粉色托帕石	橙、黄		
月光石	蓝、粉红		
锆石	黄	黄	
琥珀	白、黄、绿、蓝	白、黄、绿、蓝	

注意事项

（1）短波紫外线对人体有伤害，使用时应避免人体各部位（主要是手、眼）被紫外线照射，观察时应关好玻璃挡板，取、放宝石样品时应关闭紫外荧光灯或使用镊子操作。

（2）宝石样品必须放在紫外荧光灯下的黑暗背景之中进行观察。

（3）无论是荧光还是磷光，仅能作为辅助性的鉴定依据，不能仅凭宝石的发光性对宝石做出鉴别。

（4）观察宝石样品发光性时，要记录发光颜色和发光强度，还需要注意发光部位（是否均匀）。如不均匀要搞清原因，特别是多种矿物组成的玉石，荧光可能发自其中某一矿物，如青金岩中的方解石有荧光；有的是因为宝石表面的油、纤维等发出的荧光，故应擦净宝石样品，重新测试。

（5）在判断宝石的荧光时应考虑宝石样品的透明度，透明宝石样品与不透明宝石样品发出的荧光有所不同。

(6) 宝石的荧光颜色有可能与宝石本身的颜色不同。

(7) 同类宝石不同样品的荧光可能存在明显的差异。

学习单元7 宝石显微镜的使用

学习目标

➢了解宝石显微镜原理。

➢熟悉宝石显微镜结构。

➢掌握宝石显微镜使用方法。

知识要求

显微镜就是由不同功能的光学透镜和显微机械本体所共同组合而成的一种放大观察仪器，它可以使受观察的物体产生放大的物象，通常用来观察眼睛无法直接看到的宝石内外部特征。

一、宝石显微镜原理

根据光学原理，显微镜是通过光学透镜来将被检物体进行放大的。显微镜的主要光学部件物镜与目镜都由光学透镜组合而成，相当于一个凸透镜。显微镜的放大倍数等于目镜放大倍数乘以物镜放大倍数，如目镜为10×，物镜为5×，则总放大倍数为50倍。通常显微镜可以更换目镜和物镜。常见目镜的放大倍数有10×、20×，物镜放大倍数有1×、1.5×、2×、3×、4.5×。

二、宝石显微镜结构

显微镜（见图5—18）由以下几个主要部分组成：

(1) 光学系统（透镜系统），包括目镜、物镜及变焦系统。

(2) 照明系统，包括底光源、顶光源、电源开关和光量强度调节旋钮等。

(3) 机械系统，包括支架、焦距调节旋钮、锁光圈、弹簧宝石夹等。

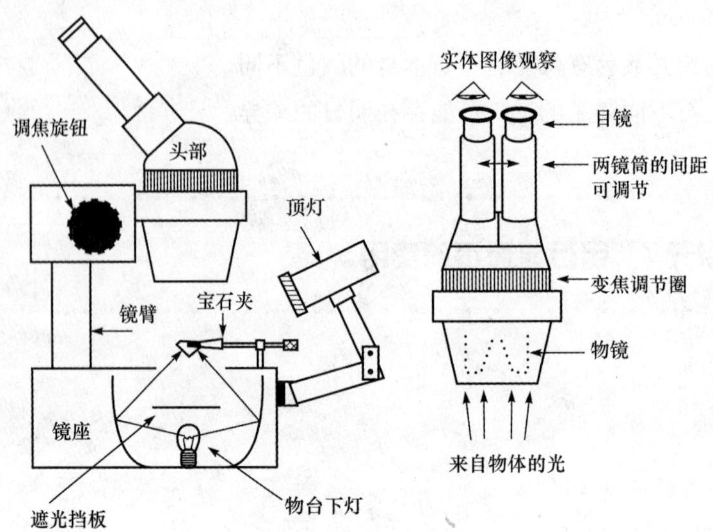

图 5—18　显微镜结构

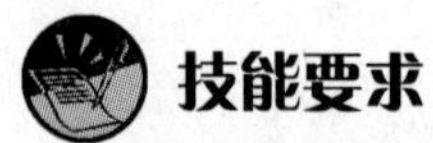

技能要求

宝石显微镜的使用

操作准备

（1）使用环境。无干扰光源或光线较暗的环境。

（2）仪器要求。稳定的操作台、宝石显微镜、镊子。

（3）样品要求。干燥、干净的宝石（避免将宝石表面的灰尘当做宝石内部特征；不透明或色泽过黑的宝石不能观察内部结构）。

操作步骤

常用的宝石显微镜为立式双筒连续变焦显微镜，该种宝石显微镜的操作程序如下：

步骤 1　根据待测宝石样品大小把待测宝石样品放置于载物台或夹子上。

步骤 2　选择光源。打开顶光源观察外部特征；若是观察内部特征则打开底光源，再根据被测宝石的具体观察特征选择具体照明方法。一般有暗域照明法、亮域照明法和水平、斜向、垂直照明法（见表 5—4）。

表 5—4　　宝石显微镜常用照明方式表

照明法名称	照明法示意图	照明法说明
暗域照明法	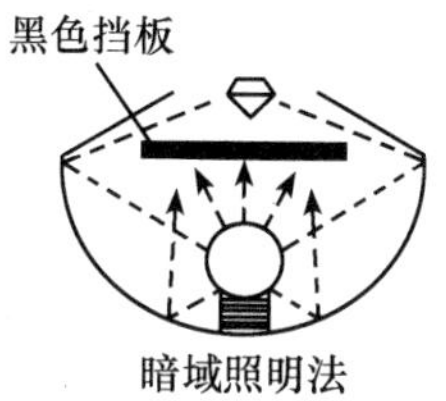 黑色挡板 暗域照明法	使用黑色的暗域挡板，变光为侧光照明，以无反射的黑色挡板为背景。这是最常用的一种照明方法，主要用于观察宝石内部包裹体
亮域照明法	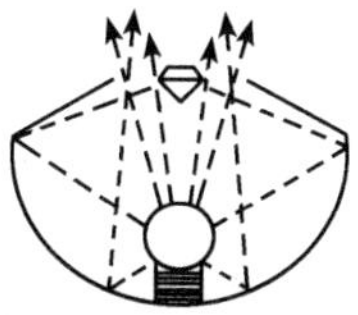 亮域照明法	去掉黑色挡板，来自底灯的光直接照向宝石。这种照明方法有利于观察宝石色带、生长纹或低突起包裹体
水平照明法	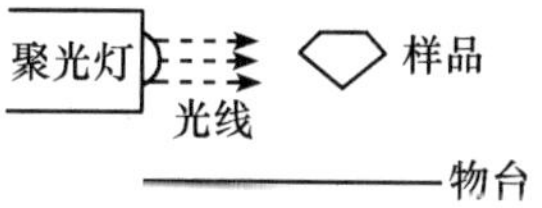 聚光灯 样品 光线 物台 水平照明法	在宝石的侧面用水平光束照明，然后在宝石的上方观察。这种方法有利于观察宝石的针点状晶体、包裹体和气泡等
斜向照明法	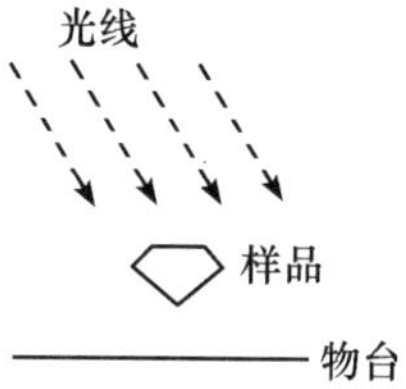 光线 样品 物台 斜向照明法	光线从斜向角度直接照到宝石上，可观察宝石的固、液包裹体，小解理面产生的薄膜效应等
垂直照明法	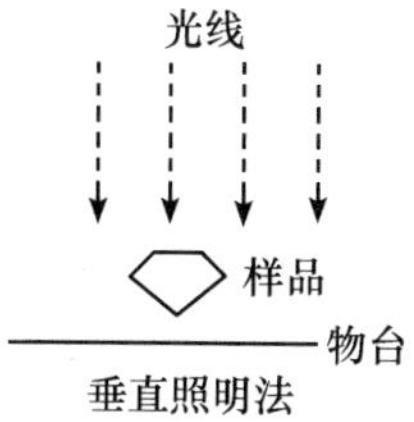 光线 样品 物台 垂直照明法	光线从宝石上方垂直照明，有利于观察宝石的表面和近表面特征

步骤 3　调节目镜。由于许多人的左右眼视力不一致，因此在使用宝石显微镜前需要对目镜进行调节，使双眼同时对焦。通过调节宝石显微镜上两个目镜的调焦旋钮，使得双眼看见的物像一致。

步骤4 调整放大倍数，选择范围是1×、2×、3×、4.5×。先用低倍物镜观察宝石样品，若看到感兴趣的内、外部特征，将目标移至视域中心，逐渐增加放大到需要的倍数。

步骤5 调整调焦旋钮。转动宝石显微镜支架上的大旋钮，使视域清晰。

观察

根据对宝石样品的观察特征要求，使用步骤2中不同的照明方法进行观察。

注意事项

宝石显微镜是精密仪器，注意从防高热、防潮、防尘、防腐蚀、防震和擦尘几个方面来保养。

（1）防高热。工作的温度范围一般为5～40℃。

（2）防潮。在31℃时相对湿度不得大于80%，温度每升高3℃，相对湿度要设法降低10%。

（3）防尘。灰尘不仅会影响成像质量，而且灰尘中往往也带有含酸、碱等腐蚀性的尘粒，容易腐蚀镜面；而硬度大的尘粒在擦拭镜头时还可能在镜面上划出伤痕，损坏镜头。此外，灰尘掉进机械活动部分时容易造成机械部分转动不灵活，甚至损坏。宝石显微镜不用时，应罩上防尘罩防尘。

（4）防腐蚀。宝石显微镜不能接触酸类和碱类物质，也不要与挥发性很强的化学药品及其他有害药品放在一起，以免腐蚀镜头。

（5）防震。剧烈的震动会造成宝石显微镜精密度的降低。要轻拿轻放，搁置要平稳，使用时动作应轻柔。

（6）擦尘

1）机械结构的擦拭。宝石显微镜机械结构如有污渍，可用干净的柔软细布擦拭；如果擦不掉，可用擦镜纸或细绸布蘸少量二甲苯擦拭。应注意不能用酒精、乙醚等化学品，以免腐蚀宝石显微镜表面的油漆。

2）光学镜头的擦拭。一般采用先吹、后刷、再擦拭的方法。吹，就是用吹气球（或用洗耳球）吹掉镜头表面的附着物，但不能用口直接吹气；吹不掉时，可用干净的专用清洁毛刷轻轻地刷；经上述两种方法处理后镜头表面仍有污物时，用擦镜纸稍蘸一点二甲苯轻轻擦拭；如果发现镜头发霉长雾时，可用擦镜纸蘸少许无水酒精和乙醚的混合液擦拭，但液体不能太多，停留时间要短，以免渗入镜头内部造成腐蚀。

学习单元 8　大型仪器在宝石检测中的使用

学习目标

➢了解大型仪器的适用范围。

➢熟悉大型仪器在宝玉石检测中的应用。

知识要求

随着科学技术的发展，模仿贵重宝石的各种合成及优化处理宝石在产量和技术上都得到了较大的发展，并且与宝石的差异越来越小，使宝石鉴定的难度明显增加，仅靠常规的宝石鉴定仪器很难区分它们。在这种情况下，许多高端精密大型仪器被引进宝石学领域。

目前用于宝石学鉴定的高端精密大型仪器有红外光谱仪、拉曼光谱仪、紫外可见光分光光度计、电子探针、扫描电子显微镜、X 射线衍射仪、阴极发光仪等。其中红外光谱仪由于售价相对较低、操作简单，并且在宝石鉴定中有重要的作用而得到广泛使用，已经成为专业宝石鉴定实验室所不可缺少的设备。

一、常用仪器的适用范围

1. 红外光谱仪

(1) 红外光谱仪的使用方法和适用范围

1) 直接透射法。无损，适用于薄至中等厚度的宝石原料或成品样品鉴定。

2) 直接反射法。无损，适用于具较大抛光平面的宝石原料或成品样品鉴定。

3) 纤维红外光谱法。无损，适用于对宝石原料和成品样品微区的反射和透射光谱的观察来进行鉴定，宝石原料和成品样品规格应符合仪器要求。

4) 粉末透射法。微损，适用于原石、玉石雕件样品等材料的鉴定。

(2) 傅立叶变换红外光谱仪操作步骤

1) 开机，预热。

2) 选择测试条件，如扫描次数、分辨率、扫描范围等。

3) 背景扫描。

4) 测试宝石样品。

5) 分析处理图谱。

红外光谱仪在常见宝玉石检验中多用于区分合成水晶与天然水晶，检测经充填处理的翡翠、祖母绿、红宝石等。

2. 紫外可见光分光光度计

（1）紫外可见光分光光度计的使用方法和适用范围

1）透射法。无损，适用于薄至中等厚度、透明至半透明的宝石样品的鉴定。

2）反射法。无损，适用于具较大抛光平面的宝石样品的鉴定。

（2）紫外可见光分光光度计操作步骤

1）开机，预热。

2）选择透射法、反射法及样品合适的方法。

3）设置仪器条件及扫描参数。

4）测试宝石样品。

5）根据所测图谱，进行结果分析。

在常见宝石检验中，紫外可见光分光光度计主要用于确定宝石的致色离子，区分经辐射处理的钻石与天然钻石。

二、大型仪器在宝玉石检测中的应用及结果分析

1. 红外光谱仪在宝石鉴定中的用途及主要鉴别特征

（1）鉴别宝石品种，如硅线石猫眼、柱晶石和透辉石猫眼。每一种物相的分子都会有固定的振动频率，如同指纹一样，称为指纹频率。特定的宝石品种的指纹频率也是唯一的，因此根据待测宝石的红外光谱指纹频率，可以确定宝石品种。

（2）区分宝石与合成宝石，如天然水晶与合成水晶。由于合成宝石含水性与天然宝石不同，根据红外光谱鉴别天然宝石与合成宝石的关键是基于O—H各种形式振动的吸收频率原理，可以区分天然宝石与合成宝石。天然水晶与合成水晶的红外吸收光谱如图5—19所示。

（3）区分优化处理的宝玉石，如翡翠的充填处理（市场称“B货”）。红外光谱仪对检测充填有机质的宝石极为有用。由于有机质的C—H键的振动频率、O—H键的振动频率在2 500～3 800 cm^{-1}范围内，与硅酸盐及氧化物类宝石的晶格振动频率400～1 800 cm^{-1}错开，正好在常见宝石的红外透光区，所以能更灵敏地检测出有机质是否存在，尤其重要的是，还能判别有机物的种类，从而得出准确的检测结论。

如翡翠的充填处理目前在市场极为常见，但用常规的仪器却很难加以鉴定，而红外光谱却为其鉴定提供了确定性的结论。图5—20为充填处理的翡翠的红外吸收光谱。由于翡翠中填充了树脂类高分子聚合物，在2 200～3 500 cm^{-1}的范围内有2 870 cm^{-1}、2 928 cm^{-1}和

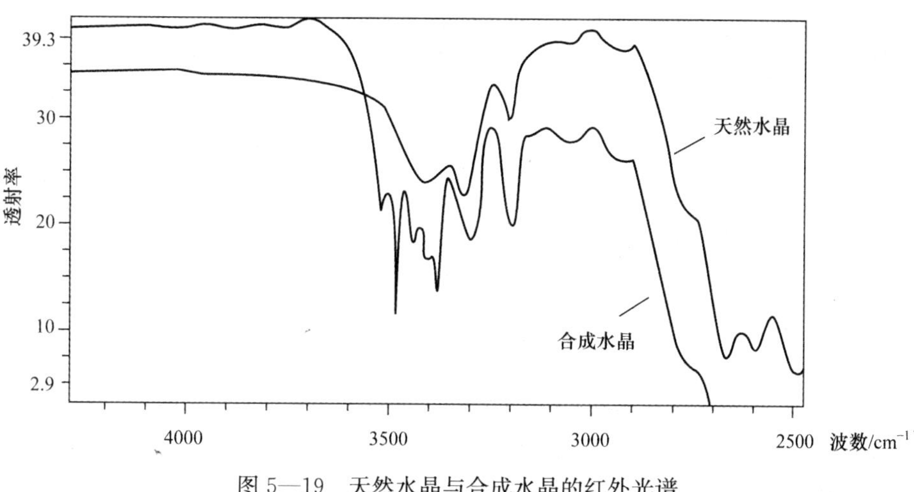

图 5—19 天然水晶与合成水晶的红外光谱

2 964 cm^{-1} 的吸收峰系、3 035 cm^{-1} 和 3 058 cm^{-1} 的吸收峰系，并且 2 964 cm^{-1} 的吸收峰更强。当翡翠中树脂较多，红外光更多地被吸收时，波形产生一定的变化（见图 5—20 中 b），这时，2 430 cm^{-1}、2 485 cm^{-1}、2 540 cm^{-1} 和 2 590 cm^{-1} 的 4 个吸收峰变得明显，像手指状，而 2 870 cm^{-1}、2 928 cm^{-1} 和 2 964 cm^{-1} 组成一宽底状的吸收谷。3 035 cm^{-1} 和 3 058 cm^{-1} 的吸收谷还能看到。但如果翡翠中的树脂更多，对红外光的吸收更强，那么“指状峰”将成为主要的鉴别特征（见图 5—20）。

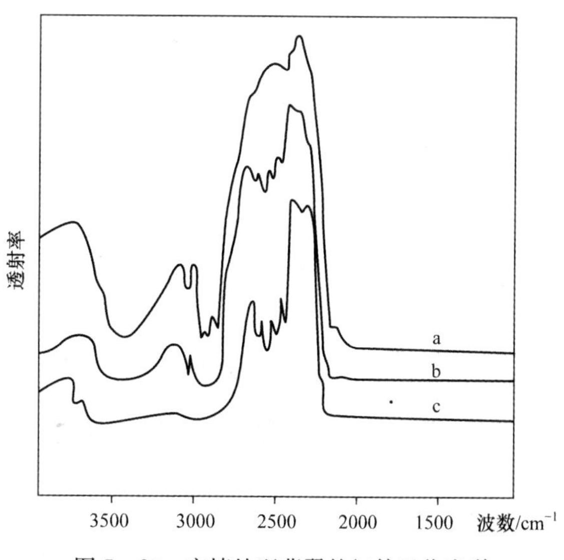

图 5—20 充填处理翡翠的红外吸收光谱

另外，红外光谱还可以区分充填处理的祖母绿、注塑的绿松石等充填处理宝石。

（4）辐射处理彩色钻石的鉴别。当前，“人工改色”的钻石也是钻石优化处理的新方向，这也同时给钻石的鉴定提出了挑战，常规鉴定仪器显得无能为力，借助红外光谱可以帮助区分辐射处理的彩色钻石。人工致色的彩色钻石以595 nm的吸收峰为鉴别的标志，但是经“高温退火”，595 nm的吸收峰就会消失，同时会在近红外区产生新的吸收，分别位于5 165 cm^{-1}和4 936 cm^{-1}。所以，在可见光谱中没有595 nm吸收峰的彩色钻石。还要测定其红外吸收光谱，看看是否存在5 165 cm^{-1}和4 936 cm^{-1}吸收峰，两个峰中任意一个的出现都是经辐射处理过的彩色钻石的证据（见图5—21）。

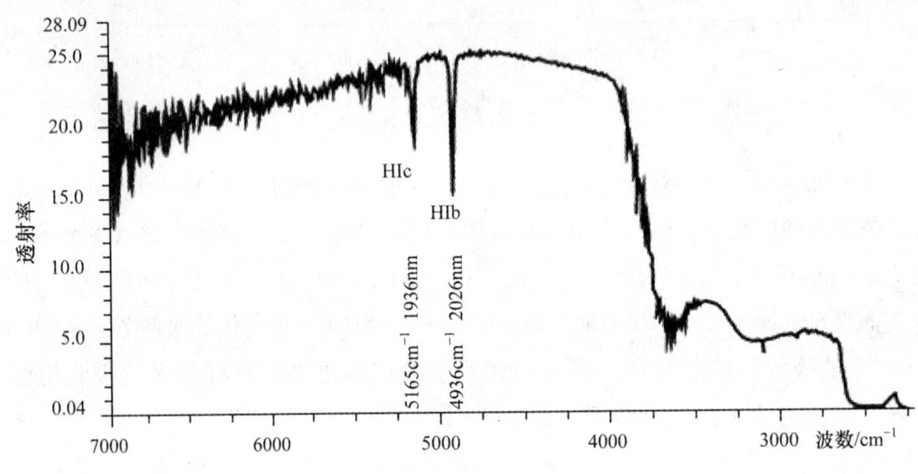

图5—21　辐射处理彩色钻石的红外光谱

2. 可见光分光光度计在宝石鉴定中的用途及主要鉴别特征

利用分光光度计研究宝石可见光吸收光谱是一项宝石鉴定的新技术。目前，应用较为成熟的领域是彩色钻石的色源鉴定。在区别宝石的原产地、识别处理宝石、定量或半定量的描述及评价宝石等方面也有重要应用。

（1）确定宝石中的致色离子，确定宝石品种。不同的致色离子对可见光具有不同的特征吸收，因此可以根据宝石的可见光吸收光谱确定宝石的致色离子。并且在不同的宝石晶体中，由于致色离子所处的环境不同，即使同种离子对光的吸收特征也会有一定的差异，所以通过对宝石的可见光吸收光谱的分析还可以帮助确定宝石品种。图5—22为翠榴石和祖母绿中铬离子的可见光吸收光谱特征。

（2）区别彩色钻石与辐射处理的彩色钻石。彩色钻石是非常稀有的宝石，价值很高。但钻石的颜色也可以用高能射线辐射产生。目前，已知彩色钻石的颜色可以由杂质元素、

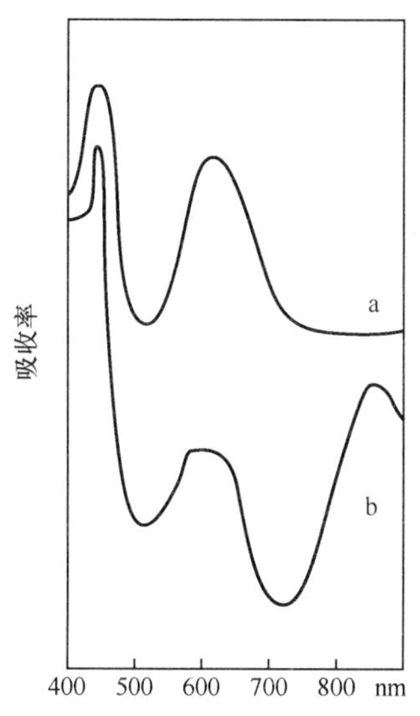

图 5—22　祖母绿和翠榴石中铬离子可见光吸收光谱

a—祖母绿　b—翠榴石

与杂质元素有关的色心、晶格塑性型变所造成的色心以及天然辐射作用形成的色心等导致。而人工的颜色都是由高能辐射产生的晶体损伤，以及随后的热处理来调整色心而形成。这两种不同的成因在可见光吸收光谱上可以出现不同的吸收图谱。如图 5—23 所示，天然红色钻石在 563 nm 处有一较宽的吸收峰，503 nm 处还可出现吸收；辐射处理的红色钻石不具有这个特征线，而是在 637 nm、595 nm 和 575 nm 处出现吸收峰（见图 5—24）。

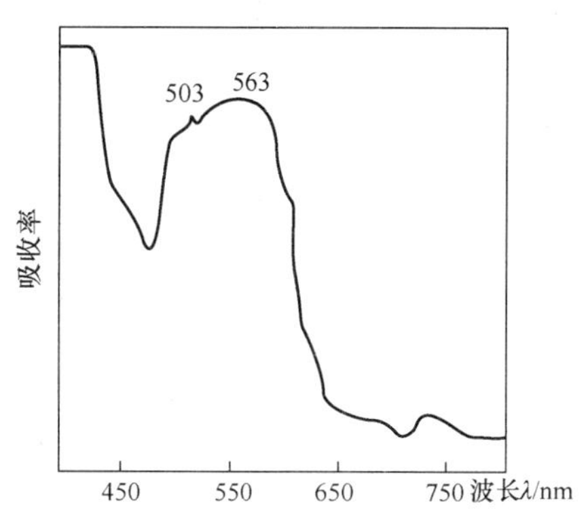

图 5—23　天然红色钻石的吸收光谱

（3）彩色宝石的产地鉴定。不同产地的同种宝石，其致色元素的种类、含量和比例有一定差异，宝石的可见光吸收光谱正是这些特征的反映。当致色元素的含量较低时，对各种直接测定化学成分的技术造成困难，这时吸收光谱反而更能够提供致色元素的信息，从而对宝石产地的判别起到辅助作用。如具有天鹅绒效应的拜林蓝宝石和克什米尔蓝宝石在外观上非常相似，但可见光吸收光谱的特征却相当不同，借此可将两个产地的蓝宝石区分开。

（4）在宝石色度学方面的应用。用分光光度计研究宝石的颜色，进行宝石颜色的分

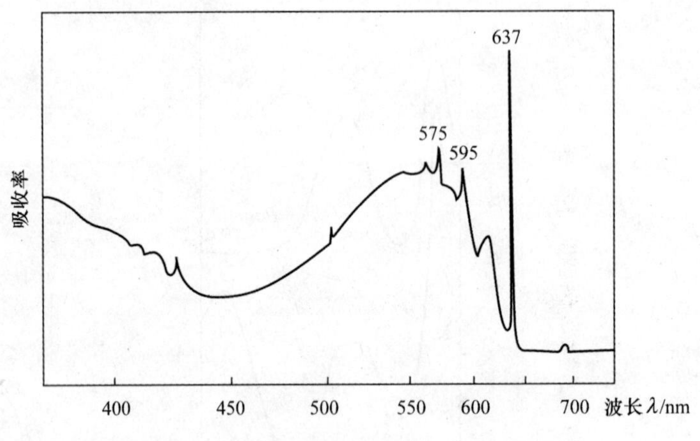

图 5—24　辐射处理红色钻石的吸收光谱

类、描述和评价是当代宝石学发展的一个重要领域，已有不少机构在进行这方面的探索研究。但目前研究最多的还是钻石的色级评价，其他方面的相关成果较少。

3. 其他大型仪器在宝石鉴定中的用途

用于宝石检测或鉴定的其他大型仪器及用途见表 5—5。

表 5—5　　大型仪器在宝石检测中的用途

仪器	用途	优点和缺点
红外光谱仪	根据宝石红外吸收光谱特征，了解宝石成分，从而鉴别天然宝石如矽线石、柱晶石和透辉石的猫眼，区分天然与合成宝石，如祖母绿；检测经漂白充填处理的翡翠	快速准确、无损测试琢型宝石
X射线衍射仪	测宝石内部结构，区分天然珍珠与有核养珠	X射线对人体和某些宝石有伤害
X射线荧光分析仪	测宝石化学成分和含量，鉴别宝石种；区分天然与合成红宝石；区分海水与淡水养珠	
电子探针	测宝石所含元素，特别是微区元素；测包裹体成分	仅限宝石表面微小区域
拉曼光谱仪	可测定距宝石表面 5 mm 范围内的包裹体，鉴别天然与合成宝石	不与样品接触便可测试，不用制样
阴极发光仪	根据电子束轰击样品所产生的荧光颜色与图像，区分：天然与合成钻石，天然与合成紫晶，天然与合成祖母绿，天然与合成红宝石；识别漂白充填处理的翡翠	快速、无损、制样简单

第 2 节　宝石的优化处理和合成

学习单元 1　宝石的合成方法

学习目标

➢了解宝石合成的基本方法。

知识要求

目前，人工制造宝石的常用方法有焰熔法、提拉法、冷坩埚法、助熔剂法和水热法等几种（见图 5—25）。

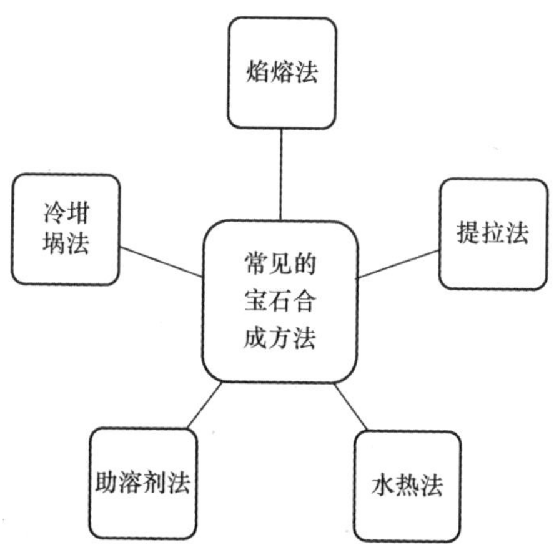

图 5—25　人工制造宝石的常用方法

一、焰熔合成宝石法

焰熔法是用于合成宝石的第一种商业生产方法，特点是成本低、合成速度快，数小时内即可生长出一百多克拉重的晶体，1902 年由法国化学家维尔纳叶（Verneuil）研制成功，故此法也称维尔纳叶法。

焰熔法的基本方法是将合成宝石所需要的固态粉末均匀地混合在一起，在高温烈焰下熔化，然后在籽晶棒上固化形成单晶，图 5—26 为焰熔法所用设备。焰熔法是合成红宝石、合成蓝宝石、合成尖晶石和人造钛酸锶晶体最常用的方法。

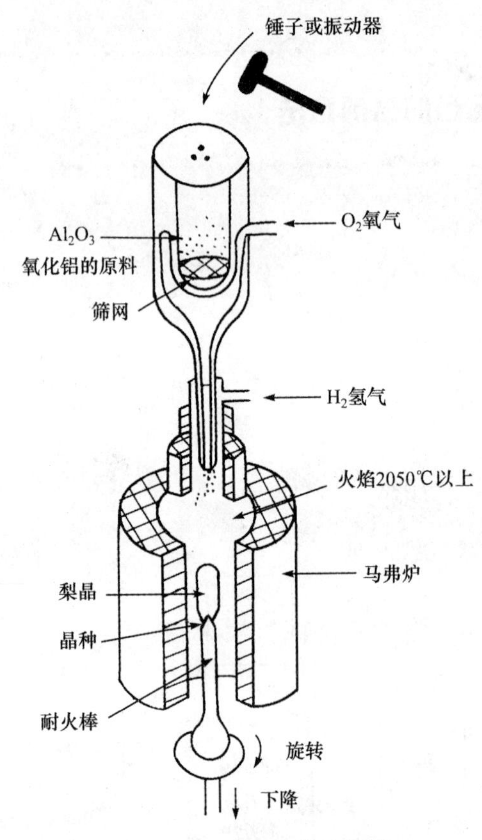

图 5—26　高温焰熔法装置

二、提拉合成宝石法

提拉法亦称丘克拉斯基法，由丘克拉斯基（Czochralski）于 1918 年发明。提拉法是将合成宝石所需的固态粉末均匀地混合后送入坩埚内，加热使原料熔融，再让籽晶伸到熔体的表面相接触，使籽晶部分熔化，在籽晶端部开始生长时边旋转籽晶边缓慢提升，最终形成圆棒状的晶体，如图 5—27 所示。用提拉法合成的宝石晶体较大，质量较高。提拉合成宝石法的关键要控制好熔体的温度，既不能高到使籽晶熔化又不能低到使坩埚内的熔体结晶，通常要使温度保持在比熔点略高几度。

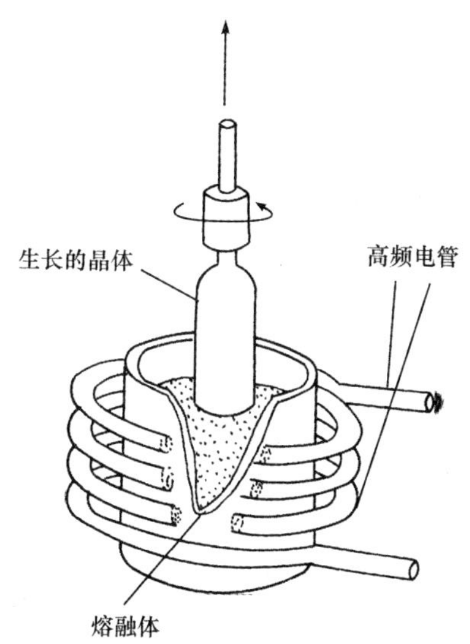

图 5—27　丘克拉斯基法（提拉法）装置

在合成宝石中，大多数氧化物类晶体如合成红宝石、合成蓝宝石、合成尖晶石以及合成钇铝榴石和钇镓榴石等常用晶体提拉法合成。

三、冷坩埚合成宝石法

冷坩埚法又称壳熔法或盔熔法，主要用于生产仿钻制品立方氧化锆。1976 年由前苏联研制成功后推向宝石市场，其方法是将混有稳定剂和若干小块锆金属的氧化锆粉末放入盔埚内，盔埚外部接有高频电管和冷却水管装置（见图 5—28），氧化锆粉末在高频电磁波作用下发生熔融，其内含的锆金属也熔融与氧结合形成氧化锆，而靠近冷却水管壁的氧化锆粉末因管中有冷水降温则不发生熔化，也防止了金属壳的污染，经数小时熔融后冷却，便可从壳底生长出立方氧化锆晶体，其间如掺入各种染色剂，便能产出彩色的立方氧化锆。

四、助熔剂合成宝石法

助熔剂法也称熔盐法。20 世纪 30 年代由德国一家化学公司率先用于合成祖母绿的制造。目前它主要用来制造合成祖母绿、合成红宝石、合成蓝宝石和合成变石等，也是合成宝石使用最多的一种方法。

助熔剂法是将合成宝石所需的固态原料与熔剂混合后送入铂坩埚内（见图 5—29），利用熔点比原料低的熔剂来加速固态原料的熔化。为了能使加热后铂坩埚内的熔剂与原料充

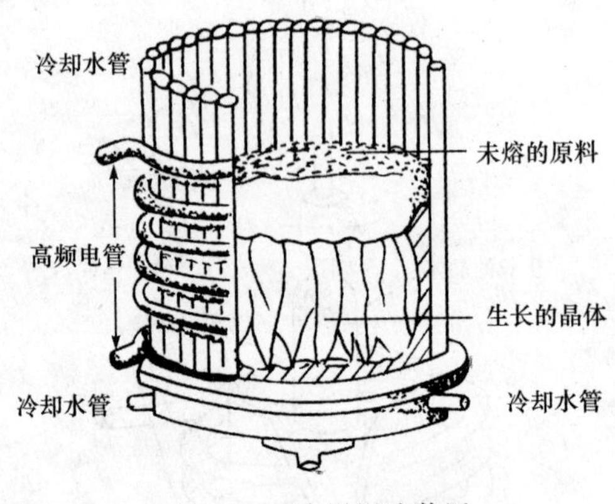

图 5—28　冷坩埚法装置

分混合、熔化，还可往返旋转转台，随着温度下降，熔融物便会冷却并慢慢结晶长出晶体。在结晶时也投入籽晶，以籽晶为晶核，结晶出晶体。用助熔剂法合成宝石，晶体生长速度较缓慢，但产出的晶体颗粒较大。

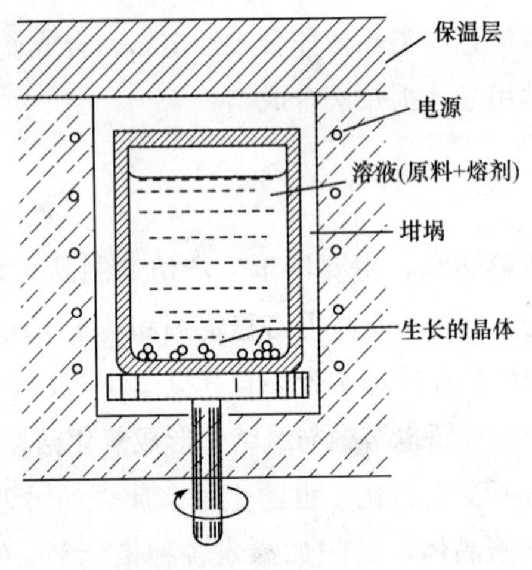

图 5—29　助熔剂法装置

五、水热法

水热法是人工模拟天然矿物在矿化水气液体中结晶过程的一种方法。它将原料置于封闭的高压釜中（见图 5—30），以水为溶剂，通过高温高压，使原料溶解于水中，随后在高压釜上端温度较低的部位，围绕预先设置的籽晶重结晶长出晶体，故此法也称高压釜法。

20 世纪 60 年代中期至 70 年代初常用此法制造合成祖母绿，现已大量用于工业上制造合成水晶，甚至用于制造合成红宝石、合成蓝宝石。水热法的不足之处在于装置费用高，

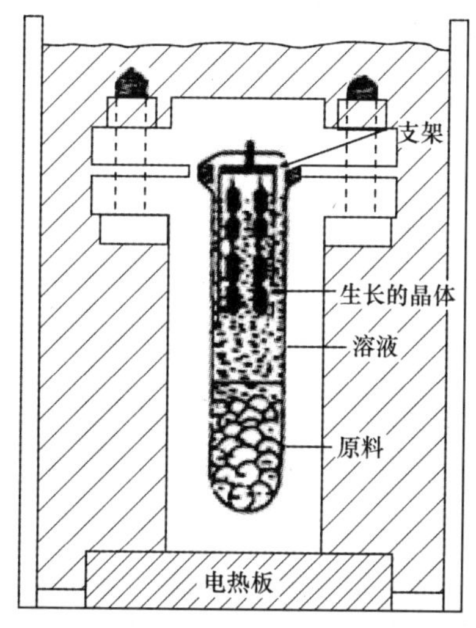

图 5—30　水热法装置

操作时无法观察晶体生长情况，且外部不能随意调节温度，晶体生长速度太慢。由于合成的晶体特征与天然宝石晶体相差无几，专业人士应引起注意，仔细鉴别。

学习单元 2　优化、处理、合成红、蓝宝石

学习目标

➤了解优化、处理、合成红宝石、蓝宝石的方法、品种。

➤熟悉合成红、蓝宝石的基本性质。

➤掌握优化、处理、合成红、蓝宝石的鉴别方法。

知识要求

一、优化、处理红宝石、蓝宝石

优化、处理红宝石、蓝宝石是对红宝石、蓝宝石改善品质的常用方法，处理的品种有热处理、表面扩散处理、充填处理、染色处理、涂色层、贴箔、镀膜、辐射处理。红宝石

与蓝宝石处理基本方法及鉴别特征见表5—6。

表5—6 红宝石与蓝宝石处理基本方法及鉴别特征

处理的品种	处理方法和原理	鉴别方法
热处理	热处理可以改善红蓝宝石的颜色，增加宝石的透明度 宝石的热处理，就是通过化学方法达到生色、增色或褪色。一般情况下，如果把某些淡蓝色或无色的刚玉置于还原环境下进行加热，达到一定温度后，会使蓝色加深；相反，如果在氧化环境中加热，会使蓝色变浅。该种技术方法经常用来淡化蓝色太深的蓝宝石和除掉浅粉红色红宝石中的蓝色成分，而由铬产生的红色不受影响，根据以上对宝石的热处理的工艺方法，才能界定是优化或处理后的宝石	①用肉眼或借助放大镜可以看到，宝石内部颜色出现不均匀的扩散晕或色块 ②内部所含的低熔点包裹体（如长石、方解石、磷灰石等）发生部分熔融，使原来柱状晶体边缘变得圆滑。一些丝状、针状包裹体（如金红石）变成断续的丝状、点状 ③样品内部的原生流体包裹体在高温作用下发生胀裂，流体浸入新胀裂的裂隙中 ④已切磨好的样品表面会发生局部熔融，产生一些凹凸不平的麻坑。为了消除麻坑而进行的第二次抛光，常会出现双腰棱、多面腰棱现象 ⑤经热处理产生的黄色和蓝色蓝宝石，缺失450 nm吸收带
表面扩散处理	表面扩散处理是热处理的一种特殊方法，可改变红宝石和蓝宝石外表颜色或产生星光效应。钛和铁的扩散产生蓝色，铬的扩散产生红色，镍的扩散产生黄色。要产生星光效应，扩散时需要渗入过量的钛	①仔细观察宝石，或将其浸入二碘甲烷中观察，会发现颜色多集中于腰围、刻面棱及开放性裂隙中 ②在短波紫外线下，经过表面扩散处理的蓝宝石可见到白垩状蓝色或绿色荧光，表面扩散处理的红宝石可见到斑块状蓝白色磷光 ③表面扩散处理的红宝石具有异常的折射率，折射率可达1.80 ④表面扩散处理的刚玉宝石二色性模糊，红色品种有时表现为异常的黄色一棕黄色二色性 ⑤表面扩散处理所产生的星光品种，其星线完美、均匀，似合成星光品种。但显微镜下观察可发现“星光”仅局限于样品的表面，而且没有天然星光品种中的三组定向排列的金红石细针，表面仅见由细小的白点聚集而成的一层极薄的絮状物

续表

处理的品种	处理方法和原理	鉴别方法
充填处理	充填处理红蓝宝石就是通过加热等方法，将油、胶、玻璃等物质充填于红蓝宝石的裂隙或空洞中，以掩盖这些瑕疵，增强宝石外观效果或使多孔隙宝石变硬的方法。注油和胶是较原始的做法，玻璃充填近几年有了进一步的发展，出现了注入铅玻璃的方法。新型的铅玻璃充填具有高度隐蔽性	充填处理红蓝宝石的鉴别： ①用放大镜和宝石显微镜仔细观察就可以发现，表面上或裂隙中充填的玻璃与红宝石和蓝宝石的光泽不同 ②可根据玻璃和红蓝宝石的荧光特性差异，进行有效区别 ③ 放大镜下观察，玻璃充填物中可见到气泡 ④玻璃充填物不会长久稳固地存在，有时会从宝石表面脱落而形成缺口 ⑤玻璃充填物的硬度比红宝石和蓝宝石低 注油红蓝宝石的鉴别： ①用透射光和反射光进行检测时，可以看出宝石裂隙中的注油迹象 ②注意宝石包装纸上有无油斑 ③将热检测器的尖端靠近注油裂隙，看有无油珠析出 注胶处理的鉴别： 红蓝宝石裂隙内，胶的光泽明显低于红蓝宝石主体的光泽。裂隙较大时，针尖可将其内的胶划动，红外光谱中会出现胶的吸收峰
染色处理	通常用于不透明或半透明红、蓝宝石，有时也用于透明红、蓝宝石。该方法就是将色浅、裂隙发育的宝石放进有色染料溶液中浸泡、加温，使其染上颜色。染色法所用的染色剂可以是无机的（矿物质的），也可以是有机质。这是一种早期的宝石处理技术，由于比较原始，现在已很少使用	①放大检查时可发现染料在裂隙中集中，有裂隙的地方颜色较深，没有裂隙的地方就比较浅或没有颜色 ②因为染料并未进入红蓝宝石的晶格，所以虽然宝石的外表颜色浓艳，但却没有明显的多色性 ③由于染料的因素，可能引起异常的荧光，如橙黄一橙红色荧光 ④红外光谱中出现染料的吸收峰 ⑤ 在查尔斯滤色镜下，染色宝石呈红色，而天然蓝宝石呈淡蓝色 ⑥如果是有机染色剂，可使蘸有丙酮的棉球染色

续表

处理的品种	处理方法和原理	鉴别方法
涂色层	在刻面红蓝宝石的亭部小面或腰部、弧面型宝石的底部，涂上一层颜料或带色塑料，以改善宝石的颜色	只要用肉眼或放大镜仔细观察，就会发现颜色的来源
贴箔	贴箔法是在红蓝宝石的底面上，贴上一小块色箔。有时为了模仿昂贵的星光宝石，用特殊标记的箔衬或带色平箔片粘在弧面型宝石的底部。用这种方法处理的宝石，在做成首饰时，采用的都是封闭式镶嵌手法	使用放大镜或低倍显微镜进行观察 。在某些情况看见贴箔未贴紧，可以透过台面看到褶皱效应
镀膜	在颜色较浅的刚玉宝石的表面，镀覆一层红色或蓝色的有机薄膜。用此方法处理的红蓝宝石仔细观察可以看到，颜色只是薄薄的一层	由于薄膜的硬度较低，易于损坏和脱落，很容易就会露出内部本质
辐射处理	宝石经过辐照后，使宝石产生色心或改变色心，因而使宝石产生颜色或改变颜色，辐射处理后的颜色主要与原宝石的种类及其颜色有关，同时也与射线种类有关。刚玉类宝石原来为无色、粉色，辐射处理后会变成黄色、橙色	辐射处理的黄色蓝宝石很难与蓝宝石区分，可用酒精灯烧烤一下进行“褪色实验”，色心稳定的可作为天然的宝石出售

二、合成红宝石、合成蓝宝石

合成红宝石、合成蓝宝石可用焰熔法、提拉法、助熔剂法和水热法来制造，但大多数合成红宝石、合成蓝宝石是采用焰熔法来制造的。在合成红宝石或蓝宝石的材料中，如在无色透明的纯氧化铝粉末中加入适宜的铬可合成红宝石，加入铁和钛则可合成蓝宝石。相比焰熔法合成红、蓝宝石，采用助熔剂法、水热法能合成更优质的红、蓝宝石。合成红、蓝宝石也是合成宝石中生产最多的品种之一。不同的红、蓝宝石合成方法有其不同的特征。红宝石与蓝宝石合成基本方法及鉴别见表5—7。红宝石与合成红宝石的基本特性见表5—8。蓝宝石与合成蓝宝石的基本特性见表5—9。

表 5—7　　红宝石与蓝宝石合成基本方法及鉴别

合成的品种	合成方法和原理	鉴别方法
合成红宝石	这是规模化人工生产的第一种宝石，广泛采用的是焰熔法。合成红宝石通常呈鲜亮的红色，与天然红宝石区别甚小，物理性质也相同。像天然红宝石一样，合成红宝石多被加工成椭圆形、圆形、梨形的混合刻面琢型，以及腰圆形。由于合成红宝石颗粒较大，瑕疵较小，有时还被加工成一些特殊琢型，多为弧面与刻面的混合琢体，如上部为中凸的弧形面，而下部为刻面的长方形或椭圆形；或上部为中凸的弧形面和刻面，而下部为刻面的长方形。这些特殊琢型是合成红宝石所特有的，其粒重多在 5～10 ct。另外，也有用合成红宝石加工珠形项链和手镯的，遇到这样的珠宝工艺品时，可以断定不是天然的红宝石	合成红宝石清澈透明，有些甚至不含任何包裹体。不过大多数用火焰熔融法生产的合成红宝石，或多或少都带有一些由此方法造成的生长特征。只要找准了观察方向，这种合成品所具有的细的弧形生长线在放大镜下就可以见到，在显微镜下看得更清楚；有时还可见到小的气泡和成群出现的微小不透明包裹体（为残存的未熔融的原料粉末）。有些合成红宝石中可能会见到网络状的裂纹，这是为了与某些含有许多包裹体的红宝石更相似，通过温度的急剧改变而造成的。只要注意观察，这种现象可以成为合成品的一种鉴定特征。焰熔法合成红宝石的成本低廉，成本中大部分为切磨加工的费用，与红宝石的售价无法相比，不过用助熔剂法和水热法合成的合成红宝石，成本却较高，与中档红宝石的售价大致相当，市场上并不多见
合成蓝宝石	合成蓝宝石的出现比合成红宝石要晚好几年，原因就是要使合成刚玉呈现蓝宝石那样的蓝色，比使其呈现红色要困难得多 合成蓝宝石的琢型与蓝宝石相同。其色调给人的感觉比蓝宝石更冷、更灰。厚薄适中的刻面合成蓝宝石，边缘的颜色往往显得比中间深。而加工成腰圆形的合成蓝宝石，在外观上与蓝宝石非常相近，难以区分	合成蓝宝石的颜色带有独特的色调和色带，且无蓝—绿多色性，据此特征可将其与某些蓝宝石区分开。合成蓝宝石更重要的鉴定特征是在放大条件下对着光观察时，可见到不同深度颜色形成的与弧形生长线一致的宽条带，弧形生长线比合成红宝石更突出、更清晰，有时还会见到气泡和残留原料的细小包裹体，或分散或成群地沿弧形生长线分布 和合成红宝石一样，合成蓝宝石的成本很低，成本中的主要部分为切磨加工费用
合成星光红蓝宝石	掺入合成刚玉原料中的钛氧化物，在与原料混熔后缓慢冷却的过程中，循刚玉的结晶格架结晶成许多细小的晶体，使合成刚玉显示出星光效应。合成星光红、蓝宝石常呈微透明至半透明，被加工成圆形或椭圆形的腰圆形，共有六条明显的放射星光，颜色一般较鲜艳。现在也有些与星光红、蓝宝石相似的呈暗红或灰蓝色的品种出现	一般情况下，合成星光宝石的星光效应比大多数天然的宝石更明显，星光轮廓清晰，十分显著，相对来说较容易辨别。在合成星光红宝石和蓝宝石上，合成刚玉特有的弧形生长线较明显，有时在未磨光的底面上还可模糊地看到呈同心圆状的生长线

续表

合成的品种	合成方法和原理	鉴别方法
其他合成刚玉	其他合成刚玉中最常见的是无色、粉红色、紫色、带棕黄或橙黄等各种色调的黄色，也有在日光下呈灰绿色而在灯光下变成淡红色的变色产品 无色的合成刚玉过去主要用以冒充钻石，粉红色者用以冒充粉红色蓝宝石，黄色者用以冒充黄玉。这些仿冒品通常都加工成与所仿冒宝石一样的琢型，以圆形的混合琢型较为多见。除无色者外，其他品种的粒重常在5～15 ct，甚至更重。用以仿冒钻石的无色合成刚玉则常被加工成小颗粒，与钻石更难区分。色似紫水晶的紫色合成刚玉，在市场上被称为合成变石，通常被用作变石的仿冒品，但与金绿宝石（变石）毫无共同之处	用焰熔法生产的其他合成刚玉，其特有的弧形生长线通常情况下都能被看到，在黄色和橙黄色合成刚玉中这种特征有可能看不到。但这种合成刚玉缺少典型包裹体，这一点可作为鉴别特征之一

表5—8　红宝石与合成红宝石基本特性

特性	红宝石	合成红宝石
化学成分	Al_2O_3，可含有Cr、Fe、Ti、Mn、V等元素	Al_2O_3，可含有Cr等元素，用助熔剂法制造的还可含有Pb、Pt、Ni、W、La、Mo、Fe、V、Ti等助熔剂成分，用水热法制造的可含有Ca、As、K等元素
结晶状态	晶质体	晶质体
晶系	三方晶系	三方晶系
晶体习性	六方柱状、桶状，少数呈板状或叶片状	焰熔法：棒状；助熔剂法：菱面体；水热法：呈板状
颜色	红色、橙红、紫红、褐红色	红色、橙红色、紫红色
光性特征	非均质体，一轴晶，负光性	非均质体，一轴晶，负光性
解理	无解理，双晶发育的宝石可是三组裂理	无解理
硬度	9	9
光泽	玻璃光泽至亚金刚光泽	玻璃光泽至亚金刚光泽
密度	4.00（±0.05）g/cm^3	4.00（±0.05）g/cm^3
折射率	1.762～1.770（+0.009，−0.005）	1.762～1.770（+0.009，−0.005）
双折射率	0.008～0.010	0.008～0.010
紫外荧光	长波：弱至强，红、橙红；短波：无至中，红、粉红、橙红，少数强红	长波：强，红或橙红；短波：中至强，红或粉红，粉白

续表

特性	红宝石	合成红宝石
吸收光谱	694 nm、692 nm、668 nm、659 nm 吸收线，620～540 nm 吸收线，476 nm、475 nm 强吸收线，468 nm 弱吸收线，紫光区吸收	694 nm、692 nm、659 nm 吸收线，620～540 nm 吸收带，476 nm、475 nm、468 nm 吸收线，紫光区吸收
多色性	强，紫红，橙红	强，紫红，橙红色
特殊光学效应	星光效应，猫眼效应（稀少）	星光效应
放大观察	丝状物，针状包体，气液包体，指纹状包体，雾状包体，负晶，晶体包体，生长纹，生长色带，双晶纹	焰熔法：气泡，弧形生长纹 助熔剂法：助熔剂包裹体，铂金属片呈三角形、六边形，彗星状包体，糖浆状纹理 水热法：树枝状生长纹，色带，金黄色金属片，无色透明的纱网状包体或钉状包体
红外光谱	水热法合成红宝石，3 800～2 800 cm^{-1} 范围有明显吸收，有别于红宝石	

表 5—9　　蓝宝石与合成蓝宝石基本特性

特性	蓝宝石	合成蓝宝石
化学成分	Al_2O_3，可含有 Fe、Ti、Cr、V、Mn 等元素	Al_2O_3，可含有 Fe、Ti、Cr、V 等元素
结晶状态	晶质体	晶质体
晶系	三方晶系	三方晶系
晶体习性	六方柱状、桶状，少数呈板状或叶片状	焰熔法：梨形；助熔剂法：呈板状；水热法：呈板状
颜色	蓝色、蓝绿色、绿色、黄色、橙色、粉色、紫色、黑色、灰色、无色	蓝色、绿色、紫蓝色（变色）、粉色、黄色、橙色、无色
光性特征	非均质体，一轴晶，负光性	非均质体，一轴晶，负光性
解理	无解理，双晶发育的宝石可显三组裂理	无解理
硬度	9	9
光泽	玻璃光泽至亚金刚光泽	玻璃光泽至亚金刚光泽
密度	4.00（±0.05）g/cm^3	4.00（±0.05）g/cm^3
折射率	1.762～1.770（+0.009，−0.005）	1.762～1.770（+0.009，−0.005）
双折射率	0.008～0.010	0.008～0.010

续表

特性	蓝宝石	合成蓝宝石
紫外荧光	蓝色：长波：无至强，橙红；短波：无至弱，橙红 粉色：长波：强，橙红；短波：弱，橙红 橙色：一般无，长波下可呈强，橙红 黄色：长波：无至中，橙红、橙黄；短波：弱红至橙黄 无色：无至中，红至橙 黑色、绿色：无 热处理的某些蓝宝石有弱蓝或弱绿白色荧光	蓝色：长波：无；短波：弱至中，蓝白色或黄绿色 绿色：长波：弱，橙色；短波：褐红色 粉色：长波：中至强，红色；短波：红粉色 黄色：短波：非常弱的红色 无色：无至弱，蓝白色（长、短波） 变色：呈中等的橙红色（长、短波）
吸收光谱	蓝色、绿色、黄色：450 nm 吸收带或 450 nm、460 nm、470 nm 吸收线；粉色、紫色、变色蓝宝石具红宝石和蓝色蓝宝石的吸收光谱	蓝色：无，助熔剂法合成蓝色宝石可有 450 nm 弱吸收线；绿色：530 nm 和 687 nm 吸收线；橙色、紫色、粉色：690 nm 吸收线，650nm、670nm 吸收线，580～510 nm 宽吸收带 变色：474 nm 吸收线
多色性	强。蓝色：蓝，绿蓝；绿色：绿，黄绿；黄色：黄，橙红；粉色：粉，粉红；紫色：紫，紫红	蓝色：蓝，绿蓝；绿色：绿，黄绿；变色：紫，紫蓝；粉色：粉，粉红；橙黄色：黄，橙黄
特殊光学效应	变色效应，星光效应（可有六射星光，少见双星光）	星光效应，变色效应，猫眼效应（少见）
放大观察	色带，指纹状包体，负晶，气一液两相包体，针状包体，雾状包体，丝状包体，固体包体，双晶纹	焰熔法：弧形生长纹，气泡，未熔残余物 助熔剂法：指纹状包体，束状、纱幔状、球状、微滴状助熔剂残余，三角形或六边形金属板 水热法：树枝状生长纹，色带，金黄色金属片，无色透明的纱网状包体或钉状包体

技能要求

红、蓝宝石与仿红、蓝宝石的鉴别

几乎所有红色宝石、蓝色宝石都可能成为红、蓝宝石的仿制品。在外观上与红宝石相似的宝石主要有红色锆石、红色石榴石、红色尖晶石、红色碧玺及红玻璃等，与蓝色的蓝宝石相似的宝石有蓝色锆石、蓝色尖晶石、黝帘石（坦桑石）、蓝色碧玺、蓝玻璃等。

操作准备

(1) 环境要求。室内、常温。

(2) 样品要求。仿红宝石、仿蓝宝石、红宝石、蓝宝石。

(3) 仪器准备。镊子、折射仪、偏光镜、电子天平(带静水称重法配件)、宝石显微镜、荧光灯等。

操作步骤

步骤 1 肉眼外观观察。红、蓝宝石:一般颜色不均匀,沿色带分布;光泽为亚金刚光泽。仿红、蓝宝石:一般颜色较均匀;光泽多为玻璃光泽。

步骤 2 放大观察。利用放大镜等进行内、外部特征观察,记录。

步骤 3 仪器测试。利用折射仪、偏光镜、二色镜、静水称重法等进行测试,测出数据并记录。

步骤 4 分析定名。根据以上步骤 2、步骤 3 的观察结果和测试数据,对比表 5—10、表 5—11 进行分析,对宝石进行定名。

表 5—10　　**红宝石及仿红宝石的基本特性**

品名	光泽	光学性质	折射率	双折射率	密度 (g/cm^3)	多色性	其他特性
红宝石	强玻璃—亚金刚	非均质体	1.762~1.770	0.008	4.00	二色性强,橙红,紫红	金红石针状包体,色带,聚片双晶纹等
红色锆石	亚金刚	非均质体	1.925~1.984	0.059	3.90~4.73	二色性中,紫红,紫褐	火彩强;愈合裂隙;后刻面棱重影等
红色石榴石	强玻璃	均质体	1.74~1.81	无	3.62~4.73	无	针状包体、晶体包体、不规则和浑圆状晶体包体
红色尖晶石	玻璃—亚金刚	均质体	1.718	无	3.60	无	细小八面体负晶,单个或呈指纹状分布
红色碧玺	玻璃	非均质体	1.624~1.644	0.020	3.06	二色性中至强,体色深浅变化	重影明显;充满液体的扁平状、平行线状包体
红色玻璃	玻璃	均质体	1.470~1.700	无	2.30~4.50	无	气泡,拉长的空管,流动线,浑圆状刻面棱线

表5—11 蓝宝石及仿蓝宝石的基本特性

品名	光泽	光学性质	折射率	双折射率	密度（g/cm^3）	多色性	其他特性
蓝宝石	强玻璃—亚金刚	非均质体	1.762～1.770	0.008	4.00	二色性强，蓝至绿蓝	色带，指纹状包体，负晶，气液两相包体等
蓝锆石	亚金刚	非均质体	1.925～1.984	0.059	3.90～4.73	二色性强，蓝，棕黄至无色	火彩强；愈合裂隙；后刻面棱重影等
蓝色尖晶石	玻璃—亚金刚	均质体	1.718	无	3.60	无	细小八面体负晶，单个或呈指纹状分布
蓝色碧玺	玻璃	非均质体	1.624～1.644	0.020	3.06	二色性中至强，体色深浅变化	重影明显；充满液体的扁平状、平行线状包体
坦桑石	玻璃	非均质体	1.691～1.700	0.009	3.35	三色性，强	气液包体，矿物包体等
蓝玻璃	玻璃	均质体	1.470～1.700	无	2.30～4.50	无	气泡，拉长的空管，流动线，浑圆状刻面棱线

红、蓝宝石与合成红、蓝宝石的鉴别

合成的红宝石、蓝宝石与红宝石、蓝宝石在物理化学性质上几乎完全相同，通过折射率、密度等数据来区分是不可行的，可通过晶体中的包裹体、生长纹和色带等特征加以鉴别。

天然形成的红宝石、蓝宝石包含的包裹体比合成的多，气、液、固三态包裹体均有，且不同成因类型、不同产地的包裹体特征也不尽相同，可呈现的生长纹或色带一般较平直。

操作准备

（1）环境要求。室内、常温。

（2）样品要求。合成红、蓝宝石；红、蓝宝石。

（3）仪器准备。镊子、折射仪、偏光镜、电子天平（带静水称重组件）、宝石显微镜、荧光灯等。

操作步骤

步骤1 放大观察。观察对比宝石样品中内含物（若是原石可追加观察其结晶习性）。

步骤2 仪器测试。利用分光镜、紫外荧光灯、红外光谱等测出光谱、荧光性数据等，并进一步确认测试结果。

步骤3 分析定名。根据步骤1、步骤2的观察结果和测试数据，对比表5—8、表5—9，对宝石进行定名。

学习单元3 优化、处理、合成祖母绿

学习目标

➢了解优化、处理、合成祖母绿的方法、品种。

➢熟悉合成祖母绿的基本性质。

➢掌握优化、处理、合成祖母绿的鉴别方法。

知识要求

一、优化、处理祖母绿

对祖母绿进行优化处理是改善祖母绿品质常用的方法，祖母绿优化及处理基本方法及鉴别见表5—12。

表5—12 祖母绿优化、处理基本方法及鉴别

处理的品种	处理方法和原理	鉴别方法
注油（浸油）处理	按照我国2003年颁布的国家标准中的规定，采用浸泡无色油的油（与祖母绿折射率十分相近的特制油）处理祖母绿，被认定为是属于“优化”，销售时可按天然祖母绿出售，无须言明。然而，事实上这种处理过的祖母绿并不稳定，油会因受热或时间的关系而干涸，致使本来被油掩盖的裂隙又重新暴露出来，有的甚至还会更加明显	①注意其包装纸上有无油析出留下油渍 ②观察这种宝石受热时有无“出汗现象”（油受热膨胀析出） ③在显微镜下观察裂纹处有无橘色彩光，这是油产生的反射光互相干涉的结果。若为有色油，则可见绿色油呈丝网状沿裂纹分布

续表

处理的品种	处理方法和原理	鉴别方法
裂隙充填处理	使用树脂类有机物代替油进行裂隙充填处理，其效果与浸油相似，且不会“发汗”，不会干涸	显微镜下它也会出现彩色的干涉光；一些充填物较厚处，还可能见到树脂类有机物的流动痕迹或留有未充满的气泡，甚至有的充填区会呈云雾状，可以鉴别
底衬处理	即在浅色绿柱石戒面底部衬上一层绿色的薄膜或绿色的锡箔，然后采用闷镶的方法把底部封死，使检测时不易发现	这种“祖母绿”一般没有或只有极弱的二色性（因原石本身色很浅，底衬的颜色不会在二色性上反映出来）。此外，它还会因贫铬而在分光光谱上表现出与真正祖母绿的不同特征

二、合成祖母绿

合成祖母绿可通过助熔剂法和水热法制成。祖母绿与合成祖母绿的基本特性见表5—13。祖母绿合成基本方法及鉴别见表5—14。

表5—13　祖母绿与合成祖母绿基本特性

特性	祖母绿	合成祖母绿
化学成分	$Be_3Al_2Si_6O_{18}$，可含有Cr、Fe、Ti、V等元素	$Be_3Al_2Si_6O_{18}$
结晶状态	晶质体	晶质体
晶系	六方晶系	六方晶系
晶体习性	常呈六方柱状	助熔剂法为六方柱状，水热法为板状
颜色	浅至深绿色、蓝绿色、黄绿色	中等至深绿色、蓝绿色、黄绿色
光性特征	非均质体，一轴晶，负光性	非均质体，一轴晶，负光性
解理	一组不完全解理	无解理
硬度	7.5～8	7.5～8
光泽	玻璃光泽	玻璃光泽
密度	2.72（+0.18，−0.05）g/cm^3，因产地不同可稍有差异	2.65～2.73 g/cm^3
折射率	1.577～1.583（±0.017）	通常：1.561～1.568（助熔剂法）或1.566～1.578（水热法）
双折射率	0.005～0.009	通常0.003～0.004（助熔剂法）或0.005～0.006（水热法）
紫外荧光	一般无，也可呈长波：弱，橙红、红；短波：弱，橙红、红（较长波弱）	弱至中等红色或强红色（长波较强），中等至强红色（长波较强）；助熔剂法吉尔森型无荧光

续表

特性	祖母绿	合成祖母绿
吸收光谱	683 nm 和 680 nm 强吸收线，662 nm 和 646 nm 弱吸收线，630～580 nm 部分吸收带，紫区全吸收	除助熔剂法吉尔森型具 427 nm 铁吸收线外，其他吸收同天然祖母绿
多色性	中等至强，蓝绿，黄绿	中等，绿和蓝绿色
特殊光学效应	猫眼效应，星光效应（稀少）	星光效应，变色效应，猫眼效应（少见）
放大观察	三相包体（气—液—固）；两相包体（气—液）；矿物包体，如方解石、黄铁矿、云母、电气石、阳起石、透闪石、石英、赤铁矿等；裂隙常较发育	助熔剂法：助熔剂残余（面纱状、网状，有时呈小滴状），铂金片，硅铍石晶体，均匀的平行生长面 水热法：钉状包体（“钉头”为硅铍石晶体，“钉尖”为气—液两相包体），树枝状生长纹，硅铍石晶体，金属包裹体，无色种晶片，平行线状微小的两相包裹体，平行管状两相包裹体
其他测试	无	助熔剂法合成祖母绿无水吸收峰

表 5—14　祖母绿合成基本方法及鉴别

合成的品种	合成方法和原理	鉴别方法
助熔剂法	祖母绿的人工合成品出现于 1940 年，是由查塔姆公司率先推出的。早在 1930 年，15 岁的小查塔姆（Chatham）就用助熔剂法制造出小于 1 mm×1 mm 的祖母绿小晶体。后来经过 10 年的努力，他终于制成了可用于磨制戒面的大颗粒晶体。目前，采用此法生产合成祖母绿的还有法国的吉尔森公司、前苏联的一些机构，以及我国北京地质科学院等机构。按现有的技术已能生产出大于 1 000 ct 的大晶体	两种合成祖母绿都有以下特征： ①内部相对洁净，一般没有矿物包裹体 ②包含有种晶 ③折射率、重折率、相对密度均比天然祖母绿偏低 ④紫外荧光大多较强等 当然，这些特征是一般而言的，若具体到某一颗单独的祖母绿则情况可能会有所不同。实际上，合成祖母绿的鉴别还是有一定难度的，必须慎重对待
水热法	1960 年，人工合成祖母绿的技术又有了新的突破，出现了更逼真的水热法合成祖母绿。目前，采用此法生产合成祖母绿有包括中国桂林宝石研究所在内的多家公司和机构。个别产品保证书上写“天然培育祖母绿”，实质上是此类合成的祖母绿	
增生法	也被称为“莱切利特纳祖母绿”，即用一颗浅色绿柱石戒面为核，然后用水热法在其表面生长一层祖母绿而成	这种宝石由于主体是天然绿柱石，所以看上去具有很多天然宝石的特征，但它的表面常可观察到许多纵横交错的裂纹，还常见有平行台面的色带可鉴别

技能要求

祖母绿与仿祖母绿的鉴别

祖母绿的仿制品主要有绿碧玺、绿锆石、绿色橄榄石、钙铁榴石、绿玻璃等。它们主要在颜色和透明度方面与祖母绿相似，但也有明显的差别。

操作准备

（1）环境要求。室内常温。

（2）样品要求。祖母绿、仿祖母绿。

（3）仪器准备。镊子、折射仪、偏光镜、电子天平（带静水称重组件）、宝石显微镜、荧光灯等。

操作步骤

步骤1 放大观察。利用放大镜对宝石样品进行放大观察并记录。

步骤2 仪器测试。利用折射仪、偏光镜、二色镜、静水称重法等进行检测，测出数据并记录。

步骤3 分析定名。根据步骤1、步骤2的观察结果和测试数据，对比表5—15，对宝石进行定名。

表5—15　　祖母绿及仿祖母绿的基本特性

品名	光泽	光学性质	折射率	双折射率	密度（g/cm^3）	多色性	其他特性
祖母绿	玻璃	非均质体	1.577～1.583	0.006	2.72	二色性中至强，蓝绿，黄绿	两相，三相包体，矿物包体，裂隙发育；滤色镜下可呈红色
绿色锆石	亚金刚	非均质体	1.81～1.90	0.001～0.040	3.90～4.60	二色性弱，绿，黄绿	火彩强；愈合裂隙；后刻面棱重影，平直分带
钙铁榴石（翠榴石）	亚金刚	均质体	1.888	无	3.84	无	火彩强，“马尾状”包体
绿色橄榄石	玻璃	非均质体	1.654～1.690	0.036	3.34	二色性弱，黄绿色，绿色	略带黄的绿色；重影明显；盘状气液两相包体，深色矿物

续表

品名	光泽	光学性质	折射率	双折射率	密度（g/cm^3）	多色性	其他特性
绿色碧玺	玻璃	非均质体	1.624～1.644	0.020	3.06	二色性中至强，体色深浅变化	重影明显；充满液体的扁平状、平行线状包体
绿色玻璃	玻璃	均质体	1.470～1.700	无	2.30～4.50	无	气泡，拉长的空管，流动线，滤色镜下可能呈红色

合成祖母绿与祖母绿的鉴别

合成祖母绿与祖母绿在颜色、密度、折射率和包裹体特征上有一定的差异，可作为鉴别或定名依据。

操作准备

（1）环境要求。室内、常温。

（2）样品要求。合成祖母绿、祖母绿。

（3）仪器准备。镊子、折射仪、偏光镜、电子天平（带静水称重组件）、宝石显微镜、荧光灯等。

操作步骤

步骤 1　肉眼外观观察。合成祖母绿呈艳绿色，在透射光下泛红光；而祖母绿除个别品种（如哥伦比亚祖母绿）之外在透射光下为绿色。

步骤 2　放大观察。观察对比两个宝石样品中内含物、解理（若是原石可追加观察其结晶习性），并记录特性。

步骤 3　仪器测试。利用分光镜、紫外荧光灯、红外光谱等测出光谱、荧光性数据等，并进一步确认测试结果。合成祖母绿和祖母绿一样显示 Cr 谱，但某些助溶剂法合成祖母绿会在紫区 427 nm 显示强吸收带，而祖母绿不会有此吸收带。

步骤 4　分析定名。根据以上步骤 2、步骤 3 的观察结果和测试数据，对比表 5—13，进行分析，对宝石进行定名。

学习单元4　优化、处理、合成钻石

学习目标

➤了解优化、处理、合成钻石的方法、品种。

➤熟悉合成钻石的基本性质。

➤掌握优化、处理、合成钻石的鉴别方法。

知识要求

一、优化、处理钻石

对钻石进行优化处理是改善钻石品质常用的方法，钻石优化处理基本方法及肉眼观察鉴别特征见表5—16。

二、合成钻石

宝石级合成钻石1970年由美国GE公司率先研制成功，基本方法是运用爆炸法，将石墨作为原料，添加Fe、Ni、Co等元素，在超高温、超高压下进行快速反冲来完成制造过程。之后，日本住友电子公司和戴比尔斯公司也先后合成了宝石级钻石。合成钻石大都显黄色、浅黄色，现已投放市场；无色或带蓝色的合成钻石，早期由于合成成本昂贵，而无商业意义。但2012年6月中国珠宝玉石首饰行业协会发布一份消费警示称，中国国家珠宝玉石质量监督检验中心近日在上海陆续发现两批次化学气相沉积法合成的钻石，重量多在0.5 ct，颜色多呈微黄白色，G、H色级左右，净度VS级左右，这表示高品质的无色合成钻石已经走入市场。钻石与合成钻石基本特性见表5—17。合成钻石基本方法及鉴别特征见表5—18。

表5—16　　钻石优化处理基本方法及肉眼观察鉴别特征

优化处理的品种	优化处理和原理	肉眼观察鉴别方法
涂层和镀层	这是改善钻石颜色外观最传统的优化处理方法，已经有400～500年的历史。根据颜色互补的原理，在钻石的亭部表面涂上或利用氟化物镀上一层带蓝色的、折射率很高的物质，钻石本身的黄色、褐色可以得到淡化，因此可以提高钻石的颜色级别外观。墨水、油彩、指甲油等都曾被作为着色剂使用	涂层和镀层钻石一般比较容易鉴定，利用反射光观察，表面因光的干涉、衍射等作用常常体现晕彩效果，也可以利用化学试剂擦拭或钢针刻划等方法进行鉴定。经过这种方式处理的钻石往往采用亭部包镶的方法，这种情况下会有一定的鉴定难度

续表

优化处理的品种	优化处理和原理	肉眼观察鉴别方法
辐照改色钻石	钻石的辐照改色是利用粒子、中子等高能射线对钻石进行辐照并改变其颜色的技术方法。利用辐照可以产生不同的色心，从而改变钻石的颜色，辐照钻石几乎可以呈任何颜色。辐照改色后的钻石常常存在颜色不稳定的问题，所以常常在辐照后配合加热处理的方法	辐照改色钻石的鉴定是一个比较复杂的难题，通常需要利用紫外可见光光谱仪、傅里叶红外光谱仪和阴极发光仪等仪器进行鉴定。下面从辐照钻石的颜色分布分析：天然之色的彩色钻石其色带为直线状或三角形状，色带与晶面平行。利用回旋加速器辐照改色钻石的颜色分布位置及形状与钻石琢型及辐照方向有关。从亭部方向对圆多面型钻石进行轰击时，透过台面可以看到辐照形成的颜色呈伞状围绕亭部分布；若从钻石冠部轰击钻石，则可以观察到围绕钻石腰部形成一个深色环；若从侧面轰击钻石，钻石靠近轰击源一侧的颜色明显加深
高温高压处理钻石	1998 年，美国通用电气公司（GE）采用高温高压（HTHP）的方法将比较少见的褐色钻石处理成为无色钻石，通过这种处理方法改色的钻石称为高温高压修复型钻石。由于这种钻石是通过以色列 Lazare Kaplan 的安特卫普分公司 Pegasus Overseas Limited（POL）销售，所以又称为 GE-POL 钻石	经过处理后的 GE-POL 钻石颜色通常为 D-G 色，高温高压条件下常常围绕内含物晶体出现明显的一圈应力裂纹或晕圈，某些原本深色的钻石处理之后部分晶格平面上仍残留着原色。在正交偏光下，整体显示全消光，但是仍有格子状应力图案残存。对于这种钻石，通用电气公司曾承诺由他们处理的钻石在腰棱表面用激光刻上“GE-POL”或“Bellataire”字样
激光打孔	当钻石中含有固态包裹体，特别是有色和黑色包裹体时，会极大地影响钻石的净度外观。利用激光烧蚀钻石，形成达到黑色包裹体的开放性通道，再用强酸溶蚀黑色的包裹体，从而可以提高钻石的表观净度。激光打孔后形成的孔道往往充填玻璃或其他无色透明的物质	为了使激光孔道不易发现，打孔位置往往在钻石腰部下方或亭部，仔细观察可以在钻石表面发现黑色的激光孔眼，垂直亭部刻面观察常常能够发现白色的激光孔道。目前激光打孔直径仅为 0.015 mm，因此更加难以观察
应力裂隙法	应力裂隙法又称为“KM”法，利用激光加热黑色的包裹体，使包裹体的体积膨胀，诱发达到钻石表面的开放裂隙，再用强酸溶蚀黑色的包裹体	在“KM”法处理的钻石中，可见虫孔式激光孔道出露到钻石表面，呈不自然状弯曲的裂隙，两侧深处也常形成较多裂隙，这是“KM”法处理钻石的典型特征。此外，在激光处理的连续裂隙中也常常残留有未被完全处理掉的零星黑色物质

续表

优化处理的品种	优化处理和原理	肉眼观察鉴别方法
裂隙充填	20世纪80年代，以色列 Ramat Zvi Yehuda 发明了用外来物质充填处理钻石的解理、裂隙、空洞和激光孔的技术方法，以改善钻石的净度外观	经过充填处理的钻石称为裂隙充填钻石，充填物一般为高折射率的玻璃或环氧树脂。尽管钻石经过裂隙充填后可提高净度外观，但是不再做净度和颜色分级。通过放大观察可以鉴定钻石是否经过裂隙充填 闪光效应：放大观察时可以发现充填裂隙中具有明显的闪光效应，闪光效应是充填处理钻石最典型的鉴定特征。一般而言，亮域照明下常见绿色闪光，暗域照明下常见紫红色闪光。值得注意的是，某些未经充填具有裂隙的钻石也常常会因为裂隙中空气或水的干涉作用引起“薄膜虹彩效应”，有时会误认为是“闪光效应”，所以应加以区别。虹彩效应同时会显示红、橙、黄、绿、青、蓝、紫等颜色，而闪光效应出现的颜色相对单一，并且同一个充填裂隙在暗域或亮域的不同光照条件下所显示的颜色不同。此外，未充填裂隙一般有羽毛状外观，容易识别和发现，而充填裂隙的可见度低，不借助闪光效应很难发现 流动构造和气泡：在充填的裂隙内，充填物通常保留充填过程中的流动构造，通过放大观察可以发现这一构造特征。在充填的裂隙中常常会有气泡存在，在暗域照明条件下呈规则或不规则的透明亮点，有时捕获的气泡看上去像一组指纹状包裹体。流动构造和气泡是裂隙充填的重要鉴定依据 表面残余：有时仔细观察，在钻石表面常常残留部分充填物。残留于裂隙入口处呈雾状，残留于表面时像抛光过程留下的烧痕，但是烧痕一般分布面积较大，与裂隙无关
钻石膜	20世纪80年代初，日本科学家用化学气相沉淀法（CVD法）以较快的速度制成了钻石膜（简称DF），引起美国及其他各国的重视。钻石膜是指用CVD方法生长的由碳原子组成的具有钻石结构和物理、化学性质及光学特性的多晶体材料，是一种合成钻石材料	钻石是单晶体矿物，钻石膜是多晶体材料。放大观察钻石膜表面，通常为粒状结构，而钻石通常不存在粒状结构，这是鉴定钻石膜的重要依据

表 5—17　　　　钻石与合成钻石基本特性

特性	钻石	合成钻石
化学成分	C，可含有 N、B、H 等微量元素。Ⅰ型含 N；Ⅱ型不含 N，Ⅱb 型含 B	C，可含有 N 等元素
结晶状态	晶质体	晶质体
晶系	等轴晶系	等轴晶系
晶体习性	常见八面体、菱形十二面体、立方体晶形，晶面常发育阶梯状生长纹、生长锥或蚀像	立方体，常具阶梯生长纹
颜色	白色系列：无色至浅黄、浅褐；彩色系列：深黄、褐、灰及浅至深的蓝、绿、橙黄、粉红、红、紫红，偶见黑色	黄色、蓝色、橙色、粉色、无色、褐黄
光性特征	均质体，偶见异常消光	均质体
解理	四组完全解理	四组完全解理
硬度	10	10
光泽	金刚光泽	金刚光泽
密度	3.52（±0.01）g/cm^3	3.52（±0.01）g/cm^3
折射率	2.417	2.417
双折射率	无	无
紫外荧光	无至强，蓝色、黄色、橙黄色、粉色等，短波常较长波弱	长波：无 短波：无至中的淡黄色、橙黄色、绿黄，不均匀，可局部有磷光
吸收光谱	415 nm、453 nm、478 nm 吸收线，594 nm 吸收线（辐照改色钻石及天然彩色钻石）	常温下无特征吸收，液氮低温状态下可有 658 nm 的吸收峰，50 nm 以下全吸收
多色性	无	无
特殊光学效应	无	无
放大观察	浅色至深色矿物包体，云状体，点状包体，羽状纹，生长纹，内凹原始晶面，原始晶面，解理，刻面棱线锋利	色带，尘埃状微粒，片状、针状金属包体，黑色包体，四边形生长纹
特殊性质	色散强（0.044）	导热性高；阴极发光下可显示明显的四边形生长纹，不同环带可发不同颜色的荧光

表5—18　　　　合成钻石基本方法及鉴别特征

合成的品种	合成方法和原理	肉眼观察鉴别方法
高温高压合成方法	钻石和石墨是碳的两种同质多象的变体。常温常压下石墨是碳的稳定结晶形式，高温高压条件下，石墨中的碳原子会重新按钻石的结构排列而形成钻石。高温高压合成钻石是在50～80 GPa的压力条件和1 300～1 800 ℃的温度条件下，使非钻石结构的碳结晶形成钻石	（1）颜色 合成钻石的颜色可以是近无色、浅黄色、黄色甚至蓝色。由于生长舱内充满了空气，而氮气是空气的重要组成内容，所以大多数合成钻石体色为黄到褐色。如果在生长舱内加入锆或铝等氮的吸收剂，则可以获得无色的不含氮的钻石；若加入一些硼，则可合成含硼的蓝色的钻石。但是，近无色、蓝色合成钻石技术难度大、成本较高，通常比较少见 （2）晶体特征 合成钻石的晶体形态主要为立方体与八面体的聚形。温度对形态具有一定影响，温度较低（1 300℃）时，以立方体为主；温度较高（1 600℃）时以八面体为主。合成钻石的晶面上常出现与天然钻石不同的叶脉状、树枝状表面特征图案，而天然钻石表面常常可以见到三角形生长花纹、倒三角晶面蚀像或生长阶梯等表面特征
化学蒸气沉淀合成方法（CVD法）	化学蒸气沉淀合成方法是最重要的低压高温合成钻石方法，其基本原理是用加热、放电等方法激活碳基气体，例如甲烷、乙烷等，使之离解出碳原子和氢原子（或甲基CH_3和氢原子），碳原子沉淀形成钻石	（3）内含物特征 合成钻石内常可见到呈板状、棒状或针状外观不透明的铁或铁镍合金触媒金属包裹体，反射光下观察具有金属光泽，它们通常沿内部生长区分界限定向排列，也可以呈细小的微粒状散布于整个晶体中。与合成钻石不同，钻石内通常具有石榴石、透辉石、顽火辉石、橄榄石等天然矿物包裹体 合成钻石中常可以见到籽晶，这是非常重要的鉴定特征，合成钻石的籽晶虽然可以在加工过程中切除，但是沿籽晶生长的痕迹以籽晶幻影的形式保留下来。籽晶幻影通常呈四方形位于钻石的中央部位，沿幻影对角线方向有十字形细线指向立方体生长区 生长结构现象也是合成钻石区别于钻石的一个重要方面。合成钻石中常形成多个生长区，由于不同生长区中物质成分的差异常常导致折射率和颜色的轻微变化，放大观察可以发现沙漏状生长纹理及不同生长区的颜色差异

技能要求

钻石与仿钻石的鉴别

外观与无色钻石相似的宝石有无色锆石、无色蓝宝石、无色托帕石、无色水晶、高铅玻璃、合成碳硅石和合成立方氧化锆等。

操作准备

（1）环境要求。室内、常温。

（2）样品要求。仿钻石、钻石。

（3）仪器准备。水笔、白纸、热导仪、镊子、宝石放大镜。

操作步骤

步骤 1 画线测试（仅适用于裸石标准圆钻型）。在白纸上用黑笔画一条直线，将宝石样品台面朝下放在直线上，透过宝石样品观察直线，绝大部分钻石仿制品可见直线，若不可见直线，基本可以确定为钻石。但结果仍需仪器检测数据后分析确认。

步骤 2 导热性测试。绝大部分仿钻石在钻石热导仪下可以轻易鉴别出，但是要注意合成碳硅石（莫桑石）除外，它的导热性和钻石差不多，需要别的仪器进行辅助鉴定，如莫桑仪。

步骤 3 仪器测试。利用折射仪、偏光镜、二色镜、静水称重法等进行检测，测出数据并记录。

步骤 4 分析定名。根据以上步骤 3 的观察结果和测试数据，对比表 5—19 进行分析，对宝石样品定名（钻石或仿钻石）。

表 5—19 **钻石及仿钻的基本特性**

品名	光泽	光学性质	折射率	双折射率	密度（g/cm^3）	色散	其他特性
钻石	玻璃	均质体	2.417	无	3. 52	0.044	云状体，点状包体，羽状纹，生长纹，内凹原始晶面，原始晶面，解理，刻面棱线锋利等；不可见压线
无色锆石	亚金刚	非均质体	1.925—1.984	0.059	3.90—4.73	0.039	愈合裂隙；后刻面棱重影
无色蓝宝石	亚金刚	非均质体	1.762—1.770	0.008	4.00	0.018	指纹状包体，负晶，气液两相包体等
无色托帕石	强玻璃	非均质体	1.619—1.627	0.010	3.53	0.014	两种或两种以上不混合液体包体，矿物包体等
无色水晶	玻璃	非均质体	1.544—1.553	0.009	2.26	0.013	液体及气液两相包体，针状包体等
高铅玻璃	玻璃	均质体	1.63—1.96	无	3.74	0.031	气泡，拉长的空管，流动线，浑圆状刻面棱线等

续表

品名	光泽	光学性质	折射率	双折射率	密度（g/cm³）	色散	其他特性
合成碳硅石	亚金刚	非均质体	2.648—2.691	0.043	3.22	0.104	点状、丝状包体，重影明显；不可见压线
合成立方氧化锆	亚金刚	均质体	2.15	无	5.80	0.060	面包渣状未熔氧化锆残余，气泡等

合成钻石与钻石的鉴别

合成钻石与钻石可根据检测基本特性来鉴别。

操作准备

（1）环境要求。室内、常温。

（2）样品要求。合成钻石、钻石。

（3）仪器准备。镊子、宝石显微镜、紫外荧光灯、红外光谱仪、阴极发光仪。

操作步骤

步骤1 显微放大观察。利用宝石显微镜观察，合成钻石含白色似尘埃状或金属片包裹体，而钻石不具这一特征；合成钻石生长纹发育，钻石生长纹不发育。

步骤2 紫外荧光灯观察。合成钻石（黄色除外）在短波紫外线下呈黄色或绿色强荧光；无色透明钻石一般呈淡蓝色、黄色等荧光；带色钻石多发淡绿、浅黄或浅紫色荧光。

步骤3 红外光谱仪观察。合成钻石常温下无特征吸收。液氮低温状态下，合成钻石可有658 nm的吸收峰，50 nm以下全吸收，而钻石有具特征的415 nm吸收线。

步骤4 其他测试。合成钻石，尤其是黄色者导电性上常显示半导体特性，而天然钻石只有罕见的蓝色品种才有此性能。合成钻石在阴极发光仪下可显示明显的四边形生长纹，不同环带可发不同颜色的荧光。

步骤5 分析定名。根据以上的观察结果及检测数据，对宝石样品进行分析定名。

学习单元 5 合成碳硅石

学习目标

➢了解合成碳硅石的合成方法。

➢熟悉合成碳硅石的基本性质。

➢掌握合成碳硅石的鉴别方法。

知识要求

合成碳硅石（莫桑石，商业用名为“美神莱宝石”）是美国北卡罗琳娜州 C3 公司研制成功的一种宝石，常用来仿钻石。由于这种新型的仿钻材料的特性与钻石有诸多相似，即使热导仪测试也呈钻石显示，检测时更需注意。合成碳硅石基本特性见表 5—20。

表 5—20 合成碳硅石基本特性

化学成分	SiC
结晶状态	晶质体
晶系	六方晶系
晶体习性	块状
颜色	无色或略带浅黄、浅绿色调
光性特征	非均质体，一轴晶，正光性
解理	无
硬度	9.25
光泽	亚金刚光泽
密度	3.22（±0.02）g/cm^3
折射率	2.648～2.691
双折射率	0.043
紫外荧光	长波：无至橙色
吸收光谱	未见特征吸收光谱或低于 425 nm 弱吸收
多色性	不特征
特殊光学效应	色散强（0.104）
放大观察	可有点状、丝状包体，双折射现象明显
特殊性质	导热性强，热导仪测试可发出鸣响

技能要求

钻石与合成碳硅石的鉴别

钻石和合成碳硅石外观极其相似，需要使用仪器设备来进行鉴别。

操作准备

（1）环境要求。室内、常温。

（2）样品要求。合成碳硅石、钻石。

（3）仪器准备。镊子、放大镜、折射仪、电子天平、紫外荧光灯、莫桑仪。

操作步骤

步骤1 放大观察。合成碳硅石多呈浅黄色、浅蓝色、浅灰绿色和中绿色等。透过碳硅石冠部看底尖附近的棱线，可见明显的重影现象；透过钻石冠部看底尖的棱线则无重影现象。

步骤2 密度测定。合成碳硅石密度（3.22 g/cm^3）比钻石（3.52 g/cm^3）小。

步骤3 紫外荧光灯测试。合成碳硅石在长波荧光下呈无至橙色，而钻石或有荧光反应。

步骤4 莫桑仪测试。使用莫桑仪能很快分辨出合成碳硅石与钻石。具体使用方法可参见前述莫桑仪章节。

步骤5 分析定名。根据以上的观察结果及检测数据，对宝石样品进行分析定名。

学习单元6 优化、处理、合成水晶

学习目标

- 了解优化、处理、合成水晶的方法、品种。
- 熟悉合成水晶的基本性质。
- 掌握优化、处理、合成水晶的鉴别方法。

知识要求

一、优化、处理水晶

对水晶进行优化处理是改善水晶品质常用的方法，水晶优化处理基本方法及肉眼观察鉴别见表 5—21。

表 5—21　　水晶优化处理基本方法及肉眼观察鉴别

优化处理的品种	优化处理和原理	肉眼观察鉴别方法
热处理	目前，市场上的黄水晶多半是经过热处理的水晶。水晶的热处理多用于一些颜色差的紫晶，将紫晶加热可以变成黄晶或其过渡产品绿水晶。处理过程是将紫晶放在可控气氛和温度的加热设备（电阻箱、马弗炉、石墨管炉、烧结炉）中，然后选择不同的温度和气氛条件（氧化、还原、中性）对水晶进行加热处理，使水晶的颜色、透明度、净度等外观特征得到明显的改善。热处理是一种优化处理水晶的方法，既可以利用宝石资源，又可以体现水晶的个性完美	这种方法已被人们普遍接受，根据国家标准，这种经热处理的水晶无需鉴定，被认为是天然的
辐照处理	辐照处理是用放射性物质的射线辐照水晶，使水晶的颜色发生变化。辐照处理用于将无色水晶变成烟晶，首先辐照使水晶变成深棕色、黑色，然后再经过热处理减色，形成所需的颜色。辐照处理是一种常见处理方法，珠宝商在销售的过程中要向消费者说明	到目前为止，没有有效的鉴定方法能够检测水晶是否经过辐照处理。一般烟色水晶多是经过辐照处理的 经过辐照处理的水晶已经放置一段时间，等到放射性的含量达到对人体无损害程度，才到市场上销售
染色处理	染色处理是对无色的或颜色不好的水晶进行染色，从而使水晶的颜色更美。水晶染色时，首先把待处理的无色水晶加热、淬火，这时会产生很多裂隙，然后把它们放置到配好颜色的溶液中去，有色溶液沿淬火裂隙浸入并沉淀在裂隙中使水晶染上各种颜色。还有一种是无色水晶淬火后放入无色溶液中，无色溶液沿裂隙填充，由于裂隙内液体的薄膜干涉效应，使无色水晶呈现五颜六色的晕彩。 石英岩的染色处理方法是先将石英岩加热、淬火后再染色。市场上的“马来玉”就是将石英岩玉染成绿色，用来仿翡翠	染色水晶有明显的炸裂纹，这些炸裂纹呈网格状分布。用放大镜仔细观察会发现颜色全部集中在裂隙中

续表

优化处理的品种	优化处理和原理	肉眼观察鉴别方法
拼合处理	一些水晶在生长过程中由于环境的原因，产生了一些特殊的图案。为了增加这些图案的立体效果，上面半边用无色透明的水晶，下面半边用带图案的水晶，二者用胶黏合在一起，这样就构成了完整的水晶。这种方法增加了水晶的立体感和美感	鉴定这种水晶要看水晶有没有黏合缝，黏合的缝隙常见有气泡。黏合的地方硬度小，用小刀能划动
水胆玛瑙的注水处理	由于水胆玛瑙的价值不菲，所以市场上用注入水的玛瑙来冒充天然的玛瑙。注入水的方法一种是将玛瑙放入水中，利用毛细作用，使水进入；另一种是直接利用裂隙、空洞进行注水	在水胆的胆壁上寻找人工痕迹，在认为可疑的地方用针轻轻刻划，若发现有胶质或蜡质填充的空洞或裂隙，则有可能经过注水处理
镀膜处理	镀膜处理就是在水晶表面用真空镀膜工艺镀上彩色的薄膜	经过这种方式处理的水晶有典型的晕彩效应，在光的照射下异常亮丽，用小刀刻划有痕迹。但也有在水晶内部通过小孔镀膜的，这时只有通过彩虹色来判断水晶是否经过镀膜处理

二、合成水晶

合成水晶主要采用水热法制成，是在高压釜内一定理化条件下生长的晶体。

大约在1905年世界上第一颗水热法合成水晶诞生，到70年代苏联合成了黄晶和紫晶，至今全世界每年有大量的合成水晶被用于珠宝业。合成水晶主要品种是合成无色水晶、合成紫晶、合成黄晶和少量的绿色、蓝色及黄、绿双色等合成水晶。中国的合成水晶技术很成熟，既能合成无色水晶，也能合成彩色水晶。水晶与合成水晶的基本特性见表5—22。

表5—22　　**水晶与合成水晶基本特性**

特性	水晶	合成水晶
化学成分	SiO_2；可含有Ti、Fe、Al等元素	SiO_2
结晶状态	晶质体	晶质体
晶系	三方晶系	三方晶系
晶体习性	六方柱状晶体，柱面横纹发育	六方板柱状晶体，晶面常具“鹅卵石”结构
颜色	水晶：无色透明 紫晶：浅至深的紫色 黄晶：浅黄、中至深黄色 烟晶：浅至深褐、棕色 绿水晶：绿至黄绿色 芙蓉石：浅至中粉红，色调较浅	无色、紫色、黄色、绿黄、灰绿色和钴蓝色（天然水晶中未曾发现）

续表

特性	水晶	合成水晶
光性特征	非均质体，一轴晶，正光性，可有“牛眼”干涉图，紫晶常有巴西律双晶	非均质体，一轴晶，正光性
解理	无	无
硬度	7	7
光泽	玻璃光泽	玻璃光泽
密度	2.66（+0.03，−0.02）g/cm^3	2.66（+0.03，−0.02）g/cm^3
折射率	1.544～1.553	1.544～1.553
双折射率	0.009	0.009
紫外荧光	长波：无 短波：无	长波：无 短波：无至弱，紫
吸收光谱	不特征	一般不特征。钴蓝色：640 nm、650 nm 吸收带，550 nm、490～500 nm 吸收带 、
多色性	弱，颜色深浅变化	不同色调、深浅的紫、黄、粉、褐、蓝、绿黄、灰绿色
特殊光学效应	星光效应（六射，常见于淡粉色石英中），猫眼效应	不常见
放大观察	色带，液体及气液二相包体，气、液、固三相包体，针状金红石、电气石及其他固体矿物包体，负晶	渣状包体，气液两相针状包体（垂直于种晶板）及色带（平行于种晶板），应力裂隙（与种晶板成直角），缺乏巴西律双晶、火焰状双晶（偏光镜下检查）。

技能要求

水晶与仿水晶的鉴别

水晶属较为普通的低档宝石，一般用来仿制的只有玻璃。

操作准备

（1）环境要求。室内、常温。

（2）样品要求。玻璃仿水晶、水晶。

（3）仪器准备。折射仪、镊子、10 倍放大镜、电子天平。

操作步骤

步骤1 放大镜观察。水晶或多或少都有天然内含物，而玻璃仿制品内多见小气泡。

步骤2 折射率测定。水晶的折射率为1.544～1.553，双折射率为0.009；玻璃仿制品折射率范围较大；如两者折射率相同，则需进一步使用其他鉴别方法。

步骤3 密度测定。水晶的密度为2.66 g/cm^3，玻璃的密度为2.3～4.5 g/cm^3。

步骤4 分析定名。根据以上观察结果及检测数据，对比相关数据表，对宝石样品进行分析定名。

合成水晶与水晶的鉴别

合成水晶的化学成分和物理特性与水晶基本相同，只是蓝色与绿色品种在自然界是没有的，主要通过放大观察鉴别。

操作准备

（1）环境要求。室内、常温。

（2）样品要求。合成水晶、水晶。

（3）仪器准备。镊子、宝石显微镜。

操作步骤

步骤1 肉眼观察。合成水晶一般透明度较好，色泽均一；而水晶透明度要差一些，彩色的水晶（如紫晶）其颜色亦显不均匀。

步骤2 显微放大观察。水晶多为六方柱和三方双锥的聚形，柱面有横向生长纹；水热法产出的合成水晶也能见六方柱、菱面体晶形，晶体中心有一片状籽晶晶核，晶面呈不平的阶梯状。

合成水晶可见圆形气液包裹体，而水晶常含星点状、云雾状和絮状展布的气液包裹体。合成水晶常包含非矿物晶体的不规则固态包裹体，水晶常含天然矿物包裹体，如石榴石、黄铁矿、金红石和电气石等。

步骤3 分析定名。根据以上观察结果及检测数据，对比相关数据表，对宝石样品进行分析定名。

第 3 节　首饰外观工艺质量检验

学习单元 1　首饰外观质量检验基本标准

学习目标

➤了解首饰外观工艺质量检验的有关规定。

➤熟悉首饰外观工艺质量检验的基本内容。

➤掌握首饰外观工艺质量检验的基本方法。

知识要求

珠宝首饰（饰品）属于工艺美术品范畴。首饰的功能应注意两个方面，一方面是保值，作为财富的积累；另一方面是装饰性，使佩戴者显得更美丽或更具魅力。制作工艺粗糙、外观质量低劣的首饰由于工艺质量差，缺少持久保存和使用价值，也没有美观和装饰性，属于不合格的首饰，如使用时间不长就发生断裂、脱焊的首饰。

由此可见，首饰（饰品）外观质量要求，应该是首饰技术标准中一项不可缺少的要素。正确理解首饰工艺技术标准中的外观质量要求，做好首饰外观工艺质量的检验是一项十分重要的工作。

一、首饰检验前的准备工作

首饰外观工艺检验是一项精细的工作，需要有标准的环境要求和必要的检验工具，还要注意对首饰外观的保护、检验的程序。

1. 环境要求

首饰检验员应有单独的检验室，防止被干扰和便于保管首饰产品；室内光线充足；当光线昏暗影响视觉时，可在 60 W 白炽台灯下检验首饰产品；桌上应放置玻璃台板；夏天室温不宜过高，以免出汗污染首饰。

2. **工具要求**

首饰外观质量检验需要检验人员有一定时间的经验积累，通过手感和肉眼目测来判定首饰产品的优劣。当首饰有长度要求时，可用分度值为0.1 mm的游标卡尺或钢直尺、钢卷尺测量；当首饰的焊接质量、材料的暗裂缝和砂眼足以影响首饰牢度或质量时，可用5倍放大镜进一步观察；当肉眼难以确定宝石镶嵌牢固与否或宝石是否因镶嵌不慎而碎裂时，也可借助10倍放大镜；测量指环尺寸时应用专用的指环量规。其他注意事项如下：

(1) 保持双手的清洁干净，戴上白汗布手套，以免沾污首饰使其失去光泽。

(2) 着手检验前应仔细查看首饰产品清单，特别是首饰成品的重量变化。一般情况下，经表面处理后的首饰成品应比处理前的半成品轻。当发现首饰成品的表面处理损耗明显减少，甚至成品重量大于半成品重量时，则很可能首饰成品中，因没有烘干而隐藏水分，需要烘干后再检验。因此只有验单后，认为首饰成品情况正常后才能逐一检验首饰产品。

二、贵金属首饰（饰品）基本工艺要求检验及标准

贵金属首饰（饰品）的外观（工艺）质量，应按照《贵金属饰品》（QB/T 2062—2006）行业标准的规定执行。尽管贵金属饰品的品种花式多种多样，但其制作工艺概括起来主要有锉工、焊工、錾刻工、锤工、表面处理等。检验时应按以下几部分标准进行：

1. **整体造型符合设计要求，主题突出，立体感强**

一件较为完美的首饰，其整体的造型必定美观，鲜明地突出一个所要表现的主题思想，以丰富的层次向人们展示出来，富有创意。如世界黄金协会举办的一次首饰设计比赛，要求选手设计的作品必须体现出三大潮流，即“回归自然、拒绝平凡、民族风格”。有的选手以沙漠造型设计一枚戒指，给人的感受是大漠无垠，表现出沙海的波纹粼粼，鲜明地突出了融入大自然的主题思想；再如，名为“叶中情”的三件套，以绿叶为基本造型，片片绿叶大小错落有致，突出了绿意浓浓，体现了自然情怀；还有以乡间庭院篱笆为造型的三件套，极具江南田园气息。大批量生产的首饰，不可能每件都有突出的主题思想，但杂乱无章、胡乱拼凑的首饰肯定不会给人以造型美观、主题突出的感受。按技术管理的规程，批量生产的首饰在设计定型后，都须经过设计、工艺、质量的评审，所以在检验时，要根据留存的实样或设计图样进行对照，无明显变样则可通过。

2. **图案纹样形象自然，布局合理，线条清晰**

一般模压或者浇铸的首饰要求图案纹样形象自然、布局合理，能体现首饰的艺术性。如果想表现机灵的豹，结果形象生硬得像只猫；想表现鸳鸯戏水的画面，给人的感觉是鸭子，那么就是图案纹样设计有不足之处。总之，画面的布局疏密不当或者不合理，即使做

工再细巧，也不能成为一件精致的首饰。上述问题如在首件检验中发现，应指出，防止大批量的低劣产品投产。

对于已经批量投产的首饰产品，一旦在检验中发现图案纹样模糊不清，就应马上寻找原因。如果模具磨损了应重开；是浇铸件问题的，应提高每道工艺复印的清晰度；是抛光过度的原因，应减少抛光的力度和时间。

3. 表面光洁，无锉、刮、锤等加工痕迹，无砂眼、无裂痕、无夹杂，边棱、尖角处应光滑、无毛刺、不扎不刮

（1）首饰在成型的加工过程中，运用了锉、刮、锤等工艺方法，当制成成品时，这些加工痕迹就不应残留。如K金首饰较多运用的是锉，一般使用快锉后，应用油光锉将快锉留下的粗条状痕迹油光，然后再打磨。常见的毛病是油光不到位，产品又不能过度地打磨，电镀后的首饰产品往往可见在光亮下面有一丝丝的条纹，影响了首饰的表面光洁。并且首饰使用不久，表面光亮失去后就露出了粗糙的做工。

（2）有些首饰的零部件在制作中运用了模具机械落料，落料模的上下模间隙应根据落料的厚度不同做相应调整。间隙控制不当，就会造成边棱尖角有过多的毛刺。如在制作中不对毛刺、尖角部位做一定的锉、刮、打磨，就会造成扎、刮的现象。检验时，如发觉首饰刮、钩汗布手套，便是存在以上这些问题。

（3）首饰的焊接部位（不包括点焊接）当焊药流动不畅时，接缝处容易留下细小的气孔。检验成品时，如发现焊接处有色泽不一致的小点点，应用放大镜观察是否有气孔存在。

（4）夹杂一般是材料在铸锭或轧片时，有杂质进入金属材料的表面。夹杂毛病的检验应在首饰电镀前，否则电镀层覆盖后就很难发现了。

4. 掐丝流畅自然，填丝均匀平整

掐丝工艺是中国北方金属加工工艺的一种特色，常见于景泰蓝产品上，是以纤细的金属丝材为线条，勾勒出一幅幅千姿百态的生动画面。首饰中的掐丝工艺同景泰蓝掐丝工艺有异曲同工之妙，主要运用于摆件产品上，要求掐丝的线条流畅自然，不能歪斜、折断、扭曲。

在掐丝工艺中，还有一种平填花丝的流派，其中以四川成都的平填花丝制作的花瓶摆件为最，要求掐丝平整，空间疏密均匀。

5. 镶石牢固、周正、平服，不碎裂

镶嵌首饰的质量可以从齿口、牙齿（抱爪）、镶石牢度三方面来检验。

硬镶齿要清楚均匀；抱爪长短与宝石相称，定位均匀、对称、合理；边口高矮适当，俯视不露托。

（1）齿口。齿口高度要与宝石的大小和厚度相适应，10 mm×14 mm的宝石，一般高度可在5～6 mm范围；锥度要一致，不能有歪斜，大小要与宝石一致，可略小于宝石0.1～0.2 mm；当宝石放在齿口上俯视，应不能露出齿口（即露托）。

（2）牙齿。丝径的粗细应根据宝石的大小来选择，如果宝石大，丝径细就会显得牙齿无力；牙齿长短应根据宝石的斜度而定，检验时一般发现牙齿太长的毛病居多；牙齿的定位要合理，使之能最有效地嵌牢宝石，成双的齿要对称，齿距要均匀。

（3）镶石牢度。镶嵌前，先要将宝石在齿口里摆放平服，检验时看宝石底部与齿口是否吻合无缝；宝石放在齿口里是否端正，切忌俯视有斜、扭的感觉；牙齿嵌倒后应自然地紧贴宝石，检验时侧视无缝隙，薄纸不能插入牙齿和宝石之间，当钳子钳住宝石摇动时，无松动感觉。

硬嵌的首饰要检验宝石是否与基面水平，齿头是否光滑、圆整，用火柴棒顶宝石反面无松动或脱落。

6. 浇铸件表面光洁，无砂眼，无裂痕，无明显缺陷

浇铸的首饰可细分为三种：

（1）整体浇铸的首饰，即一件首饰整体是一次浇铸成型的。

（2）首饰的主体是手工制成，部分零配件、部件是浇铸件，经焊接组合成一件首饰。

（3）整体首饰是由一种或几种浇铸的零部件组合焊接而成。

浇铸工艺是一种古老的传统工艺，据有关考古资料研究，早在一千多年前，南美哥伦比亚境内的印第安土著居民就精于浇铸金器，即金首饰和金质器具。现代的浇铸技术有了很大的进步，但砂眼、裂痕、废边和缺损还是浇铸件的通病。因此，在检验时首先要分清哪些是浇铸件，哪些是手工制作件，对浇铸件要重点注意上述的质量问题，发现有肉眼直接可见的缺损、表面呈橘皮状等通病应马上剔除，为不合格。有些裂痕肉眼不易觉察，应用放大镜观察，凡有裂痕的产品往往一批之中裂痕的部位是相同的。对于首饰的连接部位，不允许有放大镜可见的砂眼，这将影响首饰的牢固度。

7. 焊接牢固，无虚焊、漏焊及明显焊疤

K金首饰由于材料中含有较多的铜，经加热后材料表面易氧化。如焊接部位表面未处理干净，在焊接时会产生虚焊或者焊药流动不畅造成淌焊，留下明显焊疤。因此，此类质量问题常产生于K金首饰。焊接质量好的首饰产品，焊接牢固并且用焊少。检验焊接质量的优劣，往往要看首饰品的背面来检验。

手工制作的侧身链这一类产品，因为是手工侧身、整形，所以不存在焊接牢固的问题。机械自动焊接的项链和手工焊接后不再整形的项链容易产生漏焊、虚焊的问题，在检验时可在不变形的情况下加力，一般为1～2 kg，但需注意工艺链不能做拉力试验。

8. 弹性配件应灵活、有力

首饰的门头、和合圈都有采用弹性配件的，弹性配件的材料应为22K以下成色的合金材料，否则弹性差。如发现耳环插的夹头用千足金材料制作，这是不合格首饰产品。门头与和合圈这两种配件的制作工艺不同，检验的要求和方法也不同。

抽斗式门头采用的是薄片弹性结构，要求推进时既不紧涩，又不松动，推到底时还有舌头弹牢的感觉；舌头按下和拉出要轻松自如，还应有保险装置。

和合圈采用的是弹簧式结构，在检验时可加入少许钟表油，以润滑弹簧管道，用镊子钳拨动和合圈扳头，如灵活有力、正确弹入管腔便是合格品，同时还要检验连接圈是否封口。

9. 非焊接零部件

一般不采用焊接工艺，而采用铆接工艺装配的零部件，如包爪挂坠、胸花的跳针、领带夹的夹头和照合摇皮，都用铆接工艺进行连接，此外便是摆件中采用的螺钉连接、插销连接等。凡是不用焊接工艺进行连接的首饰装配件，均应牢固、可靠。

10. 表面处理色泽一致，光亮无水渍

经表面处理后，一件首饰整体和整批色泽应一致，检验时黄金首饰常见的毛病有色泽焦黄、青白，或一批中有色差，铂金首饰常见色泽发黑、发暗。

如首饰未擦干就进烘箱，往往在首饰的大面积处可见水迹。同时，在检验时还应注意首饰是否烘干。

11. 錾刻花纹自然，整体平整，层次分明

錾刻工艺多数运用于手工錾刻的鸡心片、锁片，錾刻技艺的高低直接影响首饰产品的质量高低。

检验錾刻首饰时应注意如下的细节要求：

(1) 錾刻的图案、花纹不能简于图样或封样，函边线宽狭一致，折刀花纹清晰、流畅、精细、匀称。

(2) 花鸟类羽毛丰满、生动，批刀无断续、停顿。

(3) 正反两面花纹不能相互凸出。

(4) 字体端正，双笔字应开色。

(5) 产品整体平整，无锤子打平的锤痕，边棱无平刺。

12. 印记符合GB 11887的规定，标注准确、清晰、位置适当

验看印记是检验首饰饰品外观工艺质量的第一步。应先看需打印记的内容，首饰上是否打印正确完善；各类印记应清晰可辨，有据可查。

印记的位置要适当，一般打印在首饰背面显眼的地方，以便于识别。项链打印在搭扣上；耳环打印在夹头上；挂坠打印在挂攀上；鸡心挂坠打印在尖角的一边；镯打印在镯身背面；胸花打印在背面或在背面贴一块平板打印；摆件打印在底部；戒指打印在指环内圈 6∶15 或 6∶45 处，不应打印在 6∶30 处，因有的戒指需改动手寸，如打印在 6∶30 处，戒环一经开刀或敲打，必将影响印记的清晰度。

综上所述，贵金属首饰的外观工艺质量检验，从检验的内容方面可概括为以下四个方面：

（1）适用性要求。指尺寸、重心、弹性、强度等是否适合佩带。

（2）安全性要求。指尖锐角、毛刺等是否会损伤皮肤，钩刮衣服。

（3）可靠性要求。指结构、密度是否合理，在佩戴中是否会发生掉落、断裂等情况。

（4）艺术性要求。指设计的造型及工艺是否精致、有创意和品质的高低。

从检验的方法上可概括为：由表及里，先总体后细部的顺序。由表及里指先检验表面处理的色泽、光洁，后检验首饰背面的清洁、光亮、色泽和印记等，往往做工精致的首饰其背面结构简洁，焊接清楚；先总体后细部是指先检验总体的艺术造型，然后再细看錾刻纹样、镶嵌密度等具体工艺设计与制作细部。

学习单元 2 首饰外观工艺质量检验

学习目标

➢熟悉各类首饰外观工艺质量检验内容和要求。

➢掌握各类首饰外观工艺质量检验方法。

知识要求

一、戒指外观工艺质量检验内容和要求

戒指是首饰中最为多见的一个品种，可分为 K 金、铂金、银等镶嵌戒指和素金戒指等。

戒指的圈口要圆正，测量指环的尺寸应按《首饰指环尺寸的定义、测量和命名》（GB/T 11888—2001）规定执行。戒指套进专用的锥形指环量规，指环尺寸以指环内圆周长在量规上最接近的刻度值表示。

戒脚厚薄一般不小于0.80 mm，太薄的戒脚容易变形。在检验时，当发现有的戒脚仅有0.40～0.50 mm时，属相当单薄，应为不合格。

镶嵌戒指的工艺较为复杂，它糅合了锉、焊、錾刻、嵌宝等几种技艺，尤其对整体的对称、工整有着一定的讲究。因此，在检验时要从以下三个角度观察：

第一，从宝石顶端俯视戒指。宝石齿口同戒脚应成十字交叉，四角成90°。

第二，正视戒指。宝石齿口同戒脚应呈T字形，两角成90°。

第三，侧视戒指。桥洞两侧的戒脚应一样高低。

镶嵌戒指的戒脚应为死口，如做成活口，使用时扳动戒脚，势必影响镶石牢度，同时戒脚经扳动几次后也会断裂。

素金戒指检验的重点是搭口、圈口大小、面子方正三个方面，其戒脚一般为活口。搭口应吻合，相搭部位的长度为10 mm左右，外搭口有凹槽并宽于内搭口，使搭口不明显地过厚；一批首饰产品中大多数戒指的尺寸应在56～58 mm，以适应多数顾客的需要；方戒面子应平整，呈方形，棱角挺括，不圆润。

二、耳饰外观工艺质量检验内容和要求

耳环俗称插圈，左右对称。

耳饰佩戴的结构有弹簧夹、螺钉夹、插夹、挂钩等，常见的是插夹式。插针类，插针长短应一致，夹头应稳固；钩类，针尖应略钝。

耳饰的式样如有方向性，检验时应注意是否左右对称。插针的丝径一般为0.8～0.9 mm，长度为11 mm左右，针尖要圆钝，从针尖开始5 mm处应有凹槽，夹头两边也应各有一条凹槽，以免左右滑出。

螺钉耳环应用粗牙。

三、挂坠外观工艺质量检验内容和要求

挂坠的款式丰富多样，基本要求挂鼻部位恰当，重心合适。一般心形造型的挂鼻部位和重心不会产生明显的错误，检验时应重点注意镶嵌项坠。

镶嵌项坠根据不同形状的宝石设计款式，一般有两个特点：项坠有一定的厚度，造型不一定对称平衡。

因为有一定的厚度就必须检验挂件的侧视重心和正视重心。当项坠挂起时，侧视时不能有往前或朝后的倾向；正视时整体重心必须垂直，不能歪斜。因此，挂鼻的部位是否妥当，直接影响重心的正确和佩戴效果。

镶嵌项坠往往还采用一种沿丝工艺。沿丝的方法经常采用丝材焊接，丝径0.70～

0.80 mm，特殊情况下也可采用“片材锯空”。但无论是什么工艺方法，沿丝都要随形自然，高度适当；撑档的档距妥当；从正面俯视不露沿丝。

四、链条外观工艺质量检验内容和要求

链制品首饰的款式多样，基本要求是链身基本垂直，链粒大小均匀、活络，搭口大小适当。当生产贵金属合金链时，建议使用弹簧搭扣。

检验时要掌握以下四个要点：

第一，组成项链的每个单元要求均匀一致。

第二，单元之间焊接牢固、活络、不打结。

第三，链身平整，当放在水平平面玻璃板上，收紧两头，链身无局部竖起。

第四，左手拎起项链一头，用右手食指和拇指从头勒平项链，无明显打转现象，也不倾斜。

此外，高成色的项链应用“山字扣”，低成色的项链应用弹簧和合圈，搭扣大小应与链身相匹配。

五、镯的外观工艺质量检验内容和要求

镯头有软镯、硬镯之分，基本要求镯身平整、圆整；簧口紧密、灵活；开启方便。软镯一般为镶嵌镯头，目前市场上较少见。检验的重点是嵌宝和门扣，检验要求在前文已叙述。

硬镯又分摇皮式和开口式两种。开口式镯头工艺较为简单，其检验要求同素金戒指。

摇皮式镯头检验要求如下：

第一，侧视镯头圆正，椭圆形的镯头弧度要自然。

第二，将镯头平放在水平平面玻璃板上，用手指轻按镯身的任意一点，应无翘动感觉。

第三，打开镯头（开足），将镯头平放在水平平面玻璃板上，如镯身不平即是镯轴与镯身不垂直。此外，摇管不能松动，梢钉不能翻转。

第四，镯头打开后，开启角度近于90°。

第五，应有保险装置，确保门头无失灵脱出问题。

第六，门扣、舌头等处应打印了相应的成色印记。

六、别针外观工艺质量检验内容和要求

别针是首饰市场中不常见的一个品种，基本要求是针脚部位适当；针杆具有韧性、弹

性；针尖略钝。

传统别针一般为K金材料制作并镶有宝石。近年来随着高纯度材料首饰的普及，别针也出现了千足金制作的。但别针的部件有一定弹性和硬度的要求，应当采用22K金以下成色的材料制作。

检验时应注意如下几点要求：

第一，别针背面应沿丝，要求同镶嵌项坠。

第二，针的位置应安置在整体的中心线偏上，约2/5处，以避免佩戴时重心在上部，正面俯视不能露出针尖。

第三，针应用生丝制成，产品表面处理后铆接上去，针的丝径0.80～0.90 mm。

第四，锁针的门头一般用炮仗式，要有锁定的功能，不应采用简单的钩式。

七、摆件外观工艺质量检验内容和要求

摆件是首饰大类中不同于一般首饰的工艺品。摆件所能表现的题材相当宽广，从自然界的虫草花卉、飞禽走兽到亭台楼阁、人物车船，几乎包罗万象。摆件与首饰相比，更富有工艺美术的特性。

摆件检验的基本要求是造型有创意；表面无坑洼、变形；内部清洁。因此，摆件的检验不仅需要经验的积累和对工艺的熟悉，还需要有一定的文学艺术基础和修养。

高级的摆件技艺经典，难得而不多见，其工艺制作质量往往需要专家进行鉴定。批量生产的中低档摆件，在出厂前则做一般性检验。

摆件检验的重点如下所述：

第一，造型不能有明显的歪斜。如花瓶、奖杯、器具等形状要规矩、对称，不能有倾斜；人物和动物的眼睛、耳朵不能一高一低或一前一后。

第二，造型要符合自然界生态法则。如人物和动物的骨骼比例和肌肉结构、飞禽的羽毛、鱼龙的鳞片、动物的鬃毛、树干枝叶的生长方向等均要符合实际状况，但有些传说中的特例也不能违背。如刘海戏金蟾，此金蟾仅三只脚，不能做成四只脚。

第三，无论是写实还是抽象表现的动物，形象要鲜明、生动。如生肖的兔同鼠、牛同羊、马同狗不能让人有似是而非、难以区别的感觉。

第四，无明显加工缺陷，如无表面坑洼、变形、毛糙，无明显焊接缝，也没有淌焊、砂眼、锤击痕迹等缺陷。

第五，内部清洁、无膏灰。手工制作的摆件多数经上膏錾刻，如膏灰清理不彻底，往往残留在内部细小的凹凸处。一般摆件的底部都不密封，应注意观察内部是否清洁。

第 6 章

珠宝首饰商业评估

第 1 节　珠宝首饰商业评估的基本要素　/258
第 2 节　常见宝玉石品质与商业评估　/266

第1节　珠宝首饰商业评估的基本要素

学习单元1　珠宝首饰评估基础

学习目标

➢熟悉珠宝首饰商业评估的目的和类型。

➢掌握常见宝玉石商业评估和基本方法。

知识要求

一、珠宝首饰商业评估目的和类型

珠宝首饰商业评估的工作从确定评估的目的开始，不同的评估目的和一定的评估价值的类别相对应。即首先需要了解为什么需要进行珠宝首饰的评估，再确定采用什么价值类型（标准）进行珠宝首饰评估。

根据目前国内珠宝首饰评估中的常见目的，珠宝首饰的评估类型和相对应的价值类型（标准）依次可分为八种，见表6—1。

表6—1　珠宝首饰商业评估类型（标准）

类型（标准）	主要内容
资产变现评估	资产变现评估主要是指要将珠宝首饰折现为一定的资产价值（货币量）而进行的评估。有时这种折现是要即时兑现的，如企业破产与清算，这时对应的是珠宝的强制清算价值或有序清算价值
抵押贷款评估	抵押贷款评估是将珠宝首饰作为资产的抵押物，向其他的资产拥有人进行融资或担保所要求的评估，例如，银行给珠宝商或拥有人发放贷款时进行的评估，典当行对珠宝典当品进行的评估。这种评估要求一旦贷款人无力偿还贷款时，其抵押珠宝的价值必须和贷出的款项相当。因此，评估时贷款方为了获得更大的保证，一般要求以有序清算价值或强制清算价值进行评估

续表

类型（标准）	主要内容
保险评估	保险评估是国际市场上最常见的评估方法之一，但在中国目前还刚开始，它是在确定保险标的、保险费或确定索赔金额、索赔替代物时必须进行的评估。确定保险费用一般是按重置价值的方法进行评估，一般当保险物丢失或损坏时，保险公司会根据重置价值替换一件相似的新的珠宝首饰给顾客
财产分割评估	财产分割包括公司分立、合作破裂、离婚等涉及的珠宝首饰财产分割进行的资产评估，与之对应的价值类型是市场价值或公平市场价值
捐予（赠）评估	捐予（赠）评估是指机构或个人收到珠宝首饰的赠品时进行的资产评估，一般按照公平市场价值或者市场价值进行。在美国和加拿大等国，如捐赠是给慈善机构或特定的社会、文化机构，有关的价值数据可为捐赠人获得所得税减免
售前或再销售评估	售前或再销售评估是指拍卖机构或公司在贵重珠宝首饰拍卖或销售前请评估机构或评估师进行的评估，往往和市场价值相对应
损失评估	损失评估是当发生珠宝首饰的损失时，为了证明其价值而进行的评估，一般用该珠宝首饰损失或破损前的公平市场价值进行确定
遗产查验与遗产继承税评估	遗产查验与遗产继承税评估在国外是很常见的评估方法之一，但国内目前还未正式开征遗产税，该项工作尚待开展。一般根据公平市场价值进行评估

二、珠宝首饰评估的价值理论与价格

珠宝首饰价格是市场化的概念，是珠宝首饰价值的货币表现，而珠宝首饰价值是社会化的概念。珠宝首饰价格由交易决定，价值由评估确定。珠宝首饰价值反映的是珠宝首饰生产者和消费者对交易珠宝首饰的商品或服务的使用价值与交换价值的共同的社会认同，是对珠宝首饰财产合理价格的一致意见的结果。价格常常和评估目的及类型有关，常常和市场级别、交易时间与类型相联系。在正式的珠宝首饰资产评估过程中，珠宝首饰价值确定的依据往往是市场中的多数价格，即理论上出现概率最大的价格。珠宝首饰价格和价值并不能简单地相等。

从珠宝首饰市场供给和需求的均衡来讨论珠宝首饰价值与价格问题，其要点包括：

1. 珠宝首饰商品价值来源于珠宝首饰的商品生产（供给）和消费（需求）两个方面

在生产的角度，生产珠宝首饰商品的成本（创造或生产新的珠宝首饰产品或资产时的花费）越高，其价值就越大；在消费的角度，珠宝首饰商品的效用越高，其价值就越大。

2. 珠宝首饰市场上珠宝首饰商品的供给与其市场价格呈正向变化，价格越高，供给越大；价格越低，供给越小

珠宝首饰市场上珠宝首饰商品的需求与其市场价格呈反向变化，价格越高，需求越小；价格越低，需求越大。

3. 在市场经济条件下，珠宝首饰商品的价格是珠宝首饰商品供给与需求双方力量平衡的结果，珠宝首饰市场的均衡价格就是珠宝首饰供给曲线与珠宝首饰需求曲线交点确定的价格

在珠宝首饰市场上，珠宝首饰商品的价格会随着商品供求关系的改变而变化。在实际的市场交易中，珠宝首饰商品价格可以理解为是买卖双方就某项珠宝首饰商品或服务同意支付或接受的货币金额。特定的商品或服务的价格除了和生产珠宝首饰商品的成本和消费者的需求有关外，还受交易双方的经济实力、交易时间、交易方式、交易数量及市场环境等诸多因素影响。

三、珠宝首饰的价值类型

珠宝首饰的评估中，一定的评估目的和类别与一定的价值类型相对应。目前珠宝首饰市场上一般存在的价值类型见表6—2。

表6—2　珠宝首饰的价值类型

价值类型	主要内容
市场价值	市场价值是指在完全竞争的市场情况下，卖方和买方在公平、公开的条件下，根据各自的消费偏好及经济实力和利益所确定的市场价格 和市场价值相对应的市场价格代表市场上同类交易的真实情况，它一般不受特殊的费用或成本的影响，但和一定的交易时间相关。在某种意义上说，珠宝市场价值是同类珠宝首饰市场价格的平均价格水平。市场价值是最常见的价值类型
公平市场价值	公平市场价值是指买卖双方在自由交易和资讯对等的条件下将一件珠宝首饰从一个主体（卖家）转移到另一个主体（买家）时的价格 公平市场价值可能更特指某种类型客户之间的交易，它可能包括一些交易双方认同的特殊的费用。因此，珠宝首饰公平市场价值并不是平均化的珠宝首饰交易价格水平，而是一种针对特别的交易主体的市场价格
零售价值	零售价值很多时候是指珠宝首饰保险评估时的保险重置价格，它是指对一项全新的珠宝首饰评估时相对应的珠宝市场价格。在一定的限制条件下，它也可以是一些古董珠宝首饰、名牌珠宝首饰和特殊设计的珠宝首饰或者二手珠宝首饰的平均市场置换价格
重置价值	重置价值指在一定时间内，严格按相同的质量水平置换或替换另一件财产（珠宝首饰）时所花的成本，也可称为重置成本价格。根据要求的不同也可细分为复原重置价值和更新重置价值。复原重置价值指以某珠宝首饰为原型，按原设计风格、材料和制作方法，由具同样资历水平的制作人生产出和原物一样的珠宝首饰所需要的费用，又称为复制成本；更新重置价值仅指由具同样资历水平的制作人，利用现有的技术和材料生产制作一件和原物具相同市场需求的新产品所需要的费用，也称为更新成本。一般来说，复制的要求比更新的要求高，因此复制成本大于更新成本

续表

价值类型	主要内容
批发价值	批发价值是指零售商从批发商或宝石进口商批量购买某些类别的产品（珠宝首饰）所支付的价格
拍卖价值	拍卖价值是指在拍卖会上，出价最高的人为珠宝首饰拍卖品所支付的价格。珠宝首饰的拍卖价值有时可作为珠宝首饰重置或清算评估目的下的价值参照，在有特别声明和说明文件的情况下，拍卖价格也可在公平市场价值评估中使用
清算价值	清算价值是指财产（珠宝首饰）在强迫出售或清算时可能获得的现金价格。一般情况下，这种价值会远低于市场公平价格，是卖方在一定的时间及其他约束条件下被迫接受的价格 清算价值又分为有序清算价值和强制清算价值。前者是指在规定的限制条件（时间、方式等）下，以有序的方式将珠宝首饰变现所得的价格。一般来说，有序清算价值是珠宝首饰在限定条件下的最合适的价格（不一定是最高价格）。强制清算价值一般是不考虑市场条件而只考虑能在最快的条件下达成交易的合适价格。通常，这种价格是即时条件下（如两周内）市场能接受的最高的价格。强制清算价值低于有序清算价值
适销现金价值	适销现金价值是指在相关市场条件下，珠宝首饰经有序销售后从获得的收益中扣除各项成本所得的净收益。可扣减的成本包括：中间人佣金，促销费用（如广告、照相、证书等），处理费用（如运输费、保险费等），筹备费（如修缮费、保存费、提高珠宝首饰适销性发生的费用）。以抵押贷款为目的的评估根据适销现金价值进行
实际现金价值	实际现金价值指在合理期限内，在合适的市场上，用一件年代、品质、来源、外观、大小和状况相似的珠宝首饰替代某件珠宝首饰时所必需的现金价格。这是一个保险术语，较多在保险评估中使用
投资价值	投资价值是指对于具有明确珠宝首饰投资目标的特定的投资者或某一类投资者而言所具有的价值，它是对某项珠宝首饰投资产品可能获得的投资回报的现值估计。贵重珠宝评估中有时要考虑这种价值形式
残损价值	残损价值是指珠宝首饰在严重破损的条件下最低限度可能变现的资产价值。对有黄金、铂金、银等金属的珠宝首饰而言，很多时候残损价值指首饰回炉熔融后所能获得的贵金属的市场价格，这种价值形态一般不受评估目的及首饰美学形态的影响，是一种最原始的可用材料的成本价格

例如，一些古典（董）珠宝首饰或许就是为达官贵人或富人名流而作的，设计制作者往往也是一些当时有名的工匠或公司，这些制品中都被市场公认包含了当时的时代和文化传统信息，使得这些珠宝具有特殊的价值而不同一般，难以以现在的市场价格进行类比。如 1996 年 2 月 22 日在瑞典圣毛里斯举行的第 21 届苏富比（索斯比）拍卖会上拍卖的一件由 14 颗钻石镶成的叶形首饰，由于它是 19 世纪欧洲宫廷首饰工匠精心设计制作的，整件首饰设计制作精美、雍容华贵，使得最终拍卖价高达 253 372 美元，是最初估计

的 10 倍。

与此有关的一个著名例子是肯尼迪夫人戴过的一串假的珍珠项链，市价不过 100 美元，但在苏富比拍卖行中，有人出 16 万美元把它买走，说明了珠宝首饰的特殊“经历”对价值的影响。

学习单元 2　珠宝首饰评估的原则

学习目标

➤了解珠宝首饰评估的原则。

➤熟悉珠宝首饰评估的相关原则。

知识要求

珠宝首饰财产评估或资产评估的原则是指组织、管理和实施评估时必须遵循的准则，既是规范珠宝首饰评估行业和业务的准则，也是珠宝首饰评估工作的指导方针。由于珠宝首饰评估会涉及多方面的利益，所以为了保护珠宝首饰评估结果的公正性、客观性和科学性，必须正确处理珠宝首饰资产或财产所有者、经营者及其他各方面的利益。为此，珠宝首饰评估必须按规范化的标准来组织和实施，要遵循一定的原则和标准。珠宝首饰的评估过程一般应遵守执行原则、技术原则及其他相关原则，见表 6—3。

表 6—3　　珠宝首饰评估遵循的原则

执业原则	真实性原则	真实性原则是指珠宝首饰评估过程中要实事求是。在评估工作中，评估机构必须以实际材料为基础，以确凿的事实为依据，以科学的态度为指针，实事求是地给出评估结果。申请评估的人或单位也必须实事求是地把被评估资产的情况提供给评估人员和评估机构，以保证评估工作始终在占有真实资料的基础上进行
	科学性原则	科学性评估原则是指以科学的态度确定珠宝首饰评估方案，采用科学的评估方法进行评估。在评估工作中，必须把主观评价与客观测算、静态分析与动态分析、定性分析与定量分析结合起来，使评估工作科学合理。同时，科学性原则还要求评估的每一个细节都要有科学的依据，即使是粗略估算，也要尽可能合理
	公正性原则	公正性评估原则是指以公平、公正的立场，以中立的第三者身份客观公正地进行珠宝首饰评估，是评估人员及机构应遵循的一项最基本的职业道德规范

续表

技术原则	可行性原则	可行性原则就是根据珠宝首饰评估目的、评估对象的特点和性质以及所具备的现实条件，制定切实可行的评估方案并采用切实可行的评估方法进行评估。切实可行是指在现实的条件下能够办得到，也就是在进行一项评估工作时要考虑进行该工作的技术可行性和经济可行性，一般来说，只有技术上可能，且经济上也可行时，这项评估工作才可进行
	专业化原则	专业化原则就是指珠宝首饰评估工作应该由专业评估机构来承担。国家规定，只有经国家法定机构注册登记，并持有资产评估许可证的资产评估机构、会计事务所、审计事务所、财务咨询公司等机构才有资格来承担资产评估工作。只有经国家法定机构考核批准，持有珠宝首饰资产评估师证书的专业技术人员才有资格承担珠宝首饰专业资产评估的任务或项目
	价值原则	价值原则就是在珠宝首饰评估工作中要依据珠宝首饰财产的各项价值进行综合评估，如供应和需求价值、竞争价值等
珠宝首饰评估相关原则	鉴定原则	鉴定原则就是对珠宝首饰的特征、特性或标志等决定价值的要素进行检测和鉴别，评估珠宝首饰物质的真实性
	贡献性原则	贡献性原则就是指在评估一件由多颗宝玉石及贵金属组成的首饰时，必须综合考虑各个部分对该件首饰整体价值上的贡献量的大小，而不是孤立地考虑各个部分的价值。即一件珠宝首饰某一构成部分的价值取决于它对整体珠宝首饰的价值贡献，或者是根据当缺少它时，对整体价值损失的影响程度，或者理解为被评估珠宝首饰的各组成部分的价值取决于这些部分增加时会对整体价值产生何种贡献，或当缺少它们时对减少整体价值产生的损失或影响。这一原则在成品首饰中体现得较为显著，即珠宝首饰中某一部分的价值或对整体价值评估产生重要或主要的影响
	品质分级原则	品质分级原则是指将被评估的珠宝首饰与所选定市场公认的标准（如钻石、珍珠、翡翠的分级标准）进行对比，得出被评估珠宝首饰的品质特征和价值。珠宝首饰的品质分级标准一般是依据一定的国际组织或国家公认的标准尺度。

总之，珠宝首饰的价值评估是一种综合性的科学分析判断的过程，为了保证评估的科学性和客观性，遵循以上原则是十分必要的。此外，由于珠宝首饰评估中，评估人的主观性也很强，所以在评估时应强调遵循公平性原则、客观性原则，以获取更准确的评估结果。

学习单元3　珠宝首饰评估的基本方法

学习目标

➢熟悉珠宝首饰评估的基本方法。

知识要求

对珠宝首饰进行价值评估时，由于评估的目的不同，所采取的评估方法也就不同，即确定价值评估的方法主要取决于评估的目的。传统的价值评估方法主要有三种：成本法、市场比较法和收益法。目前，珠宝首饰评估常用的主要是前两种方法。此外，按清算或经验估价的方法也是很重要的评估方法。在实际工作中要根据具体情况具体分析，采取合适的价值评估方法，以得出尽量合理的珠宝首饰评估结论。

一、成本法

成本法是指评估珠宝首饰时，按在现时条件下重新购买一件全新状态的被评估珠宝首饰所需要的全部成本减扣其各项损耗价值来确定被评估珠宝首饰价值的方法。对于珠宝首饰的价值评估而言，就是指制作类似或同样的首饰实际所花的成本，即通过研究首饰的每一组成部分的成本和每一制作过程的成本，再加上生产商的利润，即得出该珠宝首饰总的成本。这个成本通常是指销售商、厂商、批发商或进口商卖出时所得到的价格，即珠宝首饰商品市场的成本价（市场批发价值）。

在市场成本价的基础上加上零售商的利润，即得新的零售重置价值（市场零售价值）。如无特别说明，当采用这种方法对珠宝首饰进行价值评估时，评估师所计算的成本价都是指零售重置成本价。

成本法最适合于评估大多数现代批量生产制作的珠宝首饰，尤其是未经注册专利设计的现代珠宝首饰。这类珠宝首饰的金属材料、宝玉石及制造工艺容易复制，所以相对较容易估算其成本。采用成本法估价的基本步骤如下：

1. 确定评估目的

确定评估目的，选择相适应的价值类型。

2. 清洗称量

清洗珠宝首饰，称量或计算宝玉石的质量。对于单粒宝玉石可以直接称重，而镶嵌首饰上的宝玉石则利用标准的行业公式计算或测算宝玉石的质量。

3. 对珠宝首饰进行鉴定

鉴别出宝玉石的类型并对其进行品质分级评价；测试贵金属的成分、成色并分析其结构和制作工艺。这是进行价值评估的基础。但是，也有例外的情况，即对于已有法定鉴定证书的珠宝首饰，在评估方同意的情况下，评估师可以直接依据鉴定证书上的鉴定对其进行价值评估。

4. 确定材料成本

根据评估基准时间市场级别和有关的价格信息确定宝玉石的市场成本价。在计算市场成本价时要注意汇率的换算。

根据贵金属的品质和成色以及同级市场上的贵金属价格，计算出贵金属的市场成本价。

5. 确定设计和工费

珠宝首饰的设计成本、镶嵌及加工制作的成本，包括焊接、镶嵌、电镀、抛光以及相关的劳动力成本。

6. 确定重置成本价值

把宝玉石、贵金属和劳动力三部分的成本归总合计，就可得出该件珠宝首饰的制作成本，即其市场成本价，也即生产商的市场成本价。加上零售环节成本、税收和合理利润，扣除实体性和经济性贬值，就是零售重置成本价值。

二、市场比较法

市场比较法义称现行市价法、市场数据比较法，是指通过市场调查，选择与被评估珠宝首饰具相同或相似特征的珠宝首饰作为对比参照物，分析参照物的成交价和交易条件，并就影响价格的有关因素进行对比调整，从而确定被评估珠宝首饰价值的一种评估方法。这种方法是基于相关的零售市场类似珠宝首饰的售价来计算其价值的。适用于任何珠宝首饰的价值评估，特别可适用于对古董首饰和现代专门定制设计首饰的价值评估，对于这些珠宝首饰而言，其来源可能比首饰自身的组成材料更重要。

采用市场比较法对珠宝首饰进行价值评估时，要对与被评估的珠宝首饰相同或相似的对比物的市场情况进行比较详细的研究和分析，考虑越全面，得到的结果就会越合理准确。其主要的步骤如图 6—1 所示。

寻找相应的参照对比珠宝首饰应考虑相应或相似珠宝首饰的品质级别、销售的时间和地点、市场状况、买卖动机、付款方式、交易双方的关系等因素，还要考虑与被评估的珠宝首饰的相似程度，二者要有可比性才可以用来作为参照对比物。可比性，是指用来参照对比的珠宝首饰在设计、成分、品质、状况、稀有程度、产地、时代等方面与被评估的珠宝首饰相当，并且是由相同或水平相当的设计师或工匠制作的。

把被评估的珠宝首饰与所找到的参照对比物进行比较，匹配分析被评估物与对比物之间的不同点以及这些不同点对其价值的影响，调整差异，得出最后的珠宝首饰评估结论。

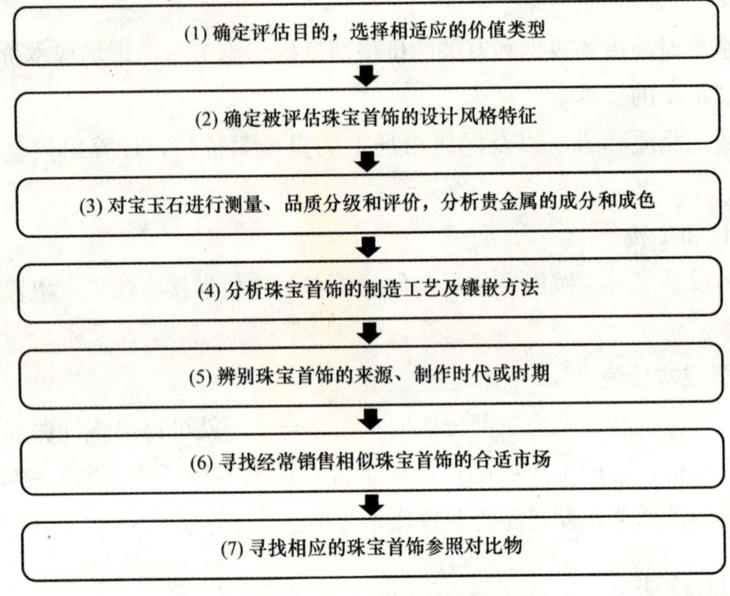

图 6—1　市场比较法的主要步骤

第2节　常见宝玉石品质与商业评估

学习单元1　常见有色宝石的品质分级标准

学习目标

➢熟悉有色宝石的品质分级标准。

知识要求

常见有色宝石包括红宝石、蓝宝石、祖母绿、金绿宝石、碧玺、石榴石、海蓝宝石、橄榄石、托帕石、坦桑石、有色水晶、锆石、堇青石等。

有色宝石的分级国际上目前尚无统一的标准。最近的趋势是倾向和钻石一样，依据宝石的颜色、净度、切工及质量“4C”来确定其品质。对那些具有特殊光学效应的宝石（如星光和猫眼宝石），分级所考虑的因素复杂一些。不同类别的宝石，一般都有具体不同的分级标准，但市场上对有色宝石的商业品质评估标准会根据消费者的观念和需求的变化经常性地变动。

一、有色宝石颜色分级

颜色是影响有色宝石质量和价值最主要的因素，它的影响一般占到50%甚至85%。在日常宝石贸易过程中，习惯将宝石的颜色用类比法，如“鸽血红”“苹果绿”“鸡血红”等来描述。这种描述带有明显的主观色彩，在珠宝评估和彩色宝石分级中要尽量避免。有色宝石的颜色分级主要是确定宝石颜色的色彩、色调和饱和度，再综合其他因素确定其颜色的品质级别。

1. 色彩

有色宝石的色彩主要是指透过宝石的光的主波长在人眼中产生的颜色视觉反应。有色宝石的色彩应该按主要色和次要色的比例来描述。

次要色的比例一般分为如下几类：很弱的次要色（次要色占5%～10%），如很弱的蓝绿色（蓝色占5%～10%，绿色占95%～90%）；弱的次要色（次要色占10%～15%），如弱蓝绿色（蓝色占10%～15%）；明显的次要色（次要色占15%～25%），如蓝绿色（蓝色占15%～25%）；强的次要色（次要色占25%～30%），如强的蓝绿色（蓝色占25%～30%）；很强的次要色（次要色占35%～40 %），如很强的蓝绿色（蓝色占35%～40%）；平衡的两种色（次要色占45%～50%），如蓝—绿色（绿色与蓝色各占近50%）。

观察有色宝石颜色首先从台面观察，确定宝石中最主要的色彩，再仔细观察宝石，找出宝石中次要的色彩及次要色彩所占的比例。

2. 色调

色调即有色宝石色彩的明亮度，又称明度，是宝石颜色的明暗程度。有色宝石分级中将色调分为若干个等级，分别用数字表示。实际操作中一般可简便分为7级，即白色、浅、中浅、中、中深、深和很深。有些宝石的色调总是很浅，另一些则总是很深，如海蓝宝石的色调一般很少超过4～5。

3. 饱和度

饱和度指透过宝石的主波长光波占总透过光波的百分比，是指色彩的强度或鲜艳程度。饱和度低时，颜色为灰色，而饱和度最高时为纯光谱色。实际操作中有色宝石分级体系中一般可将饱和度分为6级，即灰（褐）、淡灰（褐）、极淡灰（褐）、中浓、浓及鲜艳，分别用数字来表示。有色宝石的饱和度很少能够达到浓。所以，在宝石颜色分级表上饱和度为5和6处常常为空白。以祖母绿为例见表6—4。

表 6—4　　　　　　　　　　　　　祖母绿（Emerald）vslbG 表

色调	颜色级别					
	饱和度					
	1	2	3	4	5	6
2	1	2				
3	11/2	3				
4	21/2	5	7			
5	3	6	9			
6	3	7	10			
7	2	4	6			
8	1	2				

4. 颜色分级

国际市场上一般将有色宝石的颜色品质分为 10 级，用数字 1～10 表示，每种宝石及每个颜色品种都有一个对应的颜色分级表，不同种类宝石的分级表不同。总评可归成为四大类：极好（8～10 级）、很好（6～8 级）、好（4～6 级）和商业级（1～4 级），见表 6—5。

表 6—5　　　　　　　　　　　　　有色宝石颜色品质分级特征

颜色分级	颜色
极好级（8～10 级）	颜色是该品种已知最好的，色调为该品种最理想、饱和度为鲜艳、均匀；GIA 色级 8～10 级
很好级（6～8 级）	颜色稍稍偏离理想色，稍浅或深的色调，饱和度稍低
好级（4～6 级）	与理想颜色可有较大的偏高，较浅或较深的色调和较低的饱和度
商业级（1～4 级）	与理想颜色偏离大，很浅或很深的色调，饱和度很低

注：据丘志力、李立平等，2003。

评估时，在确定有色宝石的色彩、色调和饱和度的等级后，根据颜色三要素的等级及宝石种类，再确定该宝石的颜色品质的等级（1～10 级）。

在进行颜色分级时，选择合适的光源非常重要。光源类型（白炽灯或日光灯）、光源的强度、宝石的透明度、观察角度（如具多色性的宝石）、观察者的情绪都会影响观察的效果。可能的情况下可凭借来自北边窗口的自然日光（散射光）光源来分级，最好时间是上午 10 点到下午 4 点。国际照度委员会（CIE）规定颜色的描述或测试采用的光源是色温为 6 775K 近似日光的光源，进行宝石颜色分级也都采用这种标准光源。选用的光源不合适，可能会引起颜色判断的错误并导致有色宝石颜色级别明显改变。

二、国际通用宝石颜色分级标准

国际上现行的应用较广泛的主要是 Howard Rubin 的 GemDialogue 颜色描述和分级体

系以及 GIA 的有色宝石分级体系（The GIA Colored Stone Grading System）。这两个体系都利用与标样对比的手段，按颜色的三要素要求进行颜色分级。

GemDialogue 颜色分级体系已为美国宝石贸易协会（AGTA）接受并作为官方的颜色描述标准，推荐专业评估师使用这一体系。GemDialogue 以便携的颜色手册的形式提供了 60 000 种颜色标样供对比。有 21 种透明的颜色色标，每个色彩部按 10 个级别的饱和度分别印在 10 张透明塑料片色标上，另配有黑色或褐色的色罩用来调节色调，黑色和褐色色罩也有 10 种不同饱和度的色标样。通过将宝石与各个色标对比，找出最相近的颜色即可确定宝石的色彩、色调和饱和度，再根据不同的宝石确定颜色的级别。

GIA 的有色宝石分级体系提供了一套便携的由塑料铸模成型为圆多面型的颜色标样（GemSet）用作比色标样，这些标样的颜色经过严格的色度测量标定。标样由 31 种色彩组成，每种色彩都有 7 个级别的色调和 6 个级别的饱和度，共有 324 个颜色标样。在颜色分级时，只要将宝石与各个标样对比，找到对应的颜色标样，再根据不同的宝石的种类就可确定宝石的颜色级别（标样上标记了其颜色、色调和饱和度的级别）。

如一颗绿色祖母绿的色彩为很弱的蓝绿色，色调为 5，饱和度为 3，GIA 的 GemSet 表述为 vslbG 5/3（色彩色调/饱和度）。然后查祖母绿的颜色分级表，找到 vslbG 表（见表 6—4）。该表横坐标为饱和度，纵坐标为色调，表中对应的数字即颜色级别。查表即得其颜色级别为 9，说明该祖母绿的颜色品质极好。

GemDialogue 对颜色特征的表示方法与 GIA 不同，进行有色宝石评估时首先要确定使用的是哪一个系统。

三、有色宝石的净度分级

国际上关于有色宝石净度分级的体系所采用的术语很不统一，分级主要是依据肉眼观察，而不是依据放大镜下观察的特征。

美国宝石协会（AGS）提出的有色宝石净度类型的术语为无瑕（FI）、小瑕（LI1—2）、中瑕（MI1—2）、重瑕（HI1—2）和极重瑕（EI1—2—3）。其定义见表 6—6。

表 6—6　　有色宝石净度分级

无瑕（free of visible inclusion 或 FI）	暗域或顶灯照明且无放大的情况下，肉眼见不到瑕疵
小瑕（lightly included 或 LI1—2）	可有少量瑕疵，但瑕疵对宝石的美丽没什么影响，即使在暗域照明下也较难看见
中瑕（moderately included 或 MI1—2）	可见瑕疵的痕迹或色带，在顶灯下可见，对宝石的美丽有稍许影响
重瑕（heavily included 或 HI1—2）	瑕疵在顶灯下明显，引起观察者的注意
极重瑕（excessively included 或 EI1—2—3）	严重的瑕疵已经损害到宝石的美丽

以 GIA 为例，GIA 将有色宝石的净度分级采用了与钻石净度分级一样的术语，即 VVS、VS、SI1—2、I1—3，但赋予它们不同于钻石净度级别的含义。根据宝石生长的自

然状况、各种宝石的内部特征出现的稀有程度不同及有色宝石内部特征的特点，首先将宝石划分为Ⅰ、Ⅱ、Ⅲ三类（见表6—7）：Ⅰ类宝石为通常没有明显的瑕疵；Ⅱ类宝石一般含有适当的瑕疵；Ⅲ类宝石为通常总是含有特征的。VVS级别净度定为极好级（8～10级），VS定为很好级（6～8级），SI定为好级（4～6级），I定为商业级（1～4级）。不同类型宝石同样净度分级术语的含义不同，因此较容易造成混淆。

表6—7　　GIA常见有色宝石的净度类型

Ⅰ类宝石	Ⅱ类宝石	Ⅲ类宝石
海蓝宝石、绿色、粉红色、黄色绿柱石		祖母绿
绿色、黄色金绿宝石	变石	
烟晶	紫晶 黄水晶	
绿色碧玺	蓝、橙、黄、红紫、杂色碧玺	红色、西瓜碧玺
蓝色锆石	绿、橙、红、黄色锆石	
黄玉 黝帘石 锂辉石	红柱石 石榴石 尖晶石 堇青石 橄榄石 红宝石、各色蓝宝石	

如祖母绿属于Ⅲ类宝石，内部特征为小瑕（LI），其净度级别可评为9级；但海蓝宝石为Ⅰ类宝石，小瑕（LI）的净度级别就只有6级，见表6—8。此表给出了不同类型有色宝石内部特征对应的净度品质级别。

表6—8　　以GIA为例不同类型有色宝石内部特征对应的净度品质级别

净度品质分级	Ⅰ类 （例：海蓝宝石）	Ⅱ类 （例：蓝宝石）	Ⅲ类 （例：祖母绿）
10	FI	FI	FI
9	FI	FI	LI1
8	FI	LI1	LI2
7	FI	LI2	MI1
6	LI1	MI1	MI2
5	LI2	MI2	HI1
4	MI1	HI1	HI2

续表

净度品质分级	Ⅰ类 （例：海蓝宝石）	Ⅱ类 （例：蓝宝石）	Ⅲ类 （例：祖母绿）
3	MI2	HI2	EI1
2	HI1	EI1	EI2
1	HI2	EI2	EI3

美国宝石协会（AGS）使用的净度术语避免了与钻石净度术语的混淆，更容易为人接受。

四、有色宝石的切工分级

有色宝石的切工质量不但影响有色宝石的外观，如亮度、火彩、闪耀程度，也影响颜色及净度的观察效果。但切工质量对有色宝石品质的影响不如钻石那么严重，切工分级也不如钻石的那样严格，切工一般对总品质的影响低于 20％ ～30％。

有色刻面宝石的切工质量从比例、对称性和抛光质量来评判。弧面型宝石主要从长宽高的比例、形状和轮廓的优良、对称性和抛光质量等方面来评判其切工质量。

对比例形状协调，轮廓、对称性和抛光质量都不错的刻面有色宝石，在切工分级时主要通过估算台面上漏光窗口所占的比例来确定切工的级别。切工级别共分 10 级，见表 6—9。

表 6—9　　根据台面窗口的比例确定刻面型有色宝石的切工级别

级别	描述	台面窗口的比例	
10	极好	全亮度，无对称和抛光缺陷	
9	非常好	台面窗口占 10％～20％	较好的分级应该只有微小的对称和抛光缺陷；否则，这些缺陷根据严重程度会降低其切工级别
8	很好	台面窗口占 20％～30％	
7	好	台面窗口占 30％～40％	
6	中一好	台面窗口占 40％～50％	
5	中	台面窗口占 50％～60％	
4	中一一般	台面窗口占 60％～70％	
3	一般	台面窗口占 70％～80％	
2	差	台面窗口占 80％～90％	
1	很差	台面窗口大于 90％	

注：据丘志力、李立平等，2003。

大的窗口会对刻面宝石的颜色有明显影响，瑕疵也更易于发现。因此，窗口越大，有色宝石就越缺乏亮度和活力，切工就越差。工艺人员总是想保留更大的重量，甚至不惜以牺牲切工为代价。颜色很暗的宝石，工匠经常会切出大的窗口，让更多光线通过宝石，以产生更透明的外观。

外形轮廓也是评价刻面有色宝石切工质量的较重要因素（见表 6—10）。如果发现台面或底尖偏离中心、形状不规则、太尖或不膨胀、台面或腰棱倾斜、冠部太薄、台面太大或太小、腰棱太厚或太薄、刻面错位、明显的抛光痕等做工或比例方面的问题，其品质级别要酌情扣分。

表 6—10　几种形状的刻面型有色宝石理想的长宽比例

宝石形状	长：宽
椭圆形	4：3～7：4
橄榄形或马眼形	7：4～9：4
梨形	3：2～7：4
心形	1：1
长方形或祖母绿形	3：2～7：4

五、有色宝石的质量

有色宝石的质量是影响价格的重要因素之一，但大小与价格之间并不呈现简单的线性关系，但宝石的大小会影响颜色效果及其适用性。

有色宝石的质量精度的要求一般不如钻石那么严格。在评估时，如果镶嵌的宝石不能取下来，可利用各种宝石专用的量具先测量宝石的大小（通常以 mm 为单位），再根据测量的数据和宝石的相对密度，利用宝石的琢型对应的经验公式来估算宝石的质量（见表 6—11）。

表 6—11　估算宝石质量的计算公式

宝石的琢型		估算质量的计算公式（长度，mm；质量，ct）
圆混合型		$W \times W \times D \times SG \times 0.0020$
圆明亮型		$W \times W \times D \times SG \times 0.00173$
椭圆混合型（切工好）		$L \times W \times D \times SG \times 0.0022$
去角长方阶梯型	正方形	$W \times W \times D \times SG \times 0.0023$
	长方形	$L \times W \times D \times SG \times 0.0026$
马眼混合型		$L \times W \times D \times SG \times 0.0017$
梨形混合型		$L \times W \times D \times SG \times 0.0018$
弧面型圆	高凸	$W \times W \times D \times SG \times 0.0021$
	低凸	$W \times W \times D \times SG \times 0.0024$
	扁	$W \times W \times D \times SG \times 0.0027$

续表

宝石的琢型		估算质量的计算公式（长度，mm；质量，ct）
椭圆形弧面型	高凸	$L\times W\times D\times SG\times 0.0023$
	低凸	$L\times W\times W\times D\times SG\times 0.0026$
	扁	$L\times W\times D\times SG\times 0.0029$
去角正方形弧面型	高凸	$W\times W\times D\times SG\times 0.0025$
	低凸	$W\times W\times D\times SG\times 0.00275$
	扁	$W\times W\times D\times SG\times 0.0031$
去角长方形弧面型	高凸	$L\times W\times D\times SG\times 0.00285$
	低凸	$L\times W\times D\times SG\times 0.0031$
	扁	$L\times W\times D\times SG\times 0.0035$
马眼弧面型	高凸	用马眼混合型的公式×110%
	低凸	用马眼混合型的公式×120%
梨形弧面型	高凸	用梨形混合型的公式×110%
	低凸	用梨形混合型的公式×120%
圆珠（有孔则减去5%）		$W\times W\times W\times SG\times 0.00262$

注：①据丘志力、李立平等，2003。

②表中 L 代表被测宝石的长度，W 代表被测宝石的宽度，D 代表被测宝石的高度，SG 代表被测宝石的相对密度。

正常大小（通常在 2 cm 以内）内的有色宝石的克拉大小与价格有明显的正比关系。过大和过小的宝石会因为尺寸对颜色造成明显影响或影响镶嵌效果，克拉价格会有所降低或增加（加工费增加）。

六、有色宝石总品质分级

有色宝石的整体品质评价，要综合考虑颜色级别、净度级别、切工级别的影响。一种简单的方法就是将宝石的颜色分（级别）、净度分、切工分分别乘以各自对总体品质影响的权重即程度来获得其分级，即：

总品质的级别＝50%颜色分级＋30%净度分级＋20%切工分级

GemGuide 报价参考手册上专门提供了一个综合考虑颜色、净度和切工质量得出总品质级的表（见表 6—12）。该表是在颜色级别的基础上，加上或减去净度和切工级别对总品质造成的影响来计算总品质等级。颜色对有色宝石的品质的影响最大，一般占到 50%～85%；而净度和切工的影响明显较小，通常分别为 30%和 20%。

表6—12　　GemGuide颜色、净度和切工级别对有色宝石品质的影响

初始颜色分级	净度分级/切工分级			
	1～4级	4～6级	6～8级	8～10级
商业级1～4级	－1.5/－0.5	0/0	0/0	＋0.25/＋0.25
好4～6级	－2/－1	－0.25/0	0/0	＋0.25/＋0.25
很好6～8级	－2.5/－1.25	－0.5/－0.25	0/0	＋0.5/＋0.5
极好8～10级	－3/－1.5	－1/－0.5	0/0	＋0.5/＋0.5

注：分子为净度的影响，分母为切工的影响。

例如：颜色分级为8.5级、净度分级为9级、切工分级为5级的宝石，从表6—12中找到颜色级8.5属于极好（8～10级）行，在这一行找到与净度为9级所在的列（8～10级列）相交的格，格内线上部分的数字为净度对总品质的贡献分，为＋0.5，即有0.5分的贡献；再看与切工为5级（4～6级列）相交的格，格内线下的数字为－0.5，表示切工会对总品质产生负面的影响，要在颜色级上减去0.5。所以，总品质分为8.5＋0.5－0.5＝8.5。

但应该注意到，实际上净度和切工对有色宝石品质的影响程度也并非简单的比例关系。

一般总品质在6级以上的都是品质很好的有色宝石（见表6—13），国内市场上出售的大多数祖母绿、红宝石等有色宝石都属于商业级。

表6—13　　宝石总品质分级标准

总质量分级	颜色	净度	切工
极好级（8～10级）	颜色纯正、强、鲜艳、均匀	Ⅰ类宝石：肉眼几乎见不到瑕疵； Ⅱ类宝石：肉眼可见或不可见，10倍下少或明显； Ⅲ类宝石：有明显瑕疵	比例好、无外形的不平衡、无窗口，做工精良
很好级（6～8级）	颜色可稍稍偏离纯正，稍浅或深，饱和度稍低	Ⅰ类宝石：肉眼几乎见不到瑕疵，10倍下可见； Ⅱ类宝石：肉眼可见瑕疵，10倍下明显； Ⅲ类宝石：肉眼明显可见瑕疵	比例稍稍偏离，小窗口，做工稍差
好级（4～6级）	与理想颜色可有较大的偏离，较浅或较深的色调和较低的饱和度	Ⅰ类宝石：肉眼明显见到瑕疵； Ⅱ类宝石：肉眼十分明显可见； Ⅲ类宝石：肉眼可见瑕疵，极其明显	比例明显偏离，大窗口，做工较差
商业级（1～4级）	与理想颜色偏离大，很浅或很深的色调，饱和度很低	肉眼明显可见瑕疵，Ⅲ类宝石的瑕疵已严重影响到其透明度	比例偏离大，做工较差

有色宝石特殊光学效应的评价见表 6—14。

表 6—14　　有色宝石特殊光学效应的评价

猫眼效应宝石评价	要特别注意以下几个方面：其亮带是否清晰明亮、是否居中、张合是否明显；宝石是否具有乳白—蜜黄效果（猫眼石显示的亮带一侧为乳白色，另一侧为蜜黄色的效果）；透明度如何；有无影响其耐久性的裂隙；有无明显的外部瑕疵；底部是否过于厚重等
星光效应宝石的评价	要特别注意以下几个方面：星线是否清晰、连续；星线是否居中、平直；星线与背景的反差是否明显；底部是否过于厚重；底部有无裂隙或破损等
具有变色效应的宝石评价	要特别注意以下几个方面：宝石在不同光源下的颜色、透明度如何；在笔筒手电照明下是否存在影响其耐久性的裂隙或包体；净度是弧面型还是刻面型；是否存在外部瑕疵；变色的效果是否明显（变化的颜色反差是否大）等

学习单元 2　红宝石品质与商业评估

学习目标

➢熟悉红宝石品质与商业评估。

知识要求

红宝石是国际市场上贵重的有色宝石品种之一。红宝石的市场销售结构不同于钻石，不同国家的消费者对红宝石的消费偏好有明显差别（见表 6—15），而且不同产地的红宝石品质也有区别，国际市场上没有统一的消费市场。这些都是对红宝石进行价值评估的难点所在，因此红宝石的品质分级和价值评估没有统一的国际标准。就评估标准趋势而言，红宝石的品质分级评价的主要依据是“4CTO”原则，即主要从颜色、质量（克拉重）、切工、净度、透明度及来源六个方面的因素考虑，具有特殊光学效应的红宝石商业品质要根据以上六个因素进行综合考虑。

表 6—15　　不同国家消费者喜欢红、蓝宝石的类型

日本	色略浅淡、洁净、比例匀称
德国	色淡、透明度好、比例极好、加工精细

续表

法国	最重颜色，次为透明度、比例，对于明显瑕疵不太介意，喜欢大台面
英国	对颜色不苛求，但宝石质地要好
意大利	色略深，比例、透明度也重要，喜欢大台面红宝石
瑞士	色鲜艳，透明度可较差，比例适当
澳大利亚	喜欢深色（色浓）宝石
美国	最注重宝石各部分的比例，色要艳，洁净、透明

一、颜色

作为有色宝石品种，决定红宝石价值的首要因素是颜色。品质最好、价值最高的红宝石是不带其他任何色调的纯正鲜艳的红色。例如，产自缅甸抹谷大颗的“鸽血红”红宝石在世界各国一直被认为是稀世珍宝。红宝石的颜色越鲜艳、纯正，透明度越高，就越名贵(见彩图 6—1)。除了颜色的色彩外，红宝石颜色的饱和度和亮度也是重要的影响因素，优质、高价值的红宝石往往需要在色彩、饱和度和亮度之间取得平衡。值得注意的是，由于受文化因素影响，世界各地对颜色的喜好程度也不尽相同，所以在进行价值评估时也应该考虑到这些因素。例如，欧洲人可能比较偏爱略带紫色的红宝石，在美国深酒红色的泰国红宝石也比较流行。

二、质量

质量（重量）是影响红宝石价值的另一重要因素。虽然国际市场上大的红宝石可达 5kg 以上，但它们大多是雕刻级的，真正宝石级红宝石的资源相对比较稀缺，而且红宝石的裂理发育使得 10 ct 以上的优质红宝石已属罕见。所以对红宝石进行价值评估时，对其质量的评估原则是质量越大越好。对于相同品质的红宝石，大于 2 ct 即属上品，大于 3 ct 的就需单独论价，国际市场上大于 3 ct 的优质红宝石往往是议价交易的。按可供利用的最低质量要求来看，一般品质者要求大于 0.6 ct，优质者可放宽至 0.3 ct。通常情况下，大于 1 ct 的红宝石的克拉单价会随着重量的增加而呈几何倍数增长，用“印度法则”算式就可估算宝石的大致价格：重量的平方乘以同等质量的 1 ct 宝石的价格等于此颗宝石的价格。在实际交易中，红宝石价格的影响因素往往非常复杂，不能简单地按照准则来确定红宝石的价格。

三、净度

红宝石的净度好坏会影响透明度及加工后红宝石的火彩，是影响价值重要的基础要素之一。一般情况下，透明度好的红宝石才琢磨成刻面形，否则加工成素面形。影响红宝石净度的因素包括：红宝石的裂理和包裹体的种类、大小、颜色、分布、生长条带等。另外，对于有特殊光学效应的素面型红宝石，如六射星光及罕见的十二射星光红宝石，其价值比一般的素面型红宝石要贵重得多，其价值甚至高过一般的刻面红宝石，其价值评估标准和刻面红宝石也有所不同。

四、透明度

透明度是光线透过宝石的程度，颜色的深浅、内含物的多少对透明度都有较大的影响。透明度越好的宝石的质量越高，但对于星光宝石来说，半透明甚至不透明的宝石星光效应更强。透明度一般分为五个等级：透明、亚透明、半透明、亚半透明、不透明。

五、切工

红宝石的切工质量是影响其整体外观以及所呈现出颜色和亮度的要素。一般情况下，设计加工者为了尽可能保存红宝石的质量，其切割比率往往是不标准的。所以，红宝石的切工是从宝石的形态、比例、修饰度、对称性和抛光质量评价的，没有钻石要求那么严格，但由于红宝石具有二色性，因此还需要考虑定向性。只有台面随着光轴的切割，才能使宝石从台面观察获得最佳的颜色，而且使台面无多色性；有时为了考虑出成率，切割时往往偏离垂直光轴方向，造成从台面观察颜色不正或带有其他色调。一般来说，刻面形红宝石、椭圆形红宝石最受市场喜爱，相同质量的红宝石圆钻型的克拉单价略高于同等质量的椭圆形。切工对红宝石的总评估影响约占20%～30%，红宝石的切工分级如图6—2所示。

切工一般分为过薄、偏薄、好、偏厚、过厚五个级别。完美的切工造就了红蓝宝石的璀璨和艳丽。对于尊贵的红蓝宝石来说想要达到完美的反火，必须对每颗红宝石和蓝宝石在切工比例、对称性和抛光程度等各方面进行潜心研究方可实现。

六、产地来源

红宝石的产出情况地域性很强，不同国家和产地出产的红宝石各有明显的特征，因此在市场上影响红宝石价值的另一明显和固定的因素是红宝石的产地及来源。世界上最著名的红宝石主要产于有“宝石王国”之称的缅甸。著名的红宝石，如重达176 ct的英国女皇皇冠上的红宝石、伊朗皇冠上的84颗重11 ct红宝石扣子等都是产于缅甸的。因此大多数人认为，最优质的红宝石产自缅甸。在其他因素不变的情况下，缅甸传统产地的红宝石（如抹谷）会较其他新产地的红宝石（如孟素）价值要高一些，一些老矿区的红宝石也比新矿区的价值要高。中国的云南、黑龙江、海南、青海、安徽等省也发现了红宝石，但真

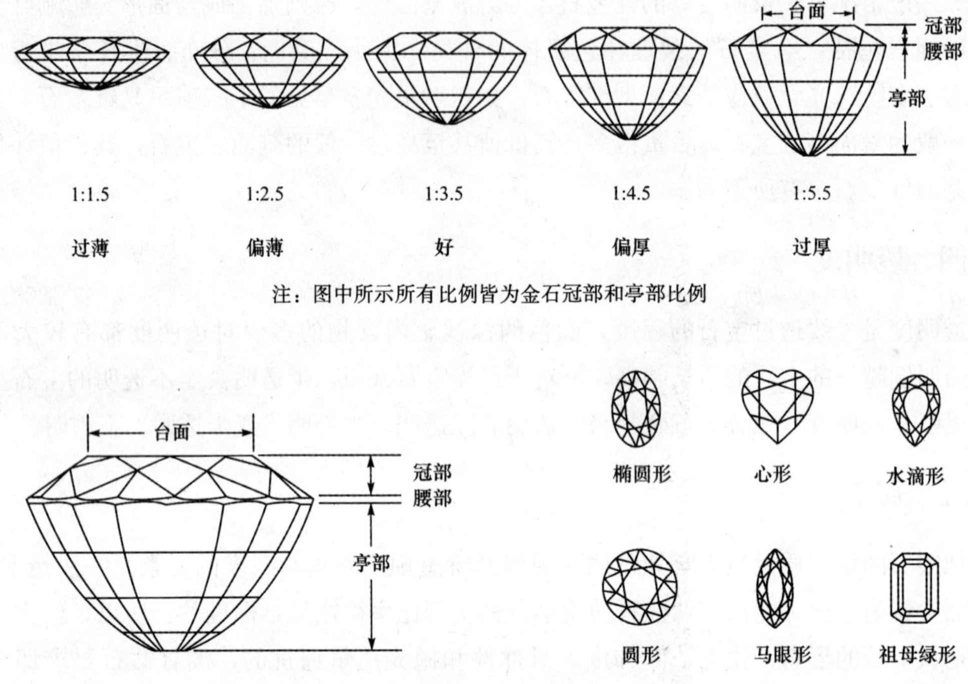

图 6—2　红宝石和蓝宝石切磨比例及琢型

正宝石级红宝石的商业产地主要还在国外。此外，影响红宝石价值的来源因素中还包括其商业来源及经历，如经知名拍卖会所拍卖出的红宝石或是重要历史人物所佩戴过的红宝石的价格一般要高出普通商业市场上相同品质的红宝石。所以，在对红宝石进行价值评估时，这些因素都是要考虑的。

优化处理过的红宝石的价值评估和红宝石不同。除考虑红宝石评估影响因素外，红宝石的处理方法及处理的程度是影响其品级的另外两个要素。由于国际市场上红宝石90%以上几乎都经过热处理，因此热处理对红宝石价格的影响最低。一般情况下，国际珠宝市场上红宝石的价格是以经过热处理的红宝石为基准；未经处理的红宝石有20%～50%甚至更高的溢价；而经过充填处理或颜色处理的红宝石会有50%以上的减价。合成红宝石的评估在确定合成方法后可参考红宝石的评估要素，合成方法对价格有决定性影响，其价格有专门的报价。

星光、猫眼红宝石的品质主要从颜色、重量（克拉大小）、星光和猫眼特征三个方面衡量。星光特征的评价，一是星光是否明亮、清晰，星光是否来自宝石内部；二是星光的交点是否位于弧面宝石的顶点；三是星光是否平直、完整，有无缺少、断裂现象；四是星光能否随入射光的方向不同而灵活转动。猫眼特征的评价，猫眼闪光越亮、越细、越灵活就越佳。好的猫眼闪光在转动宝石时，猫眼会随着变换位置，被称为“猫眼活光”，闪光如果带有彩色则更是罕见的珍品。对于含有定向排列的金红石包体的宝石来讲，如果平行于宝石晶体的C轴切割，就会出现一条较宽光束的猫眼。

七、红宝石的市场价格分析

红宝石的市场价格是由市场需求、商业品质评估及不同时期经济发展的水平等综合性因素决定的，总的趋势是逐年上涨。近年来价格分析详见表6—16。

表6—16　　红宝石市场价格分析（仅作参考）

品质	价位
鸽血红红宝石	随着对红宝石投资与收藏的增多，市场上鸽血红的红宝石越来越少，其中4 ct以上的缅甸鸽血红红宝石涨幅最大。1996年，4 ct缅甸鸽血红宝石约22万元人民币就可以买到，现在至少需要35万元人民币
品质高的红宝石	1 ct大小的红宝石，每克拉约为2.2万～3.3万元人民币
	2 ct大小的红宝石，每克拉约为3.3万～5.5万元人民币
	3 ct红宝石，每克拉约为5.5万～6.6万元人民币
	4 ct红宝石，每克拉约为7.7万～8.8万元人民币
	5 ct以上的缅甸红宝石，市场上特别稀少，一颗可达66万元人民币以上
颜色不那么均匀、杂质多一些的红宝石	1 ct只要2 500～4 500元人民币
经过玻璃充填优化处理的非洲红宝石	整颗约1 500元人民币就可以买到
星光红宝石	缅甸产的星光红宝石，质量不是很好，克拉数较小，1～3 ct，每克拉70～150元人民币。泰国星光黑宝石（颜色发黑的红宝石），1～5 ct普通质量的，每克拉25～70元人民币；10～50 ct的，品质较高，裂纹少一点的，每克拉220～440元人民币

学习单元3　蓝宝石品质与商业评估

学习目标

➢熟悉蓝宝石品质与商业评估。

知识要求

蓝宝石和红宝石是一对姊妹宝石，除了红色以外，所有宝石级的其他颜色刚玉均称为蓝宝石。和红宝石不同的是蓝宝石产地、产量较多，平均颗粒也比红宝石大，所以相同品质的蓝宝石的贵重程度相对略低于红宝石，但大颗粒的优质蓝宝石仍少见，如最优质的产于克什米尔的矢车菊蓝色蓝宝石乃是宝石珍品。国际市场上蓝宝石的品质分级及价值评估方法和红宝石一样，也是普遍遵循“4CTO”原则。

一、颜色

颜色是影响蓝宝石价值的最重要因素。和红宝石相比，蓝宝石的最大特点是其颜色不均匀、色带较明显、色调深浅不一、二色性较强。但由于蓝宝石具有除红色以外的各种各样颜色，而各种颜色的蓝宝石又各具特点，因此在对其进行颜色评价时，要根据具体情况确定。对蓝宝石的颜色总体要求和对有色宝石的颜色要求一样，要求颜色鲜艳和纯正，即颜色越鲜艳越纯正，质量就越好。蓝色蓝宝石中，颜色以印度北方克什米尔地区出产的矢车菊蓝（微带紫色调的蓝色，并具有天鹅绒般的质感）为最佳；其次为浓蓝色、鲜蓝色、海蓝色及淡蓝色；饱和度不够好，蓝色中泛灰、黑、绿、黄色调者为品质较次的品种；一般较淡色的蓝宝石没有鲜艳亮丽的蓝色那么受欢迎，但与颜色很深的蓝黑色蓝宝石（如未经处理过的中国山东蓝宝石）相比，价格还是较高的。除个别颜色外，如粉橘色（莲花色）蓝宝石（又称为帕帕拉恰蓝宝石 Padparadscha sapphire），其他的艳（彩）色蓝宝石价格一般较同等品质的蓝色蓝宝石要略低一些。蓝宝石的颜色分级见彩图 6—2。

二、净度、透明度和切工

净度、透明度和切工与红宝石的品质评价要求基本一致，净度与切工对蓝宝石的价值评估也有明显的影响，透明度高且比较干净的蓝宝石琢磨成刻面形，透明度较差的深色蓝宝石多加工成素面形，尤其是有特殊光学效应的蓝宝石。对于刻面形的蓝宝石而言，切割比例标准要求较红宝石为高；透明度高、包裹体和杂质少、色带少的蓝宝石才属于优质品级。

蓝宝石切工评价与红宝石相似（见图 6—2)。如选择垂直光轴 C 轴方向琢磨蓝宝石就可获得最好的色调，否则就会出现偏色等现象，降低其价值；此外，蓝宝石熔点很高，大概在 2 000℃以上，如果加热温度过高，使蓝宝石中致色离子氧化，会导致蓝宝石永远失去颜色。

三、质量

与红宝石相比，蓝宝石的资源相对比较丰富，大颗粒的蓝宝石较红宝石更易得到，几十克拉的蓝宝石常见于报道。例如，世界上“最高品质”的蓝宝石“亚洲之星”达 330 ct。当然，质量（重量）对一般商业级别的蓝宝石价值影响不如红宝石明显。对于优质的蓝宝石而言，其质量越大，克拉价格也就越高。

四、产地

对蓝宝石进行价值评估时还要考虑产地和来源，不同产地蓝宝石的品质和特征也不一样，价值也就会有所区别。例如，最著名的蓝宝石产地是克什米尔、缅甸、斯里兰卡及马达加斯加，虽然品质最优的蓝宝石产量很少，但这几个产地产出的蓝宝石较受市场的认同。

是否经过优化处理（一般是热处理或扩散处理），也是对蓝宝石评估的一项重要因素。在国际珠宝市场上，高档蓝宝石热处理改色以提高其颜色级别也很普遍，未经优化处理的蓝宝石就显得越来越珍贵。一般来说，经过热处理的蓝宝石比未经处理的蓝宝石的单价会降低 1/3，而经过扩散处理的蓝宝石价格只有未经处理的蓝宝石价格的几分之一。

具有星光、变色效应的蓝宝石比同等品质而无星光、变色效应的蓝宝石的价值要高一些，其他具有双色、晕彩效应的蓝宝石价值也较高。变色效应越显著价值越高；同等条件下，具有双色、晕彩效应的蓝宝石价值更高。

五、蓝宝石的市场价格分析

与红宝石市场价格变化基本一致，蓝宝石的市场价格是由市场需求、商业品质评估以及不同时期经济发展的水平等综合性因素决定的，总的趋势是逐年上涨。但由于蓝宝石产量比红宝石高，因此同等条件下的蓝宝石价格低于红宝石。近年来价格分析详见表 6—17。

表 6—17　　蓝宝石市场价格分析（仅供参考）

品质	价位
以印度北方克什米尔地区出产的矢车菊蓝宝石	价值最高，是公认的高品质蓝宝石，目前停止开采，通常在佳士得或苏富比等国际大型拍卖行可以看见
以市场上常见的斯里兰卡蓝宝石为例子，颜色、火彩、透明度等级都高的斯里兰卡蓝宝石	1 ct 大小的蓝宝石，每克拉约为 2 200～4 400 元人民币
	2 ct 大小的蓝宝石，每克拉约为 4 400～5 500 元人民币
	3 ct 蓝宝石，每克拉约为 6 600～7 700 元人民币
	4 ct 蓝宝石，每克拉约为 8 800～9 900 元人民币
	5 ct 蓝宝石，每克拉约为 1.1 万～1.3 万元人民币
颜色浅、火彩较差、内含物多的蓝宝石，在网络上也可以找到	1 ct 约为 300～500 元人民币。一般都是经过热处理的蓝宝石，若是天然未热处理的蓝宝石，价格会更高

续表

品质	价位
帕帕拉恰蓝宝石（莲花蓝宝石）	最常见的1～2 ct。1 ct多的，每克拉7 700～8 800元人民币；2 ct多的，每克拉1.2万～1.5万元人民币
变色蓝宝石	1 ct多的变色刚玉，每克拉约2 200～2 800元人民币；大小约2 ct多的，每克拉6 000～8 000元人民币；大小约3～4 ct的，每克拉3万～5万元人民币；5 ct以上等级很罕见，价格在10万元人民币以上
星光蓝宝石	高品质的缅甸或斯里兰卡星光蓝宝石，10～30 ct大小的，每克拉0.4万～1.1万元人民币。印度星光10 ct以下的，每克拉70～140元人民币；10～30 ct的，每克拉180～250元人民币
魔彩效应的蓝宝石	魔彩效应是指蓝宝石在光线的找色下产生一种特殊的晕彩，由中国山东昌乐出产。这种蓝宝石价格不高，每克拉300元人民币左右

学习单元4　祖母绿品质与商业评估

学习目标

➢熟悉祖母绿品质与商业评估。

知识要求

祖母绿被称为绿色宝石之王，是国际珠宝界公认的名贵宝石之一。祖母绿因其特有的绿色和独特的魅力，以及神奇的传说，深受西方人的青睐，近来也越来越受到中国人的喜爱。

优质祖母绿颜色翠绿、鲜艳晶莹、透明度高、光彩夺目，在宝石世界中有“绿宝石之王”的美称。哥伦比亚是最著名的祖母绿产地之一，一段时期内世界上90%的优质祖母绿都是来自该地的。目前，市场上的祖母绿约有70%产自哥伦比亚和巴西两地，其中巴西祖母绿的产量要比哥伦比亚的大一些。

对于祖母绿的质量分级及价值评估，原则上还是遵循“4CTO”原则，但受宝石本身特点的影响，其评价标准又有自己的特点。例如，净度是祖母绿很重要的评估要素，但因为祖母绿宝石往往包裹体很多，因此其净度标准和红、蓝宝石就不同，有少量可见包裹体的祖母绿仍可能是高质量的品种。

一、颜色

颜色是影响祖母绿价值最主要的因素，它对祖母绿价格影响的权重可达50%以上。祖母绿最好的颜色应该是翠绿色或弱的带蓝色调的翠绿色，饱和度高。艳翠绿色的祖母绿最稀少名贵，其次为弱的带黄色调的绿色或带蓝色调的绿色，绿中带黄的祖母绿价格远比绿中偏蓝要低得多。

二、净度

净度是祖母绿评估的另一个重要的要素。祖母绿的生长条件及本身特点决定祖母绿宝石通常是含有瑕疵的，也就是说内外无瑕的祖母绿宝石是非常稀少的，一般情况下都会含有包裹体。如南美哥伦比亚的祖母绿虽然颜色优良，但包裹体通常较多，特征的包裹体是含固、液、气三相包裹体，有时会有黄铁矿、方解石、铌钽钙铈矿、钠长石等矿物包裹体。因此，在对祖母绿进行品质分级及价值评估时，对其净度的要求相对降低，如果10倍镜下仔细观察才见少许瑕疵的祖母绿，其净度级别已经可以达到极好了，目前中国市场上所见的祖母绿基本都是这个级别的。

三、透明度

透明度是评判祖母绿优劣的另一个重要指标，越是清澈透明的祖母绿，价值也越高。

四、质量

评价祖母绿价值的第四个因素是克拉重量。祖母绿质脆易碎，很难磨成大颗粒的宝石，市场上常见的刻面型祖母绿多为小颗粒的。一般按其重量划分为5个等级：0.2～0.3 ct、0.3～0.5 ct、0.5～1 ct、1～2 ct和大于2 ct。重量越重，价值也越高，其中大于2 ct的克拉单价常会超过普通钻石，而重量最小的0.2～0.3 ct的价值相对较低，在一些用祖母绿进行群镶的首饰上，还可以看到有用0.01～0.1 ct的祖母绿。

五、切工

祖母绿的理想琢型是祖母绿型，评价标准就是以刻面宝石的切工标准进行分级；裂隙较发育的祖母绿常常加工成弧面型，弧面型的祖母绿琢型主要从其长、宽、高的比例，形状和轮廓的优良，对称性和抛光质量等方面来评判其加工品质。

祖母绿的刻面型宝石一般均采用所谓的“阶梯型”，由于此类琢型多见于祖母绿宝石，所以又叫“祖母绿型”。评价祖母绿切工的优劣，首先，要看它的定位是否正确。祖母绿属于六方晶系，具有二色，为了避免二色性对宝石颜色的干扰，要求在琢磨时应让其台面垂直于光轴方向（即晶体的柱状方向）。其次，要看其长宽比。早在古希腊时期，人们就已认识到，符合“黄金分割律”的造型最具美学价值，因此，好的祖母绿型切工的长宽比也要求符合这一比例，大致为3.7∶2.5。再次，看琢型各部的对称程度。最后，看其抛光的光洁度。

除切磨成刻面型，一些透明度较差或裂隙较多的祖母绿也被加工成蛋面型。当然，此类祖母绿的价格要低一些。另外，这种加工法也可获得颗粒较大（几克拉到十几克拉）的祖母绿。再则，一些具有猫眼效应或星光效应的祖母绿，以及特雷皮许祖母绿也被琢磨成弧面型。此类祖母绿由于十分罕见，再加上特殊的效应，其价格自当另议。在评价其优劣时，除了上面所述的那些因素外，当然还要着眼于它们这些效应的完整性和清晰程度。祖母绿琢型如图6—3所示。

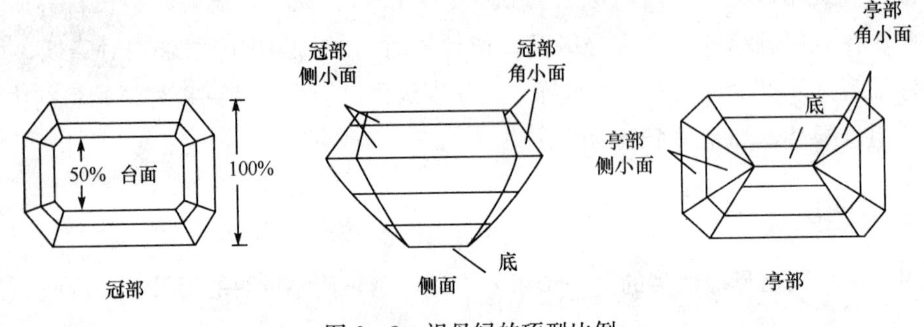

图6—3　祖母绿的琢型比例

六、来源

祖母绿的来源也是影响祖母绿价值的因素之一，相同品质的祖母绿可以来自不同的产地，如哥伦比亚、津巴布韦或非洲的其他地方。一般来说，有著名产地特征的宝石可有10%～20%的溢价，同时一些产地的变化也可能导致市场上祖母绿价格行情的改变。例如，哥伦比亚是祖母绿的著名产地，产自哥伦比亚的祖母绿价格就比产自其他地方的祖母绿高一些；但有一段时间哥伦比亚市场充填处理流行，就影响了该产地的优质祖母绿的价格。另外，进行祖母绿价值评估时，也要考虑宝石的消费偏好及风土人情等历史、文化因素的影响。例如，在欧美各国祖母绿是很受欢迎的宝玉石品种，在那里祖母绿的价格较高，而在华人为主的一些国家，人们则更偏爱近于相同绿色的翡翠等玉石。这些因素也影响了祖母绿的市场状况，所以在评估时就要慎重考虑这些因素的影响，进行综合分析、全面考虑，这样才能更有效地对其进行价值评估。

其他国家的祖母绿特点：坦桑尼亚祖母绿，呈色为淡黄绿色和浅艳绿色，晶体较小；巴基斯坦祖母绿，呈深绿色，晶体透明，多数大于 1 ct，晶体内多含包裹体，其优质祖母绿可以同哥伦比亚的祖母绿相比，巴基斯坦祖母绿富含铁，所以无荧光；印度祖母绿，呈色为淡绿色至深绿色，透明至不透明，晶体为柱状和扁平状，细小而多有裂隙，质量较差，滤色镜下不显红色；澳大利亚祖母绿，呈色为淡绿至黄绿色，晶体为六方柱状，含杂质包裹体少，总体质量较高；阿富汗祖母绿，呈深绿色，透明的较少，一般长 1～1.5 cm；中国云南也发现一些祖母绿晶体，晶体长的达 5～8 cm，呈淡绿色，多包裹体，横裂很多，多不透明或半透明，属低档祖母绿，只能琢磨素面宝石；马达加斯加是 20 世纪末新发现的祖母绿产地，据说产有颜色胜似哥伦比亚祖母绿，而净度、透明度又极佳的优质祖母绿，但该矿为以色列人所垄断，外人甚至不清楚它的具体产地，所产的祖母绿经以色列加工以后，常以哥伦比亚祖母绿的名义出售。

祖母绿偶见有具星光效应的宝石，还有一种非常特殊的貌似星光宝石的变种——特雷皮许（又称达碧兹，trapiche）祖母绿。“特雷皮许”一词是西班牙语，原指研磨蔗糖用的转轮，此词用于祖母绿是指该种祖母绿具有类似六射星光般的结构。在这种宝石中，类似星光的 6 条色带不是由光学效应引起，而是由物质组成的变化引起。它还根据产地的不同分成两个亚种。一种产于哥伦比亚著名的木佐矿区，它的 6 条色带和核心由富含碳质黑色包裹体的暗色部分组成，而色带与色带之间则是绿色的祖母绿；另一亚种产于哥伦比亚的另一矿山——皮雅巴林考，和前者正好相反，6 条色带与核心由绿色祖母绿构成，色带与色带之间则由富含钠长石浅色包裹体的灰色云雾状部分构成。特雷皮许祖母绿，虽然从色彩的角度看与那些艳丽碧绿的祖母绿相去甚远，但由于它那特殊的构成和美好的象征意义备受人们的青睐。人们认为 6 条色带分别代表健康、财富、爱情、幸运、智慧和快乐。特雷皮许祖母绿见彩图 6—3。

此外，一些祖母绿可因含有一系列平行的管状包裹体而具有猫眼效应，只是比较罕见。

目前，宝石界按祖母绿的颜色、透明度和净度三个因素作为分级标准，将祖母绿分为四个品质等级，见表 6—18。

表 6—18　　祖母绿的品质分级

评价因素	品质等级			
	一级品	二级品	三级品	四级品
颜色	翠绿色，色彩饱和度中至大	深翠绿色，带蓝色调，色彩饱和度大	浅翠绿色，带黄色调，色彩饱和度中等	绿色明显偏色，色饱和度低
透明度	好	较好	半透明	半透明
净度	VVS，包体少，裂隙少，其数量不超过总体积的5％	VS，包体较少，裂隙少，其数量不超过总体积的10％	SI，裂隙多，其数量不超过15％	I，肉眼观察大量包裹体15％以上

注：本表参照张培莉等（2000），《珠宝首饰评估》。

七、祖母绿的市场价格分析

相对于钻石、翡翠、红蓝宝石，祖母绿更加稀少，因此升值空间比较大，高品质的祖母绿价格可能升至钻石价格的50％。目前升值最快的为1 ct左右的首饰品，投资者一般以0.8 ct以上的祖母绿为投资对象。从长期角度分析，2～10 ct的祖母绿更具有投资的潜力，见表6—19。

表 6—19　　祖母绿市场价格分析（仅供参考）

品种	价格
0.8～0.9 ct的祖母绿	基本报价在单颗宝石2万元人民币左右
1 ct祖母绿	单颗大致价格在2.5万元人民币左右，品质好的哥伦比亚祖母绿1 ct市价可达6万元人民币
巴西新时代祖母绿矿优质品种	每克拉可达2.1万元人民币
不同琢型的祖母绿	刻面切割的5 ct哥伦比亚祖母绿，每克拉11 000元人民币
	弧面切割的5 ct哥伦比亚祖母绿，每克拉仅2 200元人民币

学习单元5　金绿宝石族宝石品质与商业评估

学习目标

➢熟悉金绿宝石族宝石品质与商业基本评估。

知识要求

宝石级的金绿宝石主要有猫眼、变石、变石猫眼和透明黄绿色品种。其中以前三种特别稀有且珍贵。斯里兰卡产的猫眼品质最好；巴西猫眼颗粒较大；印度猫眼透明度较高。俄罗斯的变石在日光灯下显示绿色，而白炽灯下显红色；巴西的变石则分别显示黄绿—蓝绿色和橙红—紫红色。斯里兰卡和巴西产的变石有的还显示猫眼效应，质量好的则价值极高。近几年来，非洲产出了大量的变石，品质较一般。对猫眼、变石、变石猫眼的评价主要从特殊的光学效应的角度考虑，与其他宝石的评价不同。而对透明的黄绿色金绿宝石由于市场的需求不大，因此评价的要素相对没有统一的标准，比较简单。

一、猫眼

最好的猫眼在日光灯的正下方显示蜜黄乳白效应：即亮带一侧为蜜黄色，另一侧为乳白色。猫眼在加工时加工匠往往因为过于注重保留更多的质量而牺牲其切工比率和对称性，在评估时对过于厚重的底及偏离中心的亮带要在总品质评估中进行酌情扣减。猫眼很少达到 10 ct 以上的，对过大的猫眼交易价可以通过协商解决。

评价猫眼的优劣，一般可从以下四方面着手：

第一，猫眼中的眼线（即光带）必须极其清晰且锐利。即在自然光线下，眼线应是狭窄和清晰的；在聚光灯下，眼线应变得极亮且强烈，有锐利的感觉；另外，眼线应位于宝石的中央，从这一端点笔直地到达另一端点。

第二，优质猫眼应该会随着入射光方位的改变，眼线也出现开合的变化，恍如猫的眼睛因光线强弱变化而开合变化一样；而且当眼线“开”时应是 2～3 条线，“闭”时则为 1 条线。

第三，优质猫眼应是干净且呈半透明状的。当入射光不是垂直于猫眼照射时，朝向入射光的一侧应为蜜黄色，而背光的一侧则呈乳白色。

第四，优质猫眼的体色以蜜黄色为最佳，也可以是苹果绿（黄绿）、深绿。若颜色灰暗，价值就会大受影响。

已知猫眼以斯里兰卡所产的为最佳，因此斯里兰卡猫眼已成为金绿宝石猫眼的代用词。事实上，世界上许多优质的猫眼也都来自斯里兰卡，如镶在伊朗王冠上的一颗黄绿色猫眼，重 147.7 ct。

在斯里兰卡，一般将猫眼划分为 5 个等级，见表 6—20。

表 6—20　　猫眼的 5 个等级

一级	质地莹润，可含少量杂质，但无裂隙，半透明至亚透明，颜色为蜜黄、苹果绿、深绿。在自然光线下眼线集中、细、锐利而强烈。水平移动时，眼线开合自如，有 2～3 条线
二级	眼线在自然光线下可以不很清晰，但在强阳光下应清晰明亮，移动时不必有 2～3 条线的开合。其他条件均符合一级品的品质
三级	猫眼裂隙较多，但眼线清晰度及色泽的条件和二级相同
四级	眼线较散，在聚光灯下亦少见清晰明亮的眼线；且宝石质地不均匀，颜色灰暗
五级	几乎不见眼线，且杂质裂隙很多

值得提出的是，猫眼与变石同属金绿宝石，因此，在一些特殊条件下，两者有可能同时表现在同一宝石上。遗憾的是，在大多数情况下，最好的猫眼效应的正确定向与最好的变色效应的正确定向是互相冲突的。即当猫眼清晰时，变色却不明显，而变色强烈时，眼线却变宽、变模糊。在极个别情况下，也可看到有两者统一的时候。当然，这样的宝石，其价格将会倍增。

猫眼迄今还没有发现有人工合成品，它也很少有优化处理品。但近期据报道，在中国香港和泰国市场上曾发现有一些优质猫眼具有放射性。这应该是经辐射处理的结果，但其具体方法尚未公开。

猫眼虽然没有人工合成品，但却有一种用玻璃纤维仿制的仿猫眼。它还可以制成各种不同的颜色，以及制成直径 20 cm 左右的仿猫眼球；有的还会特意把猫眼线制成“S”形，或闪电形“乡”。在大多数情况下，使用 10 倍放大镜从垂直眼线的侧面对这种仿猫眼进行观察，都能看到它具有蜂窝般的结构，即是一根根玻璃纤维的集合束的横截面，而正常的猫眼是绝不会出现这种情况的。

猫眼的消费市场以东方市场为主，尤以日本为最，其他如印度、印度尼西亚、中国台湾、新加坡等地也有一定市场。猫眼的市场价格，通常以斯里兰卡产的价格最高；巴西、印度产的稍次；非洲产的最低，通常只有斯里兰卡产的价格的 1/3。在斯里兰卡，3～5 ct 的猫眼，品质较好的每克拉约 1 500 美元；中等质量的每克拉 500～1 000 美元；品质较差的，每克拉 200～500 美元。

二、变石

最好的变石在日光灯下应该为翠绿色，在白炽灯下为血红色，所谓“白昼的祖母绿、夜晚的红宝石”，但实际上极其罕见。在日光灯下分别为绿色、淡绿色变石和在白炽灯下分别为紫红、淡粉色的变石，品质依次降低。

变石的净度特征属于Ⅱ类宝石，而巴西变石通常具有很高的净度。3 ct 以上的变石罕见，5 ct 的变石的交易价格可以协商解决。

俄罗斯是世界上最优质变石的主要产地，可惜历经多年开采，矿源已经枯竭，市场上很少能看到。当今市场上的变石主要来自斯里兰卡，但颜色较差，白天多呈黄绿至褐绿色，灯下则呈褐红色。除此之外，还有少量来自巴西、坦桑尼亚和津巴布韦等地。其中巴西产的质量较差，变色一般不强。

评价变石品质的要素见表 6—21。

表 6—21 评价变石品质的要素

评价要素	评价内容
变色效应	变色效应的好坏，是否显著、强烈
颜色	颜色是否艳丽纯正，日光下颜色越接近祖母绿越好，灯光下则越接近红宝石越好
净度	由于变石的形成条件，使它几乎都有或多或少的包裹体，即瑕疵，因此，那些相对洁净、少瑕疵的就显得十分难得
加工工艺	在加工工艺上，变石大多被加工成标准圆钻型或祖母绿型。由于变石具有明显的多色性，若方向选择不对就会干扰变色效应，因此，在加工时必须正确定向，使其台面能正确显示出绿色和红色的变色效应
质量	在粒度上，大多数变石颗粒偏小，其琢型宝石一般以 0.3～0.4 ct 为主，晶体很少有超过 5 ct 以上的。但俄罗斯圣彼得堡费尔斯曼博物馆存有乌拉尔产的变石晶簇，单个晶体有 6 cm×3 cm 大，整块晶簇为 25 cm×15 cm。美国华盛顿斯密逊博物馆存有 3 颗斯里兰卡产的变石宝石，分别重 65.7 ct、16.7 ct 和 11 ct；英国伦敦大英自然历史博物馆也存有 2 颗来自斯里兰卡的变石，分别重 43 ct 和 27.5 ct

三、透明的黄绿色金绿宝石

透明的黄绿色金绿宝石是知名度最低的品种，因为色泽一般，缺乏明亮艳丽的色彩，所以属于中档宝石，市场需求不大，价格不高，但通常净度较好。透明的黄绿色金绿宝石一般比变石和猫眼的颗粒要大许多，但 15 ct 以上的仍然罕见。有些人指出，透明的黄绿色金绿宝石的其他一些性质，如折射率、硬度等足以与贵重宝石媲美，加上它在自然界产出稀少，因此，随着市场认知程度的提高，应该具有较大的升值潜力。

对透明的黄绿色金绿宝石的评价一般要求净度越高，价格越高；颜色以黄绿色为佳，带棕色调的差些；当然重量越大越好；一般以刻面琢型为主。

四、猫眼、变石及普通金绿宝石的市场价格分析

金绿宝石因为产量很少且十分不稳定，没有十分集中的市场，国内市场上猫眼和变石也都很少见，目前尚无较统一的市场行情。在评估时采用市场比较法会很难获得对比的参

照物及成交价格资料，最好采用成本计算法对宝石进行分级和计算价格。此外，一般国际知名珠宝品牌的合成变石价格在每克拉25～70美元（见表6—22）。

表6—22　　猫眼、变石及普通金绿宝石市场价格分析（仅供参考）

种类	基本价格
很小的，不透明的1 ct猫眼	售价大概在100～200元人民币
5 ct以上宝石级优质猫眼	每克拉售价约为1.1万～4.4万元人民币，若猫眼中的眼线为金色，即是斯里兰人口中的“狮眼”，价格比普通猫眼贵3成
蓝绿变紫红色，变色明显的变石	1～2 ct，每克拉1.1万～1.8万元人民币
	若超过10 ct，变色明显，则是非常稀有的，要单独论价
草绿变褐红色，变色不太明显的变石	1～2 ct，每克拉0.7万～1.1万元人民币
变色猫眼石是最稀有、最昂贵的一个品种	2011年苏富比春季珠宝拍卖巴西天然变色猫眼石重达23.19 ct，镶嵌在钻石配以亚历山大变色石的指环上，拍卖价为160万美元
普通绿色、金黄色与黄绿色金绿宝石	通常大小为1～3 ct，每克拉售价250～400元人民币
	超过10 ct以上的金绿宝石较为少见，每克拉售价800～1 000元人民币

学习单元6　碧玺品质与商业评估

学习目标

➤熟悉碧玺品质与商业评估。

知识要求

宝石级碧玺目前大多数产自巴西，以巴西帕拉依巴碧玺价位最高。其中呈霓红蓝绿色调碧玺在1989年首度被发现，由于其挖掘不易，晶体不大，开采竞争激烈，市场价格一直居高不下。另外，碧玺猫眼属于碧玺中的上品。

碧玺的品质评价标准为4C＋T：颜色（colour）、净度（clarity）、切工（cut）、重量（carat weight）、透明度（transparency）。

一、颜色

碧玺的价格主要受颜色制约。国际市场上一般鲜红色、鲜蓝色的碧玺价格最高；红绿双色和玫瑰红色、翠绿色的碧玺也非常受市场欢迎，价格较高。在选择镶嵌碧玺首饰中，颜色均匀艳丽为好；在项链和手链中则以颜色丰富为佳，每颗宝石的颜色可以不同，搭配出红、黄、蓝、绿、紫等多种色彩；而较为有价值的是在同一碧玺上有两种或多种颜色出现，即双色碧玺或多色碧玺，以及内红外绿的西瓜碧玺也较为珍贵；无色碧玺在珠宝市场上并不常见，多为工业用途；黑色的碧玺通常是不透明的，常出现在透明石英（水晶）晶丛中。

二、净度

碧玺性质比较脆，容易产生裂隙，同时内部会含有大量包裹体，大量的裂隙和包裹体的存在会影响碧玺的透明度、颜色和火彩，而内部十分纯净的碧玺也比较难得，属于上品。在挑选碧玺时，尽量挑选内部干净的。

三、切工

碧玺的切工是指它的切磨比率的精确性和修饰完工后的完美性。碧玺的形状设计首先要根据原石的解理、品质、重量因素，最大限度地保持原石的重量；并以最好状态来解剖原石结构，要保证碧玺切割后色彩的还原，呈现出最漂亮的颜色。因此在碧玺的切割工艺方面，由于碧玺的结晶多呈长柱状，结晶大，净度也高，祖母绿型的长形或方形切割最为常见；还有许多切成蛋面形状，呈现美丽的色泽，像一颗颗透明的糖果般也很受欢迎；另外像西瓜碧玺等中央与外围颜色不同的碧玺多半是由碧玺结晶的横切面切割，以显示特殊的多色效应，再用最优方法去处理原石瑕疵，从而设计出最佳的碧玺形状。例如，一些有猫眼效果的碧玺，如何使其充分地显现出它的特殊猫眼效果是非常重要的。同时，好的切工应尽可能地体现碧玺的亮度和火彩。也有雕刻师利用碧玺多色特性雕刻出漂亮的叶片、花朵等造型，独树一格的颜色搭配让碧玺的风格更为突出。

四、质量

碧玺质量以克拉计算。在其他条件近似的情况下，随着碧玺质量的增大，其价值呈几何级数增长；质量相同的碧玺，会因色泽、净度、切工的不同而价值相差甚远。

五、透明度

碧玺要求晶莹剔透，越透明品质越好，不要有明显雾感或不透明，透明度越高价格也越高。一些碧玺的挂件、珠串和雕刻件由于其内部裂隙多，通透性差，商家会通过注胶处理手段提高它的通透度，遮掩一些裂隙和杂质。但是，优质的碧玺根本不会用注胶处理，所以一般不要担心高档的碧玺有注胶处理现象，而价格较低的那些碧玺才有可能会注胶处理。

六、碧玺市场的价格分析

碧玺的市场价格是由市场需求、商业品质评估以及不同时期经济发展的水平等综合性因素决定的，总的趋势是逐年上涨。近年来价格分析详见表6—23。

表6—23　　碧玺市场价格分析（仅供参考）

种类	基本价格
帕拉依巴碧玺，巴西帕拉伊巴省（Paraiba）出产，优质品种颜色如晴空般的澄净蓝色	碧玺中最昂贵的品种是含铜元素呈现蓝色的帕拉依巴碧玺。具有权威鉴定证书如GRS的帕拉依巴碧玺，每克拉价格通常要1 800～3 300元人民币
红碧玺因为颜色很接近红宝石，所以称为红宝碧玺。颜色从紫红到玫瑰红、粉红到深红色，为碧玺中最受欢迎颜色。最近这几年碧玺价格因为中国市场扩大，价格上涨	10 ct以下的红碧玺，每克拉约700～900元人民币
	10～20 ct大小的，每克拉约1 000～1 500元人民币
绿碧玺的绿可以从浅绿、黄绿、棕绿到暗绿，大部分产自巴西，颜色通常都很深，只有利用穿透光才看得出来宝石的绿，但是经过热处理后，颜色可以改善一些。而浅黄绿色的碧玺，对于买不起祖母绿的消费者来说，也是另一种选择	10 ct以下的绿碧玺，每克拉约400～500元人民币
	10～20 ct大小的，每克拉约500～800元人民币
铬绿碧玺因为含有铬元素而产生鲜艳的翠绿色，这样的颜色非常受市场欢迎，主要产地在巴西，大多切割成长柱状	10 ct以下的，每克拉约450～600元人民币
	10～20 ct大小的，每克拉约700～800元人民币
	如果30 ct以上，就算相当稀有，每克拉约1万～1.2万元人民币
黄色碧玺颜色可深到带点咖啡色、棕黄色、土黄色等，没有其他颜色受欢迎	以1～10 ct大小最常见，每克拉约150～350元人民币
蓝色系列的碧玺可见浅蓝到深蓝色，从带绿的到带紫色调的蓝色。纯蓝色的碧玺非常稀有，而浅蓝色像高级的海蓝宝石则最受欢迎	蓝碧玺很少超过10 ct，市场行情每克拉约330～770元人民币
含铁量较多的碧玺会呈黑色，这是一般人不太喜欢的颜色，因此大部分黑碧玺都被当做标本，很少琢磨成宝石	没有商业价值，没有市场，是论斤卖，1 kg黑碧玺约100～250元人民币
碧玺猫眼常见有红色与绿色两种，高品质的碧玺猫眼不多见，大多为不透明	1 ct售价约150～250元人民币

续表

种类	基本价格
双色碧玺顾名思义就是碧玺内有两种颜色，通常一端为红色、另一端为绿色，其他也有一端黄、一端绿的双色碧玺	每克拉约 700～900 元人民币；如果颜色分明的，每克拉约 1 500～1 800 元人民币以上；至于顶级的，超过 100 ct 的双色碧玺，每克拉售价超过 2 200 元人民币
西瓜碧玺好像一颗西瓜，外面绿色，里面红色。西瓜碧玺很少有干净漂亮的	重量常都在 10 ct 以下，每克拉约 250～330 元人民币
碧玺变石和碧玺猫眼非常稀少，多是宝石收藏家在收藏	每一颗碧玺变石和碧玺猫眼需单独论价

此外，常见的碧玺首饰中碧玺手链与项链内部杂质多，通常以克为单位，一串手链可以从几百到上万元人民币都有；碧玺的坠子雕件，常有灌胶处理，也是以克计价，一个坠子市价从 2 000 元人民币到 5 000 元人民币不等。对于素面碧玺，杂质会稍微多一点，通常市价每克拉 150～800 元人民币不等。若是等级最高的切割面红碧玺，每克拉要价约 700～2 500 元人民币。

学习单元 7　水晶和石英质玉的品质与商业评估

学习目标

➤熟悉水晶和石英质玉石的品质与商业评估。

知识要求

水晶是一种石英结晶体矿物。水晶的评价标准和一些宝石有所不同，多数宝石把颜色放在评价的第一位，由于水晶产量比较大，评价水晶商业品质时，颜色和净度（水晶行业称为晶体）是近乎同等重要的因素，切工和质量则属于较次要的评价因素。对水晶进行评价主要依据其颜色、透明度、大小、净度、特殊图案及是否有光学效应等方面。水晶种类上紫晶最贵，其次为黄晶、烟晶、水晶和芙蓉石。有特殊光学效应的水晶价格更高。

一、颜色

颜色对任何宝石来说都是非常重要的，水晶也不例外，以颜色纯正、浓度较高为最好。有色水晶一般比无色水晶价格更高一些。如果水晶晶体是有颜色的，如粉水晶、黄水晶、紫水晶等，其颜色评价的最高标准是明艳动人，不带有灰色、黑色、褐色等其他色调。如粉水晶，颜色以粉红为佳；紫水晶，要求颜色为鲜紫，纯净不发黑；黄水晶，要求颜色不含绿色、柠檬色调，以金橘色为佳。对于发晶和其他有造型内含物的水晶来说，晶体的颜色也是很重要的，不过评价标准不同。一般而言，紫晶和黄晶是水晶中价值较高的品种。一般颜色较深的价格高，但要以不深暗为标准。颜色包括两种，一种是水晶本身的颜色，另一种是内部包裹体的颜色。水晶本身的颜色要艳丽、纯正，分布要均匀，不能太深或太浅，如澳洲玉、蓝玉髓、紫晶、黄水晶，其价格就高。无色的水晶内含包裹体的颜色艳丽，其价格也高，如钛晶、绿幽灵、红兔毛。紫水晶一般以稍有云状物、颜色深紫、晶体通透的为上品。相同发丝的金发晶，晶体完全无色（白水晶）和晶体略偏茶色，肉眼的视觉观感上无色的更佳，前者的价格会高于后者。

二、透明度

水晶越透明，价格越高，好的透明的水晶加工出的成品晶莹剔透、光辉耀眼。透明度高的水晶能提升颜色的艳丽，否则显得呆板无灵性。光学水晶要求全透明，工艺水晶和熔炼水晶要求透明。三者价值依次降低，熔炼水晶只能作熔炼水晶玻璃的原料。在工艺水晶中，晶体较大的，可用来做水晶眼镜和雕刻高档工艺品，因而价格较高。

三、特殊图案及包裹体

如果水晶内部杂质中有自然景观或动物、植物、人物的造型，如佛、星座、生肖等，价值可能要高于同等颜色和净度的水晶。

当水晶内包裹体形成美丽的图案时，如绿幽灵水晶、风景水晶，或者针状包裹体呈束状排列时，其价值都高于普通的水晶。图案越美观、越有意境越好。以绿幽灵水晶为例，其评价标准见表6—24。

表6—24　绿幽灵水晶品质的评价

金字塔类	里面的包裹物一层一层间隔排列，每层的形状经常呈现三角形金字塔的形状，这类价值最高。这类绿幽灵水晶以绿幽越多、层数越多、越接近金字塔形状越好
聚宝盆类	里面的包裹物杂乱堆积，价值不如金字塔类高。这类绿幽灵，以包裹体占一半左右为最好，能体现异象水晶的美，很像“聚宝盆”。如果包裹物占满整个水晶，就不是“盆”了。如果包裹物在水晶中达不到一半，包裹物越多越好
混合类	包裹物是金字塔类与聚宝盆类的混合，这类水晶以包裹体越多越好

发晶的价值取决于发的颜色、罕见性及大小，一般是发色鲜艳、块度大的价格高。水胆水晶的价值主要取决于水胆及晶体的大小、透明度的高低。如果水胆较大并有一定形

态，便可加工成较为珍贵的工艺品。另外水胆中的水也有一定的科学研究价值，通过它们可了解几百万年前地球上水的成分及变化。

四、质量

水晶的价值还与晶体质量大小有关，同样的颜色和净度级别，块越大越难得。有时候质量级别虽然低一些，但晶体够大，也可能价格高于高级别的小晶体。

五、净度

水晶与高档宝石的净度要求有较大不同。高档宝石稀少罕见，所以普遍对高档宝石的净度不会过于苛求。而水晶的产量比较大，所以通常人们要求水晶净度越高越好，尽量避免有较明显的内含物（杂质）。

无色水晶以晶莹美丽、洁净透明著称。衡量无色水晶主要看它的纯度，越纯、越透明越好。干净的、无瑕疵的、杂质少的价值就高。无色的水晶如果很脏，就没有利用价值。

水晶的净度目前没有严格的国际分级标准，表 6—25 是一个业内的参考标准。评价的依据是用肉眼观察，分为以下几种级别：

表 6—25　　水晶净度参考级别

级别	描述
1 级	整个水晶透明无瑕，表面没有可见的人为瑕疵
2 级	有极细微的瑕疵，或细小的天然内含物
3 级	有轻微瑕疵，肉眼很容易看见云雾或棉絮
4 级	有大块的云雾状内含物，有小隐裂，表面有细小划痕
5 级	水晶中一半以上都是云雾和内含物，大块的隐裂，表面有较小裂痕
6 级	整体呈云雾状，隐裂明显，表面也有明显裂痕，好像随时会碎

光学水晶要求无双晶、无杂质；工艺水晶要求少裂隙、少瑕疵；熔炼水晶可有较多裂隙，同样三者价值依次降低。

六、质地

杂质、裂隙越少越好。质地好的水晶制品，应看不到星点状、云雾状和絮状分布的气液包裹体或组成玉石的颗粒。有裂隙、斑点，则属于次品。

七、加工工艺

水晶中除具有特殊光学效应及特殊图案包裹体的一般加工为素面宝石，其他净度高的透明水晶以刻面宝石加工为主。水晶是中低档宝玉石，虽比不上钻石、红蓝宝石的高贵，但在加工中如果结合其特征图案和包裹体构思巧妙而且加工精细，同样具有很高的价值。

八、水晶的市场价格分析

水晶的市场价格是由市场需求、商业品质评估以及不同时期经济发展的水平等综合性因素决定的，总的趋势是逐年上涨。近年来价格分析详见表 6—26。

表 6—26　　水晶市场价格分析（仅供参考）

种类	基本价格
粉晶是颜色越粉红、越透明越贵	价格以克计，粉晶每克约合 10～30 元人民币不等，星光粉晶价钱每克 3～10 元人民币不等，若是不透明的粉晶手链一条 50～120 元人民币
紫水晶则要看颜色均匀度，颜色越深、越均匀、无杂质，价格越高	其中巴西产的紫水晶比乌拉圭产的便宜。紫水晶大多切割成坠子、圆珠、手链与项链、雕件等，每克售价 4～10 元人民币，一条紫水晶手链 110～660 元人民币
黄水晶也有颜色深浅之分，但多数黄水晶是由紫水晶加热变色而成，一般业者会注明有“热处理”，价格比天然黄水晶低一些	天然黄水晶售价每克约 6～10 元人民币。另外，有一种黄水晶呈现柠檬黄，称为柠檬水晶，火光切工特别好，但价位比黄水晶便宜，每克约 2～5 元人民币。不论是粉晶、紫水晶、黄水晶，有些可重达 40～60 克，但价位不会因为克数大而相差太多
除了制作成饰品之外，紫水晶晶洞与黄水晶晶洞也是畅销款式，水晶晶洞要注意颜色与结晶大小	一般以千克计价，如巴西紫水晶晶洞，每千克约 100～450 元人民币；品质好一点的乌拉圭深紫水晶晶洞，每千克约 450～650 元人民币不等。黄水晶晶洞一般都是紫水晶晶洞加热变色而得，每千克约 150～250 元人民币
紫黄色水晶也大受设计师欢迎，多半有热处理	每克约 7～14 元人民币不等
烟晶也叫茶晶、墨晶，是水晶中最便宜的	每克约 1～3 元人民币不等
内含金红石，出现如头发般针状的包裹体的发晶，也是畅销商品之一。市场常用“满晶”来形容发晶里有满满的发，越满价格越贵。常见制成手链、手镯、珠链、坠子、戒指等	以克为单位计价，从几百到几千元人民币都有。满晶的发晶坠子看大小都要价值 660～2 200 元人民币，满晶手链也要 1 100～3 300 元人民币
含有绿泥石内含物，呈现绿色幻影或假山图形的水晶叫“绿幽灵”，一般做成坠子或摆件	便宜的几十元到几百元就可以买到

九、常见石英质玉的评估

石英质玉石就是以二氧化硅为成分或主要成分的玉石品种，包括多晶质的石英岩玉石密玉；隐晶质玉髓组成的玛瑙、碧玉、黄龙玉、东陵石等。不同种类的石英质玉有不同的分级方法，20 世纪 80 年代，中国轻工部对其中的部分品种制定了分级的标准，主要是从颜色、质量（重量）、净度（裂隙）和制作工艺方面做出评价，见表 6—27、表 6—28 和表 6—29。

表 6—27　　东陵石原材料的等级分级

	等级	描述
东陵石原材料的等级分级	一级绿东陵石	鲜绿或浓绿色，光泽强，半透明。质地致密、细腻、坚韧、光洁。无杂质、裂纹及其他缺陷。块重 6 kg 以上
	二级绿东陵石	鲜绿色，光泽强，微透明。质地致密、细腻、坚韧。有微量杂质或小杂斑，但无裂纹。块重 6 kg 以上
	三级绿东陵石	绿色，光泽较强，微透明。质地致密、坚韧。有少量杂质、裂纹等缺陷。块重 2 kg 以上

表 6—28　　密玉原石的等级分级

	等级	描述
密玉原石的等级分级。密玉是一种石英岩玉，因产自河南省密县而得名。颜色主要呈浅绿、翠绿、豆绿、肉红、黑、白等色。密玉主要用于玉器和首饰，尤其是绿色密玉具有翡翠的颜色，其饰物或艺术品在国内深受人们喜爱	一级密玉	呈鲜艳的深绿、翠绿、白色，光泽强，透明度高。质地致密、细腻、坚韧、光洁。无杂质、裂纹及其他缺陷。块重 6 kg 以上
	二级密玉	呈鲜艳的绿色、豆绿、白色，光泽强，半透明至微透明。质地致密、细腻、坚韧。无杂质、裂纹等缺陷。块重 4 kg 以上
	三级密玉	质地致密、细腻、坚韧。无碎绺，略有杂质、裂纹等缺陷。块重 2 kg 以上

表 6—29　　玛瑙原石的等级分级

	等级	描述
玛瑙原石的等级分级，红色玛瑙的价格相对较高	一级玛瑙	颜色艳丽，透明度高，质地致密，细腻光洁。无杂质、砂心、裂纹及其他缺陷。空心玛瑙含有大量的水，块重 4.5～5 kg 以上
	二级玛瑙	颜色艳丽，透明度较高，质地致密、细腻。无杂质、砂心、裂纹及其他缺陷，但具有可以供作巧色玉雕的砂心。空心玛瑙含有较多的水，块重 2.5 kg 以上
	三级玛瑙	颜色艳丽，半透明至微透明，质地致密、细腻。无杂质，但有时具有砂心、裂纹及其他缺陷，有的砂心可做巧色玉雕。空心玛瑙含有少量的水，块重 1.5 kg 以上
	四级玛瑙	颜色较杂或色调单一，局部颜色艳丽，微透明，质地致密、细腻。但有时具有杂质、砂心和明显的裂纹，有的砂心可供作巧色玉雕。空心玛瑙含水很少，或无水，块重 0.5 kg 以上

2004年，一种新玉种在云南被发现，由于其产地在龙陵，有中华“龙”文化的渊源，以黄色为主色，故得名黄龙玉。黄龙玉是继新疆和田玉和缅甸翡翠之后，发现的最优质的玉种。黄龙玉主要由细腻的隐晶质石英——玉髓组成，其石英的颗粒非常微小，肉眼不能分辨，需要用高倍显微镜才能看到，每个石英的颗粒直径仅为0.001～0.01 mm。黄龙玉的主色调为黄色，红黄两色是黄龙玉的代表颜色。由于黄龙玉有田黄般的颜色，有人将黄龙玉与田黄联系在一起。红色的黄龙玉被认为是上品，也有羊脂白、青白、红、黑、灰、绿、五彩等色，好的黄龙玉色彩浓艳，半透明至不透明，摩氏硬度为7，质地均匀。与和田玉等软玉相比，黄龙玉硬度更大、透明度更高、色彩更鲜艳丰富。

以上四种石英质玉产量大，品种丰富，均属于中档宝石，除黄龙玉外，一般价格不高，优质的黄龙玉价格相对较高。

学习单元8 石榴石族宝石品质与商业评估

学习目标

➢熟悉石榴石族宝石品质与商业评估。

知识要求

石榴石是中高档宝石之一，其中绿色品种属于名贵宝石。颜色浓艳、纯正，透明度高的红色铁铝榴石被称为“紫牙乌”，紫牙乌是石榴石中的佳品。

德国是出产石榴石最多的国家。公认最珍贵的石榴石是产自乌拉尔山脉波布洛夫河床金矿的“典曼多石榴石”。这种石榴石原石普遍很小，重量一般不超过3 ct。由于拥有诱人的透绿，被称为“乌拉尔祖母绿”，优质品“价值连城”。

历史上最大一块石榴石原石重达20t，搬运时用了100匹马，这块产自乌拉尔山脉的“玫瑰石榴石”被雕刻制作成了叶卡捷琳娜二世的孙子尼古拉一世的棺椁；美国国家自然历史博物馆中珍藏着世界上最好的一颗褐黄色透明的石榴石（铁钙铝榴石），是一个雕刻精巧的基督头像，重61.5 ct，堪称无价之宝；中国地质博物馆中藏有一颗产于新疆的橙红色锰铝榴石大晶体，重达1 397 ct。

一、石榴石的评价

石榴石属于中、高档宝石，由于产量大、品种丰富，各个国家、地区的市场对于石榴石的喜爱程度不同，国际上对石榴石的评价并没有统一的标准，其评价与选购以颜色、透明度、质量为依据。宝石级石榴石的标准是：透明度好，颜色鲜艳，粒径大于 5 mm。在国际宝石市场上，纯净无瑕、颜色鲜艳、晶莹剔透的石榴石价值很高。翠绿色铬钒铝榴石价值最高，质优者可与祖母绿相比；红色、橙红色石榴石也很宝贵。在同等品质情况下，质量越大的，品质越高。具有特殊光学效应的石榴石，价格更高。

二、石榴石的市场价格分析

石榴石的市场价格是以市场需求、商业品质评估以及不同时期经济发展的水平等综合性因素决定的，总的趋势是逐年上涨。不同的石榴石族宝石的市场特征和价格分析见表 6—30。

表 6—30　　石榴石市场价格分析（仅供参考）

种类	基本价格
镁铝榴石一般有红色、玫瑰红色，透明度好	一般镁铝榴石带点粉紫红色，比较受消费者喜欢，常见大小约 1～10 ct 左右，每克拉约 100～200 元人民币不等
	常见大小为 1～20 ct。5 ct 以下的铁石榴石，每克拉约 25～150 元人民币
铁铝榴石是一般消费者最常见的石榴石。由于含有较多的铁，因此铁铝榴石颜色偏向暗红。在中国，铁铝榴石又称为紫牙乌或贵榴石	5～10 ct 大小的，每克拉约 150～250 元人民币
	10～20 ct 等级的，每克拉约 350～750 元人民币
锰铝榴石颜色橘色到橘红色等。带有一点点镁铝榴石成分的锰铝榴石，称为荷兰石。橘黄色锰铝榴石价位不低，是橘黄色宝石中相当难得的一种	大小通常在 1～20 ct 左右，超过 10 ct 就相当难得了。一般 1～5 ct 的锰铝榴石，每克拉约 150～650 元人民币
	5～10 ct 大小的，每克拉约 800～900 元人民币
	10 ct 以上的，每克拉约 1 400～1 600 元人民币

续表

<table>
<tr><th colspan="2">种类</th><th>基本价格</th></tr>
<tr><td rowspan="11">钙铝榴石由于有丰富的颜色，因此受到大众的喜爱。颜色从棕黄、黄绿色到深绿，其中翠绿色的钙铝榴石，因含有铬或钒，与祖母绿十分相似，被称为沙弗来石</td><td rowspan="5">沙弗来也有人译成沙弗石。沙弗来以深绿色居多，主要产在坦桑尼亚。比起品质好的祖母绿，当然有明显价差，但比起含铬绿碧玺，市场价格基本相同</td><td>1 ct大小的沙弗来市价约2 500～3 500元人民币</td></tr>
<tr><td>2 ct大小的，每克拉约4 500～5 500元人民币</td></tr>
<tr><td>3 ct大小的，每克拉约7 800～8 800元人民币</td></tr>
<tr><td>4 ct以上，品质好的非常稀有，每克拉约1.1万～1.3万元人民币</td></tr>
<tr><td>5 ct以上的沙弗来极其难找，单独论价</td></tr>
<tr><td>半透明到不透明的绿色水钙铝榴石，市场也叫“非洲玉”，有时会误认为是翡翠</td><td>一般水钙铝榴石的大小在1～5 ct，每克拉约200～300元人民币</td></tr>
<tr><td rowspan="2">橘棕色的钙铝榴石称为黑松石，与橘黄色的荷兰石容易混淆，需要用仪器辅助区分，两者价差也非常大</td><td>黑松石大小通常在1～10 ct。1～5 ct大小的黑松石，每克拉约100～200元人民币</td></tr>
<tr><td>5～10 ct大小的，每克拉约250～450元人民币</td></tr>
<tr><td rowspan="3">非洲从2007年起出产一种变色的石榴石，会由蓝绿变为红棕色，变色颜色也有深浅之分</td><td>1 ct约800～1 200元人民币</td></tr>
<tr><td>市面上2～4 ct就很少见了，每克拉2 400～3 000元人民币</td></tr>
<tr><td>5 ct以上相当少，每克拉要4 000～5 000元人民币以上</td></tr>
<tr><td colspan="2">绿色的钙铁榴石称为翠榴石，由于产量稀少，价格不比祖母绿便宜，大小在1 ct以上的非常稀少</td><td>1 ct翠榴石，约7 000元人民币。2010年香港秋拍苏富比秋拍预展，展出一颗3.7 ct的非常好的翠榴石，预价27万～42万元人民币</td></tr>
<tr><td colspan="2">钙铬榴石颜色为翠绿色，主要产在乌拉尔山含铬的蛇纹岩中</td><td>钙铬榴石都不大，不超过2 mm，所以很难琢磨，因此市面上很少把它当宝石</td></tr>
</table>

学习单元9　珍珠品质与商业评估

学习目标

➢熟悉珍珠品质与商业评估。

知识要求

珍珠是一种高档宝石，在宝石届“五皇一后”中被列为“宝石皇后”，享有崇高的地位。

淡水养殖珍珠中真正能达到宝石级的不到10%。其中，20%左右才能做成珠宝首饰饰品，80%左右只能他用，如做成珍珠粉等。随着首饰设计能力的更新和人们审美观念的多样化，异形珠、小颗粒不规则珠也通过精巧的设计理念、染色、上光等工艺，成为了首饰品。

珍珠首饰的主要消费市场是日本和欧美发达国家。虽然中国原珠和珍珠首饰的出口量已经占到全球总产量的90%以上，但是大部分是以原珠形式供应日本或珍珠串等半成品的方式经由香港深加工出口，少数部分直接分销到全球市场。

国内消费者对于珍珠的消费仍然处于传统阶段，消费量也较小。其中珍珠粉的销量基本还是在国内，国外普遍没有珍珠粉的消费习惯，出口珍珠粉也是以补钙需求为主，和国内美容保健的产品概念有所不同。

对珍珠的价值评估国际上也没有一个像钻石一样得到普遍认可的分级系统，但市场对珍珠的研究和品质评价都比较成熟，已形成了一套较为完整的评估体系。

中国2003年正式颁布了养殖珍珠的质量分级标准，珍珠及其饰品进行价值评估时，主要是从珍珠的种类、光泽、大小、净度、形状、颜色、珍珠层厚度、光洁度与坚实度、搭配与加工造型以及是否经过人工处理等方面来分析（单项标准据国标GB/T 18781—2008）。本书中有关相对应的描述参照了国标和市场的表述方法，仅做参考并以国标为准。

一、珍珠的光泽

珍珠的光泽又称为皮光。珍珠光泽强弱主要受珍珠层厚度的影响，此外矿物的结构以及珍珠层的化学成分等因素也会影响其品质。一般来说，珍珠层越厚，珍珠的光泽就越强，珍珠的品质也就越好（见表6—31）。

表 6—31　　　　珍珠光泽质量分级

光泽	级别	质量要求
极强	A	反射光特别明亮，锐利均匀，映像很清晰，其中海水珍珠表面像镜子
强	B	反射光明亮，表面能见物体映像，其中海水珍珠明亮、锐利、均匀，淡水珍珠表面能看到物体影像
中	C	海水珍珠反射光明亮、表面能看到物体影像；淡水珍珠反射光不明亮，表面能照见物体，但映像较模糊
弱	D	海水珍珠反射光较弱，表面能照见物体，但映像较模糊；淡水珍珠反射光几乎全为漫反射光，光泽呆滞，几乎无映像

通常宝石级珍珠的珍珠层厚度应该在 0.3 mm 以上，这样的优质珍珠表面就会具有均匀的强珍珠光泽并带有彩虹般的晕彩。在其他品质相同的条件下，珍珠的光泽越强就越珍贵，价值也就越高。珍珠层很薄的珍珠，其光泽会变得模糊不清。有时珍珠层很薄时，珠核就能够透过珍珠层闪现出来，珍珠商用“鱼眼”来形容这类珍珠，这样的珍珠其价值也不会很高。在珍珠评价中，光泽占有 25%左右的权重，因此，光泽是选购珍珠的主要因素，也是珍珠贸易中价格高低的决定因素。

二、珍珠的质量

在光泽相同的前提下，很大程度上珍珠的大小与质量直接决定着珍珠的价值。在同等条件下，大小是价值的决定性因素之一。

珍珠越大越稀有，越昂贵。珍珠的大小以其最短的直径来表示，直径大于 7 mm 的才能称为大珠，古人所说的“七珍八宝”即“七分珠，八分宝”（约为 9 mm 直径），强调的是大珠的珍贵与稀罕，重量在 10 ct 以上就能成为珍品了。一般来说，无论是养殖的还是天然生成的，直径越大，价值就越高。通常珍珠的价值与其质量（重量）的平方成正比的关系，珍珠的直径大小每增加 1 mm 价格就会明显增加，尤其是珍珠的直径大小超过 7 mm 时，价格上升幅度变大。对于优质的南洋珠，同等品质的直径每大 1 mm 价格就要上升 30%～50%。

在国际市场上，珍珠的计量单位与价格按档次的高低而有所不同。珍珠和单颗散珠的质量计量单位是“格令”，又称为珍珠哩，4pearl grain ＝1 ct。在日本，养殖珍珠的出口数字是用毛美（momme）表示。1momme ＝ 3.75g ＝ 18.75 ct ＝ 75pearl grain。毛美（momme）适宜用于大宗的珍珠贸易，大部分淡水珍珠通常以克（g）、千克（kg）为单位出售。商业级的珍珠以千克计，每千克数百至数千美元不等；高级珍珠以克计，每克价值数十美元；超高级珍珠（一般直径在 12 mm 以上）以粒计，每粒价值可达上千美元，其市场价已远远超过黄金。

一般珍珠的大小按直径（mm）可分为六个等级，见表 6—32。

表 6—32　　珍珠大小的 6 个等级

厘珠	直径 2～5 mm，一般小于 5 mm
小珠	直径 5～5.5 mm
中珠	直径 5.5～7 mm
大珠	直径 7～7.5 mm
特大珠	直径 7.5～8 mm
超巨大珠	直径大于 8 mm 以上

三、珍珠的形状

珍珠的形状也是决定珍珠价位的重要因素之一，形状因素可占总权重的 20%。由于珍珠的形状受到很多因素的影响，形状好的珍珠数量很少，所以形状好的珍珠价格也就会高。

珍珠的形状以圆球形为优，越圆越佳，价格也越高。形态最好的珍珠是正圆或圆形珍珠，其外形呈圆球状，珠圆玉润，即中国古代所称的“走盘珠”。养殖珍珠偏离理想圆度的程度也影响着珍珠的价值。珍珠形状的级别见表 6—33 和表 6—34。

表 6—33　　淡水无核珍珠形状级别

形状类别及级别			直径差百分比
中文		英文代号	
圆形类	正圆	A_1	≤3.0%
	圆	A_2	≤8.0%
	近圆	A_3	≤12.0%
椭圆形类	短椭圆	B_1	≤20.0%
	长椭圆	B_2	>20.0%
扁椭圆类	高形	C_1	≤20.0%
	低形	C_2	>20.0%
异形		D	通常表面不平坦，无明显对称性

表6—34　　海水珍珠形状级别

形状级别		直径差百分比
中文	英文代号	
正圆	A_1	≤1.0%
圆	A_2	≤5.0%
近圆	A_3	≤10.0%
椭圆	B	>10.0%
扁平	C	具对称性，有一面或两面成近似平面状
异形	D	通常表面不平坦，无明显对称性，含水滴形、梨形

理想圆度上的微弱偏离就可使珍珠的价值降低20%～30%，但在串成珠链的珍珠中要求则会降低，因为有时圆度偏离的影响不明显。而对于非正圆形珍珠及异形珠要根据具体情况具体分析，对于能因材施艺并设计出非常新颖题材的异形珠，价值就会增加。商业上对珍珠的评价中，形状占15%～20%左右的权重。可见形状在珍珠的评价中占据了相当重要的地位。

四、珍珠的颜色

珍珠的颜色即珍珠的皮色，可分为体色与伴色。

珍珠的体色是指其本体颜色，主要取决于珍珠所含的各种微量金属元素种类和含量。伴色是指泛于珍珠体色之上的表面颜色，是指在珍珠表面或表层下形成的可飘移的彩虹色，主要是物理光学效应引起的特有颜色，取决于致色离子，有时是指珍珠的晕彩、韵彩。

珍珠的颜色十分复杂，丰富多彩，目前国际上尚无统一的严格分类标准。由于传统习惯的影响，不同的国家和地区、不同肤色的人对珍珠的颜色也有不同的要求。根据珍珠的体色，分为白色珍珠、黑色珍珠和彩色珍珠，国际市场上按价格接受程度，大致可将珍珠的颜色进行如下排列：金黄色、银白色、粉红色、黑色、淡黄色、褐紫红色。

另外，在对珍珠的颜色进行分级时，还要特别注意伴色的影响。珍珠的伴色常分为红、银白、蓝色或绿色。伴色虽不被看做是珍珠实际体色的一部分，但它是弥漫于体色之上的色调。除珍珠本身的体色外，伴色也是很重要的因素。养殖珍珠的颜色评分就是根据珍珠的体色和伴色进行评分的。对于白色系列的养殖珍珠而言，白色带有玫瑰色伴色的珍珠颜色最好；对于黑色系列的珍珠而言，则是黑色带有孔雀绿伴色的珍珠颜色最好。有时，伴色对珍珠价值的影响还取决于珍珠的体色与伴色色调的搭配关系。例如，黑珍珠上若泛有孔雀绿色的晕彩，可以使珍珠的价值明显增加；而这种绿色色调呈现在奶白色的珍珠之上则会降低其价值。除黑珍珠外，珍珠颜色中玫瑰伴色越多，珍珠价值就越高。

其实，不同颜色的珍珠是很难做比较的，或者说是不应该进行比较的。不同颜色的珍珠，其评价标准以及侧重点都是不一样的。因此，对珍珠的颜色进行商业品质评估时，应考虑到市场偏好及风土人情等文化因素的影响，只有这样才能对珍珠颜色进行合理的商业品质分级，准确对其进行市场价值的评估。颜色的价值权重占到珍珠价值的10%～20%。

五、珍珠光洁度、珍珠层厚度与坚实度

珍珠光洁度、珍珠层厚度与坚实度是影响珍珠品质与价值的重要因素。珍珠层厚度是指其核的表面与最外层表面之间的距离。光洁度是指珍珠表面的光滑程度，光洁度质量分级见表6—35。

表6—35　　珍珠光洁度质量分级

光洁度级别		质量要求
中文	英文代号	
无瑕	A	肉眼观察表面光滑细腻，极难观察到表面有瑕疵
微瑕	B	表面有非常小的瑕疵，似针点状，肉眼较难观察到
小瑕	C	有较小的瑕疵，肉眼易观察到
瑕疵	D	瑕疵明显，占表面积的四分之一以下
重瑕	E	瑕疵很明显，严重的占据表面的四分之一以上

注：参见GB/T 18781—2008。

宝石级海水珍珠要求珠层厚在0.3 mm以上，宝石级淡水珍珠则要求珠层厚在0.4 mm以上。理想状况下，珍珠的表面应该是干净、细腻和光滑的，光滑如镜能照见物象的则为佳品。但由于环境以及母贝的健康状况等因素，往往会使珍珠的表面出现一些瑕疵，如棉绺、破损、裂隙、“小尾巴”“小丘”“黑痣”等，这些都会影响珍珠的整体美观及价值。珍珠的瑕疵越大、越多，珍珠的价值就会越低。此外，坚实度也是影响珍珠价值的重要因素之一。所谓珍珠的坚实度是指珍珠结构的紧密程度，若珍珠层排列规整有序、珠质坚实凝重品质就好，结构松弛、珠质较轻的为次品，珍珠内部中空易碎为下品。

在珍珠评价中，珠面品质占有20%左右的权重，因此，珠面品质是选购珍珠的主要因素，也是珍珠贸易中价格高低的决定因素。

珍珠珠层厚度分级见表6—36。

表 6—36　　珍珠珠层厚度分级

珠层厚度级别		海水珍珠厚度质量要求	淡水有核养殖珍珠厚度质量要求
中文	英文代号	珠层厚度/mm	珠层厚度/mm
特厚	A	α⩾0.6	α⩾0.9
厚	B	α⩾0.5	α⩾0.7
中	C	α⩾0.4	α⩾0.5
薄	D	α⩾0.3	α⩾0.4
极薄	E	α⩽0.3	α⩽0.4

注：参见 GB/T 18781—2008。

六、珍珠首饰加工与造型

在评估一件珍珠首饰时，除了要考虑每颗珍珠的品质外，还要考虑整件首饰中所有珍珠的颜色、形状、光泽、大小等在总体上的相似性和在外观上的协调一致性，因为这些因素可以直接影响到珍珠首饰的整体美感。珍珠匹配性级别见表 6—37。另外，对于非纯珍珠饰品，还应该考虑珍珠与宝石及金属材料构件的搭配是否和谐，镶嵌工艺是否协调等方面的因素，这些因素都会影响对珍珠首饰的市场价值。

表 6—37　　珍珠匹配性级别

匹配性级别		质量要求
中文	英文代号	
很好	A	形状、光泽、光洁度等质量因素应统一一致，颜色、大小应和谐有美感或呈渐进式变化，孔眼居中且直，光洁无毛边
好	B	形状、光泽、光洁度等质量因素稍有出入，颜色、大小较和谐或基本呈渐进式变化，孔眼居中无毛边
一般	C	颜色、大小、形状、光泽、光洁度等质量因素有明显的差别，孔眼稍有歪斜并且有毛边

注：参见 GB/T 18781—2008。

总之，对于珍珠的价值评估，珍珠本身的品质是其决定因素，其标准是“光、细、圆、大、配”。但同时还要考虑其他一些因素，如地域性、不同民族的风俗习惯等。珍珠首饰的加工工艺评价要求是设计新颖、加工精细、造型美观、搭配协调。

此外，不同种类的珍珠价值除受上述质量要素影响外，有时还会受珍珠性质的影响，如海水养殖还是淡水养殖的，有核还是无核等。在同等品质的情况下，某些要素的变化有时也可产生微妙的影响，如在 10 mm 左右以下的海水养殖有核珠往往比淡水珠价值高，但在 12～14 mm 以上时淡水珠的价值也可能大于或等于有核海水珍珠的市场价值。评估者须密切留意市场的变化来调整和平衡有关的影响。在珍珠评价中，匹配占据5%左右的权重。

七、珍珠的市场价格分析

珍珠的市场价格是以市场需求、商业品质评估以及不同时期经济发展的水平等综合性因素决定的，总的趋势是逐年上涨。近年来价格分析详见表6—38。

表6—38　　珍珠市场价格分析（仅供参考）

种类	基本价格
淡水珠，主要产地为中国上海附近的湖泊和太湖、杭州一带，以及日本的琵琶湖等地	通常一串40 cm长，直径5～6 mm的淡水珠价格，看形状圆不圆、瑕疵、光泽等，价格从几百到四五千元
养殖在海中或海湾的珍珠都叫海水珠。海水珠又可分为日本珠和南洋珠两种，日本珠颜色有粉红和白色	一串6～6.5 mm直径大小，40 cm左右的日本养珠通常市价在2 500～7 000元人民币
	至于8.5～9 mm的养珠，因为特别稀少，视皮光、瑕疵与颜色而定，通常市价高达约2万～2.5万元人民币不等
南洋珠颜色通常为银白色、粉红、黄色与金黄色，其中又以粉红色最受人喜欢。南洋珠的形状以不规则最多；其次是灯泡形；其中水滴形或梨形最适合做成坠子或耳环；最少的是半椭圆形与圆形	以一颗正圆直径14 mm，皮光带粉红的南洋珠为例，市价约4 500～9 000元人民币不等
	椭圆形市价约2 500～7 000元人民币
	南洋珠若皮光带黄色，价格就低，但是金黄色的黄金珠就特别珍贵。天然的黄金珠项链，若是直径14～15 mm，一串都要超过25万人民币

学习单元10　翡翠品质与商业评估

学习目标

➢熟悉翡翠品质与商业评估。

知识要求

翡翠是玉石中最珍贵的品种之一，是制作首饰及玉器的上佳材料，优质的高档翡翠价值同样可以与钻石相当。中国作为玉雕大国，翡翠工艺品载誉世界。

翡翠的主要产地是缅甸，近年来危地马拉翡翠的重新发现使市场上翡翠的供应有一定的变化，危地马拉的翡翠开始受到重视。宝石级翡翠最大的产地仍然是缅甸，世界上优质的翡翠玉料也大都产自缅甸。

由于翡翠的品种多，颜色、质地变化多样，同时还有玉文化和个人喜好等因素的影响，因此对翡翠进行品质分级就显得比较困难。国际上尚无公认分级量化标准，市场上“黄金有价玉无价”的说法反映了翡翠的品质分级及价值评估的复杂性和困难性。

中国于2009年综合目前的研究成果，发表了翡翠分级国家标准GB/T 23885—2009对于翡翠的价值评估可以从其颜色、结构（质地）、透明度（水头）、净度（包体、裂隙）、切工、质量与大小这几个方面进行分析。本书中有关相对应的描述参照了国标和市场的表述方法，仅做参考并以国标为准。

一、颜色

翡翠的颜色千变万化，对其颜色的评价要从颜色是否纯正、浓淡是否适宜、分布是否均匀以及多种颜色的搭配是否协调等几个方面综合考虑。优质翡翠应该是颜色纯正饱满、鲜艳均匀，具有这样颜色的透明度好的翡翠被称为老坑玻璃种，是最优质的翡翠。

颜色是影响翡翠品质及价值的首要因素，它对价格影响的权重可达50%～70%。翡翠的颜色主要包括翠色（绿色）、紫色、翡色（红色、黄色）、黑色、白（无）色等系列颜色。翡翠颜色中价值最高的是绿色，其次是紫色、翡红色、黑色等，颜色的好坏直接影响翡翠的价值。翡翠颜色的分级详见表6—39至表6—42。

表6—39　　翡翠的颜色要求

要求	解释
浓	指颜色的深浅，好的色彩以色深而不带灰、黑色调者为上品，过浓过淡都不好
阳	是指颜色的鲜艳程度，翡翠以颜色越鲜艳越好
正	是指颜色的纯正，不带杂色调，带灰色调的最差
匀	是指颜色均匀分布的程度，颜色越均匀越好

表6—40　　翡翠（绿色）颜色分级表

级别	纯正程度	均匀程度	浓淡程度	色泽
Ⅰ级	纯正绿	极均匀	不浓不淡	非常艳丽，色与地融为一体
Ⅱ级	绿色，微微偏黄	整体均匀，微微显浓淡不一	整体浓淡适中	艳丽，可见绿色条带、斑块

续表

级别	纯正程度	均匀程度	浓淡程度	色泽
Ⅲ级	绿色微偏黄	微显浓淡不一	浓淡基本适中	较艳丽，整体色泽有变化
Ⅳ级	绿色微偏蓝	均匀	浓淡不一	漂亮
Ⅴ级	蓝绿色、黄绿色	较均匀	适中	较漂亮
Ⅵ级	蓝绿色、黄绿色中有灰色调	均匀	较暗淡	基本漂亮

注：据张蓓莉等（2000），《珠宝首饰评估》。

表 6—41　　**紫色翡翠品种与分级**

级别	品种百分率	描述
Ⅰ	纯紫色 90%～100%	单色的浓紫色，饱和度较高，极其罕见
Ⅱ	红紫色 80%～90%	偏红的紫色，饱和度中，不常见（又称春色）
Ⅲ	蓝紫色 70%～80%	偏蓝的紫色，呈浅蓝紫到深蓝紫，饱和度高时呈灰蓝色，俗称“茄紫”
Ⅳ	紫罗兰色 60%～70%	中等程度的浅紫色，出现在质地粗到细的翡翠中
Ⅴ	春带彩 50%～60%	罕见，在白色的基底上同时有红、绿、紫三色，又称“福禄寿”
Ⅵ	粉紫色 0%～50%	较浅的紫色，饱和度较低，常出现于质地细腻的翡翠中

注：据冯建森《珠宝首饰价格鉴定》。

表 6—42　　**其他色翡翠品种**

品种	描述
翡红	以红色为主、带褐色的翡翠
红翡	以褐色为主、带红色的翡翠，呈褐红、铁锈红等，是翡翠氧化后的产物
黄翡	黄色色调的翡翠，呈栗子黄、鸡油黄，是翡翠氧化后产生
黑色	纯黑色翡翠，透射光呈墨绿，顶光呈墨黑色，近几年引起人们重视
无色	很纯的翡翠，质细，透明度高的，较少见

注：据冯建森《珠宝首饰价格鉴定》。

在中国翡翠分级标准中，对于颜色分级按色调、彩度、明度做了量化详细标准。除以上的颜色分级标准以外，市场上绿色翡翠的不同品种和对颜色的描述还可见表 6—43。

表 6—43　　市场上绿色翡翠的不同品种和对颜色的描述

品种名称	颜色基本特征	观察与评述
玻璃艳绿	绿色浓艳，像玻璃一样纯净	在阳光或白光下观察，像煮熟的白果（银杏）一样，色调均匀，透明度高，为最上品
艳绿	颜色同上，但不够纯净	加工成2～5 mm厚的界面，白光下观察透明度差，颜色不均匀，不含其他杂色，较上品
玻璃绿	绿色鲜而亮，但不够浓艳，色调偏浅	白光下观察，最好能同玻璃艳绿品种对比，透明度高，为上品
宝石绿	色似祖母绿宝石	在透明的基底上，虽像祖母绿，但终不及祖母绿那样透明感强，色浅者质量降低
阳俏绿	翠绿色	颜色翠绿不是黄色调，以此与黄杨绿区别，同时翠绿不浓
黄杨绿	黄绿色	色如初春黄杨树的嫩叶，质量不及阳俏绿
浅杨绿	浅黄绿色	色比黄杨绿更浅，质量不及黄杨绿
鹦哥绿	色似鹦哥绿色羽毛	颜色娇艳，常带黄绿色调，有的绿中带蓝色
葱心绿	色似娇嫩的葱叶	颜色娇艳，也常带有黄绿色调
豆青绿	色绿如豆青色	此品种较多，有“十绿九豆”之说
菠菜绿	色暗绿如菠菜叶	颜色不鲜明也称菜绿色，色暗与艳绿有很大区别
瓜皮绿	色似绿色瓜皮	绿中微青，色欠纯正
瓜皮青	色似青色瓜皮	青中有绿，色不纯正
丝瓜绿	色似丝瓜皮绿色	最大特点为有丝状，因而降低了质量
蛤蟆绿	绿中带蓝或带灰色调	可见“瘤状”色斑亦称“蛙绿”，颜色很不均匀
匀水绿	浅绿色	色浅而鲜，比较均匀，有时仅有绿色感
江水绿	色调闷暗	与匀水绿比较，色虽均匀，但有浑浊感，色也不如匀水绿
灰绿	灰中有绿色	首先是灰色调，其中虽有绿色，但色非常不纯正，因而质量差
灰蓝	灰色中有不纯蓝色	灰色调，其中有不纯正的蓝色，质量较差
油绿	色绿暗不纯正	可见如油浸般不鲜明，不是好颜色，色黝黯
油青	色绿清不纯正	与油绿比较更暗淡，色邪
墨绿	墨绿色	一眼即可看出黑中透绿，有时呈暗黑色

注：据方泽《玉石全书》。

有关翡翠的颜色方面的描述还包括对形状特点和深浅方向的评价，具体内容如下所述。形状特点是指翡翠绿色的形态和分布特点，翡翠原料中绿色部分形状变化很大，市场上常见的品种和业内的俗称见表6—44。

表 6—44　　翡翠市场常见的品种和业内的俗称

条带状	即“带子绿”，它贯穿于翡翠之中，有头有尾，有进有出，方向明显，界限清楚。按薄厚、软硬等差异，有：硬带子，其绿色浓硬（色浓气壮），行进有力，地子与绿色之间，界限明显；软带子，其绿色绵延（色软气衰），行进无力，绿色与地子之间界限不明显；花带子，总体方向一致，几条带子互有联系而同时行进，绿色与地子之间相互掺杂，其绿色带形松散，飘逸而去，由浓至淡，进而消失
星块状	指绿色大小不同、互不关联、星星点点地分布于翡翠之中，具有一定的突然性和不可预见性。有：点子绿，其形状如群星满天，各绿点之间没有什么联系，俗称“满天星”，那种地子白而绿点美丽者称“梅花绿”；疙瘩绿，绿色呈较大的块状，各块互不相连，有时一块绿色疙瘩单独存在，亦有软硬、大小之别
丝片状	绿色的形态成丝或片，抑或丝、片相间，绵绵延延，不足之处是色“花”。有：丝状绿，或称“丝丝绿”“丝瓜绿”“筋丝绿”，其绿色如丝，或粗或细，具有明显的总体方向，有顺丝绿、乱丝绿、黑丝绿之分；丝片绿，由小丝和小片状的绿色联结而成，从小处观察时方向不明，从总体观察时仍有一定的方向，有硬丝片绿、软丝片绿、黑丝片绿之分
丝块状	色强时其绿色形如块状，色弱时其绿色形如游丝，当绿丝、绿块相互联系时就像瓜秧一样，绵延的绿丝形似瓜蔓，而突然增大的绿块恰似瓜的果实，有硬丝块绿、软丝块绿、黑丝块绿之分
均匀状	即翡翠的绿色较为均匀，没有明显的绿丝、绿筋、绿片、绿块等形态，当然也就没有明显的方向性。一般称之为“地子绿”，或“绿地子”“满绿”，地子就是绿，绿也就是地子。其绿色多较浅淡，少有浓艳者。当地子较粗或不透明时，其杂质、石花、石脑等会比较明显，从而形如“韭菜花拌豆腐”
靠皮绿	又称“串皮绿”“膏药绿”，其绿色呈平面状，仅分布于翡翠的表皮，但它常给人以绿色多或满绿、全绿的假象，实际上其绿色只不过是薄薄的一层，有时甚至像纸一样薄。靠皮绿的辨别主要靠绿性，即立性和卧性。如果绿色纹理呈线状，则此方向的绿性为立性；如果绿色呈面状，则此方向的绿性即为卧性。靠皮绿正好属于卧性绿。翡翠行业中有“宁买一条线，不买一大片”的行话。在现实生活中，有的卖主为了显示其翡翠内部的“满绿”或“全绿”，沿翡翠绿色面的方向一切两开，从而造成翡翠的两面皆为“满绿”的假象，此为有名的“仙人铊”。这种仙人铊翡翠的绿色特点与靠皮绿极为相似，应予以注意

深浅方向是指翡翠绿色的发展方向及其规律。观察和研究时一般应注意以下几点。

1. 位置

指绿色在翡翠上所处的部位，其腰身、腹部、中心等为绿色分布的有利之处，边部、角部、顶部等部位则不利。

2. 方向

有总体方向（走向或大致分布方向）、具体方向之分。在辨别方向后，应借助于对地子、透明度、石花、绺裂等的了解，进而通过颜色的深浅、明暗、边界的整齐与否和深浅变化等来判定绿色的发展方向。

3. 头尾

为翡翠绿色的宽窄、强弱、深浅、硬软等在方向概念上的反映。宽、强、深、硬为“头”的显示，窄、弱、浅、软为“尾”的象征。掌握了这一方面的特点，则翡翠绿色的变化就会在人们的预料之中。

4. 绿形

在一定程度上影响着绿色深浅方向的发展和变化。例如，带子绿总是沿延长或伸延方向发展，因而顺着其延伸的方向是否有绿色就应特别注意，而与此有关的横向则不可能发展带子绿。

5. 绿性

包括绿色的立性、卧性、团性、筋性等，它们也是绿色的一种方向性。立性是绿色在垂直方向的发展，卧性是绿色在水平方向的发展，团性是绿色成团块状发展，筋性为绿色强劲有力的发展。只有掌握了绿性的特点，才有可能查明绿色的深浅方向。

6. 黑斑

黑斑是指存在于翡翠的绿色之中，形如斑点或条带等形态的黑色杂斑。按其形态、颜色、分布特征等方面的差异，可分为黑点、黑丝、黑带等类型，民间将其总称为“癣”。黑点是指翡翠的绿色之中存在的斑点状黑物，具有不同的形状和大小，常分布于呈浓艳绿色、水头足的翡翠中。那种单独存在的黑点，或各黑点之间距离较大者，称为“黑点”。稍大一些的黑点叫做“苍蝇屎”，有闪光特征者叫做“黑星”，其内有包裹物者叫做“砂钉”，磨破后形如一小砂洞者叫做“砂包”。在那些种好（绿色浓艳、均匀，质地致密细腻坚韧）而透明的翡翠中所存在的白色点状物叫做“白钉”。黑丝是指存在于翡翠之中的黑色丝状物，有时为单独而短小的黑丝，有时则为或宽或窄的小丝片状，而有时竟密集在一起，从小范围观察是黑丝，大范围内则为脉状。不过，并非完全单独出现，而往往与绿丝相互缠绕在一起，二者的界限可以分明，也可以不清楚，绿色常附着于黑色的外部。黑带是指存在于翡翠之中的黑带状物，往往集中成带状，对翡翠质量影响较大。

7. 翠性

又称苍蝇翅，指光从硬玉矿物的解理面反射而产生的丝绢状闪光效应，翡翠组成矿物颗粒越大，翠性也就表现越明显。

其他有关“春”“地”“种”等此处不细述。

二、结构

翡翠的结构是指组成翡翠晶粒的形状、大小及其相互关系。翡翠最常见的矿物结构为变斑晶交织结构或柱状结构，翡翠的结构又称为翡翠的“底”或“地”。翡翠的晶粒越细，结构越致密、质地越细腻，抛光后的效果也就越好，价值也越高。优质的翡翠肉眼难以看见结晶颗粒。翡翠的质地一般可分为非常细、细、较粗、粗、很粗等5个等级，一般好的翡翠质地都很细。在翡翠的贸易和加工过程中，翡翠质地的级别分级见表6—45。人们还往往根据翡翠整体色泽、透明度、杂质等的差异将翡翠分为玻璃地、水地、瓷地、石灰地等级别。

表6—45 翡翠质地级别及表示表

质地级别		肉眼观察特征	颗粒粒径 d (mm)
非常细	Te_1	质地非常细腻致密，10倍放大镜下难见矿物颗粒	$d<0.1$
细	Te_2	质地细腻致密，10倍放大镜下可见矿物颗粒，粒径大小均匀	$0.1\leqslant d<0.5$
较粗	Te_3	质地致密，肉眼可见矿物颗粒，粒径大小较均匀	$0.5\leqslant d<1.0$
粗	Te_4	质地较致密，肉眼易见矿物颗粒，粒径大小不均匀	$1.0\leqslant d<2.0$
很粗	Te_5	质地略松散，肉眼明显可见矿物颗粒，粒径大小悬殊	$\geqslant 2.0$

注：参见GD/T 23885—2009。

三、透明度

翡翠的透明度是指光在翡翠中能透过的程度，可分为透明（玻璃种）、半透明（冰种）、微透明（粉底）、不透明（干地），透明度越高越好。一般翡翠行家将透明度又称为“水头”，质地细腻透明度好就是水头足，种好；透明度差就是种差或“干”。翡翠的水头在评估翡翠时占有重要的地位，有句行话叫做“内行买种，外行买色”，可见翡翠的“种”对翡翠品质等级的影响程度。在翡翠市场上，有好颜色的玻璃种、冰种翡翠的价值都是相当高的。翡翠无色透明度的分级见表6—46。

表6—46 翡翠（无色）透明度级别及表示方法

透明度级别		肉眼观察特征	单位透过率参考值 t (%)	商业俗称（参考）
透明	T_1	反射观察：内部汇聚光强，汇聚光斑明亮 透射观察：绝大多数光线可透过样品，样品内部特征清楚可见	$t\geqslant 85$	玻璃地
亚透明	T_2	反射观察：内部汇聚光较强，汇聚光斑较明亮 透射观察：大多数光线可透过样品，样品内部特征清楚可见	$80\leqslant t<85$	冰地
半透明	T_3	反射观察：内部汇聚光弱，汇聚光斑暗淡 透射观察：部分光线可透过样品，样品内部特征尚可见	$75\leqslant t<80$	糖化地

续表

透明度级别		肉眼观察特征	单位透过率参考值 t（%）	商业俗称（参考）
微透明	T_4	反射观察：内部无汇聚光，仅可见微量光线透入 透射观察：少量光线可透过样品，样品内部特征模糊不可辨	$65 \leqslant t < 75$	冬瓜地
不透明	T_5	反射观察：内部无汇聚光，难见光线透入 透射观察：微量或无光线可透过样品，样品内部特征不可见	$t < 65$	瓷地/干白地

注：参见 GB/T 23885—2009。

四、净度

翡翠的净度是评估其价值的重要因素之一，有些品种还会是关键要素。翡翠以净度高、裂隙少、瑕疵少为好。

常见影响净度的原生瑕疵有白色、黑色两种。白色瑕疵是不透明的硬玉颗粒或结构缺陷产生的，俗称为“石花”“石纹”“纹理”“绵”等，主要是由于硬玉中的显微包体或结构缺陷对光的漫反射所致的。黑色的瑕疵又可分为“活黑”“死黑”两种。“活黑”是指绿得过浓而显黑的钠铬辉石翡翠，磨薄后绿色就会显露出来；“死黑”是指翡翠中黑包的铬铁矿、磁铁矿及暗绿色的角闪石矿物。一般情况下，黑色瑕疵对翡翠品质的影响比白色瑕疵大得多。

裂隙的存在是翡翠品质严重影响的因素，可以说是是翡翠的“致命伤”。有了裂隙，翡翠的价值就会大减。尤其是高档翡翠，裂隙越少、越小越好，闭合的裂隙比张开的裂隙危害性小。以 2009 版翡翠分级国标中对无色翡翠净度分析为例，见表 6—47。

表 6—47　　翡翠（无色）净度级别及表示方法

净度级别		肉眼观察特征	典型内、外部特征类型
极纯净	C_1	肉眼未见翡翠内、外部特征，或仅在不明显处有点状物、絮状物，对整体美感几乎无影响	点状物，絮状物
纯净	C_2	具有细微的内、外部特征，肉眼较难见，对整体美感有轻微影响	点状物，絮状物
较纯净	C_3	具较明显的内、外部特征，肉眼可见，对整体美感有一点影响	点状物，絮状物，块状物
尚纯净	C_4	具明显的内、外部特征，肉眼可见，对整体美感和（或）耐久性有较明显影响	块状物，解理，纹理，裂隙
不纯净	C_5	具极明显的内、外部特征，肉眼明显可见，对整体美感和（或）耐久性有明显影响	块状物，解理，纹理，裂隙

注：参见 GB/T 23885—2009。

五、工艺

翡翠工艺是评估翡翠时需要考虑的要素之一。翡翠成品一般是加工成光身成品和雕刻成品两类。光身成品主要指戒面、手镯等表面光素无纹的成品；雕刻成品主要是指挂件、玉雕（玉山子）等。光身成品对玉器品质的要求较高，要求比例合适、饱满、没有裂隙、做工精细、抛光好，完美度高的成品价值是很高的，并且成套成对的制品价值比单件的高。例如，在评估翡翠戒面时，应考虑其形状、比例是否协调和是否饱满大方。雕花成品的品质评价要考虑是否因材施艺，构图是否和谐新颖、层次清楚、透视感强，整体是否和谐美观、雕工细致，是否较好地剔除了包体等方面因素。雕工精致、款式新颖、能有效利用俏色的雕件，价值就会很高。翡翠成品的造型、做工精细程度和质量直接影响着翡翠的价值。精湛的工艺可以使一件翡翠制品的价值倍增。翡翠工艺评价及表述方法见表6—48。

表6—48　**翡翠工艺评价及表述方法**

品质因素		肉眼观察特征	评价结论
材料应用设计	材料应用	材质、颜色与题材配合贴切，用料干净准确，内外部特征处理得当	材料取舍得当
		材质、颜色与题材配合基本贴切，用料基本准确，内外部特征处理欠佳，局部有较明显缺陷	材料取舍欠佳
		材质、颜色与题材配合失当，用料有明显偏差，内外部特征处理失当，影响整体美观	用料不当
	设计	造型烘托材料材质颜色美，比例恰当，布局合理，层次清晰，安排得体	造型优美，比例协调
		基本按材料材质颜色特点设计造型，比例基本正确，布局主次不够鲜明，安排欠妥	造型美观，比例基本协调
		未按材料材质颜色特点设计造型，比例失调，布局紊乱，安排失当	造型呆板，比例失调
加工工艺	磨制工艺	轮廓清晰，层次分明，线条流畅，点线面刻画精准，细部处理得当	雕琢精准细腻
		轮廓清楚，线条流畅，点线面刻画准确，细部处理欠佳	雕琢细致，局部欠佳
		形象失态，线条不流畅，点线面刻画不准确，整体处理欠佳	雕琢较粗糙

续表

品质因素		肉眼观察特征	评价结论
加工工艺	抛光工艺	表面平顺光滑，亮度均匀，无抛光纹、折皱及凹凸不平	抛光到位，均匀平顺
		表面较平顺，亮度欠均匀，局部有抛光纹、折皱或凹凸不平	抛光基本到位，较均匀平顺
		表面不平顺，亮度不均匀，有抛光纹、折皱，局部凹凸不平	抛光较粗糙

六、质量

对翡翠进行质量（重量）评估时，对于高品质的翡翠玉料当然是越大越好。在评估时，翡翠的原料一般是以克或千克为单位，而翡翠首饰通常以件为单位。翡翠原料千差万别，一般来说，最优质的翡翠原料每克价值可达万元人民币，甚至更高；一般的差的“砖头料”则只有几十元/公斤至几百元/公斤。与其他宝玉石品种相比，翡翠的质量与大小不是影响其价值的关键因素，但有时高档的原料，即使很小的质量，其价值也可达数百万元。

总之，在评价翡翠时要从上述六个方面综合考虑，对于翡翠成品（素身成品、雕刻成品）的品质评价要注意评估方法及侧重点的不同，翡翠成品品质分级见表6—49。相对而言，评价翡翠首饰直接、具体；而评价玉雕工艺品就较复杂、抽象。另外，还要注意翡翠作品的制作年代、市场对翡翠的喜爱程度、雕刻主题创意内涵以及翡翠产量变化等因素，包括对翡翠的来源因素评估等这些都是影响翡翠价值的不确定性因素。

表6—49 **翡翠成品品质分级**

种类	总质量级别	颜色质量	质地水平	净度水平	工艺质量	大小（重量）
旦面（及鞍面）	优	Ⅰ级	Ⅰ级	Ⅰ级	优或良	正常或偏大
	良	Ⅱ，Ⅲ，Ⅳ	Ⅱ，Ⅲ	Ⅱ	良或优	正常或偏小
	差	Ⅴ，Ⅵ	Ⅳ，Ⅴ	Ⅲ，Ⅳ，Ⅴ	良或差	正常
花件	优	Ⅱ级以上	Ⅰ级	Ⅱ级以上	优	大或正常
	良	Ⅲ，Ⅳ	Ⅱ，Ⅲ	Ⅱ，Ⅲ	良	正常或偏小
	差	Ⅴ，Ⅵ	Ⅳ，Ⅴ	Ⅳ，Ⅴ	差	正常或偏小
手镯	优	Ⅱ级以上	Ⅱ级以上	Ⅱ级以上	优	正常
	良	Ⅲ，Ⅳ，Ⅴ	Ⅲ	Ⅱ，Ⅲ	良	正常或偏大
	差	Ⅵ	Ⅳ，Ⅴ	Ⅳ，Ⅴ	良或差	偏小

续表

种类	总质量级别	颜色质量	质地水平	净度水平	工艺质量	大小（重量）
摆件	优	Ⅳ级以上	Ⅱ级以上	Ⅲ级以上	精工	正常
	良	Ⅴ，Ⅵ	Ⅳ级以上	Ⅳ	良工	正常
	差	Ⅵ	Ⅳ级以下	Ⅴ	差工	正常

注：据丘志力《珠宝首饰系统评估导论》。

七、优化处理翡翠的品种

市场上常对翡翠进行优化和处理，除前述 A、B、C 货以外，还有以下优化处理的方法。对翡翠的品质评价中，首先要先确定是天然还是经过优化处理的翡翠，两者的价格相差的非常大。

1. 热处理翡翠

是将黄色、棕色、褐色的翡翠通过加热处理而得到的红色翡翠。这种翡翠的颜色与天然红色翡翠一样耐久。由于它与天然红色翡翠的形成过程基本相同，所不同的是通过加热加速了褐铁矿失水的过程，使其在炉中转化成了赤铁矿。这种翡翠一般不鉴定，也不易鉴别。如果一定要求的话，其显著的不同是红色翡翠要透明一些，而加热处理的红色翡翠则会干一些。

2. 浸油浸蜡处理翡翠

浸油浸蜡处理较为普遍，有的是为了保护翡翠，同时也用于掩盖裂纹、增加透明度，因而，对它的鉴别也应高度重视。浸油浸蜡处理翡翠的鉴别不难，因为通过该方法处理的翡翠一般都具有十分明显的外部特征，比较典型的是明显的油脂和蜡状光泽，同时也可能找到油迹或蜡迹。此外，也可通过一些专门的方法予以鉴别，如在盐酸中浸泡，油和蜡会被溶解，裂纹得以恢复；在酒精灯上加热可使油和蜡出溶；用红外光谱可见明显的有机物吸收峰；浸油者可显黄色荧光，浸蜡者可显蓝白色荧光。

3. 漂白处理翡翠

这种翡翠的处理方法与 B 货相似，只是未作充填。因此，鉴定方法也与 B 货翡翠相似。但多数情况下漂白程度较轻，不易发现，只有在抛光的样品表面才留下极细的裂纹，因此鉴别较难，需要十分仔细才能找到线索。

4. 辐照法处理翡翠

辐照法指用高能粒子“轰击”天然硬玉，使其颜色变得浓艳、均匀和有一定的深度，进而改善其质量的一种方法。但如果切开由辐照致色的翡翠，其绿色围绕着表皮分布。运用肉眼直接观察，其翠绿动人，透明度好，唯翠中带蓝。它的表皮有被“轰击”的痕迹，皮色比未“轰击”者深一些。长期暴露于阳光下、加热、加盐酸时会褪色。在查尔斯滤色镜下亦呈紫红色。

5. 镀膜法处理翡翠

镀膜法又称“穿衣法”“套色法”，指选用泰国或法国生产的清水漆，在无色或浅色、透明度好的翡翠表面上均匀地涂抹，干后形成厚仅十几至几十微米的翠绿色膜，进而改善其质量的一种方法。不过，这种艳丽的绿色镀膜用手指摸时有温感，色仅“浮”在表面。被包裹着的翡翠与绿色“非亲非故”，似合又离，用火烧、沸水烫、刀刮等均可剥去其伪装的绿色。

八、翡翠的市场价格分析

翡翠的市场价格是以市场需求、商业品质评估以及不同时期经济发展的水平等综合性因素决定的，总的趋势是逐年上涨。以翡翠手镯为例子，近年来价格分析详见表 6—50。

表 6—50　　　　**翡翠手镯市场价格分析（仅供参考）**

品质	价位
透明的，即玻璃种	数量稀少，单独论价，通常都是百万元人民币以上
半透明的，即冰种（达到冰种已经算不错了）	按其颜色、裂隙等多种因素综合估价，一个镯子市场均价可以在 1 万～50 万元人民币，相对幅度较大
不透明翡翠，结晶颗粒粗，品质较差	若是不透明的白色玉镯，市场价格约 300～800 元人民币不等
花青种底色为淡绿色或其他颜色，绿色呈不规则的散布，或多或少掺杂一些黑色或其他颜色，是市场上较常见的花青种翡翠	由于这种翡翠表面分布许多黑色的闪石类矿物，所以年轻人一般不喜欢。花青种手镯，视绿色深浅、分布与黑点杂质多少而定，市场价格少则约为 1 万元人民币左右，绿色面积大的市场价格可达 10 万～20 万元人民币
豆青种翡翠晶体颗粒较粗，肉眼就可看出结晶像一颗颗的绿豆一般，通常都不透明，呈淡绿色。豆青种翡翠由于质地不透明，而且结晶颗粒明显，所以价位并不高	一般一个手镯依其绿色的多少来区分，价格约 0.2 万～1.2 万元人民币不等。但是，如果是满绿鲜艳豆青种手镯，市场价格也要达到约 7 万～9 万元人民币不等
芙蓉种翡翠颜色较淡，类似青草果绿，半透明，具有玻璃光泽，有时颜色会如丝带分布	芙蓉种的手镯目前市场价格约 0.7 万～1.1 万元人民币不等，多则要 3 万余元人民币
三彩翡翠种顾名思义就是翡翠上有三种颜色，市场上也称“福禄寿”（有四种颜色的称为“福禄寿喜”）。早期的三彩翡翠是指绿色、紫色与白色三色，现在市场上只要翡翠表面上有三种颜色就可以称为“三彩翡翠”	三彩翡翠镯，视颜色分布与质地，市场价格少则 1 万～4 万元人民币，高的则 25 万元人民币以上

续表

品质	价位
紫罗兰种翡翠是指紫色翡翠，目前质地细、透明度佳的紫罗兰玉越来越少	普通不透明的紫罗兰翡翠镯，在国内市场价格可达 3 万人民币，如果是冰种紫罗兰种翡翠市场价格更高达 15 万～20 万元人民币

学习单元 11 软玉品质与商业评估

学习目标

➤熟悉软玉品质与商业评估。

知识要求

软玉，在中国有近几千年的历史。现代玉器首饰及工艺品，继承了中国传统的玉饰文化，像“福禄双全”“福寿三多”“麒麟送子”等传统玉雕首饰及工艺品深受市场的喜爱；特别是现代玉的雕刻技术在工艺技巧上不断创新发展，引入了钻石加工工艺，使玉首饰作品具神形兼具的人物、花鸟、走兽等造型，尽显现代工艺的精湛。

质量好的软玉，质地细腻，颗粒间空隙小，是不容易进杂质的，所以不会变色。而质量差的软玉，质地疏松，颗粒间空隙大，容易进杂质，所以是会变色的。

在软玉的开采历史中，中国新疆的和田玉矿开采至少有 6 000 年的历史，从复胡到清朝的 4 000 年间，和田玉的产量共计近万吨，因此可以毫不夸张地说，至今中国对软玉的认识多基于前人的看法。中国古代所说的玉或真玉主要指的是和田出产的软玉。中国软玉的质量分级也是以新疆和田玉为标准制定的（见表 6—51）。

表 6—51　　和田玉玉料工艺等级标准（轻工部 1981 年）

品种	等级	等级标准
白玉（籽玉）	特	羊脂白色，质地细腻，滋润，无绺，无杂质，质量在 6 kg 以上
	一	色洁白，质地细腻，滋润，无碎绺，无杂质，质量在 3 kg 以上
	二	色白，较细腻，滋润，无碎绺，无杂质，质量在 1 kg 以上
	三	较白，较细腻，稍有绺，无杂质，质量在 3 kg 以上
	等外	凡颜色、质地、块度未达到上述标准的

续表

品种	等级	等级标准
白玉	特	色洁白或粉青，质地细腻，滋润，无绺，无杂质，质量在10 kg以上
	一	色白或粉青，质地细腻，滋润，无绺，无杂质，质量在5 kg以上
	二	色青白或泛白，质地细腻，滋润，无绺，无杂质，质量在10 kg以上
	三	色青白或泛白，质地细腻，滋润，稍有绺，无杂质，质量在10 kg以上
	等外	色白或青白，有绺，有杂质，质量在3 kg以上
青子玉或山料	一	色泽青绿，质地细腻，无绺，无杂质，质量在10 kg以上
	二	色青，质地细腻，无绺，无杂质，质量在5 kg以上
	三	色青，质地细腻，稍有绺，有杂质，质量在5 kg以上

注：根据新疆维吾尔自治区工艺美术公司，转引自唐延龄等，1994。

一、质地

玉的质地，行内一般理解为玉石表现出来的性质，包括形状、滋润程度、裂隙和杂质等，是一种除颜色以外的综合指标。因此以坑（口）、形（状）、皮（色）、性（状）来判断其质地的质量（唐延龄，1994）。

但是在宝石学书籍中，或者在玉器的实际评估中，裂绺及形状等性质实际上是独立考虑的，因此仍然可以将质地理解为软玉的结构、矿物颗粒的大小、结合方式及其综合表现的光泽。

一般来说，质地最好的玉透闪石颗粒细小、均匀，矿物颗粒之间呈毛毡状或纤维交织状结构，抛光后玉石质感柔润有力，光泽介于玻璃光泽与油脂光泽之间，太“油”或太“光”都有害于质感的表现。这种质地的玉通常看起来半透明状，有“羊脂”的质感。这种玉比较多的情况下是在仔玉中出现，实际上是玉经过一定时间低温水岩作用的产物。如果玉器中出现较多的其他矿物集合体或者颗粒明显与主体有差别的条带或碎裂结构，玉器质地的品质就会降低。

二、颜色

软玉的颜色多种多样，特别是软玉与其他玉石的颜色相比，其颜色均匀。其中按市场价值由大到小的次序排列为白色、黄色、黑色、青色、碧绿色。青海及国外还可见翠绿色和紫色的软玉（俄罗斯软玉）。

根据软玉颜色，市场上的软玉一般分为白玉、青白玉、青玉、黄玉、碧玉和糖玉，见表6—52。

表 6—52　**市售白玉的颜色**

玉石名称	说明
羊脂白玉	羊脂白玉是指质地极纯极润如脂、其色白的和田玉
白玉	白玉是呈白色的软玉，和羊脂白玉的区别是其质地较粗，润泽不够。古人又将白玉分为羊脂白、雪花白、象牙白、鱼肚白、鸡骨白、糙米白、秋梨白、虎皮[illegible]白等品种，其中以羊脂白最贵重
青白玉	青白玉是带淡青色的软玉，色感是“不青不白”，实际上是介于白玉与青玉之间的品种，也有归入白玉一类中
青玉	青玉是一种具淡青色—青绿色的品种，其色“非灰非青非绿，又闪灰闪青闪绿”，品种有铁莲青、竹叶青、虾子青、熊胆青等多种，向白玉过渡为青白玉、向绿色过渡为碧玉，它是软玉中最常见的品种之一，因此价格远较白玉低
黄玉	黄玉是软玉中罕见的品种，其颜色从淡黄到带绿色色调的黄色都有，一般颜色较淡，很少色浓的，名称有蜜蜡黄、栗子黄、秋葵黄、鸡蛋黄、黄杨黄等，其中以栗子黄、蜜蜡黄为上品。古籍《夷门广牍》说“黄玉如栗子者为贵，谓之甘黄玉；蕉黄色次之”，因此质地好的黄玉其价格并不低于羊脂白玉
碧玉	碧玉是指颜色从绿色到碧绿色的软玉，国际市场上碧玉的产量可能是最大的。碧玉的颜色一般深暗，少有鲜明的，主要是因为其矿物组成中除透闪石外，还出现含铁较多的透闪石及阳起石。另外，许多碧玉中还含有磁铁矿组成的黑色斑点状包裹体，称为黑点或黑星

此外，在俄罗斯及中国青海新出产的一些绿色到鲜绿色的碧玉，其质地已和翡翠相近，这种碧玉的价值也很高。

墨玉是指深墨绿色—黑色的软玉，这种软玉的黑色比较常见的是由其内含有的矿物包裹体产生的。古人形容墨玉常有乌云黑、淡墨光、美人鬐、纯漆黑等名称。汉代时认为墨玉“黑如纯漆”者最珍贵。

糖玉是指其颜色，特别是皮色呈糖红色斑驳分布者。如果其花纹如虎皮的，又称为虎皮玉。

在评估软玉的颜色时除了留意色调外，颜色是否纯正、饱和度是否高也是必须要考虑的。另外，颜色与质地的协调性也必须留意。一般观察软玉的颜色应在有阳光的自然光下进行，因为软玉的颜色在灯光下通常会改变。

三、质量（块度）

玉石的块度越大，越难得。特别是质地和颜色都好，又达到一定块度的玉更难得，因而其质量就高。

历史上超过 100 kg 的软玉并不多见。许多大块的软玉在历史上都有记载，特别是古代，由于交通工具的落后和路途遥远，使得大玉的身价倍增。

不同产状的软玉原料，其级别要求不一样。中国轻工部 1981 年的标准中，对软玉仔料特级品的要求是块度在 10 kg 以上（栾秉璈，1989）；20 世纪 90 年代新疆工艺美术公司对软玉仔料特级品的要求只是在 6 kg 以上。因此，软玉玉器大件的摆件与小件佩件之间价格相去甚远，大块玉器雕件往往是一般小件玉器价格的几倍，甚至几百倍。

四、工艺

软玉成品玉器中，工艺是极为重要的质量要素。中国历史上历来都是重器必由重工冶，也就是说好的玉石只能由有名的能工巧匠来完成，因而历史上一些有名的玉器往往都是在中国著名的玉石集散地由玉石行内的名师完成的。例如，中国近代发现的最大的软玉（472 kg）就是由中国玉石工艺重镇扬州玉器厂设计完成的，目前这件“大千佛国图”玉山已成为国家珍品，这也从一个方面看出玉石工艺对其质量的重要意义。历史上古人所谓的“玉不琢不成器”反映出琢与器之间的关系。有时一些没有什么价值的玉料经过名师匠心独具的构思与雕琢，往往也可能成为价值连城的珍品。例如，中国最早的俏色珍品——乾隆皇帝专门题诗盛赞的“桐荫仕女图”，玉料其实是制碗后剩下的一块有秋梨皮色的软玉玉璞，经过苏州冶玉高手巧手施艺，利用制碗后留下的圆洞作成圆月形门，再利用其俏色巧妙制成江南庭院美景，再利用软玉雕成亭亭少女，整件玉器被设计成了一件情景交融、惟妙惟肖的玉器名作，乾隆的题诗“义重无弃物，赢他泣楚庭”，把此器和历史名玉“和氏璧”的故事相提并论，可见其工艺价值之高。

软玉的工艺价值由以下几个最重要的方面决定：

1. 意境

优秀的玉石作品一定是因材施艺、发挥出玉石材质特点的最高艺术表现效果的作品。意境高或立意新，无疑成为评估的首要考虑因素。

2. 题材

通常大题材，如各种山子及俏色雕刻摆件、人物等能结合历史典故，反映社会关注、以景寓意等内容的会有更高的价值认同。

3. 造型设计

玉器形状布局是否合理有层次、形象是否生动、各部分之间比例是否协调、对应关系是否明确等。

4. 做工

做工需要考虑：刀法是否干净利索或圆润温厚、地子是否够平、抛光是否细腻、人物花卉的细节是否有表现力等。

总之，一件精湛的玉雕珍品，它们的材质品质不一定是最好的，但工艺一定是最好的，设计一定是独特的。玉石的雕琢工艺分为设计、雕刻、抛光等几个步骤。

设计创作是对原材料处理前的综合分析，应该物尽其用、优料精用、次料巧用、雕琢施意应该慎之又慎，既要照顾白玉玉质，又要利用皮色俏雕。最大限度体现玉的价值，这是设计的总体原则，更是设计制作者的见识、阅历、智慧、想象力的综合体现。设计的玉雕制品往往是以自然界人、物、景为基础，并以流传典故为题材，体现一件艺术品的价值。

玉器的雕刻工艺通常有线雕、圆雕、浮雕、透雕和镂雕等技艺，重要的是体现软玉的洁白、润滑，造型简洁而巧夺天工。制作、雕琢艺术评价如下：

雕工的精细程度，越精细越费时，价值就高。

雕件的大小，大尺寸比小尺寸价值高。

品相的完美程度，有残次的价值低。

对瑕疵、绺裂的处理，特别是软玉所制成的雕件应该纯洁无瑕。

俏色的利用，软玉中杂色是瑕疵，但巧妙利用，往往可以大大提高玉器的价值。

雕琢过程应该见面留棱，以方代圆，先浅后深，留实打虚。

五、净度（裂绺及包裹体）

软玉的净度是指软玉的裂绺和包裹体状况。软玉的裂绺对其质量也有显著影响，因此在特级或一级品中一般都强调有无裂绺。

对原料而言，对轻微的、不显眼的裂绺，是可以接受的，只要考虑相应题材后能通过做工“掩绺”处理掉，对成品价值的影响就不大。但对成品而言，如果可见明显的裂绺，则会严重影响玉器的价值。

软玉中的某些品种经常会出现一些黑斑、黑点或黑丝状矿物包裹体，或者皮壳上分布有一些次生的色斑，这些瑕疵对成品来说有明显的影响，但对原料应具体分析，特别是一些料子如可做俏色处理时，是有可能化“瑕”为“瑜”的。

由于软玉在多数情况下是用做雕刻材质的（把玩收藏的也可能就是璞玉），因此其裂绺及包裹体对质量的影响需具体问题具体分析。

六、产状及来源

软玉是中国的传统玉种，它的质量与价值常常受传统观念影响。虽然国际上软玉的产量会远远超过中国新疆的产量，而且有些产地的软玉质量相当好，但业内许多人仍然坚持认为，产在新疆的软玉“和田玉”是“最正宗”“最好”的，而且其中来自河流中的“籽玉（子玉）”又是其中最优质的，相对而言，一些“山料”的工艺性能则较差，价值较低。

可见，软玉的产状和来源仍然是影响其质量的一个因素，也就是行内所说的“坑”的影响。即使在新疆，来自不同矿区（即坑）的软玉，价值认同也不同。最被认同的坑是于田县阿拉玛斯的“戚家坑”。该坑始挖于清末，因其料大部分色白质润；即使泛青，琢玉后也能泛白，因而其优质料很出名。

实际上，俄罗斯、青海及台湾等地的部分软玉也可达到相当高的质量，因此产状和来源对质量要素的影响会逐渐随市场的开放而减弱。

七、软玉的市场价格分析

软玉市场上的价格需要综合评定，基本上每年按照20%的速度增长。

软玉价格的一般规律有如下几种：

按软玉的产出来区分价值。籽料＞戈壁料＞山流水料＞山料。

按软玉的产地来区分价值。新疆（和田）＞俄罗斯＞辽宁（河磨）＞青海（格尔木）。

按软玉颜色来区分价值。羊脂白玉或黄玉＞青白玉或黑玉＞青玉或糖玉＞碧玉。

据新疆维吾尔自治区宝玉石协会统计，和田玉26年涨了3 000多倍并预计仍有升值的可能。截至2010年，市场上一级和田籽玉报价已经超过100万元人民币（见表6—53）。

表6—53　新疆维吾尔自治区宝玉石协会统计26年来和田玉价格（仅供参考）

时间	单位价格
1980年	一级新疆和田山料80元/千克 一级新疆和田籽玉100元/千克
1990年	一级新疆和田山料300～350元/千克 一级新疆和田籽玉1 000～2 000元/千克
1995年	一级新疆和田山料800～1 000元/千克 一级新疆和田籽玉6 000～10 000元/千克
2000年	一级新疆和田山料2 000～3 000元/千克 一级新疆和田籽玉10 000～15 000元/千克
2003年	一级新疆和田山料4 000～5 000元/千克 一级新疆和田籽玉30 000～40 000元/千克
2004年	一级新疆和田山料8 000～10 000元/千克 一级新疆和田籽玉60 000～80 000元/千克
2005年	一级新疆和田籽玉100 000元/千克
2006年	一级新疆和田籽玉300 000元/千克

学习单元 12　红珊瑚品质与商业评估

学习目标

➢熟悉红珊瑚品质与商业评估。

知识要求

宝石级的珊瑚是高档的有机宝石，以红珊瑚为主要品种。世界上深海红珊瑚的分布主要有四个地区，包括中国南海及台湾、日本南部岛、美国夏威夷以及意大利半岛南部海域，以中国台湾产出的红珊瑚较为著名。目前国际市场上并没有公认的珊瑚质量分级标准，商业上珊瑚原料的品质分级和价格的确定是综合珊瑚的大小、珊瑚树形状、珊瑚的质地（是活的或已倒的还是已死的）、珊瑚的颜色来确定品级。

一、珊瑚的质地

按珊瑚的质地可以将宝石级的珊瑚在商业上分成三大类，按照光泽、虫孔大小多少区分。最好的一类是活体珊瑚，也就是珊瑚在捕捞上来前仍然是活体，其表面有生物组织，而其骨髓表面有薄膜，珊瑚被磨光后光泽明亮光彩夺目，虫孔较少。较次的一类是倒珊瑚，是指珊瑚在捕捞时已停止生长，但其骨骼结构仍然未受到海水强烈侵蚀的珊瑚。这种珊瑚的质地仍然较致密，经抛磨后光泽好，虫孔较小。最差的一类是死珊瑚，这类珊瑚在捕获前已完全停止生长，珊瑚受海水及微生物侵蚀较为严重，其结构已有一定的变化，表面有较多的虫孔，用这种珊瑚加工的饰物光泽一般较差，因而常常是较为低质的珊瑚。

除光泽、虫孔外，另一较常见的红珊瑚质地品质评价要素是白斑瑕疵的多少。由于红珊瑚的生长情况不同，有白斑的红珊瑚较脆，易出现大小不等的裂隙，也会影响红珊瑚的品质高低。白斑越明显价值越低。

二、珊瑚的颜色

中国工艺界传统上往往有以珊瑚的颜色来论珊瑚的品质并作为价格高低的重要指标，颜色深红的珊瑚被称为“辣椒红”；而暗红色、光泽较暗的则称为“蜡烛红”；颜色为大红、具良好光泽、质如鲜枣的被称为“关公脸”；而颜色桃红、粉红、质地细润而有光泽的称为“孩儿面”。“辣椒红”“孩儿面”和“关公脸”都是中国珠宝界认同的优质珊瑚，在国际市场上一种稀有的蓝色和黑色珊瑚实际上也是高档的珊瑚原料。白色珊瑚除了纯白色的品种有较高的价值外，大多只能做低档的饰物或者通过染色加工做工艺品。

国际上宝石级的红珊瑚也可以按以下的颜色描述分级：阿卡红，常说的台湾深红阿卡或大阿卡，为最高级别；沙丁红，以意大利沙丁岛为主要产地的一种红珊瑚，大红色，孔洞少，但光泽稍逊于阿卡；莫莫红，稍浅于阿卡红，为桃红或橙红等；娃娃粉红，常说的天使之面，也称深水珊瑚；粉白，也称深水珊瑚；白色，表层需有玻璃光泽或蜡状光泽，区别于普通珊瑚石。单就色彩来说价格上有一个几乎不变的定律：阿卡红＞沙丁红＞莫莫红＞娃娃粉红＞粉白＞白色。

三、珊瑚的质量

在意大利珊瑚市场上，红珊瑚分成五级：特级，主干直径＞14 mm，质量达 100 g 以上；一级，主干直径＞10 mm（一般 12～14 mm）；二级，主干直径 7～9 mm；三级，软体红珊瑚主干直径＜7 mm；低级，碎片或红珊瑚的残余部分。此外，珊瑚的价值还体现在它的形态上，是否是整枝，大枝还是小枝。在相同质量和其他条件下，整枝的价格＞大枝的价格＞小枝的价格。

珊瑚成品则在上述基础上参考工艺加工质量以及饰物的设计等因素来确定，应该强调的是珊瑚工艺设计加工的水平对珊瑚工艺品的价值有重要的影响。

参考国内市场的实际情况提出的红珊瑚商业品质分级见表 6—54。

表 6—54　　红珊瑚商业品质分级表

因素 级别	颜色	光泽	质地	块度或大小（原料）	做工（成品）
特级	深红、艳红、色匀	很好、好	致密	大而完整，高度大于 0.9 m	独特、精细
一级	红色、鲜艳色，较均匀	很好或好	较致密	块度较完整，高 0.6～0.9 m	精细
二级	粉红色、色不太均匀	好	致密，可有少量蛀洞	高度大于 0.15 m，块度不完整	规则
三级	浅红、橙红、褐红、色不均匀	一般	有较多蛀洞	高小于 0.15 m 残缺、断枝	规则或不规则
级外	可呈不同色调红色、色不均匀	较差或暗淡	有较多蛀洞	主要由各种残枝组成	较粗烂

注：据周佩玲，1995，修改。

对于一些其他的不同级别的珊瑚原料，例如是红色，颜色也较鲜艳，但块度小于0.6 m的；又或者是呈粉红色，具有很好光泽，块度大于0.6 m的珊瑚原料，级别的确定则视实际情况而定。

四、珊瑚的市场价格分析

优质的红珊瑚原料，每克报价800～1 200元人民币；完整红珊瑚枝每克报价1 000～1 400元人民币；桃红色的珊瑚原料，每克报价200～350元人民币。

目前，珊瑚成品的价格大致如下：由特级和一级珊瑚加工而成的，大小在5 mm×7 mm～8 mm×10 mm蛋弧形戒面，一般每克为300～600元人民币；直径为8～10 mm，长40 cm的项链，大致是1万～2万元人民币；直径为5～8 mm的项链，价格则降至2 000～5 000元人民币。若为用二三级原料加工而成的，则同样大小的蛋弧形戒面，为每克80～250元人民币；同样大小的珊瑚项链，则分别是1 000～3 000元人民币和几百元人民币。

学习单元13　欧泊品质与商业评估

学习目标

➢熟悉欧泊品质与商业评估

知识要求

由于欧泊的特殊外观，在评价欧泊时，一般采用不同于其他有色宝石的分级标准。Paul Downing博士在《欧泊的鉴定与价值》（Opal Identification and Value）书中提出了根据影响欧泊的几种主要因素给欧泊进行分级或分类的品质评估分级方法，并为许多珠宝评估专家所认同，GemGuide的报价表也推荐这种分级方法。欧泊分级主要依据以下因素进行。

一、欧泊产状

欧泊的产状类型分为块状、砾背欧泊（围岩作为底一起切磨的）、基质欧泊（欧泊呈脉状在围岩中一起加工的）、经过优化处理欧泊和合成欧泊。按欧泊的产状类型，其价值一般为块状>砾背欧泊>基质欧泊>经过优化处理欧泊>合成欧泊。

二、底色类型

欧泊的底色是指从顶部看欧泊所呈现的颜色，见表6—55。

表6—55 欧泊的底色

黑欧泊从顶部看，变彩处在黑色背景下较明显，底部可以是任何颜色，价值最高，从半透明到不透明	黑色透明	具有变彩，透明到半透明，底色为黑色
	半黑色	半透明到不透明，从顶部看变彩（在暗灰色背景下）
	灰色	具有变彩，半透明到不透明，底色灰
	蓝色	透明到不透明，体色为蓝色，无变彩
白欧泊，变彩不明显，半透明到不透明，底色白到偏白	半透明	具有变彩，但体色半透明，底色略灰到白
	透明	具有变彩，但体色透明，无底色
火欧泊以橙黄、橙红等偏红色底色为主的欧泊，从半透明到不透明，很少的变彩	橙色	具有变彩，半透明到不透明，底色为橙色
	褐色透明	具有变彩，但体色透明，底色为褐色
	果冻欧泊	透明，但不显变彩，如无变彩的火欧泊等

此外，还有其他颜色的块状欧泊及上述颜色的砾背欧泊。在同等条件下评价欧泊的底色，一般黑欧泊＞火欧泊＞白欧泊。

三、变彩亮度

一般在100 W的白炽灯照明下，将欧泊放在略低于桌面的位置，较远距离地观察欧泊各个角度的色斑亮度，而且色斑越明亮越好，理想的是在一臂之远处仍能清晰地看到彩斑的变幻。

欧泊色斑按亮度强度分为五级，见表6—56。

表6—56 欧泊变彩亮度的分级

亮度级别	名称	描述
1	微弱	仅在阳光直射时可见变彩，且色斑仍然很弱
2	弱	在弱的光源下可见一点色斑的颜色，但即使在阳光直射或分级灯下色斑的亮度也很弱
3	明亮	在弱的光源下可见弱的色斑，但在阳光直射或分级灯下显示非常好的变彩
4	很明亮	在弱的光源下可见好的色斑，在阳光直射或分级灯下见清晰灵活的色斑
5	耀眼	在阳光直射或分级灯下显示特别明亮的色斑，即使在弱的光源下也常可见色斑

注：丘志力《珠宝首饰系统评估导论》。

四、色斑颜色

欧泊的色斑是指除去主体底色后所呈现的颜色。欧泊的色斑颜色（又称为变彩颜色）

通常有几种，先确定其最主要的颜色和次主要色，如果主要色多于两种则称为多色色斑。常见的色斑颜色类型按品质由低到高有：纯蓝色、纯绿色、蓝色—绿色、橙—绿色、橙红色、红色、多色、红蓝多色，以色彩越多越好。

五、色斑图案

欧泊的色斑图案是指欧泊变彩的颜色形状特征，分为以下几种类型：

1. 针尖状色斑

从侧面看像细柱或针状，顶面看似针尖，是非常小的色斑。

2. 闪火色斑

大面积的、不规则色斑，占据欧泊表面一半的面积。

3. 大块色斑

色斑覆盖整个欧泊表面或大部分表面。

4. 游动色斑

当欧泊转动时，色斑游动于整块欧泊表面。

5. 彩纹色斑

彩纹色斑是指含有紧密镶嵌的各色方形或角状艳丽色斑块的变彩；真正的彩纹色斑是十分罕见的。

欧泊的色斑图案，面状彩斑好于线状，线状又好于点状。彩斑在整块宝石中所占的面积，比例越高越好，优质的欧泊应是全部都有变彩。

六、色斑的一致性

欧泊色斑的一致性又可称为变彩的方向性，是指色斑的亮度、分布、颜色是否均匀。不同方向色斑出现是否均匀，无方向性最好，如果色斑仅在一个角度明显，则不好。

七、瑕疵

肉眼可见且影响其美观的瑕疵对欧泊价值有较大的影响，位于欧泊底面的包体只要不影响到其耐久性，都不会降低其价值，但表面布满龟裂裂隙的欧泊没有商业价值。

八、形状

欧泊琢型主要有标准的椭圆形、其他形状、雕件，其切工评估由此依次降低。

弧面型欧泊按高度分低凸、中凸、高凸。因为欧泊总是成细脉产出，而且最好的变彩一般发生在平行脉体分布的扁平区域里，如果加工成较厚的凸面弧形常会减弱变彩的效应，所以应把欧泊加工成低凸弧面。好的切工应该是抛光好的带斜面底边的凸弧面型。

九、质量

欧泊质量一般分为：小、中、大、很大。1～15 ct 的欧泊通常是最好的大小范围，价格较高，低于 1 ct 或大于 40 ct 的欧泊价格较低。

对于不具变彩的火欧泊，主要按颜色和透明度进行分级（见表 6—57）。

表 6—57　　无变彩火欧泊的品质分级

底色	透明度		
	雾状	清澈	很清澈
透明	1～4	1～4	1～4
浅黄	1～4	1～4	1～4
黄	1～4	1～4	4～6
黄—橙	1～4	4～6	4～6
橙	4～6	4～6	6～8
红橙	4～6	6～8	8～10
红色	4～6	4～6	6～8
深红	1～4	4～6	4～6
红—褐	1～4	1～4	4～6

注：丘志力《珠宝首饰系统评估导论》。

综上所述，欧泊以其变彩后的视觉效果作为评价的主要因素，因此，欧泊分级的主观性较强。许多宝石学家在进行欧泊品质评估时，都赋予影响欧泊的总品质的各个因素以不同等级定量的权值，最后根据所有加权值的总数取得总品质的评价。加拿大的 Rechard Cartier 赋予影响欧泊的总品质的各个因素不同的加权值，见表 6—58。

表 6—58　　影响欧泊的总质量的各个因素不同的加权值

各色斑类型			方向性	变彩图案
	白欧泊	黑欧泊		
纯蓝色	－0.50		无方向性 （＋0.10）	针尖 （－0.05）
纯绿色	－0.10	－0.20	稍有方向性 （－0.00）	大块
蓝色—绿色	－0.05	－0.10	有点方向性 （－0.05）	游动＋0.10

续表

各色斑类型			方向性	变形图案
	白欧泊	黑欧泊		
橙—绿色	+0.05	+0.15	方向性明显（−0.20）	彩纹（+0.20）
纯红色	+0.05	+0.25	高度方向性（−0.30）	稀有或特殊图案（0.00～+0.20）
橙—红色	+0.10	+0.30		
多色	+0.10	+0.30		
红—蓝多色	+0.25	+0.50		

色斑图案和亮度的一致性	瑕疵	大小	形状	做工质量
一致 0.00	FL（0.00）	低于 0.49 ct（−0.30）	标准椭圆（+0.15～0.00）	依差的程度 −0.10～−0.50
少量为弱的点状图案 −0.10	LI（−0.15）	低于 0.49 ct（−0.30）	椭圆（0.00）	
主要为弱的点状图案−0.20	MI（−0.20）	0.50～0.99 ct（−0.20）	其他形状（0.00～−0.20）	拱高
散乱−0.20	HI（−0.50）	15.00～19.99 ct（−0.15）	雕件（−0.30～+0.10）	低凸（−0.10）
		20.00～29.99 ct（−0.20）		中凸（0.00）
		30.00～39.99 ct（−0.25）		高凸（+0.10～+0.20）
		40.00 ct 以上（−0.30）		

对砾背欧泊的评价与具变彩的块状欧泊相近，Gem Guide 报价表上给出了黑色砾背欧泊的价格，如果围岩在正面出现，则其价值要酌情降低。透明或半透明褐色砾背欧泊的价格为黑色砾背欧泊价格的一半；表面有裂隙的价格要降低 20%～40%。

此外，具变彩的欧泊二层石的价值相当于对应块状欧泊价值的 1/10，而且切工的影响较大。

十、欧泊的市场价格分析

常见欧泊中以澳大利亚欧泊最为著名，分为黑欧泊和白欧泊两种。其中，以黑底、表面有七彩为最佳，每克拉1万元人民币左右，优质品可达4万元人民币左右。而白欧泊是白底，上面浅绿、浅黄，价格较低。

另外一种常见的是墨西哥火欧泊，以橘色系为主，表面有七彩光的价格最高。一般大小在3 ct以下，4～10 ct算中等大小，10 ct以上已经很难得了，每一克拉约250～2 500元人民币，还有一些欧泊是白色带点透明的底，一样有七彩的光泽。

以上几种都是珍贵欧泊，而市面上部分欧泊会有夹层或拼合，称为拼合欧泊。拼合欧泊常见双层与三层拼合；双层就是欧泊夹母岩；三层就是欧泊、母岩和玻璃。拼合欧泊价格都不高，例如一个戒面大约为100～500元人民币。

学习单元14　琥珀品质与商业评估

学习目标

➤熟悉琥珀品质与商业评估。

知识要求

琥珀是一种中高档有机宝石。琥珀的产地有俄罗斯、波兰以及波罗的海沿岸等国家较为著名。国际市场上琥珀的品质主要是根据琥珀内是否含有稀有的动植物包裹体、颜色、块体大小、透明度及杂质含量等因素来进行评估分级的。

一、颜色

琥珀有红色、金黄色、蜜黄色、棕黄色和黄白色等多种颜色，据颜色特征分别被称为血珀、金珀、香珀、灵珀和石珀、蜜蜡等，另外还有褐色、黑色等。不同颜色的琥珀中价值依次从高到低为：血红色、祖母绿色、金黄色、蜜黄色、蓝紫色、褐红色、黑褐色和灰白色，颜色正且浓艳者为上品。

二、透明度

琥珀的透明度分为透明、半透明和近小透明三类。市场上的琥珀大多是经过加热改善处理的，其透明度比未加热改善处理的有了极大的提高。因此，分级前确定琥珀是否已经加热就很重要，越透明越好。

三、质量

琥珀块体大小重量变化很大，它对品质的影响取决于其他要素以及是否曾经加热融合。

四、内含物

琥珀内含物的类型、稀有性以及美观、完整程度是决定其品质的关键，但难以定量描述，必须根据市场情况决定。一般情况下，罕见、完整、生动、美观的动植物内含物（包裹体）可以使琥珀身价倍增，最贵重的琥珀品种是包裹昆虫的琥珀，俗称“琥珀藏蜂”。此外，琥珀裂隙杂质越少越好。

综上所述，琥珀的综合分级见表 6—59。

表 6—59　　琥珀分级表

等级	颜色	包裹体及裂隙	透明度	块度
特级	红色、金黄色	含完整动植物化石，无裂纹及其他杂质	透明	一般数克以上
一级	黄色、蜜黄色	含少量动植物化石，但形态不完整或常见，无或有少量裂隙	透明	越大越好
二级	黄色	极少含动植物化石，有少量裂隙或杂质	半透明	较大
三级	浅黄、黄褐色	不含化石，有裂纹、杂质	微透明	大小不分

注：周佩玲（1995）根据上述因素将琥珀分成四个不同级别。

五、琥珀的市场价格分析

琥珀常制成手链、念珠、项链等，一般以克计价，1 g 约 100～150 元人民币。一条手链 250～950 元人民币不等，一条项链约 2 500～4 500 元人民币。最贵、最稀有的蓝珀，市场价 1 g 约为 5 000 元甚至上万元人民币。